一位近代高道修真济世的百年传奇

高道李真果

曹蓉 著

四川文艺出版社

图书在版编目（CIP）数据

高道李真果 / 曹蓉著. — 2版. — 成都：四川文
艺出版社，2019.4
　ISBN 978-7-5411-5350-1

Ⅰ.①高… Ⅱ.①曹… Ⅲ.①传记小说－中国－当代
Ⅳ.①I247.5

中国版本图书馆CIP数据核字（2019）第047047号

GAO DAO LIZHENGUO

高道李真果

曹　蓉　著

责任编辑　卢亚兵　邓　敏
封面设计　叶　茂
版式设计　史小燕

出版发行　四川文艺出版社（成都市槐树街2号）
网　　址　www.scwys.com
电　　话　028-86259285（发行部）　　028-86259303（编辑部）
传　　真　028-86259306

邮购地址　成都市槐树街2号四川文艺出版社邮购部　610031
印　　刷　三河市华东印刷有限公司
成品尺寸　238mm×168mm　　　　开　本　16开
印　　张　35　　　　　　　　　　字　数　500千
版　　次　2019年4月第二版　　　印　次　2021年4月第三次印刷
书　　号　ISBN 978-7-5411-5350-1
定　　价　78.00元

前言

　　一年半，仿佛经过一趟艰苦卓绝的跋涉，越过千山万水，终于抵达那座我用文字塑造的仙境、别样的洞天，造访那位民间的尘外高人，写下他的故事，写下他的传奇。

　　这位长须如雪、飘逸出尘的道者，一路走来，目送大清王朝的最后背影，历经民国的乱世；从抗日战争的烽火，到新中国的成立；从"文革"的浩劫，到改革开放的春天……出离红尘，又回到民间。他就是闻名全国的近代高道——李真果。

　　清朝末年，四川安岳县，在一片凋零的槐花林里，一个清纯美丽的农村少女惨遭当地恶霸清廷团练奸污，以九尺白绫结束了如花的生命……这位少女便是李真果的未婚妻。

　　在这本书的初始，我选择把这个悲剧作为故事的引子，展开李真果一生跌宕起伏、修道求真的百年传奇。因为，正是这一悲情命运的打击，少年李真果发誓为未婚妻报仇。三年后，他练成一身绝世武功，回乡手刃清狗淫贼后，出家为道。从此，他迈向了悬壶济世、劝善弘道的漫长道途。十五岁的李真果遍访名山大川，四处求道。他接触到道的思想，感悟天地万物的生发与交融，感受星起星落的无穷变化。这个时候的李真果已将个人的痛苦彻底放下，开始将目光从饱受苦难的大地投向广袤无垠的宇宙，踏上了孤独的修行之路。渴求真理的李真果，遍读圣贤经典，问鼎玄门绝学，精练各派武术，内心进入了一个清澈的天地，打开了一扇智慧之门。他集武功、丹道、道家医术绝学于一身，从一个复仇的少年成为一名道法精深的智者，从懵懂走向了成熟。

李真果身处的时代，正值腐败的清王朝摇摇欲坠行将覆灭的前夜，帝国主义的铁蹄踏碎山河，百姓苦不堪言。在这片灾难深重的古老大地上，李真果的命运与中华民族的命运交织在一起。在这段风云变幻的近代历史中，面对残酷的社会现实，作为一个修行的道者，他深深地感受到百姓的疾苦、统治者的残暴、外敌入侵的国仇家恨，这一切促使李真果将视线转向了民间，走上一条悬壶济世的道路。

在这本书里，有他学道修炼、衣袂飘飘的身影，有他投身义和团反清救国的义举，有他以一身绝技的中国功夫在擂台上战胜日本武士的美誉，有他以道家医术绝学为民治病疗疾的传奇故事，有他劝善弘道、除恶驱邪的救世情怀，也有他在动荡岁月中饱受磨难、九死一生的辛酸与痛苦，还有他在中国改革开放之初与弟子薛永新的奇遇，进而成就了一个中国民营企业家的传奇……正直的李真果总是以侠道的形象出现，留下了许多传奇美谈。

在中国人的心目中，无论是神话故事，还是现实世界，历代道法高深的道士常留给人一种仙风道骨的外在形象，同时又让人感觉到他们身上笼罩着一层神秘色彩。在民间，李真果确然是这样一位极富神秘色彩的高道。他为民疗疾，一草一木在他手中均能化腐朽为神奇，起沉疴于一旦，他甚至不按章法、不施一药而除疾治病。但这些并不是所谓"迷信"，而是来自李真果精深的内丹修炼，对注重道德修养的道家思想精髓的融会贯通，并独创性地运用道家医术绝学施惠于民，从根本上解脱人们身心的烦恼，拯救生命而屡见奇效。他不仅以精湛高超的道家医术赢得美名，更以老子思想为大道真谛，以清静无为、恬淡自处的品德，追求至真、至善的道德境界，把弘道利生、扬善抑恶、解人之厄、扶人之危、济物救世作为平生己任，唤醒世道人心，建功立德。即便在历经劫难的岁月中，他仍然坚持修道济世、积善累德，深受老百姓的敬仰和拥戴。

在这本书里，我力图还原一个真实的、修为极深的高道形象，还原一个有着强烈情感、丰满鲜活的传奇人物，还原一个道人穿越百年、历经艰辛磨难的修道人生，彰显一个"忧以天下，乐以天下"的高道大德所秉持的中华传统文化精神、载道行道的人格风范。

这是一个真正的道士下山，我用文字写下了近代高道李真果的百年风云道途，充满传奇的修真之旅。

如果用"呕心沥血""殚精竭虑"来形容创作的过程，并不夸大，但我更愿意用"修炼"两个字表述。写作的过程，对于我也是一种修炼。我研读了大量道教典籍，并经历着、感受着笔下人物的悲欢、曲折、坚持以及一步步成就的大道人生，所抵达的至真境界。我好像就是故事中的主人，似乎我也成了修道的高人。心怀感恩，故事中的主人，成就着我的作品，也成就着我走进另一个不同的世界。

本书撰写时，采访了李真果高徒——薛永新先生，采用了他的讲述，还部分参考了知名学者李远国、吴野主编的《李真果》一书（四川人民出版社 2002 年出版），以及其他相关资料，并得到四川省社科院丁长春教授对本书丹道部分内容的指正，在此一并致谢。

目 录

第七章

孤独的修行 / 229

修行是一条寂寞而漫长的路。真正能成就大道的修行者，如寂寥的夜空上的星辰，是孤独的。

第八章

游方道士 / 266

云游，也是一种修行。

第九章

道士下山 / 285

真正的道士，是为了一切众生的利益，弘道立德。

引子

缘　起

在这个世界上，有一个叫"命运"的东西，没有人能够预料，而你的一生又与它紧紧联结。命运就像瞬息万变的大自然一样，风云莫测。一只羊在草地上安闲地啃噬着青草，它却不知道黑暗正在悄悄降临；一只蝴蝶在丛林中偶尔扇动一下翅膀，它完全不知道，将掀起一场积蕴已久的风暴。

对于每一个人来说，你永远无法预料自己的命运。也许你认为这一生就这样风和日丽地过下去，谁知，一场风雨突然改变了你的命运轨迹，使你朝着另一个方向而行。

你一再陷入迷思：为什么会这样？是否这就是我的命运？

在佛家看，所有曾经或正在发生的事，都是因果；在道家看，改变你命运的东西，叫"变化"。祸福、死生、有无、安危、成败、强弱、进退、聚散、新生与湮灭，一切都有转化，一切又都有希望，它就是玄而幽深的"道"，包含天地运行的真谛、万物流变的真谛、人类存亡的真谛、国运盛衰的真谛，以及个体人生的真谛。

我们故事的主人公，正是经历了一场命运的因果变化，踏上了一条穿越百年风云的道途。

清朝末年。四川安岳县。一个不安的夏夜。

塔子山下，一片幽而隐秘的树林。惨白的月光，照在开满小白花的枝头，像蒙了一层忧郁的面纱。

天气有些闷热，没有风，静谧中隐藏着一种不安的躁动。偶尔，从山上传来几声狼嚎和其他野兽的咆哮，使这片树林笼罩着阴森森的令人毛骨悚然的恐怖。

苍白的月色中，一个身着白衣的妙龄女子静静地走来，一双秀丽的赤脚在草叶间走动，没有一点声息。慢慢地，她在一棵高高的槐花树下停住，慢慢地，抬起头，望着斜伸在头顶上的一根粗壮的枝丫呆呆地出神。那像经了雨的秀美的面庞，没有任何表情。唯有那双像雾一样的丹凤眼，流露着复杂的感情：屈辱、羞愤、凄然、留恋和决绝。

女子身上穿着晚清妇女流行的衫裙，一袭素白。低领的白色小袖衣，下着一条露出脚踝的薄纱长裙。裙上垂着几根飘带，衣襟前挂着一个小香囊。她的头上绾着待嫁妇女的发髻，一丝不乱，像是经过精心的梳理。

她没有穿着鞋子，赤脚。很美。

她整个人站在一片光幕中，窈窕的身材显出少女玲珑的曲线。她看上去那样圣洁，那样出尘，又那样迷人。慢慢地，她的嘴角渗出一点血，飘落在地上的白色花瓣，染上了殷红的血迹。

她缓缓回过头，朝向山上的一座峭岩双手合十，慢慢地闭上眼睛。那座摩崖上有一个毗卢洞，凿有许多尊石刻造像。那尊闻名天下的紫竹观音就在那里。

山顶的月光透进千年的石窟，紫竹观音静静坐于莲台，一袭薄纱，衣裙飘逸。一双秀丽的赤脚，左脚轻轻踏着花蕊，右腿弯曲上跷，脚踏莲叶，像极了风姿绰约、仪容万千的女神。

惨白的月光下，眼前这位长得像观音的女子，名字也叫紫竹。

一会儿，她慢慢地睁开了双眼，眼神慢慢地平静下来，仿佛灵魂飘出了身体。

又过了一会儿，她朝树林外的一个方向最后望了一眼，晶莹的泪珠顺着脸颊落下。她凄切地说："泽风哥，紫竹这就去了，来生咱们再做夫妻吧！"

此刻，无风的树枝上，静静地，垂着一条九尺白绫。

一片云翳悄悄移动，一点一点地吞食着月亮，四周陷入黑暗。一阵狂风忽然而起，树上的白色花瓣纷纷落下。

突然，"啊——"一声凄厉的尖叫划破静寂的夜空，"不要走，紫竹！不要！"

一条曲折的山路上，躺着一位满身血迹的少年。那声音就是从少年口中发出的。

因为那声呼喊，少年从昏迷中猛然醒来。他发白的脸上，像死灰一般。似乎还没有彻底清醒，他喃喃地："这是梦，是梦！什么都没有发生！紫竹没有死！"

是的，刚刚他做了一个梦。可是，那并不是梦。

他看到自己手里紧紧攥着一个香囊，那是紫竹身上的。他颤抖地从香囊里取出一封素笺，熟悉而娟秀的笔迹在凄绝的月光下展开，似乎还流淌着鲜血。

他痛苦地闭上了眼睛，耳畔回荡着紫竹的哀泣："泽风哥，妾清白之身，却惨遭毒手。污垢之身，愧对夫君。紫竹去也，来生愿与君再续前缘。"

少年似乎感到后脑勺被人用钝器狠狠敲了一下，他痛苦地抱住头，喊了出来："不！不！不是的！"

他不愿相信这是真的！他用力地不停摇头，一口鲜血从胸口喷了出来，洒落在素笺上。

他颤抖的双手慢慢地攥紧，愤怒之火在他的眼中燃烧，仿佛那射出的火焰足以把这个罪恶的世界烧掉。

拼出全身最后一点力气，他挣扎着站了起来。他浑身上下都是斑驳的血迹，身上、腿上、胳膊，烙下一条条深深的血痕。他似乎忆起什么了——

事发的那夜，他在树林找到紫竹。可是，心爱的女子却以九尺白绫结束了如花的生命。

他忍住巨大的悲痛，抱起全身冰凉的紫竹，将她轻轻放在草地上后，拿起一把菜刀，冲进黄府。然后，他被黄府的家丁打得昏死过去。后来，他被养父救走。再后来，养父把他送到这条山路上。

"走吧，孩子。走得远远的，不要被淫贼抓到。"夜色下，站在路口，养父彭子渝对少年说。

"此仇不报，泽风誓不罢休！"少年咬着血唇，坚定地说。

彭子渝摇摇头："你手无无缚鸡之力，如何报仇？"

少年沉思片刻，抬起头，对养父说："义父，我要学武艺！"

"义父支持你！君子报仇，十年不晚！"彭子渝扶着他的双肩。

"不，给我三年，三年后，我必回来亲手宰了那个王八蛋！"少年定定地说，在心里发誓。

··········

黑夜中，少年从回忆中回到现实，他回望远处黑夜中的那片树林，只有一片槐花白的月色，照着悲伤的林子，一股悲怆袭遍了他的全身，大滴大滴的眼泪忍不住掉了下来。

过了好一会儿，少年抹去脸上的泪痕，遥望远处，在心里默默说：紫竹，等我回来给你报仇！

夜色茫茫的山路上，一个孤独的少年拖着沉重的脚步艰难地行走着。每一步，都嵌着一道血印。他望着漆黑的前方，那双深陷的大眼睛，充满复仇的火焰。

少年的名字，叫李真果。自杀的少女，是他的未婚妻。

那年，李真果十五岁。

第一章

命运的玄机

一个人从来到这个世界开始，命运就与他联结在一起。命运，是存在于我们身体与心灵之外的某种神秘力量，它的确定性和不确定性、偶然性和必然性，隐藏着我们难以参破的玄机。

佛家给出一个圆融的解释：人的命运是因缘生法。一个人降生在贫穷人家或富贵人家，降生在乡村或城市，是过去的命运所决定的安排，该发生的、正在发生的，或不该发生而发生的，称之为命定。

智慧的老子则思辨地告诉我们："祸兮福之所倚，福兮祸之所伏。"祸的另一面是福，福的另一面又可能转化成祸。人的命运，不管他降生在何处，顺逆祸福，都埋藏着变化的玄机。而命运转变的玄机，可能是因为社会的动荡，也可能是因为一个人，或一件事，甚至一句话。

命运是奥妙的、神秘的，又是令人迷惑的。当我们无法解读一个人的命运的起落变化，便把它看作是一种神意，又或许是命运埋下的一个伏笔。

第一节　降　生

1880 年，清光绪六年，春。

孤独的光绪少帝因慈禧垂帘听政而成为傀儡，失去帝王的权力，仅剩下一个尊贵的称号。

曾经天下赫赫威名、四方来朝的大清朝，自 1840 年鸦片战争以来，社会动乱，民不聊生，内忧外患，陷入半封建半殖民地的深渊。

从盛到衰，孱弱腐朽的清廷如同一支即将熄灭的烛火，独自在风中无力摇曳，注定了它将迎来耻辱的国难，宣告最后一个封建王朝的覆灭。在这段风云变幻的历史中，中华民族的命运与个人的命运，交织在一起。

在混乱的世道中，有一个人来到了这个世界。

四川盆地中部资州（今资阳市）安岳县李家区观音场响坛子村。这是一个四面环山的村落，一条清澈的河流缓缓流过，默默守着一座古老的佛教圣迹——安岳石窟。或许因为佛像的庄严，这里似乎隔绝了纷扰的外界，在乱世中安静地独立。

这是一个不寻常的清晨，整个静谧的村落被笼罩在一片紫气中，紫绛色的清代民居场院、紫黑色的房脊、紫灰色的屋瓦、紫绿色的烟树，以及远处山上紫褐色的石刻造像石窟，连正在落下的月亮与正在升起的太阳也变成了紫红，仿佛那些掩映在翠竹绿树间的院子，变成了紫气缭绕的宫殿，恍若仙境一般。

寂静的清晨，有一种异象。

一个身材魁梧的男子正在院子里舞着长剑，矫健的身影与手中舞动的剑，合为一体。突然，他凌空而起，一剑飞刺，画了一个漂亮的弧形，犹如一道飞虹，在万道霞光中，发出灿烂的光华。然后，他轻轻落地，收势。

"好啊！"站在门边静静观看的李氏禁不住叫好。她挺着怀有身孕的大肚慢慢走到丈夫身边，柔声地赞道："官人的剑法越来越精了。"

妇人口中的"官人"，叫李永超，是乡里的练军头领，一身高强的武艺。李永超低头看着妻子隆起的腹部，目光流露出无限的慈爱："将来咱儿子出生后，我要把李家剑法传给他。"

妇人微蹙眉头，摇头道："还是让他读书吧，将来做官有出息，别整日打打杀杀的。"

李永超沉思了一下，觉得妻子言之在理，便表情严肃地拱手道："是，听娘子的！"

妇人莞尔一笑，轻轻抚摸腹部，喃喃地："瞧，咱儿子蹬娘了，想必着急出来吧？跟你爹一个性子！"

李永超将手上的长剑放在一边，搀扶妻子在旁边的石凳上坐下。他一边擦着头上的汗珠，一边爱怜地注视妻子隆起的腹部，糗道："臭小子，安静点，还有三个月才跟你老子见面呢！"

李永超现年三十八岁，妻子陈氏嫁到李家十多年，却一直没有孕相。夫妇俩心里甚是着急，每周必到山上观音寺拜祭，祈求送子观音给李家带来香火。或许两人的诚意感动了上天，这一年，李氏终于怀孕了。晚来得子，李家有后了！李永超，一个七尺大丈夫当即喜泪纵横。

这时，李永超忽然站起身，望着墙外出神，像在倾听什么。

李氏望着丈夫异样的神情："官人怎么了？"

李永超一脸疑惑："村子为何喧闹？"

李氏仔细听了听，摇摇头："没有啊。倒是听见鸡鸣狗吠。你看，这朝霞多美啊。好奇怪，从来没有见过一片片紫色的云彩！"

李永超朝院外望去，一轮彤红的旭日从山岗升起，一道道金光穿过清晨的天空，晕染出紫色的朝霞，在东边的天际，反映出一片淡紫的、深紫的光幕，将李家院子笼罩在紫色的烟雾之中，让人仿佛置身仙境一般。

妻子的话提醒了李永超。他久久眺望着天空的紫霞，不禁心念一动。紫气东来，是祥瑞之气啊。莫非有高人到来？李永超心想。

李永超虽然是习武之人，但受祖上影响，不仅是一位虔诚的佛教徒，还信奉黄老之学。他想起老子入函谷关的典故。二千五百多年前，也是这样一个紫气东来的清晨，熟知天象的尹喜知道紫气象征圣人，便早早地守候在函谷关，迎接来自东方的圣人过关。这位圣人，就是老子。

眼下这紫气究竟因何而来？今年是龙年，莫非有高人降至？或与我还未出生的龙子有关？李永超陷入了沉思。

"官人，我想去一趟观音寺。"

李氏的话使李永超醒过神来，不解地问："昨日才去烧香，为何娘子忽然又去？"

"我这肚子一天天大了，往后也没有力气上山，趁现在还能行走，再去拜拜观音菩萨，我才能心安。"李氏低头抚弄着隆起的腹部，轻声道。

李永超担心妻子上山行走不便，万一有一个闪失，如何是好？便道："娘子，山路难行，你有孕在身，还是我陪你前去。"

"我一个人去吧。不用担心，我一村妇哪有如此娇贵？官人还要练兵，先去忙吧。我这就回屋里准备供品。"

李氏说着，转身慢慢朝屋里走去。

李永超望着妻子的背影，眼中不禁流露出一抹爱怜。突然，他猛咳了一声，一口鲜血从嘴角渗出。他悚然一惊。

尽管他看上去是个孔武有力的汉子，但长年累月风餐露宿地训练乡团清兵，使他不觉中落下了肺痨病。这一刻，他的眼里掠过一丝忧虑。

"儿子，你老爹死也要等到你蹦出来。"他喃喃地自语。

他走到院子的池边，掬起一捧清水，擦去嘴角的血迹。他不愿妻子看到担心。

这时，他似乎听见外面喧闹的声音更大了，心想：莫非我耳朵出毛病了？

李永超没有听错。这声音来自村口。

原来村子里忽然来了一位疯疯癫癫白发鹑衣的老道，一时间打破了往日的寂静。

老道身上的紫色道袍又破又烂、千补百钉，脚上穿着一双露趾的麻鞋，唯有白发长须如雪。只是满头银丝披散下来，遮住了他脏兮兮的半边面孔，看不清他的模样，像一位四处流浪的老乞丐。

他似乎很快活，手里拿着一个酒葫芦，一路喝着酒，一路唱着歌步入庄来。他又唱又叫，手舞足蹈，步履歪歪倒倒，似疯似癫，引来村里老少围观。

老道又吟又唱："天机造化谁知晓？天降小子下凡了。不慕尘间名与利，修真求道出家了。道祖老子把道传，五千妙谛不忘了。度尽劫波在无为，世间坎坷踏平了。悬壶济世生无量，为劝世人学好了。"

没有人听懂他唱的什么，一群儿童在他后面屁颠屁颠地追着，含混不清地学唱着，大人们被逗乐，大笑起来。

霞光里，老道一路乐颠颠地朝庄里步去，唱着、笑着。村人纷纷出来，见他又唱又跳，满身酒气，披头散发，都认为他是个疯老道，起着哄，使得这个宁静的清晨热闹起来。

老道沿着落英缤纷的小溪，穿过一片竹林，经过几处茅舍，转过弯，在一个幽静的、开满紫蔷薇的院墙前停住，盯着大宅院紧闭的木门，看了一会儿，接着又唱了起来："天机造化谁知晓？天降小子下凡了。"

木门吱呀一声打开了，李永超挽着孕妻正巧从里面出来。

见门口站着一位披头散发举止疯癫的老道，口里神神道道地唱念着什么，李永超感到此人并不寻常，便上前道："道爷，进寒舍喝杯茶水？"

老道停止了吟唱，却不理会他，白眉下的眼睛精光一闪，盯着李氏的肚子看着。李永超感到诧异。

老道披散的银发遮住了半张脸，只见他一双微眯的眼睛神光灼灼，一直盯着李氏的肚子看了许久。

李永超不觉脸色愠怒，按住身上所佩剑鞘，正要发作，身旁的妻子悄悄拉了拉他的手。

李氏朝老道微微一笑，柔声地："道爷，您老可是饿了？我这儿有些瓜果，您尽管吃。"

她说着，将篮子里的瓜果递给老道人。这是她带去观音寺的供品。

老道也不客气，抓起来，一口一个，转瞬之间，一篮子瓜果全部吃光了。

他也不道谢，仰起脸，对着酒葫芦，咕噜地喝了一大口酒，嬉笑着，又唱了起来："天机造化谁知晓？天降小子下凡了……"

他一边唱，一边大笑着，扬长而去。一群儿童又跟在后面追着。

"官人，他唱的是什么？我怎么听不懂？真是个怪老道。"李氏问怔怔出神的丈夫。

东来的紫气，疯癫的老道，还有他口里唱着的"好了歌"，李永超感到似乎有什么联系。

"天机造化谁知晓？天降小子下凡了。"他只听清楚这一句，这是什么意思呢？莫非暗示我儿就要出世？

李永超摇摇头，妻子怀胎七月，不可能现在生下孩子。那么又是谁家小子？

"官人，你在想什么？"

李氏的问话，打断了李永超的思绪。他对妻子说："娘子，我去校场练兵，你一路小心。早些回来。"

"官人放心。"

夫妻俩出了门，分头朝不同方向而去。那老道早已不见了踪影。

李氏沿着后山一条较为平缓的山路，慢慢地朝观音寺走去。

观音寺在二十多里外的山腰上，四周峰峦叠翠，溪流潺潺，紫色的山岚缭绕在山林间。而离观音寺几里开外，便是凿于崖壁之上的安岳石窟。

由于李氏有身孕，一路走走歇歇，到观音寺已近正午。

在佛寺的钟声中，她步入观音殿，一缕光从穹顶漏下，照在佛龛上。静美安详的观音怀抱童子，脚踩莲台，朝她投去慈怜的目光。

李氏虔诚地跪在佛前，双手合十，在檀香袅袅中仰望慈祥的送子观音神像，心里默默道：

村妇三十有五方才怀子，感谢大慈大悲的观音菩萨，普度众生。望保佑我儿平安出世，以续李家香火。

李氏是陈家沟一户秀才的女儿，相貌端庄，知书识礼，嫁到李家后，以她的聪慧和能干，帮助丈夫打理祖上留下的二十多亩田产，井井有条。虽然不算很富裕，但日子过得也有滋有味，夫妻十分恩爱。她唯一感到遗憾的是，嫁到李家十年，却一直没有身孕。李永超却没有任何怨言，这使她反而更加不安，渴望能为丈夫生得一男半女。十年来，她日日去观音寺朝拜求子，终于苍天不负有心人，让她怀上了孩子。

李氏相信，是她的诚意感动了观世音菩萨，降子于李家。她特意前来拜谢送子娘娘，观自在观世音。

拜毕，她慢慢起身，步出殿，出了寺庙，沿着曲折的幽径朝山下走去。或许是拜了观音，了却心愿，她感到一阵轻松，加快了脚步。

刚走到一棵松下，一只雏鹤突然落在她的脚下。她不由一惊。原来是一只受伤的小鹤，细细的腿上流着血，一双鹤眼哀哀地盯着李氏。她不禁生起怜悯，慢慢弯下腰抱起白鹤，解下挂在衣襟上的香囊，取出里面的艾草，含在口里嚼碎，然后敷在鹤受伤的腿上，又用身上的一块绢帕包扎好。

她弯下身，将白鹤轻轻放在草丛里，喃喃道："可怜的小白鹤，没事了。快快找你的母亲去罢。"

她安顿好白鹤，站起身，忽然觉得肚子一阵隐隐作痛。"孩儿，不要捣乱，娘很痛。"她喃喃道。

李氏想尽快回家，忍着疼痛，慢慢地朝山下走去。可是，她的肚子越发疼得厉害，额头上密密麻麻的汗珠直冒。她忍不住呻吟起来，双腿已经迈不动了。

山上一片静谧，不见一个人影。她无助地靠着一块巨大的岩石，腹部一阵紧缩的剧痛，越来愈烈。她禁不住痛苦地喊叫起来，汗水瞬间湿透了衣衫。她感到自己快要死了。

完了，儿子保不住了！她绝望地呻吟，努力地支撑着，对自己说："不，我的儿子不会有事的！坚持住！"

她痛苦地捂着鼓起的肚子，虚弱地道："孩儿，你要忍住。娘好痛！"

疼痛几乎快要让她昏迷过去。她再也支撑不住，扶着岩石跌坐在地。

校场上，乌压压站着一片手持长矛的士卒，以八人为一排，列成十个正方形纵队，正在操练。

校场实际是农村晒场围成的土坝子。李永超站在一边，喊着口令。整个上午，他心神不宁。妻子挺着大肚子一个人上山，他实在放心不下。

"小校！"

一个小校从队伍中小跑上前。

"带队继续操练！"

"是，团练大人！"小校应答。

李永超安排好后，骑上马离开校场，朝山上疾驰而去。

山路狭窄，马上不去。他弃马步行。好在他是练武之人，即使登山也如履平地。

这条路是下山必经之路，他一路寻找妻子，却不见人影。"娘子！娘子！"他大喊道。

幽静的山中，只传来一阵回音。他的心头七上八下，有一种不祥的感觉，不由得加快了脚步，如飞一般，朝往观音寺的山路而去。

终于，在山路的巨石边，他看见倒在地上的妻子，心头一阵惊骇。

他抱起痛不欲生的妻子，紧张地问："娘子，你怎么了？"

李氏抬起苍白的脸，从痛苦的表情中努力发出一丝微笑："我快生了，好痛，好痛！"

这一瞬间，惊喜、幸福、担忧、心疼……复杂的情绪涌上李永超的心头。

"忍住，坚持住！等一下就好！"他一边安慰，一边抱起妻子朝山下飞奔而去。

回到家，李永超把妻子扶到床上躺下，交给丫鬟照顾，又飞快地跑了出去。

不一会儿，他带着稳婆，急匆匆往家里赶。一路上，稳婆走得慢慢腾腾的，他不由急得大声催促："快点！快点！"

还未进家门，他已听见妻子撕心裂肺的叫喊，更是心急如焚，额头的青筋爆出，汗珠一颗颗地掉落下来。

"我快死了！官人！我死也要把孩子生下来……"妻子见到他，抓住他的手，虚脱而有气无力地说。

"娘子，稳婆来了，很快就好。坚持住！"李永超安慰妻子。

稳婆吩咐丫鬟准备接生，转身对李永超说："大人，请到厅堂，夫人交给我。"

顿时，整个大宅院的老老少少忙开了，烧水的、干活的，紧张地忙碌着，丫鬟端着一盆盆开水进进出出。

李永超出了内房，在门外焦急地等候着。他听见一声比一声更凄厉的喊叫，心痛得无法呼吸，在门口来回踱步。他担心着临产的妻子和腹中孩子的安危，一颗心悬了起来。

突然，他猛咳了一声，一口鲜血从口中喷出。他心里一惊。

"大慈大悲观音菩萨，送子娘娘，保佑母子平安！"他按住疼痛的胸口，默默祈祷。

时间一分一秒过去，眼看太阳西坠，黄昏降临，李氏仍然没有生下孩子。李永超紧张万分，又无能为力。

过了一会儿，稳婆走出来，惶恐地对李永超道："大人，夫人恐怕难产，我，我，没有办法。"

"什么？你说什么？"一阵巨大的恐惧袭上李永超的胸口，他一把揪住稳婆的衣襟，咆哮道，"你要救不了他母子，我要了你的老命！"

稳婆吓得瑟瑟发抖。

这时，大门外传来一个清扬的声音："天机造化谁知晓？天降小子下凡了。"

李永超一阵惊疑，听出是那疯癫老道的声音。他怎么还在这里？或许这疯癫老道有办法？他飞快地迎了出去。

"老道，我家娘子难产，望救母子一命！"李永超朝老道拱手道。

老道不置可否地嬉笑着，大步进入院子。他停住，听了听里面痛不欲生的喊叫，似乎心里有数。这时，一阵风吹来，院子里的一株柞木随风摇曳。他衣袖一挥，仿佛带起一股疾风，一枝柞木从树上掉落下来。

李永超见此，心里一惊，这老道功夫深不可测！

老道将手上树枝交给李永超，然后从怀里掏出一颗黑色的药丸。

"你先将此枝煎汤，和着这颗太虚降生灵丹，让你家娘子即刻喝下便好。"老道说。

"这……"李永超半信半疑。

老道哈哈大笑："信则灵，不信则不灵。"说着，他又吟唱起来，"天机造化谁知晓？天降小子下凡了。"

老道一边念念有词，一边扬长而去。

李永超听着房内传来的喊叫声，焦急万分，也顾不了许多。他把树枝交给下人，拿到厨房煎汤。

奇妙的是，李氏喝下柞木汁，又吃了那颗丹丸后，剧烈的疼痛竟迅速减轻。

不到一炷香的工夫，一阵洪亮稚嫩的啼声飘出房顶，打破了这个村庄的宁静。一个小子呱呱坠地。

厢房外，李永超闻听婴儿的哭啼声，跌坐在地。

"大人，生了！"稳婆在里面惊喜地喊道。

李永超醒过神来，从地上一跃而起，箭步冲进那垂着青花布帘的内房。

稳婆将大红棉被包裹的婴儿交给他。孩子看见他，立刻停止了啼哭，睁开一双深陷的、黑而明亮的大眼睛望着他。

望着还未足月便提前出世的儿子，这个大汉子激动得热泪盈眶。

经历阵痛之后，躺在床上的李氏已精疲力竭。见丈夫抱着孩子，她情不自禁流下了幸福的泪水。

李永超仔细端详儿子。这孩子骨骼清奇，前额宽广饱满，隐隐然有大器之相；一双清澈的大眼睛，像深邃的星空闪着晶亮的光。他微仰着头，不哭不闹，神色宁静而又安详。

李永超暗暗惊叹小儿如此面相："我儿将来必定不凡！"

他越看越爱，喜上眉梢。

"恭喜大人，恭喜夫人，喜得贵子。这孩子提前三个月出世，竟如此健壮、机灵，真是天人哪！"稳婆在旁边恭维道。

这话让李永超想起老道唱的歌，"天机造化谁知晓？天降小子下凡了。"暗道：莫非我儿的降临是上天安排的？

这时，一声惊雷响起，天色迅疾暗了下来。紧接着，一道闪电划过，瓢泼大雨下了起来。白日还见紫气缭绕、阳光灿烂，到傍晚竟风云突变，电闪雷鸣，暴雨如注。异常的天气、孩子的出生、神秘的老道，种种迹象，令李永超心头亦喜亦忧。

天地玄黄，白云苍狗，大自然瞬息万变，难道预示我儿命运难测？李永超心头的担忧加深了。

"官人，快给儿子取个名吧！"李氏在床上低声道。

妻子的话提醒了李永超。他想起那位古怪的疯癫老道，若非道人用神奇的柞木汁与丹丸施救，恐怕母子性命难保。那老道是个世外真人，我李家的恩人！

沉思片刻，他抱着孩子坐到床边，对妻子说："儿子就叫李真果，幸得真人相救，方有善果。如何？"

李氏苍白的脸上露出了笑容，赞许地点了点头。

"娘子，你受苦了。"李永超握着妻子的手，深情地道。

李氏摇摇头："孩子平安出世，我就心安了，再苦都值了。我们要感谢真人相救。"

"小子，听到娘亲说的话了吗？"李永超对孩子道。

李永超怀抱中的小真果，睁着大眼睛，好奇地望着这个他将叫作"父亲"的男人，似乎在问："我是谁？"

"你是我李永超的儿子呀！"

"我从哪里来，要到哪里去？"

"爹爹无法回答你。等你将来长大了，就知道了。"

此刻，屋外正下着暴雨。伴随一声惊雷，一道雪亮的电光刺破了暗沉的天空。

第二节　启　蒙

四年后，一个下雪天，很寒冷的天气。

大宅院里，李永超在雪地上像往日一样练着风云斩邪剑。这是当年好习武的曾祖父创制的一套剑法，极具变化又刚猛凌厉，如风云突变，把四周之敌扫荡殆尽。

李永超是一位剑痴，无论春夏寒暑，每日晨昏必练这套家传剑法。也正因为他剑术精湛，被清廷安岳县衙选为乡团练。此刻，他挥舞长剑，挟着一股疾风，一招"梅花落"，树上的梅花与空中的雪花，漫天飞舞，尽皆落地。

四岁的小真果倚着门边，目不转睛地盯着父亲的一招一式，看得痴了，呆了。小小的他走到雪地上，捡起一根从树上折断的梅枝当剑，跟在父亲身后比画起来。

李永超发现儿子在学他练剑，竟有板有眼。他又惊又喜，停了下来。但他很快克制住内心的欣喜，皱了皱眉头，板着脸孔对真果说："小子，快回屋念书去！"

"不，我要跟爹爹学剑！"真果仰起小脸央求道，那双深陷的大眼睛流露出固执的神情。

儿子想学武，李永超何尝不愿？祖上传下来的李家剑法，自当后继有人。他不愿到了自己这一代便失传了，愧对祖辈。何况这小子倒是块习武的好料，将来必成大器。而且这股子倔劲跟我儿时一模一样！李永超打量着真果，心中又爱又喜。

但想到黑暗的社会现实，又让他不免心灰意冷。自鸦片战争之后，清朝政府腐败无能，被迫与外国侵略者签订一系列丧权辱国的不平等条约，山河流血。帝国主义横行，战乱不断，经济凋敝，地方官府骄奢淫逸，欺压百姓。便是这个小小的安岳县，农村土地被地主阶级兼并严重，失去耕地的农民，不得不背井离乡，民怨沸腾。他怎么愿意自己的儿子像他一样，为如此腐败没落的政府效力？

想到这里，他狠下心来，宁可李家剑法失传，也不让儿子习武。李家祖辈出过武状元，也出过文状元。他要让儿子读书，将来做一个正直清廉的好官，为百姓做事。

"不行，爹不能教你！"李永超板着一副脸孔说。

"为什么？"真果望着爹爹不解地问。

李永超看着儿子，心里叹了口气。儿子太小，怎么能跟他讲清楚呢？

"记住，读书才是正道，你要给老子好好读书！"

"爹爹！我要读书，也要练武。我要能文能武，给爹娘争气！"真果扯着父亲的衣袖，一副倔强的表情。

儿子小小年纪，竟能说出这一番话，有如此孝心和抱负，这让李永超惊喜万分，内心对真果产生了无限的疼爱。他几乎就要答应儿子的要求了。

这时，李氏从屋里出来，看见雪地上的父子俩正在争执什么，便冲过去。

"果儿，快回屋去！这么冷的下雪天，别冻坏了！"李氏心疼地拍打真果身上的雪花。

"娘，我要跟爹爹练武！"

"听娘的话，回屋里念书，娘和爹都只想你长大做个读书人。"李氏耐心地劝说。

"不，我要像爹爹一样，当一个天下无敌的剑侠！"真果毫不退让。

"你真不听娘的话了？回去！"李氏生气地说，一把抱起儿子就往屋里走。作为母亲，她不愿自己的儿子成为习武之人，打打杀杀，让人担心。

"我不要！不要！"真果双足乱蹬，拼着吃奶的劲，挣脱娘的怀抱，朝李永超奔过去。

"爹爹，教教我！"真果抱住爹爹的腿，抬起小脸央求道。

啪的一声，李氏狠狠地在真果屁股上打了一下，又气又疼地说："你这孩子，怎么这么不听话？跟娘回屋去！"

真果第一次被娘打，委屈的泪水在眼眶里打转，却倔强地不让眼泪流下来。

"我不走！我要学剑！"真果紧紧抱着爹爹，仿佛什么话都听不进去。

李永超拿他没辙，脑子里突然想到了一个办法。

"小子，你要学剑，可以。但你必须通过两关。"

"好。"

"第一关，在雪地上跪三天。"

"你疯了！官人，你要把儿子冻死吗？"李氏吃惊地责怪道。

李永超朝娘子递了一个眼色，暗示她不要担心。他心里有数，校场里的那些兵都经受不住这冰天雪地，何况仅四岁的小真果？莫说三天，跪一个时辰都受不了。儿子绝对会乖乖投降的。

"爹爹，我答应您。"真果仰起冻得通红的小脸，大声地说，那双大眼睛充满了自信和坚定。

好个乳臭未干的小子！李永超打心里喜爱儿子的倔强劲。

"第二关，这个……"他一时想不出来，又转念一想，反正儿子过不了第一关。

"小子，先过第一关再说罢。"

"遵命！"真果小大人一般地拱手道。他话音刚落，小小的双腿已跪在了雪地上。

李氏见状心疼不已，转过身去，朝向丈夫，反倒替真果哀求道："官人，您就答应孩子练武吧，别让他跪了！他会冻坏的！"

李永超一语不发，转身朝屋子大步走去，头也不回。他何尝不心疼孩子？只是，大丈夫一言既出，驷马难追。他必须让孩子懂得言而有信的做人之道。言出必行，这也是对孩子的教育。

李氏只好跟在丈夫的身后，进屋去了。当她关上房门的瞬间，忍不住朝真果望去，孩子一动不动跪在雪地上，漫天的雪花狂乱地落在小小的肩头，她不忍心看，关上门，心疼地掉下眼泪。

整个村庄被白雪覆盖，远处积雪的山峰在阳光下闪着银光，仿佛给山上的安岳石窟戴上了银色的光环。天很冷，吹着北风。李家院子的墙头、房顶堆积着厚厚的白雪，被风一吹，纷纷扬扬的雪片扑向跪在雪地上的真果脸上、身上，他像个小雪人。

已经是第二天了。虽然母亲给真果披上了厚厚的斗篷，但他冻得仿佛全身麻木了，一动不动。小脸蛋由红变紫，然后没有一丝血色，如一张白纸。只是他那双大眼睛却更加明亮而有神。他的面前放着一蒸笼尚散发着热气的饭菜，是母亲为他做的。可是，他一点也没有动它。

屋里的李永超一直默默关注着雪地上的真果，他和娘子整夜都没有入睡，担心着儿子。他完全没有想到，小真果竟然在雪地坚持到两天，便是成年人也难以挺住，他打心里赞叹儿子有如此惊人的意志力。

孩子，你还能坚持住吗？他站在窗前，望着雪地上的小小身影，在心里说。

"官人，叫孩子起来吧！两天没有睡觉，又冻又饿，谁能承受得了？会出事的！我们就一个儿子！"李氏眼里噙着泪水恳求道。

李永超几乎要动摇了。但他清楚，对于小真果来说，这是人生的第一关。如果这一关过不去，他将来如何顶天立地？

"不行！"他冷冷道。

"你不心疼，我心疼！"李氏埋怨着丈夫，就要冲进院子。

"站住！你给我回来！"

见丈夫如此冷峻威严，李氏心里吓了一跳，只好罢了。

李永超狠下心，一定要等到第三天。

第三天一早，李永超打开门，太阳从东边的山头出来，照进了院子。雪在阳光下悄悄融化。此刻的小真果已经冻僵了，似乎快要倒下去了。他跪着的双腿下湿了一摊，是融化的冰冷的雪水。

　　李永超朝儿子走过去，心里既充满自责，又十分心疼，但更多的是对儿子坚强意志的赞赏。

　　"小子，你过关了。"李永超站在跪雪地的真果面前，不动声色地说。

　　"爹爹！"小真果努力张开冻得发紫的嘴唇，发出微弱的声音。

　　他正要站起身，可是，小小的身躯摇摇欲坠，晕了过去。李永超眼疾手快地抱住儿子，将他抱回屋里。

　　李氏已烧好了热水，在丈夫的帮助下，把儿子轻轻放在盛满热水的木桶里。

　　屋里生着炉火，燃烧的火焰映照着真果的脸庞，白纸般的脸色渐渐红润起来。他在暖暖的热温中苏醒过来。

　　"娘，真果过关了吗？"望着坐在身旁一脸焦灼的母亲，他第一句话就问。

　　李氏点点头，抚摸着他的额头，怜爱地说："我的果儿真了不起。"

　　站在一旁的李永超故意干咳了两声，表情严肃地说："小子，你还有第二关。"

　　"官人还要叫孩子过关？他在雪地上跪了三天三夜，好不容易熬过来了！请大人教他学剑吧！"李氏替孩子求情道。

　　这三天三夜，孩子是在饮雪充饥中度过的，对于四岁的小真果是一个巨大的考验。既然孩子挺过这一关，就继续磨炼他。李永超想。

　　"第二关是什么？真果一定通过爹爹的考试！"真果稚嫩的童音打断了李永超的思绪。

　　"这个……"李永超真还没有想好，现在还有什么能难住儿子呢？他犹豫着。

　　"爹爹，如果我能背诵老子爷爷的《道德经》，您答应真果学剑吗？"真果突然从木桶里站起身，大声地说。

"什，什么？你会背诵《道德经》？"李永超怀疑自己的耳朵听错了。

他从来没有教儿子念过《道德经》，只教了《三字经》《弟子规》《千字文》等简单的启蒙书。《道德经》的语言深奥玄妙，便是成人也难以理解，何况是还没有进私塾的四岁小孩！

就连李氏也感到惊讶，张大了嘴巴。

"是，爹爹。"真果定定地说，湿漉漉的小脑袋冒着热气。

孩子不会说谎，但李永超始终无法相信，一个四岁的小孩，识字不多，怎么会背诵老子的《道德经》？

"爹答应。你且背诵。"

李氏将真果抱出木桶，给他换上干净、暖和的袍子，又端上一碗热腾腾的荷包蛋让儿子吃下。

过了一会儿，李永超从房里拿出一本老子的《道德经》，坐在八仙椅子上，等儿子背诵。

真果吃饱后，背着双手，笔直地站在父亲面前，像大人一般的，摇头晃脑地大声念起来：

"道可道，非常道；名可名，非常名。无，名天地之始；有，名万物之母……玄之又玄，众妙之门。"

第二章、第三章、第四章……真果接着背诵下去，十分流利。李永超翻书对照，惊奇之极，孩子竟然背诵得一字不差。

"老子第八十一章：信言不美，美言不信。善者不辩，辩者不善。知者不博，博者不知。圣人无积……故天之道，利而不害；圣人之道，为而不争。"

真果背诵完毕，望着父亲。

李永超早已听呆了，不敢相信自己听到的。老子那深不见底、恍恍惚惚、闪烁智慧光芒的五千文，倘若不能理解它，是很难背诵的。何况牙牙学语的童子？

李氏也难以置信，脸上露出惊讶万分的表情。

见父母半天不说一句话，真果一时不知所措。

"小子，你何时会背诵《道德经》？谁人教你？"李永超回过神来，因激动猛咳了几声，脸涨得通红。他的肺痨又有些加重了。

李氏担忧地看着丈夫。

"每天夜里睡觉的时候，我看见一位白胡子老爷爷到我床边来，给我念书。我不知道念的是什么，就问他。他说是老子的《道德经》。"

怎……怎么可能？李永超越听越震惊。有人进屋，他首先会发现。儿子就在隔壁睡觉，有任何动静应该能听见。而李永超是习武之人，对声音极其敏感，虽然他还没有达到千里辨音的功夫，但两三里外走动的脚步声逃不过他的耳朵，何况近在身旁？

"果儿，你是不是在做梦？"李氏问真果。

真果想了想，觉得母亲说的有道理，便道："好像是在做梦吧。我睁开眼睛，老爷爷就不见了。他每天晚上都要给我念一章，所以，我就记得了。但是……"

"但是什么？"李永超惊奇地追问，感觉像在听神话。

"但是，他念完最后一章，就再也没有来了。"真果的表情有些失落。

"小子，你看见老爷爷长什么样子？"李永超开始相信儿子所讲的。这令他想到了一个人。

真果仔细回忆了一下，道："白胡子，长长的。笑呵呵的样子，邋邋遢遢的。"

"他好像没有新衣服穿，好可怜。"他又补充了一句。

李永超心里一惊，难道是真果出生时遇见的那个疯癫老道？他想起疯癫老道进村那天吟唱的诗："天机造化谁知晓？天降小子下凡了。……道祖老子把道传，五千妙谛不忘了。"

难道儿子有此天命？李永超惊奇地暗道。

只是，一个四岁孩童，仅凭梦中所示，就能读《道德经》？李永超百思不得其解。但经过此事，他认识到儿子有超强的记忆力和过人的天赋，更加确信儿子将来必成大器。

此日之后，李永超开始教真果练剑。

每到晨昏，便可见一大一小在院子里舞剑的身影。真果手中的剑并不是真剑，而是一根梅枝，只见他一边口里念着剑诀心法，一边以枝条当剑，时而轻盈如燕子掠过水面，点剑而起；时而快如疾风扫过，呼呼有声。他跟在父亲身后，一招一式，像模像样，又令人忍俊不禁。

李永超将李家剑法的初级十二招式一一传给真果。小真果悟性很高，进步很快，三个月的工夫，已掌握了"云出洞天""长虹贯日""浩然之气"等招式和剑法要旨。因为他太小，内功修习还要假以时日。但以他的悟性和刻苦，将来他的剑术修为必在父亲之上。

春去秋来，又去了半年。

鸡鸣，天色蒙蒙，微亮。李永超开门出来，看见儿子已在院子里练剑。注视着儿子舞剑的小小身影，他心里暗自赞叹。这时，他脸色突然大变，仿佛什么东西堵住胸口，猛咳嗽了几声，喉头一阵微热，一股鲜血喷在地上。

正在练功的真果见此，跑过去，大惊失色："爹爹，您……您……怎么了？"

他伸手欲扶，李永超摆摆手，强自忍住说："爹没事。你去上学吧。"

"可是……"真果不放心父亲。

"快去！不要迟到！"李永超用严肃的口气命令道。

这时，李氏从里屋出来，对真果说："果儿，该上学了。娘送你去。"

她看见地上的鲜血，颤声道："官人，您又吐血了？"

李永超轻描淡写道："老毛病，死不了。娘子，你快送孩子上学吧。"

真果朝李永超望了一眼，跟着娘出门去了。

母子俩离开后，李永超抚着隐隐作痛的胸口，在石桌边坐了下来。久积的痨病愈发加重，他清楚自己去日不多，必须为儿子的未来做好安排。他一边教儿子练武，一边让儿子进私塾读书。他希望有生之年能看到真果长大成人，成文武双全的栋梁之材。

令李永超欣慰的是，近五岁的儿子不仅武学天赋极高，而且知识领悟力和记忆力超群，所读诗书过目不忘，且能作四言诗，一年通三经。村里私塾老师也为之惊叹："神童也。"

"唉。"李永超一声长叹。他知道自己的身子，等不到儿子成才的这一天，阎王爷就要来收他了。若不是他常年习武，混元固体，便这痨病之躯早就元神大去，根本无法支撑到现在。

此时，秋风吹起，翻过院子的墙头，树上落叶纷飞。李永超不禁心生悲凉。

私塾在村里后山的山脚下，一座废弃的清代祠堂里。清澈的溪水从山上流下，缓缓穿过祠堂边，朝西而去。

一阵朗朗的读书声从祠堂里传出。一群六七岁的童生坐在课桌边念书。真果坐在前排，他是年龄最小的一个，不到五岁。别的童生都照着书本念《论语》，唯独他背着双手、摇头晃脑地大声背诵。

教书先生姓孔，是村里的秀才。或许因为姓孔，他特别崇尚孔子和儒学。不仅教蒙童读《三字经》《百家姓》《千字文》等启蒙读物，还教他们读《论语》《孟子》等经典，并要求会背诵。

教桌边，孔先生正襟危坐。他突然敲了一下戒尺。童生停住朗读，抬起头紧张地看着老师。

"熊老幺，《论语·季氏篇》第十六。"孔先生点名道。

叫熊老幺的童生正偷偷在课桌下摆弄弹弓子，听见先生叫他，慌忙站起身。

孔先生领读："孔子曰：天下有道。"

熊老幺挠了挠脑袋，结结巴巴地背诵："则……则礼乐……则罚……"

童生们哄堂大笑。

孔先生板着脸走过去，熊老幺吓得赶紧把手心摊开。啪的一声，"我看你就该罚！"孔先生挥起戒尺，朝熊老幺的手心打去。熊老幺疼得不敢吱声。

孔先生转过身，对坐在前排的真果道："李真果，你来读。孔子曰：天下有道。"

真果腾地站起身，背着双手，那双深邃如星空的大眼睛闪闪发亮，他大声地接着背诵：

"则礼乐征伐自天子出；天下无道，则礼乐征伐自诸侯出。自诸侯出，盖十世希不失矣；自大夫出，五世希不失矣；陪臣执国命，三世希不失矣。天下有道，则政不在大夫。天下有道，则庶人不议。"

真果小小年纪，把难度很大的《论语》背诵如流，那般气清闲定，那般从容自信，令孔先生暗自赞叹，喜悦之情溢于言表。他有心考考这个得意小门生。

"子曰：朝闻道，夕死可矣。此话怎讲？"

李真果沉默片刻。

这时，被罚站的熊老幺得意地抢答："先生，我知道。孔子说，早晨听到路上有官兵的车马声，晚上就有人死了。"

童生又一阵哄堂大笑。

孔先生举起戒尺，佯装朝熊老幺的手臂打去。熊老幺吓得瑟瑟发抖。

孔先生对李真果说："李真果，你讲。"

李真果挺直胸膛，答道："先圣孔子说，早晨得知了道，就是当天晚上死去也甘心。"

孔先生满意地点点头，又问："孔子讲的'道'是什么？"

李真果回答："道，真理也。为政之道，做人之道，君子之道。"

孔先生大为惊奇，他不曾讲过孔子这段话的含义，却没想到这个小小童生竟理解得如此透彻。

他不禁大加赞赏："孺子可教也！孺子天人也！"

李真果突然发问："先生，孔子所讲的'道'，是从老子的'道'得到的启发吗？"

孔先生更加惊奇，这小孩子竟然知道老子的《道德经》？不由叹道："先生教不了你。"

梦里的白胡子老爷爷会回答我的问题吗？真果想。

每到晚上，李真果温习功课后，练一会儿剑，便上床睡觉。他闭上眼睛，等那个慈祥又古怪的老爷爷到他的梦里来。

可是，白胡子老爷爷没有再来。

唯有窗外的明月光，静静地照着床前。

鸡鸣、狗吠、炊烟、日落，一个很美的山村黄昏。

黄昏的山村很美，夕阳西沉，天边的晚霞宛如一片赤红的枫叶，铺落在弯弯的小路上。袅袅的紫烟在林间浮动，如幻境一般。

李真果放学回家，走在林间的小路上。经过一片松树林，看见树下坐着一个衣着邋遢的白发老人。

"老爷爷，您迷路了吗？"他问道。

老人靠着树子，垂着头，有气无力地说："我饿了。"

老人蓬乱的白发遮住了面孔，他看不清老人的模样。心想：这老爷爷必是饿得走不动路了。可我没带吃的，怎么办？

"老爷爷，您等着我，我回家给您拿吃的来。"

老人依旧垂着头，毫无表情地说："叫我道爷爷。"

啊？李真果有些吃惊。他顺从地叫了一声："道爷爷。"想看清楚老人的样子。

老人有点不耐烦："快点去拿，还在这磨叽什么？"

李真果连忙撒腿朝回家的方向跑去。

一炷香的工夫，李真果捧着一大包馒头，小跑着回到树林里。老人依旧坐在树下，垂着头。

李真果将纸包里的几块尚散发着热气的馒头，悉数恭敬地递给老人。

老人头也不抬，抓起馒头大口吃起来。

他又从怀里掏出两个咸鸭蛋，给老人路上带着。这是母亲为他煮的咸鸭蛋，等他放学回来吃的。

老人也不客气地拿了过去。

吃完东西，老人又说："小子，给道爷爷拿鞋子来。"

看着老人穿着露出脚指头的芒鞋，李真果不由一阵自责："哎呀，我怎么没想到呢!"

他立刻又跑回家去,把父亲的新衣、新鞋拿了来。

老人瞥了一眼,面无表情,把脏兮兮的双脚伸过去,冷冷地道:"给你道爷爷穿上。"

李真果心里嘀咕:"真是个古怪的老头。"

但他并没有说什么,弓下身,伸出小手,笨笨地给老人穿上鞋子。

或许因为好奇,他抬起头朝老人望去,看见被乱糟糟白发遮住的面孔,露出慈祥的笑容。长长的白胡子仿佛被风吹起,飘动着。但此刻,一丝风都没有。

李真果心里一惊:这个老爷爷,我在哪里见过? 他有一种似曾相识的感觉。

这时,老人站起身,哈哈大笑了两声,头也不回地走了,也不说一声谢谢。

好个怪老头! 望着老人飘然而去的身影,小真果心里一惊,回忆起那个熟悉而奇怪的梦境,难道这老头是梦中的神仙爷爷?

回家的路上,李真果一边走,一边想。他感觉像做梦一样。

"小子!"一个苍老而中气十足的声音从他身后传来。他猛然转过身来,一阵惊疑,老人笑呵呵地站在自己的面前。

"明日此刻,到那棵老树下见我,你可以问我一个问题。"

老人说完,还没有等李真果反应过来,已飘然而去。

回到家,李真果把遇见老人的经过讲给父亲听。李永超听完儿子讲述,也大感惊奇。

"爹爹,那个道爷爷是不是我梦见的神仙呀?"

儿子的问话,让李永超联想到疯癫老道,难道又是他? 听儿子的描述,也与疯癫老道十分相似。

这个神秘的疯癫老道到底是什么人? 莫非是传说中的高人? 或与真果有此奇缘? 李永超沉思着,不知是喜是忧。

"爹爹,孩儿明日可以去问道爷爷问题吗?"

"当然可以。"

第二天，晚霞满天，又一个很美的夕暮。山冈上，太阳正在下去，月亮正在上来。古铜色的天幕像亘古的洪荒，十分梦幻。

李真果放学后，如约来到松树林，老人已在树下坐着，正举着葫芦独自喝酒，神态悠闲自在。

真果一阵惊疑，老人完全不像昨日邂逅的样子，一袭干净的紫色袍服，玄纹云袖。一头银发，一半披散，一半束缚，发顶用一支玉簪扎成天宫卷，丝丝发缕随风飘动。如雪的长须，烘托出他红润如雪肌的面容。一双眼睛神光灼灼而又安详。他盘腿席地于松下，意态潇散，恍若逍遥自在、鹤发童颜的仙翁。

"小子，坐吧。"老人笑呵呵地招呼真果在自己对面坐下，真果却只恭敬地站着，拘谨而又充满敬畏地看着老人。

"叫你坐，你就坐。你这小东西哪里学来的俗套？"老人有点不满。

真果在老人对面坐下，忽然感觉轻松自在，面前的老人变得亲切而熟悉，像梦里所见的老爷爷。

"问吧。"老人喝了一口酒，兴味盎然地看着他。

"你是谁？"李真果大胆地问，没有用敬辞"您"。他对眼前这个奇怪的老人产生了强烈的好奇心。他很想知道，这个突然出现的人究竟是谁。

老人笑了起来，看着他的眼睛说："我是你必然遇见的人。"

难道他真是神仙爷爷吗？真果心里想。

老人又呵呵笑道："我不是神仙。"

真果心里一惊，他连我想什么都知道，好厉害的老头儿！

这时，风吹起，一片松叶突然飘落下来。转眼之间，已落在老人的手上。

老人举着手上的松叶，微笑着对真果说："就像这片叶子，它恰好从树上落下来，恰好我坐在这里。风也恰当，刚好吹来。"

真果似懂非懂。

老人又进一步启发他："你恰好来，我恰好在。没有早一步，也没有晚一步。我是你必然遇见的人，是自然而然的事。"

"可是……"

"你是想说，叶子掉下来砸到我，是偶然。你遇见我，也是偶然，怎会是必然呢？"

真果小脑袋里的疑问，被老人道破了。

"现在，你来回答我，你是谁？"

"我叫李真果，今年五岁……"

老人摇头道："李真果只是你的名字，不是你。我问的是'你是谁？'"

"我就是李真果，男子汉大丈夫，坐不改姓，行不改名！"他大声道，一副少年老成的样子。

老人哈哈大笑起来。

这有什么好笑？真果心里嘀咕。

"你是它。"老人举着手上的叶子说。

"我怎会变成叶子？"真果困惑了——这老头儿疯言疯语，到底想说什么？

"你就是刚好落在我面前的，一片叶子。"老人微笑着注视他，意味深长地，"你是谁，你必然会遇见谁。"

我是谁？真果忽然感觉不认识自己了。

这时候，真果感受到这个奇怪的老人身上神秘而高深莫测的气质深具吸引力，令他产生一种崇仰之情。

老人站起身，把酒葫芦挂在腰间，似醉非醉，摇摇晃晃地往外走去。

他一边走，一边吟道："道可道，非常道……"

真果追上老人。

"道爷爷，您到哪里去？"

"风到哪里，我到哪里。"老人头也不回地笑道。

"我要跟您走。"他冲着老人的背影大声说。

"小子，跟着你的脚走吧。"

真果低头看着自己小小的双脚，突然拔腿朝老人追去。可是，老人转瞬消失在树林里，不见踪影。他怅然若失。

"回家吧。"一个熟悉的声音从真果身后传来。他转过身去，看见父亲站在面前。

原来李永超一直悄悄跟在儿子身后，来到树林里。他藏在树后，听着儿子与老人的对话。虽然没有看清楚老人的样子，但从声音里判断，老人正是救了母子俩性命的那位疯癫老道。

老道的出现绝非偶然。一老一小的对话，再一次证实了李永超的判断。

这是一个神秘的高人。莫非儿子真与道有缘？他回想起疯癫老道在他家门口所吟之句："天机造化谁知晓？天降小子下凡了。不慕尘间名与利，修真求道出家了。……"他隐隐感觉，这个道人是来带儿子走的。李永超心里加深了忧虑。

"爹爹，我可以去找道爷爷吗？"儿子的问话，打断了李永超的思绪。

"不要去找。以后，也不要去见面。"

"为什么？道爷爷不是坏人。"

虽然李永超也信佛信道，但作为父亲，佛门也好，道门也好，他不愿儿子走上出家之路。

他对儿子说："那位道爷爷是好人，且是你的恩人。如果没有他，你就来不到这个世上了。你要记住，将来一定要报恩。"

真果听父亲讲过他出生时的遭遇。此刻他联想老人说的话："我是你必然遇见的人。"又听父亲这一讲，心里似乎想通了许多。

李永超忽然表情严肃："但是，听爹爹的话，现在不要去见面，好好用功读书。待日后功成名就，再行报答。"

"哦。"

真果不明白爹爹为什么又不让他与老人见面，但他是一个孝顺的孩子，便只好答应不去找老人。

我是一片叶子。风会把我带走吗？真果想。

这以后，老人也一直没有出现。像风一样，去无踪迹。

第二章

流落他乡

从生到死有多远？庄子说，昼夜之间。"死生，命也，其有夜旦之常，天也。"

生死这道哲学命题是人类的根本问题。超然的庄子认为，生与死，就像白天与黑夜的交替一样，自然地发生着。既是命，也是天。

固然，人从根本上来说，无法逃避死亡。死是每一个人无法相逆的命运。可是，生命的无常仍然使我们感到恐惧，措手不及。

死是什么？死是一个令人痛苦的字眼。幼小的李真果还无法理解"死"的含义。亲人的猝然离世，却把他推到了这个残酷的字眼面前，直面生死。

他不知道，一夜之间，人生的苦难也随之降临，突然摧毁了他的一切。他五彩斑斓的童年，剩下了灰与白。

命运会把他安排到何方？

第一节 行 乞

忽然下雨了，三月乍暖还寒的天。

山坡上，一座新垒成的青冢，在凄风冷雨中兀自伫立。一袭麻衣丧服的李氏挺着大肚，带着六岁的李真果，跪在坟边，为丈夫烧着纸钱。

李真果六岁那年，父亲李永超去世了。父亲那练武的强健身板，终没有抵挡住病魔的摧残，丢下母子俩，还有未出生的遗腹子，撒手西去。

李氏哀哀地流着泪，恩爱夫妻，阴阳两隔。悲恸使她的心碎得如漫天飘飞的纸钱。

"娘，爹爹为什么躺在那里？他什么时候出来教孩儿练剑？"真果不解地问身旁的母亲。

李氏擦掉泪水，心痛地把真果揽在怀里。孩子太小，还不知道"死"是什么，但她必须让真果接受这个残酷的事实。

"爹爹走了，再不回来了。"

"爹爹去哪儿了？"

"孩子，你看到天上的一缕青烟吗？"

真果抬头朝天上望去，地上烧着的纸钱化作了灰烬，升起一缕缕青烟，飘向天宇。

李氏哀伤地说："爹爹死了，死神把他夺走了。爹爹的魂变成了青烟，去了天上。那里的路很高，很远，他回不来了。"

真果的心忽然沉了下去，胸口像被一把长剑猛刺了一下，痛得无法呼吸。虽然他还不能理解什么是死，但是，他讨厌"死"这个冰冷阴森而可怕的字眼，怎么也不该与最敬仰的人相关。该死的死神怎么可以夺走我的爹爹？

他呆呆地望着灰蒙蒙的天空，感觉自己五颜六色的世界在面前毁灭，只剩下灰色与白色。细雨纷纷，青烟袅袅，仿佛他碎得七零八落的心随着纸钱，飞到了天上。

"不……爹爹不会死，怎么会呢？"

"爹爹生病了，病得很重很重……"

"郎中都治不好吗？"

李氏摇摇头。

"我长大要做一名医家，治天下人的病，他们就不会死了。"真果抬头问，"娘，爹会同意吗？"

"爹爹同意了，在天上看着我们真果笑呢……"

这时，真果的眼泪大滴大滴地掉下来。他开始明白，自己再也见不到最爱的父亲了。他不由放声痛哭。

真果第一次直面亲人离去的打击，直面人生中的死亡。幼小的他过早地承受生离死别的痛苦，感觉自己做了一个噩梦一般。

他还不知道，一个个噩梦正接踵而至。

一夜之间，李家失去了顶梁柱。

村里的恶霸地主熊巴爷早就觊觎李家的田地，但慑于李永超是乡里的练军头领，声威赫赫，不敢造次。与李真果同读一个私塾的熊老幺正是熊巴爷的小儿子。熊老幺平日不好读书，又仗着父亲的势力，常欺负蒙生，蒙生都很惧怕。唯独李真果不怕，每次见他打蒙生，便用拳头教训他。熊老幺自然打不过习武的真果，跑回家跟父亲告恶状。熊巴爷对真果又气又恨，却又不敢招惹李永超，只好暂时忍着。

李永超一死，熊巴爷感到机会来了。

丈夫去世不久，新寡的李氏生下了怀胎十月的女儿，取名李真珍。一天，熊巴爷突然闯进李家宅院。李氏正在院子里给怀中孩子哺乳。

李氏一袭粗布素服，发髻后绾，端庄素雅。虽然已是中年妇女，岁月在她的眼角留下浅浅的鱼尾纹，但面容仍不减年轻时的美貌，气质脱俗，与普通村妇有不同的美。她那双注视孩子的眼眸流淌的慈怜之光，更显动人。半遮半开的衣襟里双峰隐约，如新垂桐子。熊巴爷一见，顿起邪淫之心。

李氏见熊巴爷闯进来，大惊失色，慌忙掩住衣襟，紧紧抱住孩子。

熊巴爷素有欺凌乡邻、霸占土地、骄奢淫逸的恶名，为村民所痛恨，却因其势力大，谁都不敢反抗。丈夫在时，熊巴爷稍有收敛。如今，丈夫去世，他更为所欲为。李氏意识到来者不善。

"你要干什么?"她呵斥道。

熊巴爷嬉笑着逼近李氏面前，不怀好意道："爷要和你睡觉。"

"下流! 无耻! 滚!"李氏怒骂道。

熊巴爷目露凶光威胁道："顺我者生，不从则死。"说着，他扑过去，伸手便往李氏胸口抓去。

李氏吃了一惊，抱着孩子，倒退了几步。情急之下，她抓起石桌上的一把剪子，将刀尖对着自己的脖子。

"熊巴爷，我宁可死，也绝不受辱!"

熊巴爷狂笑起来，恶狠狠地盯着她怀中哇哇哭叫的孩子："你去死吧，就让这个女娃子长大给我儿子当小妾!"

他一步一步地朝李氏逼近，伸手就要抢夺孩子。

"你敢过来，我就跟孩子一起死!"李氏厉声高喊。

她被逼到墙角，已无路可退。孩子大声地哭叫，她朝怀中的孩子含泪地看了一眼，举起剪子，闭上了眼睛……

突然，熊巴爷的后脑勺被一根树枝猛击了一下。他摇摇晃晃，在李氏面前倒了下去。

原来李真果放学回家，正好看见眼前发生的一幕。他不知从哪里迸发的力气和速度，冲进院子，捡起地上的树枝，腾空而起，朝熊巴爷当头直劈。树枝未到，已是挟着一股疾风，声势甚是惊人。还没有等熊巴爷反应过来，后脑勺已遭了重击。此招叫"萧萧落木"，是李永超传给儿子的李家风云斩邪剑法中的厉害剑招。只是真果年纪尚小，内功不足，自然力道很轻。但此刻真果眼见母亲受辱，以树枝当剑，激发出一股令人惊骇的内力，劈得熊巴爷头晕眼花，当场倒地。

李氏又惊又喜，一把搂住儿子。

熊巴爷很快醒过来，从地上爬起，从腰间掏出一把佩刀，恼羞成怒地朝李真果刺去。幸亏李真果闪避得快，刀锋从胁下掠过，只划破了他的衣服。

李氏见儿子遇险，大声呼救。熊巴爷又挥刀朝李氏砍去，危急之中，真果暗暗使出一个旋风腿，只见他左腿如疾风般扫转，虽然不具攻击力量，却将人高马大的熊巴爷绊倒，手中的刀咣当落地。这一招叫秋风扫落叶，也是李永超教给儿子的武术腿法。

这时，村民闻声赶来，手持锄头围住熊巴爷。平日，李永超和妻子李氏乐善好施，常周济穷人，邻里都敬重夫妻二人，今日见恶霸熊巴爷欺负孤儿寡母，侮辱良家妇女，个个眼中充满怒火。

熊巴爷没有带家丁，见人多势众，群情激愤，情势对自己不利，便慌忙从地上爬了起来。

"我要叫你们孤儿寡母知道爷的厉害！等着瞧！"他捂着流血的后脑勺，撂下一句狠话，落荒而逃。

几天过去，熊巴爷没有任何动静。

月黑风高的夜晚。狂风呼啸，发出摧断树枝的声音。村里传来几声狗吠，与山上的狼嚎呼应，夜更加恐怖。

李氏等真果和妹妹珍儿睡去，便坐在床边，默默望着窗外，眼里掠过深深的担忧。她预感熊巴爷绝不会善罢甘休，李家会有一场劫难。如果丈夫在世，没有谁敢欺负他们。可是，现在失去了丈夫，她一个乡下女人，如何保护年幼的孩子？想到这里，她不由暗暗垂泪。

"娘，不要怕，我保护您和妹妹！"真果突然从床上坐起来，对娘道。

"果儿还没睡？"李氏爱怜地将真果搂在怀里，叹了口气，"孩子，咱们家要遭难了。娘受再大的苦都不怕，可是你还小，妹妹才满百天，娘担心哪！"

"娘，别担心。有果儿在，坏蛋敢来欺负咱们，我就跟他拼了!"

李氏摇摇头道："熊巴爷势力大，我们斗不过。果儿，明日你去私塾读书，便住在孔先生家，别回家。娘已跟先生讲了。"

"我不走，我要保护娘!"

"听娘的话。你是娘的命根子，李家唯一的香火，以后就靠你了。"

"不，我要跟娘在一起!"

李氏注视儿子倔强的眼神，悲喜交集，不由掉下泪来。她心里哀叹丈夫早早离她而去，母子三人受人欺负。难为儿子小小年纪如此勇敢，一片孝心。

果然，不出李氏所料。

第二天，熊巴爷带着十几个家丁，提着大刀火枪，气势汹汹，围住李家宅院。

"私闯民宅，可知犯法?"李真果站出来护住母亲，对乌压压一群人大声喝道。

"爷我就是法!老子还没给你这小子算账，你倒敢对爷大吼大叫!"熊巴爷摸着自己还隐隐作痛的脑袋，气不打一处来，恶狠狠地咆哮道。

"来人，把这个小屁孩，给爷扔一边儿去!"

家丁头目走上前，像抓小鸡似的，一把将李真果提起来，狠狠朝地上摔去。

咚的一声，李真果的小脑袋撞在了地上的石板上，顿时痛得昏厥过去。

"果儿!"李氏大惊失色，跑过去抱住儿子，颤抖地呼喊，"孩子!你怎么了?不要吓娘!"

她朝院子外大声呼救。

家丁头目又抬起一脚朝李氏踹去。李氏被踹倒在地。

李氏忍着痛，朝熊巴爷痛斥道："恶棍!有什么事冲我来，拿孩子出气算什么!我儿子若有三长两短，我跟你拼了!"

家丁头目又朝李氏狠狠踢去，挥起拳头厉声道："你敢辱骂熊爷？找死不成?!"

这时，村民们闻声赶来。他们看见小真果昏迷在地，李氏正被家丁拳打脚踢，十分愤怒。

家丁头目对众人说："大家听着，李永超死了，熊爷现在升任乡团练了，你们要叫团练大人，有敢不敬者，就跟他们一样下场！"

村民面面相觑，作恶多端的熊巴爷成为官府之人，往后日子更加不好过了。眼睁睁看着李家孤儿寡母被欺负，大家敢怒不敢言。

"还不散去？快滚！"家丁头目朝村民喝道。

村民在家丁驱赶下，纷纷散去。

这时，屋里传来女婴哇哇的哭声。李氏抱着昏迷不醒的真果，又痛又急。

熊巴爷冷笑道："李氏，你听着，你那死鬼生前欠下爷我几万两银子，爷是来收债的！"

李氏愤怒地说："我丈夫一生清白正直，何来借债？有何凭据？"

家丁头目掏出事先准备好的字据，扔给李氏。

"李永超吸食鸦片，负债累累，这就是凭据！"

李氏看着字据，气得颤抖地怒骂："这分明是伪造！侮辱、诬陷我丈夫一世英名，你们还有王法吗？我告官去！"

"去告啊！爷就是王法！"

"你!"李氏气得说不出话来。

这时，李真果在母亲的怀抱里苏醒过来。他慢慢睁开眼睛，忍着头部的疼痛，虚弱地说："娘，不怕……"

李氏惊喜地唤道："孩子，你没事吧？"

李真果摇摇头。

熊巴爷对家丁头目使了个眼色。家丁头目会意，大声道："传团练大人口谕，李家二十亩田产与这个老宅院统统没收抵债，着李氏母子三人即日起离开此地！"

"什么?"李氏气得差点晕过去,"呸!休想!"她腾地站起身,朝熊巴爷吐了一口唾沫。

熊巴爷正要发怒,又止住。他擦了擦脸上的口沫,不怀好意地盯着李氏道:

"有个性,我喜欢。不走也成,只要你答应伺候爷,替你家男人还债,这田产、房子都不没收。如何?"

"呸,黑心烂肺的畜生,猪狗不如的禽兽!期量我家男人死了,欺负我一个妇道人家,你会被打到十八层地狱永世不得投胎做人!"李氏浑身颤抖地怒骂。

熊巴爷恼羞成怒,咆哮道:"来人,立刻把贱人和两个崽儿赶走!"

几个家丁正要上前,李真果突然持剑护住母亲,大声喝道:"谁敢!"

原来他悄悄回屋里把父亲留下的一把青龙剑拿了出来。只见长剑寒光逼人,令人心头一凛。

只是他个子太小,似乎不能承受其重。

"坏蛋,霸占田地、侵吞私宅、欺负良家妇女,胡作非为、丧尽天良!德不配天地,必遭天怒,不得好死!"李真果冲熊巴爷呵斥道。

熊巴爷为之一凛,看不出来这几岁童子说话一套一套的,还有点瘆人。

"想找死不成?给我往死里整!"熊巴爷愤怒之下,命令家丁动手。

家丁头目挥起大刀就要朝李真果头上砍去,李真果弯腰闪避,回身突然刺向熊巴爷。熊巴爷大惊,袍子被剑锋划破,吓出一身冷汗。

家丁头目急忙挥刀朝李真果剑刃平面上一击,当的一响,李真果手臂一阵发麻,毕竟力量不足,长剑落地。

气急败坏的熊巴爷掏出火枪,对准李真果。

"住手!"李氏上前用身体护住儿子,对熊巴爷道,"只要不伤害我儿,田地、房产,不要了,我们走!"

熊巴爷哈哈哈狂笑起来,对家丁道:"让他们滚蛋,一双筷子都不许带走!"

一夜之间，厄运降临。李家世代相传的几十亩田产和房屋被恶霸熊巴爷侵占，李家母子三人被赶走。

悲愤的李母拖儿带女被迫背井离乡，四处流落。

人间三月天，本是草长莺飞、春暖花开的季节，却春寒料峭，透着肃杀之气。

这一天，李家母子三人流落到本县的彭家场（今安岳县云丰场）。衣衫褴褛的李母怀抱着襁褓中的小女，牵着真果冰凉的小手，冒着袭人的寒风，乞讨在这举目无亲、人地生疏的地方。

接连的打击，加上饥饿与奔波，李母的身体更加虚弱，没有了乳汁。由于断奶，怀中婴儿饿得啼哭不止。真果也数日没有进食，每次讨来的馒头和粥，他舍不得吃，都给母亲留下，谎称自己已经吃饱了。李母怕儿子难过，便没有拆穿他，内心却万分疼痛。

望着饥寒交迫的母亲和啼哭的小妹，真果心里又难过又焦急。

寒风中，他跑到一家官宦人家的门口，见一位大人模样的人正要上轿，便上前仰起脏兮兮的小脸，央求道：

"大人，我和我娘，还有刚出生的小妹被恶霸逼迫，流落贵地，已经数日无食，请发个善心，行个方便，讨一碗粥喝。"

那身着绫罗绸缎的大人看着衣不蔽体的真果，厌恶地捂着鼻子，骂道："小叫花子，滚！"

"大人，请您行行好，我娘和小妹没有吃的，她们会饿死的！"真果拉着大人的衣袖哀求道。

大人憎恶地甩开真果的手，狠狠地朝他一脚踹去。真果摔倒在地，小手被地上的碎石划破，鲜血流淌。

"真是他妈的不吉利，出门碰到个倒霉蛋！小叫花子，再让爷看到你，揍死你！"

大人坐上轿子骂骂咧咧而去。

"对不起，真果无能，让娘和妹妹受饿了。"真果空手而归，背着双手，难过地对母亲说。

"你的手怎么了？"母亲让真果把手伸给她看。

"没，没什么。"真果躲闪着，"娘，我再找别的人家，给妹妹讨点粥。"

母亲一把抓住他的手，看见他的双手淌着鲜血，顿时心如刀割一般，颤抖地问："孩儿，你挨打了？"

真果摇头否认。

"疼吗？"

"不疼。"

"娘不好，娘让你受苦了。"

看着受到凌辱的真果，仅仅六岁，却如此懂事和坚强，这更让李母心疼和自责。田产房屋被霸占、母子流落他乡、幼小的儿女遭受如此惨景，这是什么世道啊?!

苍天哪，我李氏没有做过一件恶事，为何让我的孩儿受此大罪？她忍不住仰天放声痛哭。

真果见母亲一哭，心中大痛，恨自己太小，不能保护母亲，也禁不住大哭起来。母亲怀中的小妹哭得更厉害了，母子三人哭成一团。

寒风吹起迷离的细雨，凄惨的哭声飘散在冷风细雨中，令人心碎，惊动了四周。路过的乡民都停下来，住在街上的居民也纷纷开门出来，不一会儿围了很多人。

看着眼前可怜的母子三人，男女老少无不同情，自动地捐钱捐物，有的递给馒头、花卷，有的从家里拿来衣服，有的给几两银子，有的给女婴端来米粉……

这时，一位身穿粗布长袍、头戴斗笠的中年男人远远听到悲切的啼哭声，便沿着声音上前查看。

他走到围观的人群中，见到眼前这一幕凄惨的情景，不由心头一凛。衣着破烂的妇人怀抱女婴悲切地痛哭着，发髻上别着一朵白花。她身旁站着一个小男孩，穿着蓝色的破棉衣，已经被毛毛细雨淋湿。脏兮兮的小脸蛋看不清楚模样，一双深陷的大眼睛挂着晶莹的泪珠，令他为之动容。而那妇人怀中的女婴哭得累了，失去力气。

"这位大姐，从何处来？何事悲哭？"他走上前询问。

李氏抬起泪眼哭诉："民妇住在本县李家区观音场响坛子村，夫君因病去世。恶霸熊巴爷欺我新寡，对我侮辱不成，便诬赖夫君生前欠他上万银两，强行将家业田产侵吞去了，还把我们孤儿寡母赶走。我一个妇道人家走投无路，求告无门，只得带着幼子和襁褓中的小女流落他乡，乞讨求生……"

李氏说着，悲切地哭起来。人群中有的落泪，有的叹息，有的愤愤不平。

中年男人听着李氏的诉说，胸中一股怒火燃烧，暗暗握紧拳头。

李氏心痛地揽住身旁的李真果，哽咽地："今日来到贵地，孩儿为给母亲和妹妹讨粥，却受尽凌辱。民妇心中如刀割一般，想起来沦落如此绝境，悲从中来，才忍不住痛哭起来，惊动各位好心之人。"

中年男人从头上摘下斗笠，只见斗笠上写着四字："浩然正气"。

"这等恶人无赖、淫棍地痞，岂能容欺压弱势妇孺，无法无天！"他气愤地说。

人群中有人惊呼："是彭状师！"

"大姐，莫要悲伤，这官司我替你打定了！不但包你争回田产，且要恶人得到惩处！"

李氏不敢置信地抬起泪眼："这位大哥，您说的是真的吗？"

人群中有人对她说："这是我们彭家场的彭状师，铁齿铜牙，远近闻名，没有咱状师打不赢的官司！"

李氏又惊又喜，连忙叩谢。

"夫君，瞧他们孤儿寡母多可怜，不如暂住咱家如何？"一位中年妇女上前对彭状师道。

"我也正这么寻思，就听娘子的安排。"彭状师转过身，把妇人介绍给李氏，"这是我的内人。"

"多谢恩人，二位真是大善人啊！"

李氏感恩不尽，连连磕头。站在身旁的真果也跟着母亲一起跪谢。

"小子，快起，男儿膝下有黄金。"彭状师一把拉起真果，将身上的一件棉背心脱下给他穿上。

望着彭状师父亲般慈爱的目光，真果心头一暖，眼泪又忍不住掉了下来。

"您是神仙吗？"走在去彭家的路上，真果拉着彭状师的手，好奇地问。

彭状师手摇白纸扇，爽朗地笑起来，问道："为何这么问？"

"神仙总是在好人有难的时候帮助他。"

真果想起了那位疯癫老道，若不是老道施药救难产的母亲，他就不可能来到世上。

"我呀，不是神，不是仙，我就是帮穷人打抱不平的状师。"

"状师是什么？"

"状师就是替人写状子，打官司，为民申冤的人。"

"我也要当状师！不过……"

"不过什么？"彭状师兴趣盎然地问，看得出他十分喜欢小真果。

"我发过誓，我要当医家，给很多很多的人治病。"

彭状师蹲下来，用欣喜的目光看着真果，高兴地说："好啊！有出息！小小年纪这么有志！"

"我爹爹便是因为患病去世的。"真果难过地说，"叔叔，爹爹功夫可了不起了，李家斩邪剑法盖世无双！要是爹爹在世，恶人就不敢欺负我们了。"

"你爹哪有这么大神通。"李氏含着泪花对真果嗔怪道。

"孩子他爹是不是威震四方、疾恶如仇的李团练？"彭状师问道。

"正是夫君。"

彭状师顿时肃然起敬："敬仰！真是虎父无犬子啊！"

他取下斗笠，给真果背在身上，一把将真果举在肩头："跟叔叔回家去咯！"

原来这位中年男人姓彭，名子渝，是彭家场有名的民间状师，生性豪爽，专爱结交英雄豪杰，打抱人间不平，与李永超曾有一面之缘。他年轻时获取举人功名，在衙门谋得文职官位。目睹清朝政府腐败无能，贪官污吏横行，民不聊生。他愤而离开衙门，回乡下务农，当上"斗笠状师"。由于他长于辞令诉讼，并与安岳县衙内的师爷、公差有交往，为穷人打赢了诸多官司，因此颇得当地百姓赞誉。

彭子渝夫妇将母子三人接回自己乡下的家，安排好吃住。彭子渝当天连夜起草好诉状。

第二天一早，他便带着李家母子三人前往安岳县衙告状。

知县是个新科状元，见有人击鼓鸣冤，状告新任李家区团练熊巴爷，便立即命令将熊巴爷传上公堂。

公堂上，狡猾的熊巴爷咬定李永超生前欠他若干银两，以李家田产房屋抵债，合理合法，还拿出所谓凭据，有李永超的画押签名。

彭子渝向知县禀告："知县大人，这是伪证，笔迹不符合我已故当事人的。讼师彭子渝有李永超生前写给李氏的遗书一封，请大人明察秋毫。"

师爷从彭子渝手中接过遗书，呈给知县。知县将李永超遗书上的笔迹与熊巴爷凭据上的笔迹对照，完全不吻合，不由勃然大怒。

"熊巴爷，你伪造凭据，该当何罪？"

熊巴爷狡辩道："知县大人，冤枉！他说遗书就是遗书吗？我还认为他与李氏合谋伪造呢！"

知县是个新官，经验不足，认为熊巴爷也言之有理。

彭子渝沉着地说："知县大人，彭子渝请求调出李永超任团练所呈县衙文书。"

知县犹豫："这个……"

彭子渝对熊巴爷挖苦道："难道文书也可伪造不成？"

"就是把文书拿出来看又能把爷怎么的？爷手中白纸黑字，我说是就是！从朝廷到下面，白道黑道，老子都有人！老子就是王法！"熊巴爷咆哮道。

彭子渝嘲讽道："熊巴爷，你是说知县大人都要听你的？那还要知县和公堂干什么？"

知县的脸色很难看。

彭子渝转过身对知县拱手道："知县大人，熊巴爷公然咆哮公堂，藐视县令大人，按《大清律例》，此罪可视为'谋反'！"

知县将惊堂木猛地一击，喝道："熊巴爷，你可知罪？"

熊巴爷吓了一大跳，扑通地跪在地上磕头，大喊冤枉。

跪在母亲身边的真果突然朝知县拱手吟道："大人，为非作歹熊巴爷，人人见了杀千刀；如不重打几十板，平民百姓怒难消；青天老爷明断案，高悬宝镜照公堂。"

知县吃惊地看着几岁的真果，这孩子竟然能即席吟诗？且言之凿凿，正气凛然，此儿很不一般。

"这是哪来童子？"

李氏惊惧地答道："是民妇犬子，不知规矩，望大人恕罪！"

"童言无罪。"

这时，师爷捧着一叠文书，走到知县身旁。知县仔细看了文书上李永超的笔迹，顿时怒容满面。

他又将惊堂木在案板上拍击了一下，对熊巴爷道："大胆！伪造证据，霸占民妇家业田产，又藐视公堂，罪责难逃！"

熊巴爷吓得直哆嗦："大人饶命！"

"即日，着罪犯熊巴爷归还民妇李氏房屋田产，并革其团练官职，重打八十大板！"知县说完，从签筒里掷下八根黑签扔在熊巴爷面前。

差役拾起地上的竹签，将熊巴爷绑在长凳上，开始施刑。两个差役举起法棍，一边打一边唱着执刑词："一二三四五，皮肉受点苦；六七八九十，回家躺上席；再打二十板，看你敢不敢？"

围观公堂审案的民众一阵喝彩，拍手称快。

彭子渝替李氏打赢了这场官司，为李家争回了祖传的房子和田产。熊巴爷也被革去团练官职。

李氏万万没有想到，情势突然逆转，竟赢了官司。她感激涕零，当场带着真果跪谢恩人彭状师。

第二节 报 恩

安岳是一座佛都，早在唐宋便以摩崖石刻造像闻名，尤以佛教造像为主。当地百姓都信仰佛教。

李氏是一个念佛的人，知恩图报。她母子三人落难之时，幸遇彭状师仗义相助，帮她打赢官司，争回田产房屋，还将她和一对幼子收留。她常怀感激，一心想报答恩人。

"大哥、大嫂，我一个妇道人家何德何能，蒙菩萨垂怜、恩人相助，才使我母子脱离悲惨绝境。李氏无以为报，愿奉田产数亩回报！"

李氏决定拿出田产，回报彭子渝夫妇。

"这可万万使不得！"彭子渝急道，"我彭子渝有一个铁打的原则，凡为穷人打官司，从不收取财物。"

真果崇拜地望着彭子渝，在旁边听着大人的对话。

"知恩图报。若不回报恩人，我如何心安？万望大哥大嫂莫要推辞！"李氏道。

彭氏插话道："李家大姐，我夫君向来打官司只收富人的财物，说一不二，你就莫要说什么回报的话。"

"请一定收下我们母子的心意！"

"我帮助大姐，一则见你们孤儿寡母被恶霸欺负、走投无路，抱不平；二则敬仰大姐先夫李团练的威名，子渝从未图什么回报。"

"可是……"

"不要再提了！"

彭子渝断然拒绝，这让李氏很难过。

在回老家的前夜，李氏彻夜难眠，拿什么酬谢恩人，能让他欣然收下呢？她披衣走到院子里，坐在石桌边独自寻思。

"娘，您为何还不睡？何事烦扰？"真果走到她的身旁，悄声问道。

原来真果一觉醒来，不见母亲在身旁，便下床到屋外寻找。他看见母亲独坐院子里，心事重重。

李氏看到真果，脑子里突然萌生了一个想法，彭子渝夫妇膝下无子，又特别喜爱真果，何不把儿子过继给彭家夫妇做义子？一来可以让真果跟彭子渝学习，二来可以孝敬彭家夫妇，报答恩人。

只是，她实在舍不得视为生命的儿子离开自己的身边。想起生真果时痛得死去活来的情景，她就不堪回首。若不是遇见疯癫老道，恐怕母子都没命了。

李氏感到安慰的是，真果天赋过人，聪颖好学、孝顺懂事。如今，要把自己心爱的孩子送给别人，如同割掉她的心头肉，她怎么能舍得？

李氏抚摸着真果的头，注视着儿子担心的眼神，她感到心都要碎了，似乎有把刀刺透胸口一样痛彻心扉。她深吸了口气，心意已决。

"真果，娘想让你给叔叔阿姨做儿子，你愿意吗？"

"为什么？"真果震惊地问，"我是娘的儿子，娘为什么不要真果了？娘不喜欢真果吗？"

真果的心倏的一下沉了下去，仿佛掉进深幽冰冷的湖底。虽然不明白娘为什么这么想，却没来由地感到一阵恐惧。

李氏的眼角忍不住袭上泪水，心战栗着，她几乎就要动摇了，但想到如果没有彭子渝的帮助，母子三人可能饿死街头，更不用说收回田产，如此大恩大德，怎能不报？

"孩子，娘很爱很爱真果，也舍不得真果，但是，彭叔叔救了我们母子三人，还收留了我们，是不是应该报答恩人啊？"她努力说服真果。

"彭叔叔是好人，他不要我们回报的。反正，我不离开娘！"

"你这孩子，怎么不听话？"李氏生气道。

真果哇的一声哭起来。李氏赶紧捂住他的嘴："别哭，别把叔叔婶婶吵醒！"

真果停止哭泣，眼泪汪汪。

"娘给你讲个故事。"李氏搂住真果，决定跟孩子讲道理，"从前，有一只小羊对它的妈妈说，妈妈，您对我这样疼爱，我怎样才能报答您的养育之恩呢？羊妈妈说，我什么也不要你报答，只要你有这片孝心，妈妈就心满意足了。小羊听后，泪流满面。从那以后，小羊为了报答妈妈的哺育之恩，每次吃奶都是跪着的。它知道，是妈妈用奶水把它喂大。所以，它要跪着吃奶感谢妈妈的哺乳之恩。"

真果被妈妈讲的故事吸引，转动着大眼睛，认真地听着。

"这个故事叫'羔羊跪乳'。"

真果的眼里闪着感动的光芒。

"娘再给你讲一个故事，从前有一只乌鸦，小时候都是由它妈妈辛辛苦苦飞出去找食物，然后衔回来一口一口地喂给它吃。渐渐地，小乌鸦长大了，乌鸦妈妈也老了，飞不动了，不能再飞出去找食物了。这时，长大后的乌鸦没有忘记乌鸦妈妈的哺育之恩，也学着妈妈当年喂它的情形，每天飞出去找食物，然后衔回来一口一口地喂妈妈，照顾老乌鸦，从不感到厌烦，直到老乌鸦死了。"

"娘，我知道，这个故事叫'乌鸦反哺'。"李真果听私塾老师讲过。

此刻，月光投射在院子里，真果的眼前被一束光芒照亮，似乎感到妈妈的手把他从幽深的湖底拉了上来，渐渐地，他看到一片光明。慢慢地，他的眼中流露出羞愧的神情。

李氏继续说："乌鸦尚有反哺之义，羊有跪乳之恩，更何况我们是有感情的人呢？佛陀常教诲我们，每一个人都要心存感恩，对我们好，帮助过我们的人，要知恩图报。"

"娘，真果明白了。谢谢娘对孩儿的教诲！"黑夜中，真果一双深陷的大眼睛闪亮着光芒。

"娘读的书不多，以后你要多读书，多拜师学习，就会懂得很多做人的道理。"

"真果记住了。"

李氏想到明天就要与儿子分别，禁不住眼角再次湿润了。她转过脸去，不忍再看儿子一眼。

第二天一早，李氏带着真果来到堂屋，去见彭家夫妇。

李氏把真果过继给彭家当义子的想法告诉夫妇俩。

"这怎么行？我们不能夺人所爱！"彭子渝断然拒绝道。

彭子渝打心眼里喜爱真果，曾想自己有个真果这样聪明不凡的孩子该有多好！现在李氏要将孩子过继给他们夫妇，他自是欢喜。可是，李氏只有一个儿子，他不能这么自私。

"大哥，大嫂，你们不图回报，是大好人，大善人，我李氏感激不尽。但我要让儿子明白做人的道理，要懂得感恩，知恩图报。当然，我也有一个私心，真果给你们做儿子，既可以孝敬义父义母，又可以继续学习，将来也有个出息，他爹九泉之下也感到欣慰。"

"这……"彭子渝不知如何是好。

"义父义母在上，受孩儿真果一拜！"在旁的真果突然上前一跪。

"孩子，快快请起！"彭氏喜不自禁，眼里含着泪花。

真果拱手道："古人有言，滴水之恩，当涌泉相报。《孝经》上说：'夫，孝之德也，教之所由生也。''夫孝，天之经也，地之以也，民之行也。'真果孝敬母亲，遵从母命，愿侍奉恩人双亲，以尽孝道。"

真果曾在私塾读了许多儒家经典，虽然很多不能理解，但他的领悟力比其他蒙生强，常能融会贯通，举一反三。

彭子渝听真果一番言辞，引经据典，入情入理，非六岁孩童所能言。他大为惊奇，一时听得呆了。

好半天，他终于回过神来，大喜过望，起身扶起真果，激动地说："从今往后，你就是我彭子渝的儿子了。"他转过身对妻子道："我们有儿子了！"

彭氏连连点头，擦了擦眼角喜悦的泪花。

彭子渝朝李氏拱手作揖："大姐深明大义，忍痛割爱，令彭子渝佩服！请受一拜！"

"且莫要行礼，折煞我了。"李氏赶紧道。

"请大姐放心，我一定会把真果义子带好，培养成人。"

"谢谢！谢谢大恩人！"李氏禁不住掉下来泪来。

彭子渝忽然想起什么，对真果道："真果，既然跟了我们，你愿意改姓吗？"

真果征求地朝母亲望了一眼，李氏点了点头。

"孩儿谨遵义父之命！"

彭子渝满意地点头。他认真想了片刻，走到祖先牌位前，燃香拜揖："列祖列宗在上，彭子渝蒙李氏大义，将六岁独子李真果过继我夫妇，收为义子。从今后，真果我儿改姓彭，名泽风。"

真果恭敬地上前，向彭家列祖列宗敬香作揖。

李氏抱着小女，向彭家夫妇辞别。她爱怜地抚摸着真果的头嘱咐道：

"孩子，不要惦念娘和小妹，好好孝敬义父义母，听话。"

"是。娘多保重！"真果的眼里汪了一层水汽。

李氏看着懂事的真果，心里流着泪，眼中充满不舍和伤感，只好用笑容来掩饰。

"我们真果，不，我们泽风又多了一个爹，一个娘，多好啊！"

"大姐，请放心，我们会像对待亲生儿子一样爱泽风。谢谢大姐大恩，送我们一个儿子，彭家后继有人了。"彭氏真心道。

李氏感激地道谢。她心中万般不舍，不忍多看真果一眼，怕又流露自己的感情，让孩子难过，便匆匆别了彭子渝夫妇，带着幼女回老家去了。

自此，六岁的李真果与母亲分别，留住彭家，成为彭子渝夫妇的义子，改名为彭泽风。

真果在彭子渝家中，十分孝顺懂事，起早贪黑，烧水煮饭，放牛喂猪，上山砍柴，打猪草，什么活都干。

彭母心疼孩子，坚决不要真果干活。但真果坚持要劳动，替义父义母分担家务。

"真是个倔孩子！拿你没办法。"彭母掏出手绢，给真果擦掉额头上的汗水，又爱又怜。

彭子渝见真果机灵聪慧，酷爱读书，颇有天赋，且能说会道，便有心培养他当讼师，把他送到私塾读书。彭子渝一有空，也教他四书五经，还给他讲自己四处帮穷人打官司的故事。

"孩儿将来也要做一个像义父那样，帮助穷人、行侠仗义的状师！"

义父彭子渝在真果的心目中，就像一个行走江湖的大侠。

"好啊！"彭子渝十分高兴，但想到朝廷腐败、地方官员乱纪坏法，又不免心灰意冷。

他长叹了一声。

"义父为何叹气？"真果问道。

"泽风，当状师也不一定是出路。将来你考取功名，做官也罢，做学问也罢，无论做什么，要做一个正直的好人。"彭子渝语重心长道。

"孩儿记住了。"

李真果读私塾的地方，在离彭家场十多里路的邻村，一座叫塔子山的半山上。林木葱郁，溪水潺潺。真果上学要走一个多小时。这家村塾，名为"安溪私塾"，虽然远，但名声在外。

塾师安立文是一位举人，曾在县衙做文官，却因看不惯官场腐败黑暗，愤而辞官，回乡下老家设立私塾教书为生。

安立文人品端方、学问通彻，因材施教从不死板，许多人家慕名而来送子读书。他所教贫寒子弟自八九岁至二十岁左右都有，以十二三岁以下居多。六岁的真果是最小的一个。

村塾在山上一间废弃的山神庙内。二三十个学生年龄不等，坐在课桌前，戴着瓜皮帽、扎着长辫子，摇头晃脑地念书。

塾师安立文四十岁左右，穿着长衫子，戴着一副小眼镜，一看便知学问渊博。学生念得好的，他微笑赞许，神情和蔼；念得结结巴巴的，他便挥着戒尺，瞪几眼，让人感到一种威严。

课堂上，一阵杂七杂八的朗读声中，有的念"人之初，性本善，性相近，习相远"；有的念"大学之道，在明明德，在亲民，在止于至善"；有的念"悲哉秋之为气也，萧瑟兮草木摇落而变衰"……

从《三字经》到《大学》、到《古文观止》等，学生各念各的，声音高低起伏。安立文发现有一个声音特别清亮而流畅。

"子贡问曰：'有一言而可以终身行之者乎？'子曰：'其恕乎！己所不欲，勿施于人。'子曰：'参乎！吾道一以贯之。'曾子曰：'唯。'子出。门人问曰：'何谓也？'曾子曰：'夫子之道，忠恕而已矣。'"

原来是真果在背诵《论语》。这小小蒙童竟然能念到《论语·卫灵公篇》，还背诵如流？安立文大为惊奇。

他有心考考真果，便对学生讲解这段师徒问答。

"子贡问了孔夫子一个很大的问题，他问，有没有一个字可以终身奉行、永久受益呢？孔夫子用商量的口气对他说，大概就是'恕'吧。这个'恕'，就是说情有可原，理不可恕的意思。曾子明白了孔子讲的道理，对一起学习的门生说，夫子之道，忠恕而已。老师这一辈子学问的精华，就是这'忠恕'两个字了。大家懂了吗？"

安立文故意将意思反讲。

"学生明白。"底下的学生齐声道。

这时，真果突然举手。安立文示意他讲。

真果站起身，大声地说："先生，学生认为，孔夫子的'恕道'是讲，自己所不愿意做的事，不要施加给别人，而要以己之心推及别人之心。言外之意，假如别人伤害了你，你也要以仁爱之心尽量宽容，而不是先生所言情有可原，理不可恕。"

课堂上一阵哗然。

安立文惊喜地端详真果，此子不读死书，善于思考，果然超群不凡。

他想再考考真果的智商。

安立文让真果拿两个水桶到山下的天泉洞汲水，期间要走过一座独木桥，然后在正午时分，抬水到十里路远的土地庙，并要保证桶里的水是满的，中途也不能歇息。

安立文算好时间，提前到土地庙等真果。

两个小时后，刚好是正午，真果抬水到了土地庙。安立文惊讶地发现两个木桶的水都是满满的。他舀了一瓢水喝，甘洌清甜，果然是出自天泉洞的水。

他惊异地问真果怎么做到的。

真果轻松地回答："我把水桶放在水上，顺水漂流，一点力气都不用。"

原来真果发现，有一条河流从天泉洞而下，一直到土地庙。他尚小，力气也不足，自然无法提动两桶水，而且还要走很远的路，根本难以办到。

他灵机一动，把桶放在水上，然后用扁担挑着一端，保持平衡，顺水而下，自然轻松多了。

其实，真果是借用了水的浮力，只是那时他并不知道有浮力学。

安立文为真果的聪慧过人而惊叹。

从此，他对真果进行个别教学，一般学生最多上三次书，而他对真果一天有时上十次书，内容除四书五经外，包括历史、地理、天文、诗词文赋等。

真果也十分用功，悟性很高，深得安立文喜爱，视为最得意的门生。

真果养成了一个习惯，每次放学下山时，他便在石窟佛堂外看一会儿书，再起身回家。

那座石窟是他每天放学下山必经的地方，称为毗卢洞。这是有一千多年历史的摩崖石窟群落，由观音堂、千佛洞、毗卢道台、莲花台等组成，著名的安岳紫竹观音石刻造像便在其中的观音堂内。

从安溪村塾的半山上下来，穿过一片清幽的竹林，下到二十余级石梯，便来到毗卢洞。

真果每次走进观音堂，总要望着紫竹观音造像注目很久。坐于莲台上的紫竹观音，背倚浮雕紫竹，身着一袭蝉翼长裙，一双秀丽的赤足灵动迷人，右脚跷起，左脚轻踏莲蕊，像女神一般飘逸出尘。

她好美。为什么这个观音菩萨跟别的不一样呢？真果暗想。

一个僧人告诉他，《法华经》中记载："在有竹林的水旁边，天空有明月，水月相映，观音菩萨施游戏坐于山石之上。"五代的一位当地大法师便命工匠按《法华经》的描述，塑造了这尊与众不同的观音。

伴着千年的佛像，坐在石阶上看书，闻着神秘的香火，不知为什么，真果感到特别宁静安详。

一个宁静的黄昏，初夏的林间，蝉声幽鸣。

真果在石窟里看了一会儿书，背着书包从毗卢洞出来，沿着山路下山，一边吹着口哨，学着蝉鸣，一边跑跑跳跳，朝回家的方向而去。

一股清幽怡人的香气从极远的地方传来，他深深吸了口气，仿佛要把那清香的味道吸进肺里。他加快了脚步，朝香气传来的方向走去。

那是一片槐花树林，正是开花的季节。每天放学回家，他总要绕一小段路，从槐花树林穿过，只是为了闻一闻槐花的芬芳。

这时，从树林里突然传来一个小女孩的呼喊声。他一阵惊疑，循声找去。

槐花林里，一个十五六岁的穿着绸缎衫的麻子少年爬在树上砍树枝。几个同样年龄的少年在下面望着。地上掉了许多白色的花瓣。

旁边站着一个四五岁的小女孩，她又气又急，大声朝外呼喊："有人砍树了！快来人啊！"

麻子少年从树下跳下来，对小女孩恶狠狠地威胁道："小丫头，你再喊，我就把你扔到山沟里喂狼去！"

几个少年站在树下得意地哄笑。

小女孩抓住麻子少年的衣衫一角，哭喊：“你还我槐花！还我槐花！坏蛋！坏蛋！”

麻子少年见小女孩把他的绸缎衫抓了一条脏痕，勃然大怒，抬起一脚朝小女孩狠狠踹去，小女孩倒在地上哇哇大哭。

几个少年也围上来，你一脚我一脚地踢小女孩。

“住手！”循声赶来的真果见状大声喝道。

“你们干什么？光天化日，大哥哥欺负小妹妹！”

“哟呵，又来一个乳臭未干的小毛孩！想讨打吗？”麻子少年吼道，转身对几个少年使了个眼色：“揍！”

几个少年一哄而上，对真果一阵拳打脚踢。

“不要打哥哥！不要！”小女孩从地上爬起来，拉住麻子少年的手喊道。

麻子少年正要抬起右脚朝小女孩踹去，真果突然旋风般朝他的左腿绊去。麻子少年一个跟跄，栽倒在地。他气急败坏地对几个同伙喊：“还不快给我打！”

几个少年一起上来围攻真果。他被打得鲜血长淌，却拼命护住小女孩。

麻子少年从地上爬起，掏出刀子朝真果斜刺过来。危急之中，他想起父亲生前教过他的一个招式，“平沙莽莽！”他喊道，一脚踹起地上的泥土，泥土在空中抛洒，纷纷飞向麻子少年的脸。麻子少年的眼睛被泥土迷住，大叫“唉哟”，忙用手擦眼睛。真果趁此，拉着小女孩的手朝外跑。

几个少年追上来，又围住了他们。情急之下，真果捡起地上的树枝，以枝当剑，一个“秋风扫落叶”，朝几个少年身上扫去。虽然他只学了几个粗浅功夫，并无多大力道，但树枝一扫，呼呼如风，仍然有一分劲力，暂时挡住了一群少年的攻击。

如果拖延下去，他和小女孩必吃大亏。真果赶紧拉着小女孩夺路而奔。

麻子和几个少年在后面紧追不舍。真果忽然想起溪水边有一座独木桥，那是私塾先生为了考验他，叫他到天泉洞抬水所经过之处。于是，他拉着小女孩朝另一个岔口跑去。

"小哥哥，我跑不动了。"小女孩大口喘着气停下来，痛苦地说。

真果发现小女孩赤着双脚，小脚板被碎石划伤，鲜血渗出。眼见几个少年就要追上来，怎么办？

"我背你。"

他不由分说背起小女孩就跑。转弯、下坡、涉水，终于来到独木桥边。

他背着小女孩，一步一步地过了桥。

这时，麻子和几个少年已经追上来了。

"站住！臭小子！"麻子隔岸喊道。

真果见他们就要过桥，灵光一闪，抬起桥边的大石头，猛地砸向独木，哗啦一声，独木桥断了。

麻子和几个少年刚跑到桥头，看见桥被真果砸断，无法过来，气得破口大骂。

原来真果曾经过桥时，就观察到独木某处遭过雷击，很脆弱。所以想出砸桥的办法，阻止恶少追赶。

"好呀好呀！"小女孩高兴地拍手。

"我们走！"真果重又背起小女孩，朝一条小路走去。

"小哥哥，你真棒！"路上，小女孩伏在真果背上，崇拜地赞叹。

"他们为什么欺负你？"真果问。

"他们是坏蛋，砍我家的槐花树！"小女孩生气地说，又补充了一句，"槐花树是我娘种的。"

"那你娘会很伤心啊。"

"娘生病，死了。"小女孩难过地说，晶莹的泪珠掉了下来。

"啊？"原来小女孩已经没有了母亲。真果想起自己的爹爹也是因病去世，不由更加同情小女孩。

他们下山了。

"你家在哪里？我送你回家。"

"穿过那片庄稼地，看见一笼一笼的竹林了吗？青瓦白墙的房子，就是我家。"小女孩指着远处说。

夕阳西坠，暮色越来越浓。村庄里升起袅袅的炊烟，在竹林茅舍间飘荡。

"快到了，小哥哥。"小女孩兴奋地说。

走进一片竹林里，一座清代民居建筑的房子出现在真果面前。房子有些破旧，已经失修很久，但从门楣的匾额看，有一种书香的气息。

"我爹爹已经回家了。"小女孩说。

"你怎么知道？"

"我闻到烧苞谷的味道了。"小女孩得意地说，"爹爹，爹爹！"她冲着木门喊。

一个穿着长衫子的中年男人挽着袖子出来开门。突然，他吃惊地呆住了。

真果背着自己的小女儿站在门口，额头上有一道血痕。

"这，这怎么回事？"他惊异地问。

真果也十分吃惊，万万没有想到，小女孩的父亲竟是自己的私塾先生安立文。

"先生，是您？"他不敢置信。

冰雪聪明的小女孩望望爹，又瞧瞧真果，忽然明白了什么，高兴地说："原来小哥哥是爹爹的学生？"

安立文回过神来，嗔怪地对小女儿说："丫头！你怎么让小哥哥背你？快下来。"

"爹爹，我被坏蛋欺负，是小哥哥救我的。"

安立文震惊地说："谁欺负你？来，泽风，进屋说！"他从真果的背上把女儿抱下来。

进屋后，真果把刚才发生的事告诉先生。安立文听后，既气愤又心疼，更对这个勇敢机智的蒙生感谢万分。

"泽风，好孩子，谢谢你救了我的丫头。"

"先生，是泽风应该做的。"

小女孩坐在父亲的腿上，比画着："小哥哥好棒哦，用一根树枝，刷刷刷，几下，就把几个坏蛋给镇住了。"

"你真勇敢!"

安立文赞不绝口，对真果更加刮目相看。注视孩子深邃的大眼睛，他越来越相信自己的判断，这小孩的一举一动，一言一行，完全超过这个年龄的学童的智慧，将来绝非等闲之辈。

安立文对李真果的喜爱之情，自难以言表。

第三章

冲冠一怒为红颜

在无瑕的年华，遇见最美的爱情。

爱情是人世间最美的情感。天长地久，是人类对爱情永恒的一种美好愿望。李真果也渴望有一个"天长地久"的爱情，只是，他刚刚开花的爱情，却被一只邪恶的魔掌无情摧残……

将一段美好的姻缘摆在李真果面前，却又毁灭给他看。这是神意的安排，还是上天的考验？

在佛家看来：诸法因缘生，诸法因缘灭。缘起缘灭，一切事情皆因缘。

李真果的一生注定要经历起落顺逆，承受诸多痛苦，甚至骤然而至的生死之劫。

或许，这是他必然要经历的一场悲怆的情劫。

他的命运却由此逆转。

第一节　因　缘

"郎骑竹马来，绕床弄青梅。同居长干里，两小无嫌猜。"唐朝诗人李白的爱情叙事诗《长干行》，为我们生动描述了男女"青梅竹马，两小无猜"的生活片段，它也成为李真果孩童时期最美好纯真的一段时光的写照。

自从真果救了小女紫竹，安立文对这个最得意的蒙生特别钟爱。每天傍晚放学后，安先生总要邀请真果到家里来，给他继续讲课，单独开"小灶"，还把家里的典籍藏书拿出来供他阅读。晚上，再亲自送真果回家。

李真果特别喜欢读书，阅读到那么多的典藏书籍，虽然还不是太懂，但他竟读得入迷了，像宝贝一样爱不释手。

安先生对真果单独施教的事，彭家夫妇自是高兴和自豪，鼓励真果安心读书。义父义母的爱，让真果更加用功勤学。

话说安家小女紫竹只有五岁，却懂事乖巧。爹爹教真果读书时，她便在厨房烧水煮饭。因为太小，人还没有灶台高，她便搭小板凳上灶台做事，俨然像一个家庭小主妇。

紫竹长得清丽脱俗，一身绲边斜襟的紫纱小袖衣，着一条淡紫色的棉裙，裙摆随风飘动，身姿曼妙。头上翘着小辫子，扎着紫色的蝴蝶结，颤动着，像两只紫蝶。乌黑整齐的刘海初覆额头，宛若满月的面庞如初萌芽的莲花，清灵中隐含千娇媚态。那双明眸像泉水般明净、清澈。当她受了委屈时，用两只眼睛无辜地看着真果，真果便会一下心软了。

最特别的是，紫竹喜欢光着脚丫，在青草地走来走去。她的双脚细致纤美，雪白晶莹；弯弯的足弓，肥嫩可爱；十个脚趾嫩得像一节一节的葱头，让人忍不住想握住它。而最不可思议的是，她经常光着脚走路，地上的碎石与带刺的乱草，并没有使她的双脚变得粗糙，它们仍像没有走过路的婴儿的脚。

安立文反对女儿赤脚。

在中国封建王朝时期，女性从小便开始缠足。人们以小脚为美，称为"三寸金莲"。觉得女人裹小脚，穿着各种花朵图案的绣鞋，裙摆下微露两支桃花，云步轻摇，显得小巧、文静、贤淑，体现了女人的美。因而把妇女缠足当作美德，把不缠足当作耻辱。若露三寸金莲，更视为不守贞节。

四五岁的紫竹当然不懂大人世界的陈规陋习。

"丫头，快穿上鞋子，别人会笑你的。"安立文蹙着眉头对女儿说。

"我不。我讨厌穿鞋子。"紫竹不高兴地噘嘴，微微上翘的嘴角一股子倔强。

"你要不穿鞋子，爹爹不准你出门。"安立文吓唬她。

"我不要，不要。"

紫竹哇的一声坐在地上大哭起来。

"你这孩子越来越任性了。爹爹拿戒尺去！"安立文见女儿哭闹，不知所措。他特别怕女儿掉眼泪，一哭，他就心软。

每次，总是以他的投降结束。

可是，如今家里来了蒙生，女儿也一天天在长，不能再允许她任性了。

"丫头，你看爹爹给你买的一双绣花鞋，多漂亮。"安立文把他特意从县城买回的新鞋给女儿看，哄她。

这是一双绣着朵朵桃花和祥云图案的棉布绣鞋，尖尖的鞋头，鞋型如弓，像一只载着花瓣的小船，精致漂亮。在明清时期，无论宫廷还是民间，绣花鞋非常盛行。

"我不穿。"紫竹看都不看一眼，噘嘴道。平时她很听爹的话，但只要让她穿鞋，她就十分任性。

"你不穿鞋，将来找不到婆家。"安立文连哄带诓。

"我不要什么婆家，我就跟小哥哥玩。"她把目光投向窗外，真果正在院子里读书。

见哄不行，安立文决定来硬的。他拿出准备好的裹脚的棉布，一把拉过女儿，就要给她缠足。

紫竹一边哭，一边使劲地蹬脚。

"泽风，快来帮我。"安立文朝院子里的真果喊。

真果忙放下书，走进屋里。紫竹用两只眼睛泪汪汪地望着真果，向他求助。

看着紫竹委屈的眼神，真果心一下软了。

"先生，紫竹妹妹不愿穿鞋子，是因为缠足使她走路很痛。"

紫竹连连点头。

"再痛也要穿。不能没规没矩。泽风，别替她说话。"安立文狠下心要给女儿缠足穿鞋，尽管他也心疼女儿。

紫竹大哭。

真果突然朗朗吟诵："江宁之龙蟠，苏州之邓尉，杭州之西溪，皆产梅。或曰：'梅以曲为美，直则无姿；以欹为美，正则无景；以疏为美，密则无态。'……有以文人画士孤癖之隐明告鬻梅者，斫其正，养其旁条，删其密，夭其稚枝，锄其直，遏其生气，以求重价：而江浙之梅皆病。文人画士之祸之烈至此哉！"

正在给女儿缠足的安立文为之一震，停住了。这是清代中后期文学家龚自珍著名的《病梅馆记》。

紫竹也停止哭泣。

"先生，这是您教学生读的一篇佳文。学生理解，《病梅馆记》告诉人们，让梅花自然地生长，不要摧残它，不要让它成为病态之梅。龚自珍先生谴责人们对梅花的摧残，意在揭露和抨击当今统治阶层对人们思想的束缚、压制，对人才的严重摧残，造成病态之社会。妇女裹脚穿小鞋，如同病梅一样。"

小小蒙生竟然能说出这一番大道理，安立文简直惊呆了。此生真是了不得！他在心里赞叹。

其实，作为思想开明的先生，安立文也深知裹脚是对妇女的身心束缚和危害，但作为一个父亲，他又不愿自己的女儿被人耻笑。刚才经真果这么一讲，他突然想开了。同时又感到自己的境界连一个蒙童都不及，不免汗颜。

"先生，毗卢洞里的观音菩萨不也是一双赤脚吗？可是，没有人指责她呀！"真果又说。

"对对！我就是学着观音菩萨的样子哦。"紫竹高兴地拍手道。

"有小哥哥给你撑腰，真拿你没办法。"安立文笑着摇摇头，又神情严肃地说，"丫头，爹爹从今后不给你缠足，但你要穿鞋子，偶尔可以光着脚出门。答应爹做到吗？"

紫竹把目光朝真果投去，真果朝她点点头。

"我答应爹爹！"紫竹说。

她顺从地把双脚伸给爹爹，让爹爹给她穿上另一双没有尖尖的大红小布鞋。

"好了。去院子玩吧。"安立文给女儿穿好鞋子，宠爱地说。他只有这个独女，视为掌上明珠。紫竹的母亲又去世得早，他只好做最大的让步。但总算让女儿穿上鞋子，得益于真果的说服。

安立文对真果喜爱有加。

"爹爹，我可以跟小哥哥玩一会儿吗？"

"去吧。爹爹给你们烧火煮饭。"安立文答应着，转过脸对真果说，"泽风，你也休息一下，去玩吧。"

"是，先生。"真果恭敬地回答，然后拉着紫竹的手，高高兴兴去院子玩。

"紫竹妹妹，你的名字真好听，是爹爹给你取的吗？"院子的池边，真果把折好的一只纸船递给紫竹，对她说。

紫竹高兴地接过纸船，把它放进池子里。她低头注视纸船在碧绿的水上漂着，回答道：

"不是呢！是村里的伯伯爷爷、叔叔阿姨这么叫我的。我的名字叫安圆圆，这才是爹爹取的。因为我是八月十五出生的，那一天月亮好圆好亮。"

"那他们为什么叫你紫竹呢?"

紫竹突然弯下身,把鞋子脱掉,赤脚站在地上。真果吃了一惊,不知这个古灵精怪的小妹妹又干什么。

"小哥哥,你看我像谁?"她歪起脑袋向真果眨巴眼睛。

真果见她光着脚丫,天真无邪的样子,真是可爱极了。"这个……我想不起来。"他诚实地说。

"我是不是长得像石窟里那个光着脚的观音菩萨?"她望着他得意地说。

经紫竹这么一说,真果仔细打量她,一身素服罗裙,却难掩清绝脱俗的妩媚,灵动的眼眸,如莲的面庞,一双秀气的双足,还真有点像!如果她长到十四五岁时,那样子兴许与那尊紫竹观音菩萨更神似了!他不禁出神。

"不像么?"紫竹有点失望地问。

"啊?"真果醒过神来,"像,真像!像极了!"

紫竹高兴地笑了。她笑起来很好看,眼睛笑成月牙一样。

"我爹爹说,我两三岁的时候,村里的人都说我长得像紫竹观音菩萨,是紫竹观音转世。他们就叫我紫竹。有时,我都忘了自己叫圆圆了。"

"原来是这样。"真果忽然闭上眼睛,双手合十于胸前,朝向紫竹微微躬身,虔诚而调皮地模仿大人的口吻:

"阿弥陀佛,大慈大悲救苦救难的观世音菩萨,化身显现人间。"

紫竹被他逗乐,笑出了声。

真果很喜欢紫竹,把她当自己的妹妹一样。想到妹妹珍珍也有一岁了,每次见到紫竹,他总禁不住思念在老家的母亲和妹妹。

紫竹也把真果当自己的小哥哥,不仅喜欢真果,还把真果当大侠一样崇拜。

紫竹虽然年纪小,却聪明伶俐,心灵手巧。在邻家姐姐那里学得一手女红。她还送给真果一条亲手绣的手绢,上面绣着枝叶婆娑的紫色竹子,竹子梢头是一轮圆圆的月亮。

"小哥哥，我不在的时候，你看见它，就像看见紫竹一样。"紫竹对真果说。

不知为什么，紫竹说这话的时候，真果心里突然咯噔一下，仿佛紫竹真的要离开他似的。

"回家的时候，一定要想我哦。"

"好。谢谢紫竹妹妹。"

真果把紫竹送他的这条手绢细心揣到怀里，一直带在身上。

两个孩子的友谊在似水的光阴中，悄然地生长。

小紫竹一天天长大，转眼间已是十三岁的少女，进入豆蔻年华。虽然那时不主张女孩子读书，但在父亲的熏陶下，紫竹会背诵许多诗文，还能写一些简单的四言诗。而十四岁的真果，仅大紫竹一岁，更是学业精进，饱读诗书，出口成章。在他身上，有一种超过同龄少年的成熟和认知。

紫竹常向真果讨教，真果也乐于给她讲解。有时，紫竹会缠着他讲聊斋，因为真果最喜欢看蒲松龄的《聊斋志异》。他讲起书里的狐仙神怪故事绘声绘色，紫竹每每听得入迷。

真果喜欢讲《聊斋志异》里的《席方平》。故事讲的是席方平的父亲被仇鬼羊某"买嘱冥吏"追索死去。席方平入地府为父亲申冤，从城隍告到君司、阎王，一直告到二郎神那里，终于申了冤。

席方平的故事，令他想起父亲去世后，家产被恶霸侵占，母亲带着他和刚出生的妹妹被迫流落他乡陷入绝境的一段遭遇，幸遇义父彭子渝，收留母子三人，并帮忙打官司夺回田产。他对义父心怀感恩，但同时又恨自己年纪尚小，不能与恶霸抗争。所以，他由衷地敬佩为父申冤的席方平。性格憨拙的席方平遭受了笞责、火烤、锯解等酷刑，但他以惊人的意志忍受下来，与邪恶斗争，最终将包括冥王在内的贪赃枉法之徒告倒。

席方平浩然的勇决，对李真果日后的性格淬炼产生了重要的影响。

"小哥哥，你给我讲讲狐仙女鬼的故事，好不好？"紫竹撒娇地求道。

不知从什么时候起，紫竹开始对聊斋里的狐仙女鬼与书生的爱情故事产生了兴趣，内心升起一种朦胧的向往。

"那……我给你讲《画皮》。"真果扮了一个鬼脸吓她。

"不要。那个女鬼很坏，挖书生的心，吃书生的血，好恐怖。"

真果想了想："我给你讲狐仙《婴宁》好吗？"

"好啊好啊。"紫竹高兴地连连点头。

"话说正月十五，书生王子服在上元节的郊野遇见一位手拈梅花姗姗而行的女子。女子容华绝代，王生忘记了男女之别，竟看得如痴如醉。那女子见王生死死盯着自己的目光后，扑哧一笑，对身旁的婢女说：'这个郎儿目光灼灼似贼一般！'说完，她大大方方将花枝遗落在地上，笑语自去。"

"她就是婴宁吗？"紫竹仰起脸，问道。一对清莹透澈的眸子，像湖水一般盈盈。

真果点点头，接着讲："在旧时，女子是不允许在男子面前痴笑、大笑的，但婴宁偏偏爱笑。而王生也正是爱上了爱笑的婴宁。"

"就像女子不裹脚，不穿鞋子，都是不允许的，对吗？可我偏不。"紫竹调皮地朝真果眨巴眼睛。

"对呀，你就像婴宁一样反叛。"真果刮了一下她秀挺的鼻子。

"王生娶了婴宁，小哥哥，将来我长大，你会娶我吗？"紫竹忽然柔声问道。

真果的脸唰地红了。他完全没有想到紫竹会提这个问题。少年的他对这方面甚是迟钝，突然被紫竹这一问，慌乱羞涩中，不知所措。

看着他的窘态，紫竹咯咯低笑起来。她从自家院子找来一根竹竿，递给真果。

"小哥哥我想看你骑竹马。"

"好啊！"憨厚的真果接过竹竿爽快地答应。

只见真果跨着竹马，围绕着院里的池子奔跑。一边奔跑，一边吆喝："驾！驾！"

"妾发初覆额，折花门前剧。郎骑竹马来，绕床弄青梅。同居长干里，两小无嫌猜。"

轻柔的声音袅袅地飘入真果的耳朵，他的心怦然一动。勒马停住，回过头去，见紫竹站在一株梅树下，抚弄着一枝梅花，低声吟着。她穿着镶花边的紫色小袖衣，下着一条大摆的淡紫色长裙，缀着飘带，随风飘动。一排整齐的刘海覆盖光洁的额头，头上插着一朵紫色花，极是妩媚。一根长长的辫子垂在胸前，少女曼妙的身姿隐隐初现。

紫竹发现他呆呆盯着自己的目光，冲他莞尔一笑，手拈梅花，含羞地跑进屋里。

那一颦一笑，恍若《聊斋》里拈花含笑而入的婴宁！真果像遭到雷击一样，僵在那里一动不动，仿佛魂魄飞散。慢慢地，他感到身体一阵发热和躁动，心怦怦直跳。这是前所未有的感觉，怎么会这样？他努力地平稳呼吸，可是徒劳无益，仍然觉得遭到什么冲击一样。他并不是第一次见到紫竹，只是刚才看到她的那一瞬间，一种无法说清的强烈的东西，迅速进入了他的身体和心灵，让他整个人都战栗了。

他熟悉紫竹，在他心目中，紫竹就是一个任性可爱又冰雪聪明的小妹妹。他从来没有注意到她的变化。可是，就在这一瞬间，她的美，她的笑，她那一低头的温柔和害羞，仿佛变了一个人一样，冲击着他的心。他看见紫竹的那种心动，那种魂儿掉了似的感觉，真果无论如何也想不通，连自己也无法相信发生的一切。因为她长大了，还是我变了？真果不知道，但确实有什么发生了。

这一幕情景被站在书房窗前的安立文看见，他会心地微笑。

仲夏村塾放假，真果也常在家里了。

平日，彭子渝忙着讼事，彭氏又要忙田里的活儿，又要忙家务。真果回来把田里的活儿全揽下了，给她分担不少，这让她松了口气。

紫竹也常到彭家来帮彭婶婶烧火煮饭，或做针线活，还到田间地头给真果送茶水。彭子渝夫妇都很喜爱这个聪明懂事的女孩。

放牛的时候，紫竹陪着真果坐在草坡上，听小哥哥给她讲故事。夕阳西下，一起赶着牛儿哼着歌谣沿河而行。但是，不知为什么，真果总是有些羞涩，有意无意地与紫竹保持着距离，再不像以前那样手拉着手，无拘无束。

晚上，真果送紫竹回家，走在乡村的小路上，月亮静静地照着，月色如水。紫竹穿着紫色的小袖衣，一袭白色纱裙，月光勾勒出少女身材的曲线。真果只感到无比安静的心脏突然剧烈地跳动，在静谧的夜晚，似乎能听得见。

"小哥哥，你背我走，好不好？"紫竹撒娇地央求。

"啊？"真果窘迫不已，"不行！"

"为什么呀？以前你不是这么背着我吗。"紫竹用两只眼睛不解地望着他。

"我……现在不行！你，你长大了。"真果的脸变得通红，好在夜色里看不清楚。

紫竹扑哧一笑："小哥哥，我逗你的！"

"坏丫头！"真果举起拳头假装生气地吓唬她。

紫竹扮了一个怪脸，忽然表情认真地："小哥哥，我喜欢你。"

真果的心为之一动，窘迫地用手挠挠脑袋，嘿嘿地傻笑。

望着他的窘态，紫竹咯咯地笑起来。静夜的乡村，回荡着紫竹银铃般的笑声。

"泽风他爹，过了今年，咱孩子就十五岁了，也到了娶亲的年龄，是不是该考虑了？"一盏油灯下，彭氏一边纳着鞋底，一边对坐在桌边写状子的丈夫说。

"唔。"彭子渝放下毛笔，想了一想，"倒也是。"

"你看安先生的闺女如何？紫竹生得俊俏，又聪明懂事，跟泽风从小长大。我发现两个孩子很投缘呢！"彭氏说。

"我也喜欢紫竹这孩子。那咱们找媒婆说亲。不过，这终身大事还得先问问泽风，他是一个有主见的孩子。"

正说着，真果回来了。

"孩子，快过来坐。"彭氏拉着真果的手坐下，"娘和爹商量，想跟你提一门亲。"

"提亲?"真果为之一怔，忙说，"孩儿年纪尚小，只想考取功名后再成家。"

"先定亲，再考功名，两者都不误。"彭子渝说。

"是，是谁家女子?"真果紧张地问。

"瞧你急的。"彭氏微笑，又卖了一个关子，"这女子远在天边近在眼前。"

真果一下明白了，脸变得通红。

"孩子，娘知道你喜欢安先生的闺女。娘和爹也喜欢。"彭氏又对丈夫道："我看呀，那闺女早就喜欢我们泽风了。这叫情投意合。"

"泽风听娘和爹的。但泽风还要先禀报母亲。"真果说。

"这个当然。"彭子渝道。

真果把义父义母为他提亲的事写信告诉了老家的母亲。十年之间，母子俩凭书信来往，传达彼此的思念和牵挂之情。李母不允许儿子回家看她，她不愿儿子太多牵挂，既然已为人子，当尽人子之孝。

真果收到母亲的回信。信上说：

"吾儿，娘欣闻彭家恩人为儿提亲之事，喜极而泣。望儿谨遵养父母之命，以尽孝道。"

征得儿子生母李氏同意后，彭家夫妇立刻找来媒婆，到安家提亲。

与彭家结亲，安立文其实心里早有此意。

真果天资聪颖，好学上进，又懂事孝顺，安立文不仅视真果为自己的得意门生，而且早已把他当作自己的儿子一样看待。加上真果与女儿青梅竹马、两小无猜，如今渐渐长大成人，双方都产生爱慕之情，彼此属意，安立文早看在眼里，正是理想的一对璧人。

安立文欣然答应媒婆的提亲。悄悄躲在屏风后的紫竹听见，既喜且羞。

当地一位称为"半仙"的算命先生将真果和紫竹的生辰八字合在一起，对安立文说："二人缔结良缘，乃天作之合。但宜在明年春定亲嫁娶。"

于是，彭安两家约定，明年农历五月十五定亲。

第二节　红颜劫

冬去春来，又是一年。

一天傍晚，安立文教完书后下山回家。盘算着女儿定亲之日就要到来，心里自是高兴，脚步也变得轻快起来。

他刚走到村口，闻听一阵凄厉的哭声。循声走去，河边上围了一群人。

一个妇女怀抱着一个十五六岁的妙龄少女悲天跄地地大哭，女子紧闭双眼，全身湿漉漉，身体已经冰凉僵硬。

"发生什么事了？"他问旁边的大嫂。

大嫂叹息了一声，擦了擦眼泪，愤怒地说："还不是新来的那个挨千刀的麻子团练干的！好端端黄花闺女给奸污了。那闺女性子烈，昨半夜跳河自尽，今傍晚才从河里打捞上来。"

"村里已经有四个闺女遭那畜生奸污了。这是第五个了。造孽啊！"有人插话道。

"为何不告官？怎可任由坏人无法无天，伤天害理！"安立文气愤地说。

"告官？"一个中年汉子愤懑地说，"听说他老子就是县大人，他家是王法，告谁去？就连彭状师都和尚的脑袋——没发（法）！"

安立文从衣袋里掏出五两银子，递到那哭得死去活来的妇人手中。

"大姐，节哀顺变，这点银两拿去给女儿安葬吧。"

他说完，神色凝重地离开了。

回到家里，安立文把村口发生的事告诉女儿，嘱咐她不要一个人出门，乖乖在家里待着，谨防遇见那狗坏蛋。

"我不怕。我有泽风哥哥。"紫竹说。在她心目中，真果是她的保护神。

"你们还没成亲呢！泽风哥哥哪能天天跟着你？定亲的日子就快到了，听爹的话，这几天不要出门。"安立文千叮万嘱，心里总有一种不踏实的感觉。

女儿一天未嫁，他便一天都不放心。只要女儿在五月十五正式定亲，就阿弥陀佛了。那坏蛋总不敢欺负别人的媳妇吧？安立文一心盼着定亲的那一天。

离农历五月十五，只有五天。

一个天气略显闷热的午后，安立文到镇上给女儿置办嫁妆，让学生放假半天。他叫真果也回去看书，准备定亲之后参加全县秀才举人会考。

紫竹待在家里，十分烦闷。这一会儿，她走进爹爹的房间，忽然看见爹爹换下的衣衫，心里想：我何不到溪边给爹爹洗衣去？

她抱起爹爹的衣衫，拎着一只木桶和捣衣的棒杵，来到村口东边的林子里。一条清澈的溪水从山上下来，缓缓穿过林间。远处山岚缭绕，水岸如黛。她喜欢这里，很安静。曾经她和真果常在这里嬉戏。

紫竹撩起裙角，脱去鞋子，光着脚，在水边的一块青石上坐下。水清如鉴，她抬起带着水珠的纤手，轻轻拢了拢一绺黑缎般的发丝，临水照花，看见水中自己娇俏的容颜，不由羞涩一笑。她将一双颀长水润的玉腿伸进水里，浅浅的清流滑过秀美的莲足，像水中两朵绽放的莲，格外动人。

衣裳跌入溪水，飘悠下沉，她熟练地轻轻一捞，拧一拧，然后把湿漉漉的衣裳放在青石板上，用棒杵敲打。

若有月光该有多好！她想起李白的诗《子夜吴歌》，便轻轻吟道："长安一片月，万户捣衣声。"

"哟呵，谁家漂亮丫头在这里洗衣呀？爷来陪陪你。"一个男子淫邪的声音从紫竹身后传来。

紫竹一惊，猛然回过身去。面前站着两个人，一个穿着传统的清军团练服装，像是个头儿，一脸的麻子。身旁站着一个小兵，衣服上印着一个"勇"字。

麻子贼似的眼珠子死死盯着紫竹，淫笑着，对身旁的小兵说："这丫头还是美人胚子，爷又有小鲜肉吃了。哈哈哈。"

紫竹警觉地站起身，下意识地紧握手中的棒杵。难道他就是那个采花大坏蛋？环顾四下无人，她暗暗叫苦。

"丫头，过来，爷抱抱！"

麻子色眯眯地盯着紫竹水中的一双莲足，吞了一口唾液，一步步朝她走过去。

"你要干什么？不许过来！"站在水边的紫竹紧张地呵斥。

"哈哈，我要干什么？爷要上你！"麻子淫笑着，解下腰带和佩刀，扔给小兵，朝紫竹扑过去。

"坏蛋，你敢过来！"紫竹挥着手中棒杵，跳到水里。她无路可退。

她双脚踩在浅浅的溪水中，十个脚趾的趾甲呈粉红色，像十片花瓣浮在水上。麻子淫邪的目光死死盯着紫竹的一对莲足，直咽口水。麻子望着紫竹妖媚清秀的脸庞，突然一阵惊疑，这丫头怎么好面熟？他猛然想起了什么。

"你就是那个小丫头？还真是他妈的不是冤家不碰头！"麻子没想到，七八年光景，这丫头出落得如此俊俏。

紫竹也认出了麻子。原来麻子就是当年在山上砍她家槐花树的纨绔少年，幸遇真果相救，才使她免遭欺凌。如今这姓黄的麻子借助当县令的爹，当了清廷乡团练，带了十几个散兵游勇，到彭家场驻扎下来，为非作歹。

刚刚紫竹在水边洗衣之际，黄麻子正带着小兵路过，忽见一个美丽少女在水边洗衣，色心顿起。

"好啊，小美人送上门来了。"黄麻子邪恶地冷笑着，蹬掉鞋子，将脱下来的顶戴凉帽和大襟衫扔给站在水边的小兵，光着上身，下到水里，朝紫竹涉水走去。

"小美人，咱来个鸳鸯戏水如何？哈哈。"

"来人啊，救命啊！"紫竹大声呼救。

眼看黄麻子就要扑过来，紫竹挥起手中的棒杵朝他打去。麻子慌忙避开，反手夺过棒杵，淫邪地一笑，伸手朝紫竹胸口抓去。

紫竹大惊失色，身子一闪，后退了两步，避开麻子的魔爪，转身朝溪水的另一头奔跑。只见水花四溅，一路带起无数水花，在午后的阳光下晶晶亮亮地闪耀着。

"站住！小美人，你给爷站住！"麻子在后面跟跟跄跄地追着，脚板被水中的鹅卵石蹭伤，不断"唉哟"地大叫。

在水中奔跑，对于紫竹来说，如履平地。小时候，她常常与真果在水里嬉戏追逐。真果曾跟她一起练过一种轻功，"凌波微步"，这是真果在一本武侠秘籍中看到的。当年紫竹在槐花林里被纨绔少年欺负，奔跑的路上，紫竹的脚被石头划伤，真果背着她跑才躲过一劫。后来真果就琢磨着，紫竹常光着脚，怎样才能让她的双脚不受伤害，而能行动轻灵？他无意中在安先生家里的藏书中看到武当派轻功秘籍，天生就颇有武学天赋的真果便开始钻研、练习，并把它教给紫竹。虽然两人只学了皮毛，但行走水上，确有一种飘逸轻灵的感觉。所以，脚下的鹅卵石不但伤不了紫竹，反而助力，使她在水上奔跑更加轻盈。

"给爷站住！刺激！小美人，爷喜欢！"黄麻子上气不接下气地追着，大叫着。

叮咚一声，黄麻子被脚下卵石绊住，直挺挺地往水里跌了下去，像个王八似的趴在水底，嘴里连连呛了几口水。

已跑出三丈外的紫竹停下来，回过身，看见黄麻子的狼狈相，大笑起来。

"狗官，大坏蛋！活该！去水里当个王八吧！"她大声骂道。

"你，你……你个小丫头，看爷好好收拾你！"黄麻子气急败坏，狼狈不堪地从水里爬起来，转过脸，对岸上愣站着的小兵骂道，"你是猪头啊，还不给爷把那丫头抓来！"

"是，大人！"小兵抱着黄麻子的一堆衣物，慌忙追去。

紫竹见小兵追来，连忙继续奔跑，水波在她脚下荡漾开来。

"喂，我的衣服！笨蛋！"爬上岸来的黄麻子发现自己的衣服被小兵抱了去，大骂道。

此刻，紫竹已消失了踪影。

"大人，那丫头不见了。"小兵跑回来垂头丧气地报告。

啪的一声，麻子气得连连扇了小兵几个耳光："一个小丫头都追不上！爷养你们干啥吃的？去，给我调查清楚，那丫头是哪家的。"

"是，大人。"小兵嗫嚅地答应。

这一天，彭家院子的门口已张灯结彩，一片喜气。彭氏正忙着给儿子布置新房。

这时，彭子渝从外面回家了。

"孩子他爹回来了。"彭氏一边剪着喜字，一边喜滋滋地对丈夫道，"咱儿子娶亲后，若考上秀才举人的，那真是双喜临门啊。"

"泽风考上举人都没有问题。"彭子渝心不在焉地说了一句，在桌边坐下，双眉紧蹙。

"你为什么不高兴？"彭氏疑惑地看着丈夫。

彭子渝突然往桌上砰地击了一拳，脸色铁青。

"出什么事了？"彭氏吃惊地叫道。

正在书房看书的真果闻声进来："爹，您怎么了？"

彭子渝眼中交织着悲愤和绝望，长叹了一口气："大清快完了！气数已尽啊！"

"为什么？"真果急切地问。

"清政府同日本签订了《马关条约》!"

"《马关条约》是什么?"

"丧权辱国!"彭子渝愤怒地说,"台湾及所有附属岛屿、澎湖列岛和辽东半岛全部割让给日本!"

"清政府为什么要割让我们国家的领土?"真果震惊地问。他感到一股热血直往头上涌。

"哼!为什么?"彭子渝冷笑了一声,"日本人威胁我们,如果不同意签订条约,就要再次发动战争、进攻北京。"

"那就打呀!我们不怕死!大清国一寸土地都不容侵犯!"真果激愤地说。他全身血脉偾张,觉得每根头发都竖起来了。

"清政府腐败无能,上上下下,都烂透了,还敢打仗,还能打仗吗?"

彭子渝痛心疾首,满腔悲愤。

"泽风,给我拿酒来!"

真果连忙给父亲倒了一碗酒端来。彭子渝接过酒碗,一饮而尽。他只有靠烈酒麻木自己的神经。

当此时,1895年4月17日(清光绪二十一年,农历三月二十三),在日本赤间关马关港(今日本山口县下关市下关港一带),中国清朝和日本签署条约,即《马关条约》。李鸿章被迫在条约上签了字。条约共十一款,其中,中国割让台湾全岛及所有附属各岛屿、澎湖列岛和辽东半岛给日本;赔偿日本军费库平银二万万两等。

条约签订后,由于俄、德、法三国的干涉,日本将辽东半岛退还给中国,中国付给日本"酬报"三千万两白银。

年少的李真果亲身经历了山河破碎的国仇家恨。他心中的民族正义感和中国男儿的血性,也正是在那时被激发出来。

"爹,难道就没有人起来抗议吗?难道我们大清国就任人宰割?"真果激动地说。

这时,他看着门口,突然呆住了。

紫竹浑身湿透地站在门外,脸色苍白。

"丫头，你怎么来了？"彭子渝吃惊地问。按照当地风俗，定亲之前，男女之间不能见面。

彭氏看见紫竹这样子，也吃了一惊，忙起身走过去："孩子，出了什么事？快进来。"

"紫竹妹妹，你怎么了？谁欺负你？"真果紧张地问。

紫竹望着真果，两只眼睛顿时汪了一层水汽，眼泪就要掉下来。

"快说呀，急死我了！"真果更急了。

紫竹咬着嘴唇，不肯说话。

"我先带你紫竹妹妹换身衣服再说吧，别吓着她。"彭氏说着，搀扶着紫竹去了自己的房间。

一会儿，紫竹换了衣服来到厢房，似乎心情平静了许多。她将遭遇恶棍黄麻子的经过讲给他们听。

听完紫竹的讲述，真果感觉头皮都被愤怒炸开了，怒火满腔。

"邻村好几个姑娘都遭那个混蛋糟蹋了，不能再让狗官继续害人了！爹，我们一定要告官！"

彭子渝听后砰的一拳击在桌上，愤怒道："姓黄的狗官！恶棍！欺负良家妇女，天理难容！老子不把他告倒，我这个状师也不当了！"

"唉，"彭氏叹了一口气，摇摇头，"以往你为村民打官司，每场必胜。现在，来了姓黄的县大爷，与朝廷官员勾结，只要给足银两，杀了人也可以无罪，哪还有天理王法？这官司也没得打了。最该死的是，还让他那不学无术的儿子当了团练，仗势欺人，到处欺辱民女。可怜的姑娘清清白白的身，就给糟蹋了。"

"那也不能任由这狗日的虎狼父子胡作非为！"彭子渝愤怒道。

朝廷腐败，外国侵略，地方贪官横行，民不聊生，投告无门，这让一身正气的彭子渝也感到心灰意冷，有一种无能为力的挫败感。

"好在我们紫竹没有遭到那姓黄的恶棍伤害，不幸中的万幸啊！"彭氏说。

"是啊，泽风哥哥，幸好你曾经教会我一点轻功，那坏蛋跑不赢我，在水里栽了个大跟头，我才脱了险。"紫竹对真果道。

"我以后要学很多功夫，保护你！无人敢欺负你！"真果认真地说。

紫竹朝真果投去爱慕的目光，脸上洋溢着难以掩饰的幸福。

这时，安立文也来到彭家。

原来他从镇上回来，发现女儿不在家中，心急似火，四处寻找也没找见，便上彭家看看。

安立文听说女儿的遭遇，又急又气。庆幸的是，女儿毫发无伤，这让他一颗悬着的心放了下来。

定亲的日子到了。

晨曦，宁静的村庄在鸡鸣犬吠声中醒来，不时有喜鹊从山那边飞来，在彭家屋前绕着，叫着，应和着这个不同寻常的清晨。

"喜鹊喳喳叫，家中喜事到。这是一个好日子啊！"彭子渝从院子里大步出来，与正在院门口清点彩礼的彭氏说。

院门外，几个挑夫站在一担担彩礼箱边候立着；有一个马夫牵着一匹白马，站在旁边。

"是啊。是个好兆头！"彭氏回身朝丈夫喜滋滋地说，"对了，快催催泽风，早点出发吧，别耽误了时辰。"

"泽风，收拾好了吗？"彭子渝大声朝屋里喊。

吱呀一声，房门开了，真果穿戴整齐地从里面走出来，神采飞扬。

"来了。爹，娘，我们走吧！"

马夫把马牵过来，真果脚蹬马鞍，轻捷一跃便跨上马背。

"哦哟，我们泽风今天真俊啊！像个新郎官呢！"彭氏上下打量真果，喜不自禁地赞叹。

真果骑在马背上，高挑修长的身材，头戴毡帽，一袭红衣，套一件天青色的绲边马褂，簪花披红，烘托出他少年英气逼人的身影。雕刻般的面容，一双深邃如星空的眼眸，熠熠生辉。嘴角弯成微笑的弧度，一只手牵着缰绳，姿势潇洒万般，像美型的王子。一种光亮至美的气息从他身上散发出来，令人动容。

彭子渝望着马背上的真果，不禁颔首微笑。"出发!"他衣袖一挥。

几个挑夫挑上彩礼上路了。准新郎真果骑着马，彭子渝大步走在旁边。

一行人直奔邻村安家而去。

他们走出五六里远，忽听半空"哑——哑——"粗劣嘶哑的叫声，一只全身黑羽的鸟从真果的头顶掠过，他抬起头悚然一惊。

虽然真果曾经听母亲讲过"乌鸦反哺"的故事，对乌鸦并不反感，但那神秘阴冷的黑色身影，使他很不舒服。

彭子渝蹙了一下眉头："这乌鸦怎么也飞来了?"

在中国民间，乌鸦被视为一种不祥之鸟。传说，乌鸦能嗅到死亡的气息。彭子渝的心头隐隐感到不安。

乌鸦叫了几声，扇动翅膀，朝山那边的天空飞去了。

正午吉时，彭家顺利将定亲彩礼送到安家。真果拜见准岳父安立文。紫竹没有出来相见。按风俗，她得在婚礼之日，与真果拜堂后，才能见面。

那天，真果将一个紫色的香囊交给安立文，请先生转交给紫竹妹妹。这是真果第一次送给女孩礼物，也是他第一次送给紫竹定情物。

紫竹欢喜地把真果送她的香囊戴在身上。

那一天，十四岁的紫竹正式成为了李真果的未婚妻。那年，真果十五岁。

彭子渝与安立文约定，三日后，两家儿女拜堂行婚。

一切都很顺利，没有不好的征兆。想必那只乌鸦只是偶尔飞过? 彭子渝便没有放在心上了。

明日就要当新娘了，紫竹沉浸在幸福之中，她盼望着那一天已经很久了。

数年的相处，紫竹早就认定，真果是她这辈子要嫁的男人。不仅仅是因为自己在遭人欺凌之际真果出手相救，在她的潜意识里，一种隐秘的、沉睡的情感被强烈唤起，又像是预感，勇敢机智的真果，将与她的生命紧紧相连。他是她的真命天子。紫竹遵从预感。

出嫁之前，紫竹决定上山烧香，拜谢观世音菩萨。

风起，曲折的山路上，落英缤纷，是个令人伤感的春夏之交。但此刻，紫竹的心中充满欢喜。她是幸福的。

灰蒙蒙的天空，乌云用阴天遮住了山林，在树枝间漏下一地荫翳。紫竹沿着一阶阶石梯而下，来到毗卢洞。一缕缕香火的味道，从石窟传来。远远近近的香客和居士，在一尊尊佛像前虔诚地跪拜。

紫竹牵起裙裾的一角，步入观音堂。那尊紫竹观音石刻雕像正在这里。

袅袅的香烟中，她站在佛前，轻轻合起双掌，仰望紫竹观音圣像。

身穿蝉翼薄纱长裙的观音，背倚婆娑紫竹，坐在状若莲叶的山石之上，左手抚撑叶面，一双秀美的莲足自然安放，左脚悬于莲台，轻踏花蕊，右脚微曲上跷脚踏莲叶，神态自在安闲，灵动飘逸。而仿佛微微摇曳的莲叶之下，碧波轻漾。一线光从石窟的穹顶投射下来，恍若月光临照，水月相映。

紫竹感觉观音似乎微笑地静静注视她，整个人笼罩在神秘的光芒中，好像有一种沉静的力量接引着她，把她带向开满莲花的地方。

“蒙大慈大悲观世音菩萨垂爱，赐予紫竹良缘。明日成婚之后，我愿与夫君白头偕老，永结同心。南无阿弥陀佛观世音菩萨!”紫竹瞑目观想，默默地念着。

但见她双眼下垂目光注视合掌的指尖，双手的姿势像一朵含苞待放的莲花，如同向观音供花一般，眼神恭敬祥和。

然后，她双膝跪于蒲团之上，面向观音菩萨，行了三拜。

拜完，紫竹飘然出了观音堂，离开毗卢洞，轻盈地走在山隈间。途经林中一个岔路，她忽然想到，应该去槐花林看看，把自己成婚的喜事跟母亲讲一讲。

那林子是母亲生前种下的一片槐花树，紫竹视若生命一样地爱护着它。于是，她绕道朝槐花林而去。

一阵飘荡着槐花的清香从极远处袭来，紫竹深吸了一口熟悉的芬芳，转眼来到了槐花林。

这是一处宽阔的平地，翁翁郁郁的槐花林开着点点白花，从平地铺到山坡，高耸入云，仿佛其他树木都不存在，只有槐树风吹起，一片细细密密的白花瓣纷纷落下，像花海一样轻轻翻涌，把四周的山岭、小径和小桥流水淹没。几声鸟鸣，使这片槐花林更显得清幽静谧。

紫竹从小就喜欢这里。白色花瓣散发的芬芳味道，在空气中弥漫，像母亲的呼吸。

"娘，紫竹来看你了。"紫竹抚摸着一棵槐树喃喃地说，"明日我便要跟泽风哥哥拜堂了。娘，您高兴吗？请为女儿祝福。"

这时，草丛中传来一阵窸窸窣窣的脚步声。一个黑色的身影朝紫竹悄悄逼近。但她并没有察觉。

"娘不能亲自看到紫竹出嫁，紫竹心里好难过。"紫竹继续喃喃道，眼中噙着泪花。

她似乎感觉到身后粗重的喘息声，悚然一惊，猛地回过身，可是，她还来不及喊叫，已被扑上来的黑影死死抱住。

这个黑影不是别人，正是乡里清廷团练黄麻子。原来黄麻子闻听紫竹与李真果明日成亲，气急败坏。他决定向紫竹下手，一路偷偷跟踪紫竹而来。

"坏蛋，放开我！放开！"紫竹一边挣扎，一边喊叫。

"小美人，这回你跑不掉了！"黄麻子喘着粗气，那张丑陋的麻脸浮上玩弄的淫笑。

他死死抱住紫竹，朝紫竹的脸凑上去，一阵肆虐地狂咬、狂吻。

紫竹玉容失色，拼命地挣扎、躲避、喊叫，却徒劳无益。

狂风突然刮起，槐树被吹得摇来晃去，恐怖地发出呜呜的怪啸。四周空无一人。

黄麻子两个邪恶的眼珠子死死地盯着紫竹的胸脯，粗暴地朝她的胸口抓去。只听见哧的一声，帛布撕裂的声音。顿时，紫竹的一片衣襟被那只罪恶的手狠狠撕开了，露出一抹雪白的乳胸。

紫竹惊慌万分，又羞又愤。她低下头狠狠地咬住黄麻子的手臂。"哎哟！"黄麻子疼得松开了手。

紫竹趁此夺路而逃。

她用手掩住胸口，一边踉踉跄跄地奔跑，一边大喊：

"救命啊！泽风哥哥，救我！"

还没有跑出几步，她被黄麻子挡住了去路。

"坏蛋！不许过来！"她厉声地喊，本能地朝后退了两步。

黄麻子阴冷地笑了一下："小美人，从了我，给爷当小老婆，爷用八抬花轿娶你。跟那穷鬼成亲有啥好的？别敬酒不吃吃罚酒！"

"呸，做你的王八梦吧！"紫竹朝他吐了一口唾沫。

黄麻子用手擦了一下脸上的口沫，突然恶狠狠地朝紫竹扑过去。紫竹慌忙开跑，却被地上的灌木绊住，摔倒在地。

黄麻子得意地朝她一步步逼近，似乎紫竹已经是他的囊中之物。

"你，你不要过来！"紫竹颤抖地喊，浑身瑟瑟发抖，脸色苍白如纸。

她拼尽力气爬起来，转身就跑。还没有等她反应过来，一片黑影已经牢牢地罩住她，她被黄麻子扑倒在地。

黄麻子趁机爬上她的身体，粗暴地撕开了她的衣衫。

"坏蛋！混蛋！放开我！我未婚夫会杀了你！！"紫竹玉容失色，挣扎着，喊叫着。她被黄麻子重重地压在身下，失去了力气。

黄麻子虐笑道："小美人，乖乖从了我。你知道你有多美吗？爷今天就要了你！"

"放开我！不要！"紫竹浑身瑟瑟发抖，哀泣道。

黄麻子仿佛没有听见她的哀求，眼神淫邪地盯着她雪白的胸脯，突然，哧一声，那只罪恶的魔掌粗暴地撕下了她的裙子。

一个少女美丽、干净的身子，被无情地撕开在恶魔的眼底。

"啊——"羞辱万分的紫竹狠狠地咬住黄麻子的手臂。

黄麻子痛得直叫"哎哟"。又被紫竹咬伤，他气急败坏，恶狠狠地揪住紫竹的头朝地上猛撞。

她的头重重地触着地上的石头，瞬间眼前一片漆黑。

狂风，抽打着槐花林。

紫竹无力地躺在地上，任凭狂风抽打。

她只感到很痛，很痛……

黄麻子狂暴地撕裂着她，在她的身体上如狂风一般肆虐，夺走了她的一切。

慢慢地，紫竹睁开了眼睛，那眼神充满了哀伤和羞辱，冰凉的眼泪掉了下来。渐渐，黄麻子张牙舞爪如淫魔的样子，在她的眼里模糊起来。

她好像被淫魔带进了地狱！

紫竹昏死过去。

风突然停了，片刻可怕的静默。乌云在槐花林上空翻滚。

一道刺眼的闪电划过低沉黯黑的天空，像张牙舞爪的狰狞怪蟒。几秒钟后，在这片槐花林的上方，发出一声恐怖的、震耳欲聋的霹雳，天空碎裂了。

黄麻子吓得浑身哆嗦，慌忙从紫竹身上爬起来，满足地扬长而去。

过了一会儿，风雨大作。

雨点密集。

坠落……

伴着风坠落……

大滴大滴的雨点砸在紫竹的身上，冰冷的雨水浇醒了昏迷的紫竹。她慢慢地睁开双眼，发现自己赤身裸体地躺在地上。慢慢地，她知道发生了什么事。悲愤、羞辱、绝望……交织在那双哀伤的眼中。

她闭上了眼睛，泪水与雨水混合地流了下来。

灵魂伴着雨点，向下……

坠落……

这一刻，真果在自家的书房里，焦躁地望着窗外哗哗下着的暴雨，内心极度地不安。

他也不清楚自己为什么感到不安。只觉得胸口像被塞了一样东西，堵得发慌。

雨越来越大，大风将窗户刮得砰砰作响。一个霹雳接着一个霹雳，如山崩，如地裂。

他痛苦地捂住胸口，脸皱得吓人，似乎心痛得很厉害，快死了一样。

彭子渝走进来，看见真果这副样子，吓了一跳。

"泽风，你哪里不舒服吗？"

真果摇摇头："没事。"

"是不是要当新郎官了，太紧张了？放松吧。"彭子渝安慰他。

"也许……我只是觉得突然心很痛，很难受，像一把刀子刺进心窝一样。"他如实地说出自己的感受。

"是吗？怎么会这样！"彭子渝紧张地问，"我去给你拿点药吃。"

"爹，不用！我休息一会儿就好了。"

"那好吧。"彭子渝不放心地朝真果看了一眼，出了房间。

电闪雷鸣……黑黑如漆的天幕，仿佛在战栗。

"这怎么突然变天了？"他不安地望着屋外的天空，喃喃地自语。

院子里，大雨倾盆如注，狂风折断了树枝，一地的落红。想到明天是真果成亲之日，却遇上如此异常的天气，彭子渝心里掠过一种不祥的感觉。

第三节　报　仇

风停，雨散，雷声远去。

安立文站在院门口焦急地张望。漆黑的夜色中，紫竹拖着被雨水湿透的身子，一点一点地抬起几乎迈不动的双脚，终于回到家。

安立文见状，心头一凛。

"丫头，你去哪儿了？爹到处找你，外面下那么大的雨，急死爹了！看你淋成这样！明天就要当新娘了，你怎么还任性乱跑？"安立文忍不住埋怨道。

紫竹面无表情，经了雨的脸庞更加苍白。

"爹，我累了，想休息了。"她淡淡地说。

"你没事吧？"安立文不放心地问。

紫竹摇摇头，冲爹凄然地一笑，转身进屋了。

"快换身衣服，别着凉了！明天一早，媒婆就要上门来给你梳妆。早点睡啊！闺女。"安立文冲紫竹的闺房叮咛道。

紫竹回到房间。

她换上镶边的白色薄纱上衣，一条坠着紫色流苏的白纱罗裙。这是她最喜欢的一套服装。然后，坐在梳妆台前，表情木然地盯着镜子的自己，衣着如雪，发黑如墨。那双空灵的大眼睛失去了生气，眼瞳中带着冷绝与凄然。

镜中容貌秀丽的少女，仿佛是一个冷若冰霜的女人。

她好像不存在了。

灵魂出窍……

她慢慢地拿起梳子，将纠结的湿漉漉的乌黑发丝一根根梳通，垂在肩头。然后，她决然地举起一把剪子，痛苦地闭了一下眼睛，一绺青丝被剪断了。

过了一会儿，镜子中出现一个绾着流云髻的少妇的脸，清秀绝俗，髻间插着一朵珠花，光洁的额前垂着一排刘海。那双像泉水一样明净的眼睛带着哀伤悲绝，眼底掠过一抹深深的羞愤。

紫竹出了房间，来到爹爹的房门口，站在黑夜中，含着泪水朝窗户里望了一眼，然后，转身出了门。

秃鹰般的黑夜笼罩着塔子山，似乎要吞没掉一切。几声狼嚎，伴着其他野兽的咆哮，令这座山林有一种阴森森的恐怖。

月亮出现，惨白的月光照着山冈，槐花林遭受白天狂风暴雨的肆虐，仿佛蒙了一层霜，满地落花。

紫竹一袭素白出现在树林里。

她没有穿鞋子，一双秀美的赤足踩着湿润的草叶，走动时，无声无息。

她在一棵高大茂密的槐树下停住。树上开满白色的槐花，随着午夜的山风，无声地飘落。

她抬起头，望着斜伸在头顶上的一根粗壮的枝丫呆呆地出神。那经了雨的苍白的面庞，没有任何表情。唯有那双清澈、干净的眼睛，像雾一样迷迷蒙蒙，流露着复杂的感情：屈辱、羞愤、凄然、留恋和决绝。

清冷的月色将她整个人笼在一片惨淡的光幕中，窈窕的身材显出少女玲珑的曲线。她看上去那样圣洁，那样出尘，又那样迷人。慢慢地，她的嘴角渗出一点血。飘落在地上的白色花瓣，染上了滴滴殷红。

紫竹慢慢回过头，朝向山上毗卢洞合掌于胸前，慢慢地，闭上了眼睛。她好像看见山顶的月光映射着幽谧的石窟，紫竹观音静静坐于莲台。那双沉静的目光、自在的神态，如磁石一样吸引着她，吸引着她的灵魂，朝佛的世界飞去。

一会儿，她慢慢地睁开了双眼，眼神渐渐平静起来，仿佛灵魂飘出了身体。

又过了一会儿，她朝竹林外的一个方向最后望了一眼，晶莹的泪珠顺着脸颊落下。

此刻，无风的树枝上，静静地，垂着一条九尺白绫。

一片云翳悄悄移动，一点一点地吞食着月亮，四周陷入黑暗。一阵狂风忽然而起，树上的白色花瓣纷纷落下。

一个女子，用九尺白绫，结束了自己如花的生命。

这便是故事开头的那一幕。

翌日，天刚刚破晓，雨后淡青色的天空中，还残留着昨夜的余痕。几声鸡鸣犬吠后，静谧的村庄依旧在熟睡中，仿佛什么事也没有发生过。

一早醒来的安立文笃笃笃轻轻敲着女儿的房门。

屋里没有应答。

"闺女，快起床了。赶快穿戴好，迎亲的轿子就要来接你了。"他站在门口催促道。

依然没有动静。

安立文好像感到不大对劲，伸手试着推门，房门一下被推开了。他的心咯噔了一下。

他疾步跨进房间。

紫竹不见了。他大吃一惊。

床上折叠得整整齐齐，一点褶皱都没有。显然，昨晚她没有在上面睡过。

闺女去哪儿了？他顿时蒙了，心悬了起来。

他的目光落在梳妆台上，上面放着一张信笺。他走过去，一把抓起信笺，双手不由自主地颤抖。

爹爹：

女儿走了。请原谅紫竹不孝。

昨日女儿惨遭恶棍黄麻子奸污，无颜面对爹爹。您看到这封信时，女儿已随母亲去了。

紫竹绝笔

信上只有简短的几句话，但每句话都如雷轰顶，震得安立文天旋地转，差点昏死过去。

他不敢置信，怀疑信上的每一个字是自己看错了。

好半天，他才跌跌撞撞冲出房门。

此时，彭家迎亲的花轿已经出发。

一支由二十多人组成的迎亲唢呐队伍，吹着古曲《龙凤呈祥》，一路吹吹打打，朝邻村安家而去。

真果骑着一匹白马，头戴礼帽，身穿大红长衫，套一件天青色马褂，簪花披红，英俊的面孔神采飞扬，引得沿途村民纷纷驻足围观。

半路上，他突然看见岳父安立文跌跌撞撞地跑过来，顿时吃了一惊。

他赶紧下马，迎上前去。

安立文颤抖地将手上的信笺交给他，一句话都说不出来。

看完信，真果觉得眼前的一切都转了起来，仿佛整个世界的空气聚集成一团团诡异的乌云，变成一个个可怕的滚雷，突然在四处炸响，地动山摇，天空彻底震碎了，大地震碎了。

真果的心也彻底震碎了。

他像石头一样呆立不动。

"不，怎么可能？不是真的……"

"我一早起来到她房间，就没有看见她了，只留下这封信……"

"紫竹妹妹在开玩笑，我去找她……"真果努力地安慰安立文，也在说服自己。

话未说完，他拨开围拢的人群，箭一般地朝安家方向狂奔。

"紫竹妹妹！紫竹！"

真果发疯般地四处寻找紫竹。村口河畔、山谷、溪边，凡是紫竹足迹到过的地方，他都找遍了，不见人影。

"紫竹！你在哪里？不要死，千万不要……"

他捂住绞痛的胸口，努力让自己镇定。你会去哪儿？槐花林！真果猛然想起紫竹最喜欢去的槐花林，那是他六岁那年从毗卢洞观音堂出来后，第一次遇见紫竹的地方，也是在那里救了遭受恶少黄麻子欺凌的紫竹。

真果朝塔子山跑去，一路狂奔。

他跑进槐花林，用目光寻找紫竹。突然，他呆住了，觉得后脑勺像被人用钝器狠狠敲了一下，眼前一黑。

一袭白衣的紫竹，用九尺白绫把自己吊在槐树上。

真果只感到世界在眼前毁灭，天旋地转。

他上前抱住紫竹，发疯地摇晃她："紫竹妹妹，你醒醒！快醒醒！不要，我不要你死！"

紫竹一动不动，再也听不见心爱的人的呼唤。

真果抱着紫竹已经冰凉的身体，将她轻轻放在草地上。这时，彭子渝、安立文与众多村民赶了过来。

安立文看见女儿的遗体，顿时昏厥过去。

"不，你没有死！……你只是睡觉了，对吗？快醒来呀，紫竹！我在这里！"真果紧紧地抱着紫竹，呼喊着她。

紫竹躺在真果的怀中，长长的睫毛仿佛还沾着昨夜的雨珠，覆盖着那双像泉水一样明净的眼睛，仿佛真的睡去。

她一袭素白，像睡着的一朵莲。

只是，她的身体很冷，如冰。

真果无法相信，眼前在自己怀中的女人，他是那么深爱着她，怎么会离他而去？

真果的脸埋在紫竹的胸口，悲惨地抽搐。

他的心碎了……

"丧尽天良的恶棍，千刀万剐！"彭子渝牙齿咬得咯咯地响，愤怒地说。

村民们也群情激愤。

真果的手突然触到紫竹身上的香囊，那是他送给紫竹的定情物。他颤抖地打开它，香囊里，有一绺紫竹的青丝。

他还看见里面折着一封信。

泽风哥：

　　妾清白之身，却惨遭毒手。污垢之身，愧对夫君。紫竹去也，来生愿与君再续前缘。

紫竹绝笔

真果战栗地读完紫竹的绝笔，双手紧紧地攥着信笺，身体微微颤抖。他感觉像一把刀刺进了胸口，鲜血流淌。疯狂跳动的心脏，仿佛停止了。

他悲愤万分，一双黑白分明的大眼睛闪着一股不可遏制的怒火，仿佛就要喷射出来的烈焰。

他从旁边一个乡邻的身上拔下一把柴刀，像一头愤怒的狮子，冲出槐花林，朝山下狂奔而去。

李真果挥舞柴刀，冲进黄府。

"狗官，畜生，王八蛋，出来！"他站在院子里咆哮道，朝大厅冲去。

几个家丁慌忙操棍拦住去路。

"大胆，竟敢闯我家团长大爷府里，找死！"

真果不愿与这些人纠缠，一心要把黄麻子揪出来，便大声喝道："滚开！"

一个家丁突然操起棍棒朝他打来。他低头闪过，当的一响，他挥刀挡住袭来的棍棒，震得那家丁手中的棍棒差点掉下去。几个家丁乌压压一起围上来，朝他一阵乱棒打来。真果身上连中了几棍，但觉胸口发麻，一口鲜血突然从嘴里喷出。

"哈哈哈……"一声冷冷的狂笑，黄麻子吊儿郎当出现在厅口，恶狠狠地对家丁命令道，"给我往死里打！"

真应了那句古话：仇人相见，分外眼红。真果怒火万丈，挥着柴刀，左砍右劈，使出父亲生前教他的一招"抽刀断水"，但见他当当几下，横刀挡住像雨点一样朝他砸来的棍棒，突然，纵身一跃，从半空中挥刀劈下，两三个家丁被砍倒在地。

这时，他听到背后有金刃破空之声，来不及回头，连忙反手朝偷袭过来的长剑上一击。当的一响，挡过了背后一剑。

他回过身来，见黄麻子握着一柄寒光四射的长剑，恶狠狠地对他咆哮：

"小子，爷爷我当年的账还没有给你算，今天送上门来，陪你的新娘子一起去死吧！"

说着，黄麻子长剑直刺过来，真果一个闪避，挥刀奋力将剑刃弹开，当啷啷声响。刀重剑轻，黄麻子的右臂被震得发麻，剑尖朝地上垂去。

真果反守为攻，横刀急削黄麻子右臂。黄麻子一惊，慌忙收剑跳开。

真果怒目圆睁，大声喝道："畜生！你干尽伤天害理禽兽之事，今日教你血债血偿！"

他又朝空中大喊："紫竹，泽风哥替你报仇来了！"

但见他纵身一跃，使尽全身力气，挥刀朝黄麻子头上劈下去。黄麻子吓了一大跳，身子闪过，急忙往后退了两步。真果一格落空。黄麻子趁机斜剑刺出，这一招甚是凶狠，还不及他提刀反击，剑锋已到了他的胸口。

原来这个黄麻子曾经跟一位擅长邪剑的武师练过几下子，招招都很阴毒凶险。

危急之中，真果贴地飞身闪避，死里逃生。一个是短刀，一个是长剑，在兵器上真果就弱了一截，加之真果幼年跟父亲学的武术功夫只是初级，剑法、刀法和拳法未曾练熟，力道也差了很多，他完全不是黄麻子的对手。

此时，黄麻子又伸剑朝他后心刺去，这招非常险恶。危急中真果在地上打了一个翻滚。幸亏他闪避及时，剑锋从他后背掠过，只划破了衣衫。

人在身遭险境之际总是心智大增，真果猛然想起，他在一本武侠秘籍中看过的一个刀法，叫"乱云疾风"。只听他大声喝道："狗官！拿命来！"但见他单刀舞动，如乱云，呼呼挟着一股疾风，来回挥削，直晃得黄麻子眼花缭乱，不知他从何处攻来，只得连连后退躲避。黄麻子心中暗想：这小子从哪里学来的招式？

渐渐占据上风的真果，突然朝黄麻子扑去，挥刀直劈。黄麻子赶紧闪避，用剑挡住，又暗地使了一个诈，斜剑刺出。黄麻子的武功毕竟高出真果很多，且练的是邪门功法，真果哪里能抵挡？他只觉右臂一震，已经中了一剑。咣当一声，刀落在了地上。

"给我打！"黄麻子对家丁喝道。

一群家丁围上来，对着真果拳打脚踢，又是一阵乱棒。真果右臂重伤，已无力还击。

年少的他缓缓倒下，嘴角渗着鲜血。他咬牙切齿地对黄麻子冷笑道："王八蛋，我只要有一口气在，也要宰了你！"

一阵乱棒劈头盖脸朝真果袭来，他当场被打得昏死过去。

当真果醒来，发现自己被五花大绑关在一个暗黑的屋子里。这是黄府后园的一间柴房。他身上被乱棍打得伤痕累累，五脏六腑如裂了一般。右臂因剑伤疼痛得很厉害，鲜血染红了衣袖。

真果气若游丝。

他感到自己就要死去。

但此仇未报，他决不甘心。

半夜，一缕清冷的月光探进漆黑的柴房。房门轻轻打开了，一个蒙面黑影悄然来到真果面前。

真果在昏睡中。

蒙面人为他解开捆绑的绳索。真果悚然一惊，睁开眼睛："谁？"

蒙面人连忙嘘了一声，拉下蒙着的面罩。借着透进来的月光，真果看清眼前的蒙面人竟是义父彭子渝！

原来彭子渝找到黄麻子的管家，要管家放了真果。彭子渝曾经救过这位管家一命。

夜半，管家带彭子渝潜进黄府，打开了柴房。

"义父！"他激动地叫了一声。

"不要说话，快把衣服换上。"彭子渝将带来的包袱打开，拿出一套准备好的衣服，递给真果穿上。

他又拿出一瓶金创药，在真果右臂的剑伤上涂上药粉，简单包扎了一下。

"快跟我走！"彭子渝低声道。

"我不走，我要杀了那个畜生！"

真果深陷下去的眼睛，闪着电一样的光。黑夜中，这双眼睛是多么可怕，这是一双受伤的男人的眼睛，复杂的眼神里，聚集的愤怒、悲哀、痛苦、仇恨……裂变成一道愤怒的闪电，仿佛要把乌云撕碎，要把仇人锉骨扬灰。

"你伤成这样，不是白白送死吗?!"彭子渝压低声音急道。

"我就是死，也要跟那畜生拼了！"真果只觉胸间血液上涌，就要往外冲去。

彭子渝一把拉住他，又气又急："你连爹的话都不听吗？爹冒死救你，难道就是让你送死吗？"

真果心头一凛。

"走！快走！"

彭子渝强拉着真果，出了柴房，在管家的引领下，趁夜色离了森森的黄府大院。

一颗冷月之下。

村东口。彭子渝与真果面对面站着。月光投下凄怆的影子。这一别，不知何时父子再相见？

虽然真果是养子，但彭子渝视真果为亲生的儿子一样。十年，这对父子早已建立了骨肉般的深厚感情。

彭子渝忍住内心的离别之痛，对真果说："儿子，走吧！趁恶棍还没追来，赶快逃命！"

真果怒目圆睁，活像一只受伤的随时可能扑上去咬人的怒狮。

"不！我要亲手宰了那个王八蛋，替紫竹报仇！"

彭子渝又气又急："凭你这点功夫，能报仇吗？只有徒然送命！"

夜色中，愤怒使真果全身绷硬得像一块石头。他两眼发射出逼人的光芒，恨恨地说：

"我不怕死！就算同归于尽，我也要把恶棍锉骨扬灰！"

彭子渝理解真果报仇心切，何况自己也恨不得宰了那恶棍，替儿子报仇。可是，狗官黄麻子势力大，哪里是对手？现在最要紧的是让儿子逃命，不能再白白送死了。

"儿子，你还年少，虽会一点粗浅功夫，实际上什么武艺都没有，拿什么本事报仇？"

彭子渝的话戳了真果的软肋。

"我……"

"听爹的话，君子报仇十年不晚。出去闯一闯，等你学会了本事，再回来报仇不迟。"

"爹，我要学武！"

"好！"

彭子渝叫真果去蜀中找一位叫刘妙利的武术名家拜师，先学武，再报仇。

真果在义父的劝说下，胸中疯狂的愤怒渐渐平息。他想，爹爹此话有理，那黄麻子有刀有枪，又有势，还会几下邪门功夫，自己势单力薄，所会一点功夫远在其下，怎么能报仇？

"爹爹，我答应您离开安岳，拜师学武。"他对义父说，"但我向您保证，我不要等十年，三年后，我必回来手刃恶棍！"

真果布满仇恨的眼睛在黑夜中发亮。

"好！爹等你！"见真果答应离开，彭子渝终于松了口气。

望着两鬓蒙霜的义父，想到自己就要离开亲人，真果心中一痛，眼中噙泪。

"爹爹，恕孩儿不孝，不能在身边侍奉。今日还让爹爹冒死搭救，爹爹大恩，泽风来日再报。望爹娘多多保重！"

彭子渝把身上背着的包袱交给真果，里面有一些盘缠。然后，他双手搭在真果的肩上，满脸慈爱地看着他，说道：

"孩子，不要说什么报恩的话，你是我的儿子，比我的生命还重要！只要你活着，不管你在哪里，爹就放心了。"

真果心中一暖。

"爹爹，请受泽风一拜！"真果当即跪下，向义父磕了三个响头。磕头的时候，他的眼泪悄悄掉了下来。

"快起来，孩子，快走吧！"彭子渝扶起真果，催促道。他既担心黄麻子发现真果跑了会追来，又怕自己的悲伤让儿子更加难过。

"爹，泽风走了。保重！"真果拱手道。

真果鼻子发酸，深吸了口气，转身走了，没有回头。

彭子渝站在那里，一直望着儿子的背影，直到他消失在凄切的月色里。

连夜翻山越岭，山一程水一程，真果在清晨的细雨中回到老家——李家区场响坛子村。

离开安岳之前，他决计回家看一眼久别的母亲和小妹妹珍儿。

吱嘎一声，他轻轻推开了熟悉的木门，心情五味杂陈，激动、情怯、悲伤……涌上心头。

"你是谁？"一个约莫十岁、扎着两个翘辫子的小女孩站在院子中央，挡住他的去路，用两只黑宝石般晶莹的大眼睛戒备地盯着他。

这一定是妹妹珍儿吧？想不到长这么大了。真果蹲下身，亲热地拉着珍儿的手:"我是哥哥真果!"

珍儿的一对黑得亮晶晶的眸子,在他脸上转了几转:"你是娘天天念叨的真果哥哥吗?"

"珍儿妹妹!"

真果一把搂住小妹妹,眼睛禁不住湿润了。天空,细雨无声地飘着。

"是谁呀?"一个熟悉的声音传来。

真果腾地站起身,看见母亲系着围裙站在房门口,顿时两眼一热,眼泪掉了下来。

他激动地叫了一声:"娘!"

哐当一声,李氏手中的水瓢落在了地上,她几乎不敢相信眼前见到的,怔怔地站着。

真果大步奔过去,热切地唤道:"娘! 真果回来了!"

李氏醒过神来,慢慢地伸出颤抖的手,抚摸真果的手臂。真果的眉毛痛苦地皱了一下。母亲刚好触摸到他受伤的地方,但他暗暗忍住了疼痛。

在幽暗的屋檐下,真果望着母亲,娘老了,满头的青丝夹杂着数根银丝,瘦弱的身躯像要被风吹倒,昔日年轻的面容变得粗糙蜡黄,布满生活的沧桑。眼角的皱纹,被无情的岁月刻下了深深的痕迹。还有那一双龟裂的手,像松树皮一样。可是,母亲却用瘦弱的双肩,独自扛起了风雨飘摇的家! 而自己,却在外,不能回家……

真果眼中泛酸,泪水夺眶而出。

"是果儿啊!"李氏哽咽地叫道,搂抱着儿子,眼泪簌簌地流了下来。

珍儿见母亲和哥哥哭,不由得抱着娘和哥哥的腿放声哭起来。母子三人顿时哭成一团。昔日流浪他乡,李氏怀抱襁褓中哇哇大哭的女儿,与真果在街头抱头痛哭的那一幕情景,仿佛再现眼前。

似乎感受到真果手臂的痛,李氏紧张地问:"果儿,你胳膊怎么了? 让娘看看!"

忽然想起什么,李氏又问:"你怎么一个人回来? 没带上新媳妇?"

"娘,我们进屋说吧。"真果抬起手,替娘擦了擦脸上的泪水。

回到屋里，真果把近日发生的变故详细地向母亲讲述。

闻听紫竹惨遭黄麻子奸污而自尽，李氏禁不住哽咽悲叹："可怜的我未过门的儿媳啊，死得太惨了！儿啊，我们李家前世做了什么孽吗，咋又遇上一个挨千刀的恶魔！"

"娘，我要报仇！"真果握紧拳头，眼中燃起怒火。

他把外出拜师学武的打算告诉母亲。

儿子身处险境，随时都可能被那恶棍狗官追杀，已不能在安岳待下去了。真果出去学武倒可以避一避。李氏暗想。

"儿子五岁离开娘亲，到如今已到志学之年，却还要逃亡天涯，不能侍奉身边。娘，真果实在不孝！"真果难过地说。

"儿啊，这是命！放心去吧！不要牵挂娘。只要你好好的，学出本事来，娘就是死了，也感到安慰了。"李氏道。

"娘，您不要说死！我怎么放心？"真果现在最怕"死"这个痛苦冰冷的字眼，少年的心已经承受不起连续的打击。

"好好，娘会好好的。只是……"

"只是什么？"

李氏叹息道："你这一走，你义父义母会很难过。"

是啊，养育之恩，情深似海。对义父义母的感情已融入血液中，自己何尝不难过？

但是，他必须离开。

难道这就是我的命运吗？真果仰天长叹。

午夜，真果背上包袱，出了自己的房间。他不愿惊动母亲，也怕看见母亲流泪，趁星夜悄悄离开老家。

经过小妹妹珍儿的房间，他听见里面传来一阵呓语。

"哥哥，不要走，陪我玩！"珍儿在做梦。

真果听着，心里一阵酸楚。他深吸了口气，朝母亲房间走去。

他轻轻推开房门，朝床上熟睡的母亲久久地望着，仿佛要把母亲的样子记在脑海里。他的眼睛禁不住潮湿，胸口一阵揪痛。他狠下心，转身走了。

真果刚刚转身带上房门，李氏便睁开了眼睛，眼泪大滴大滴地落了下来。她并没有睡。凭着母亲对儿子的了解，她知道真果会悄悄离开的。

她等着儿子来跟她告别，却又怕自己控制不住悲伤。不知何时再见到儿子？是暂别，还是永别？那种骨肉割舍的痛，煎熬着她，折磨着她。但她是一个母亲，必须坚强地默默承受。

李氏禁不住低声饮泣。

夜幕之下，真果走了。

苍茫的月色中，一个孤独的少年身影踏上了学武的道途。

时在清光绪二十一年，1895年，乙未年（羊年）。那一年，李真果十五岁。

第四章

学　武

　　真正的成道者都曾经历了人生的七苦八难。一切苦难都具有神圣的意义。

　　两千多年前的一个黄昏，佛祖释迦牟尼在尼连禅河畔的一棵菩提树下，发誓"不获佛道，永不起座"，历经七天七夜，终于大彻大悟，悟得解脱生死之道，入道成佛。

　　一千三百多年前的秋天，唐代著名高僧玄奘西行五万里，历时十七年，历经"九九八十一难"，舍身求法，百折不挠，远赴天竺，终于得到"真经"，将大量的佛经带回了中国，并穷尽一生翻译经书一千三百三十五卷，成为盛名远播的先知和智慧的化身。

　　伟大的老子说："强行者有志。"强者，就是在最困难的时候坚持前行的成道之人。正是因为他们坚定的信念，才能在逆境和苦难中坚持前行，而成就大道。

　　苦难，对于少年李真果来说，是一种磨难，更是一种修炼。

第一节　深谷奇侠

清光绪二十一年（1895）的初夏。

当时隶属潼川府、川北道的安岳县，一场罕见的旱灾突然降临，大旱使整个川东的庄稼绝收，土地龟裂，河水干枯，大面积的饥荒蔓延四野八方。腐败无能的清朝政府自签订丧权辱国的《马关条约》后，更加走向没落。安岳官府中饱私囊，打开城门，放任灾民四处逃难。

曲折的山道上，在扶老携幼的逃难者中，行走着一个孤独的少年身影。他就是李真果。

目睹饿殍载途、白骨盈野，真果的心中悲愤难抑，对罔顾民生、卖国求荣的清政府和欺压百姓的地方势力更加痛恨。

真果也是一个逃难者，但与寻找食物求生的难民不同，他离开安岳，不是逃荒，也不是逃命。对于死，他毫无惧怕。父亲过早离世，又遭遇心爱女人的惨死，巨大的不幸和痛苦，使年少的真果过早地感受到人生的无常。

他的心死了。留下一具躯壳，只为了复仇。

他要去一座隐秘而偏远的山中，寻找两位武学仙师，拜师学武。虽然路途较远，兵荒马乱，盗匪横行，甚至自己也可能饿死途中，但他只有一个坚定的信念，学成后，为紫竹报仇。

猫头鹰眼里闪着绿光，从真果的头上掠过。一群群黑色的乌鸦发出粗哑的叫声，从树上飞起，乌压压冲向路旁的尸骨。

真果在凄惨的荒野中，悲愤地行进着。

经过昼伏夜行的几天跋涉，翻山越岭，在火球般的太阳炙烤下，真果靠野果、树皮充饥，来到离安岳几百里路的山中，一个叫花溪谷的地方。

真果刚到此处，天空飘起了细雨，微风拂来，如久逢甘霖。

少年站在雨雾里，古岩一般凝重。他遥遥望去，一条浅浅的长溪缓缓穿过峡谷，两旁危崖峭壁，峰插云天，像一把把竖直的利剑，将天劈开，山上树木葱茏，遮阴蔽日，顿生"自非亭午夜分，不见曦月"之感。

真果行走在幽深的峡谷中，不见人烟。这里仿佛与世隔绝，便连天旱都到不了这儿。雨无声地飘落，经了雨的树叶更加青翠。湿润的空气中宛转的清流，仿佛一股大自然的能量，注入他的五脏六腑，他似乎又活过来了。

为什么此处没有人？我如何才能找到刘掌门？真果心里暗暗焦急。

真果沿着蜿蜒逼仄的峡谷走去，山涧如千丈银练从高处飞落，顺溪水而下。他的头发和衣衫被细雨和飞瀑沾湿，像干枯的树干得到滋润，使他精神倍增。

不知走了多久，来到一处峡口，他只觉得有一种异样的气势朝他逼来，在峡谷上方左岸，有一个突兀而立的巨大崖台，形成一座天然的石门，使峡口骤然收窄，远望峡口内雨雾蒙蒙，峭壁林立，更显深邃莫测。

"难怪人迹罕至！"他暗暗惊叹此处天险。

他从石门进去，七绕八拐，仿佛河谷中断，江流无路，令人一阵森然。穿过一个幽洞，突然，一道宽阔的谷底展现眼前。芳草芊芊，一树树粉红的杜鹃嫣然地开着，像天空撕下的一片红云。清澈的溪水环绕草甸潺潺流去。

"真美！"他走进这片杜鹃林，情不自禁地赞叹。

他很快感觉有点不对劲，自己怎么也走不出去，好像被这片花树团团围住。渐渐，一股疾风掠过，树枝在眼前晃动起来，好像在移走。但觉花影迷乱，头晕目眩。他悚然一惊，怎么回事？是我产生了幻觉，还是有人故意摆下的花阵？

他甩甩头，试图冲出去。可是，无论他怎样左冲右突，仍然回到原地。

"跟我走！"一个威压的声音从远处传来。

真果忽见一道白影掠过，无声地落在他的身边。他不由错愕。这是一个面容英俊、身穿白衣的中年男子，飘飘长发披于肩后，像古代的白衣侠者。

只听白衣人连声念道："太极生两仪，两仪生四象，四象生八卦。青龙演白虎，玄武化朱雀。"但见他身形晃动，出拳、挥掌，忽东忽西，变化莫测，轻盈飘逸，如游龙，如惊鸿。

随着白衣人拳势的变化，眼前的花树仿佛相错移动，令真果眼花缭乱。

"哈哈。"一声具有穿透力的大笑从花树中传来。接着，一个洪钟般的声音道：

"乾位改，坤位移。你动，我不动。"

真果心中一惊，朝声音发出的方向望去，只见黑影闪现，一个黑衣人站在晃动的花树中，一动不动。虽然他没有动，却有一股强大的气场，使白衣人的威势减弱下来，摇晃的花树渐渐停止。

白衣人突然跃起，朝黑衣人掠去。他身法轻捷，出手极快，几乎就要抓住黑衣人的手臂。黑衣人飞身跃开，回掌反击。两人飘忽来去，时散时聚，身形灵动。游斗中，你动，我静，你静，我动，变化莫测。团团相围的花树也随着二人动静而生变化。

真果看得目瞪口呆，难道这就是传说中的八卦阵？他在书上看过，八卦阵又称九宫八卦阵，是由太极图像演变而成的奇门遁甲之术。相传诸葛亮在梦中受仙人指点，按照九宫八卦方位和五行生克原理布成作战阵图。

再看一白一黑两人，游斗缠绕，恍若太极图中两尾动静相宜的阴阳鱼。这就是太极拳！真果福至心灵。

他记得书上说，太极拳承载中华传统儒、道学说，是古人结合易学太极阴阳变化的基理、道家导引术和吐纳术、中医经络学而创造出的一套阴阳开合、刚柔相济、内外兼修的汉族传统拳法，是中华武术的一个代表拳种。功夫修为皆为上乘的太极拳师，可以达到出神入化的至高境界。

莫非二位就是我要寻找的刘大掌门和二掌门？真果暗想。

他不由一阵激动，待要开口，只听白衣人一声大喝："破！"他还没有反应过来，一股强大的力量就把他托了起来。白衣人拉起他，往黑衣人所在的西南位置杀出，复又从正前方杀入。但见花树间一条通道闪开，白衣人带着他从通道而出，沿途落英缤纷。

"哈哈哈……"黑衣人似乎有绝顶轻功，忽然跃到他们面前，欣慰地对白衣人道，"二弟，你终于破了为兄的八卦花阵！"

黑衣人大约五十多岁，身材魁梧，满脸胡子，长须飘飘，脸上笑容可掬。

白衣人拱手道："惭愧！弟不才，琢磨了好久，才破了哥哥此阵。"他忽然想起什么，又说，"还多亏了这位小兄弟。"

我？真果不敢相信，看看四周，并无别人。

"正是这位小兄弟的出现，见他左冲右突，却无法出去，我便想到了太极阴阳变化之理，打乱乾、坎、艮、震、巽、离、坤、兑八门，从变化中找出生门，方破此阵。"

黑衣人捋着长须，颔首微笑。

真果在旁听得一愣一愣的，竟忘记了来此的目的。

"小兄弟，如何来到这深山老林，不怕熊瞎子么？"黑衣人笑问真果。

真果醒过神来，慌忙问："二位前辈可是威震江湖的黑白双侠？"

黑衣人与白衣人对视了一眼，没有搭腔。

真果连忙跪地，拜了几拜，拱手道："请二位前辈收下小徒！"

白衣人冷冷地说："我们二人早已封门，不收弟子。这乱世荒年，我们在此只图个清静！你还是走吧！"

真果恳切地："久闻两位前辈疾恶如仇，正直侠义。泽风有血海深仇，万望前辈传授武功，成全我报仇之心！"

白衣人的目光如一道寒光，直视真果的眼睛，神情更加冷峻："习武之道，追求的是物我相忘的境界。你若为了报仇，我还是劝你打消这个念头，回去吧！"

白衣人说完，转身就走。黑衣人同情地朝真果看了一眼，也跟着离开。

望着一黑一白远去的身影，真果想到紫竹惨死却大仇未报，心中大急。他腾地站起身，追了上去。

幽径上，黑白双侠一路说着话，都感觉到身后追上来的真果，却并不理会。

真果冲着两人的背影，连珠炮般大声道："什么黑白双侠、武术仙师，什么行侠仗义、剪恶除强，徒有虚名！"

"臭小子，你说什么？"黑衣人突然转身，怒气冲冲地质问真果，"如此大胆，敢辱我黑白双侠的威名？"

黑衣人愤怒的样子仿佛要把真果杀了。显然，真果的激将法起了作用。

倒是白衣人显得很冷静，对黑衣人说："大哥息怒。"他转身对真果道："你有什么深仇？说来听听。"

于是，真果一五一十跟他们讲了自己的遭遇。

"这狗官恶棍该杀！"黑衣人听完真果的讲述，愤愤不平道。

白衣人的面孔依旧冷峻，一语不发。

想到二弟也曾和真果有一样的遭遇，黑衣人对白衣人道："二弟，我们就破例收了小兄弟，成全他罢！我看他骨骼清奇，是个习武的料子。这山中也太寂寞了，有个小孩也可热闹一番。"

白衣人默然。

黑衣人上下打量真果，问道："你可能吃苦？"

真果大声回答："能！"

他激动地正要跪拜，黑衣人抬手拦住他，哈哈大笑："小子，哪来这么多俗套？先前不是跪拜了。"

真果喜出望外，拱手行礼道："谢二位师父收下小徒！泽风感恩不尽！"

原来这黑白双侠是川中武术名家刘妙利和王妙生。一个出自少林，一个出自武当。黑衣人刘妙利擅长少林长拳——六合门拳，同时又精习八卦拳。王妙生师从武当派，其太极十三势出神入化。武当太极拳，为明代丹士张三丰所创。据传，武当内家祖师张三丰悟太极玄机，观雀蛇相斗而演化太极拳。这刘、王二人虽不同门，却因早年家人被清廷走狗所害，遭遇相似，因而惺惺相惜，结为金兰兄弟。两人武功绝技精妙，又以行侠仗义、除奸惩恶而威震江湖，在川中享有盛名，被称为"黑白双侠"。只因遭到官兵追捕，二人隐居峡谷深处。

虽然刘、王隐居山中，从此不问江湖，但二人心性刚正、疾恶如仇，十分同情李真果的遭遇，破例收他为徒。

对于李真果来说，这是一个具有特殊意义的日子，既是他初入江湖拜师，也是他习武生涯的开始。

第二节　太极八卦

晨曦，静谧的花溪谷，鸟鸣猿啼，溪水潺潺地绕过芳甸。缭绕的云霭里，一个宽阔的谷地，用矮木桩布成一个正八边形环绕的九宫八卦位。中心是一个圆，里面画着黑白阴阳鱼。

这个巨大的圆圈，就是太极八卦图。

真果的两条小腿绑着八斤沙袋，正跟着二师父王妙生在圆圈里练习踩太极八卦步。

他的脚步有些吃力，因为绑在腿上的沙袋很重。这是王妙生为了锻炼他的腿力，让他负重走步。

这时，一个内力深厚而清越的声音在山谷回荡。

"无极生太极，太极生两仪，两仪生四象，四象生八卦，八卦化万物。"

真果闻之一震。这声音犹如龙吟虎啸，传送到很远，连深山丛林中野兽的号叫都停止了。能达到这种境界的，须是内功非常深厚的人。

发出此音的，正是白衣人，如今已成为真果二师父的王妙生。只见他踩着八卦步，衣襟飘飞，白色身影随着步伐闪转腾挪，身形灵动变化，如行云流水，十分潇洒。

王妙生一边示范，一边给弟子真果讲解：

"太极八卦步，是从八卦图演化而来的一种内家拳步法。相传远古时代，人类始祖伏羲在统治天下的时候，抬头看天，低头看地，凭日月升降悟出乾坤之奥，发现世上的万事万物都是成对出现的，就是'一阴一阳'。于是，他用神秘的符号'－－'和'—'代表阴和阳，创出奇妙的八卦图。"

真果注视着脚下用木桩摆置的太极八卦图，确信这是他看到过的最难懂、最抽象，也最神秘而奇妙无比的图，像天书一样难解。

王妙生从乾位绕到坤位，又从坤位到离位，在八个挂位的木桩中间飘忽来去，像鱼一样身形灵动。

他的表情始终是冷峻的，即使在讲解的时候。

"八卦，就是用符号组成的四方八位，乾、坤、震、巽、坎、离、艮、兑，对应天、地、雷、风、水、火、山、泽八种自然现象。"

"可是，它到底是什么意思呢？"真果问。

真果感到困惑，像在黑暗中行进，看不到路径。

王妙生屏息收势，撩开白衣下摆，像一只仙鹤轻轻落在中央"白鱼"鱼尾位上，席地而坐。

他示意真果在"黑鱼"鱼尾位上坐下。

真果的小腿绑着沙袋，无法轻松自如，只得一屁股重重地坐了下来。

"把腿盘起来！"王妙生用威压的声音道。

啊！这么重的沙袋绑在腿上，连走路都难，还盘腿？真果心里直犯嘀咕。

"盘腿！"王妙生加重语气道。他冷峻的表情，让人感到一种敬畏。

"是！"

真果畏惧地看了一眼师父，努力地让双腿交叉起来，成盘腿状。虽然很难受，但他忍住了。

真果与二师父相对而坐，渐渐感受到在太极八卦图中有一股巨大的能量，仿佛自己就是一条"黑鱼"。虽然处于静止的状态中，却有一种力量，使他的身体在动、在变化。

这是一个奇妙的感觉。

王妙生接着讲道:"伏羲画八卦,找到了八个相对应的事物作为宇宙的生成力量,就是天、地、雷、风、水、火、山、泽。后来周文王受到启发,从昼夜的变化、季节的变化、太阳和月亮的变化、潮起潮落的变化,发现了这是两种不同的力量在运动。"

两种不同的力量?真果有点纳闷,又很好奇。

"一个力量把太阳拉上去,一个力量让太阳落下去;一个力量把潮水拉上来,一个力量让潮水退下去。这就是阴阳两种力量在产生生命力,发生无穷变化。于是文王从八个卦象出发,推演出六十四卦象,与爻辞结合,写成了《易经》。这就是'文王拘而演《周易》'。"

"原来神秘玄奥的《易经》是这样来的!"

随着师父的解释,真果被一种新奇、玄妙的东西所深深吸引,它像一个神秘的雾团,在眼前渐渐地变得清晰起来。只是,他仍然感到雾气迷蒙。

《易经》是一本占卜的书。古人、算命先生用八卦符号和卦辞探究人的吉凶祸福。我练的八卦步跟它有什么关系呢?他暗想。

在读私塾的时候,真果在先生安立文家里看到过这本书,有印象。书中画的八卦图,那些像天书一样的符号,他很难懂。

王妙生看了他一眼,像会读心术,对他道:

"《易经》的确是一部占筮书。"

真果吓了一跳,我想什么,师父都知道?他不得不佩服。

王妙生话锋一转:"但它更是一部了不起的中华哲学经典,也是一部最艰深难懂的书。这个话题说来很长,很多人一生都无法穷尽它的奥妙。我自己也是。"

他停顿片刻,看着一脸茫然的真果,问道:"你知道韦编三绝的故事吗?"

李真果摇摇头。

"《史记》所提到的'韦编三绝',就是讲孔子读《易经》的故事。孔子晚年喜欢读《易经》，把竹简翻过去卷回来，天天读，夜夜读，竟把穿简的牛皮绳子翻断了多次。书都读到这种地步了，孔子还叹息说，如果再给我几年，让我从五十岁开始学易，我易的知识就更加丰富了，我这一生也就不会犯大错误了。"

连孔子都如此说，可见易学是多么深奥。真果暗道，同时又为自己知识的浅薄感到羞愧。

"为什么要让你练八卦步？跟八卦图有什么联系？你更想知道这个吧？"王妙生问道，看穿了他脑袋瓜在想什么。

真果连连点头。

王妙生看出他的心急，不缓不慢道：

"简单跟你讲吧，文王用六十四卦象讲天道、讲宇宙。这个宇宙，在阴阳两种力量的作用下，在六十四卦象的循环运转中，包括世上万事万物，如日升月落、四时更迭，都周而复始地变化着。变化的本身是变的，并且永远都在变，但是周而复始发生变化的这条规律是永恒的，是不变的。"

真果低头看着圆圈，那些代表八卦符号的木桩，渐渐在脑海中生成了天地、风雷、水火、山泽八个自然景象，突然有了触动和感悟。

"对呀，六十四卦象征无穷变化，宇宙自然周而复始的生命变化规律，就是八卦步的规律，以不变应万变，在变中求不变，在不变中求变。不知对否？"真果说完，兴奋地望着二师父，暗暗钦佩自己的发现。

王妙生心中惊叹，这少年悟性惊人，将来绝对是武学奇才。但他没有表露出来，只是看了真果一眼，算是默许。

"不过，八卦步法要领，还要因时而变，变化有方。"王妙生又强调道。

什么才是因时而变，变化有方？真果有些费解。

王妙生直视他的眼睛："《易传》上说，穷则变，变则通，通则久。但如果变了，通了，但没有焕发生机，没有合理的变通，就意味着失败与死亡，你就踏入了'死门'。只有随机应变，因时而变，才能进入生门。"

原来应对变化也有学问啊。真果如醍醐灌顶。

王妙生又继续讲道："一阴一阳谓之道。世界上的万事万物，都是由阴阳变化而化生。人与天地相参，日月相应，雄雌、刚柔、动静、显敛，乃至人生祸福顺逆，莫不与大自然阴阳变化同归。而人以阴阳二气长养百骸。经络、骨肉、腹背、五脏、六腑，乃至七损八益，一身之内，皆通于天地，合于阴阳。"

真果灵光一现："八卦步，就是根据易学八卦阴阳变化之道而创立的一种刚柔动静、变化无穷的步法。"

王妙生点点头，对真果的理解是满意的。

"那么，八卦与太极又是什么关系呢？"真果的脑子里有一千个问题。

"我们所坐的位置，叫中宫，是两条黑白阴阳鱼组成的太极图，在八卦的中央，也是最关键的位置。八卦加上中心太极图，就组成太极八卦图。"

王妙生看着真果的眼睛，问道："为什么'太极图'是两条'阴阳鱼'？你知道它表示什么？"

真果一直看到的、印象最深的"太极图"，就是两条黑白的"阴阳鱼"。

"白鱼表示为阳，黑鱼表示为阴。"真果不假思索地答道。经过二师父的启发，他用膝盖都能答出来。

"白鱼中间一黑眼睛，黑鱼之中一白眼睛，又表示什么？"王妙生没有放过他。

这个……真果思忖着二师父的话，突然福至心灵："这表示阳中有阴，阴中有阳，阴阳交会。所以，太极八卦步的核心，就是你中有我，我中有你，互相依存，又互相对立！"

王妙生满意地点头。

"伏羲画卦、文王说挂，逐步揭露'天机'。你知道这个天机是什么吗？"王妙生有意考考他。

这还用问吗？真果答道："阴阳变化，造化万物。"

王妙生摇摇头："你只答对了其一。伏羲画出八卦之后，是老子发现了天机。阴阳变化的规律是什么？就是道。"

是啊，我怎么没有想到？真果还在三四岁时，就能把老子的《道德经》倒背如流，可就是很难理解老子所讲的道。经师父这么一点，他有些明白了。

"天地何生？人类何生？皆因有道。这个道是什么呢？"王妙生将目光投向真果。

真果一脸茫然，内心处在黑暗与光明的交织状态。

王妙生意沉丹田，屏息凝神道："这个道是很难叙述的。老子说，道，强为之名曰大。我勉强说，它无所不包，是无限大、无穷大。在宇宙万物还没有形成之前，一切皆为混沌，是为无极。无极即道，是比太极更加终极的状态。无极就是无穷、无限，世界无边无际，无穷之外，还有无穷。时间与空间的无限之外，还有无限。"

真果被师父的解释深深吸引，却又觉得有一点玄，似懂非懂。

王妙生停顿了一下，看了他一眼，接着道："换句话说，这个无形的道，无边的道，无穷的道，在宇宙没有形成之前，便先于世界、先于万有万物而存在，又遍布无限的时空之内，充满于天地之间，并将永恒地存在下去。所以《易经·系辞》中说，无极生太极，太极生两仪，两仪生四象，四象生八卦。"

真果思索着师父的话，忽然脑洞大开："这个天机，就是老子所说的'道生一，一生二，二生三，三生万物'？二师父，我说的对吗？"

王妙生不禁注视真果，对这个少年的领悟力颇感惊奇。他反问道："你对'道生一'如何理解？"

真果想，既然是无极生太极，太极生两仪，那么"一"就是太极。只是，他不明白，代表"一"的太极又是什么东西？他有点犯难，不敢接腔。

王妙生看穿了他的心思："对，一就是太极。但这个一，不是数字一，是因无极而生的宇宙最初浑然一体的元气。"

"也就是说，混沌的、无形的道，产生了一股气？"真果思忖着，仍然有些费解。

王妙生解释道："道不知从何时开始，不知道它的终极在什么地方，在鸿蒙开辟之初，整个虚空就像一个看不见的神秘雾团，是一股浩然之元气，从中划破，混沌的无极转化为万有的太极，太极又化生阴、阳两仪，两仪化合而衍生和气，从中衍生天地万物。当然，也包括人。"

真果思忖着二师父的话，感到世界在眼前突然有了光亮，一片阴暗神秘、恍恍惚惚的世界，被一束光突然照亮。

"道是一个无形的东西，一个先天地而生的东西，无极生太极，太极化生万物，也就是说，从一个无形的道，变成了有形的大千世界。太极也就是宇宙从无极而太极，以至万物化生的过程。即老子所说的'道生一'？"

真果吧啦吧啦地说完，期待地望着王妙生，他的眼神是自信的、激动的，甚至深深地沉浸在自己的感悟中。虽然他对这个"道"还是恍恍惚惚的，但开始有了一些深刻的理解。

"哈哈哈。"一个如洪钟般的声音从身后传来。

真果刚回头去看，一个黑影如风一样掠过，轻轻落在太极八卦图阵的黑鱼眼睛上，盘腿席地。

原来是大师父刘妙利。

"大师父！"真果连忙起身，恭敬地叫了一声。

刘妙利对王妙生笑道："这个弟子悟性不得了，恐怕将来我们都要叫他师父了。哈哈哈。"

真果却感到惶恐不安，脸涨得通红，不知所措。

王妙生冷峻的面容柔和了许多，似乎赞同大哥的话。从他的神情里看出，他很满意眼前这个容貌清俊、聪颖灵性的少年弟子。

"这个道太深奥了，你以后还需慢慢悟。"王妙生意味深长地说。

"是，师父！"

王妙生与大师兄刘妙利不再说话，两人默契地屏息凝神，闭目打起坐来，像入定的禅者。

真果只好学着他们的样子，重又坐下来，闭上了眼睛。但是他完全无法安静，脑子里一直纠缠着一个问题，师父说了这么多，到底太极八卦步是什么？

过了好一会儿，王妙生睁开眼睛，继续讲道：

"太极八卦步，根据太极天圆循环运行的规律，八卦的四方八位，从一开始，到两仪，到四象，到八卦，最后到中宫，生成六十四种变化。"

师父终于回到正题。真果睁大眼睛，竖起耳朵仔细听着。

两仪，代表阴、阳。太极动而生阳，动极而静，静而生阴，静极复动。一动一静，变化万端。四象，太阳、太阴、少阴、少阳。

在四象中，太极八卦步有二十四种变化。四象生八卦，八卦生万物，则步法变化无穷。

真果用心地记着，琢磨着。

"太极八卦步就是刚柔二力、动静生变。先前所讲的那么多，归根结底，一切都要遵循道，这就是道生一，一生二，二生三，三生万物。"王妙生总结道。

这一瞬间，真果好像又看见那一束神秘的光亮，穿过混沌的黑夜，光明呈现。

他恍然大悟。

甚至，感到自己沉重的双腿也变得轻松起来，仿佛体内注入了一股强大的能量。

坐在旁边的大师父刘妙利早已不耐烦了，对真果道："哎哟，你这二师父就喜欢谈玄论道，一讲起来就没个完。"

他又对王妙生说："二弟，别啰啰唆唆了，走起！"

"好！"王妙生轻盈地起身，像落在地上的一片叶子，被风吹起。

刘妙利对真果说："泽风，你站到旁边，仔细看好！"

"是，大师父！"真果兴奋地答道。

刘妙利与王妙生从阴阳鱼位置上，后退到八卦位上，一个站到乾位，一个站到坤位，开始走步。

但见他们在每个挂位的木桩之间穿梭着，如黑白双鱼，游动自如，时而交缠，时而分散，忽左忽右，忽前忽后，忽上忽下，千变万化，看得真果眼花缭乱。

"太极腰，八卦步。"刘妙利声如洪钟。

"形意劲，武当神。脚是心之点，心随意领脚。"王妙生接道。

两人一边示范，一边给真果讲步法要诀。

"要练好太极拳，首先要走好太极八卦步。太极拳要求运动如抽丝，连绵不断；如鱼游，轻灵变化；如兽走，狠猛准捷。所以讲究其跟在脚，发劲于腿。"王妙生道。

真果站在圆圈外，一边跟着两位师父比画，一边默默地领悟。

"泽风，从今日起，你绑着这个沙袋，在圆圈里走一个时辰，先练腿力。"

王妙生走完步后，对真果说。

"遵命！"真果响亮地回答。

刘妙利笑道："小子，以后有苦头给你吃，别看你二师父斯文有礼，可是出了名的魔鬼教头。好多来学武的小子们半途吃不了苦，都回去了。"

"我保证不怕吃苦。"真果定定地说。

我学武，就是为紫竹报仇。再大的苦，哪怕让我上刀山下火海，我也毫不惧怕。真果在心里对自己说。

王妙生与刘妙利相视而笑："喝酒去！"

说着，两人飞身跃出圆圈，一黑一白身影朝林中的草屋掠去。

真果一个人留下来，置身在这神秘的圆圈里，好像被一个巨大的磁场包围，身体产生了一股不可思议的力量。

他迈出了第一步、第二步、第三步……越来越快，越来越轻捷。

真果明白，这是他人生中一个新的起步。

第三节　苦练功夫

空山寂寂，悬浮于天幕上的一弯冷月落了下去。一道光芒像一柄寒剑刺破暗黑的天空，黎明来临。

静谧的树林里，一座用藤蔓和树木搭建的草屋，好像荒无人烟的隔壁，多了一点生气。真果与两位师父住在这里。

从清晨到夜晚，真果一直都在练功，又累又乏。此刻，他还在熟睡中。

忽而，一只画眉从窗外飞过，真果在清脆的鸟声中猛然惊醒。

他一骨碌从草席上爬起，迅速给双腿绑上沙袋，悄悄出了草屋。沿溪而去，踏着林间的晨露，在乳白色的雾霭中，整个空气中弥漫着花的幽香和草木的清香，两种香气交织在一起，直入心扉。

真果深深地吸了一口芬芳之气，极度疲乏的身体仿佛增加了能量，精神振作，脚步也比从前轻快了许多。尽管他的腿上绑着沉重的沙袋，却如同没有重负。

这是大自然阴阳两种力量的作用吗？他想起二师父王妙生的解释。

不一会儿，他又来到练功的地方，在那个巨大的神秘圆圈里，开始了最艰苦的练习。

前进、后退、左右移动。他在八个卦位上来回走步、穿梭，领悟两位师父所讲的要诀。

真果先前百思不得其解的地方，经二位师父的点拨和示范，凭着他的聪明颖悟，已能领会许多。

由于他腿上绑着八斤重的沙袋，半个时辰下来，已汗如雨下，渐渐体力不支。他的双腿像铅石一样沉重，几乎迈不动了。

他的脑海浮现紫竹惨死时仍然睁开的双眸，那一双含恨的眼睛，饱藏着屈辱、羞愤，与对生的留恋和爱的期待，他怎么也忘不了，一想起，就让他痛彻心扉。

紫竹，我一定要给你报仇！他发誓。

真果咬紧牙关，继续练步。一步又一步，每一步都淌着血泪。他的步法越来越快，越来越富于变化。时而如闪电，时而如游龙，时而如飘风，时而又如流水一样缓缓涌动。

山间的气候瞬息万变，一片乌云聚集在真果头顶的天空，雨点大滴大滴地砸落下来，越来越密集。整座山谷一片空蒙。

雨水打湿了真果的全身，他好像浑然不觉。这太极八卦图阵，像一面圆圆的大鼓。密集的雨点，像密密的鼓点落在这张鼓面上，真果的步法也随着"鼓点"的节奏，在"鼓"上飘忽游走，或缓或急，或如迅雷，或如波涛……

雨雾蒙蒙的天空中，一大群雨燕从岩洞倾巢而出，穿梭如网，在乌云密布的云层掠过，在暴雨如织的雨阵中勇敢奋飞，仿佛在为真果助阵。

王妙生戴着斗笠，披着蓑衣，站在远处，默默地看着雨中走步的真果。

他被真果身上的那一股坚韧、执着所打动，更为真果非凡的领悟力而惊叹。这阵图六十四项变化，实是繁复奥妙，对于初学者，要掌握它的基本要领需要一年半载。但真果竟能在两三天内领悟到二十余处，举一反三，融会贯通，步法的轻灵和熟练程度，完全不像一个初学者。真是聪颖过人啊！

"停！"一个冷峻的声音在雨声中响起。

真果猛然停住，刚回过头去，两个黑乎乎的东西从空中飞掠，重重地落在他的脚下。

他吃了一惊。

"把你腿上的沙袋取下来，换上它！"王妙生出现在真果的面前。头上的斗笠压得很低，淌着雨水，几乎看不清他的面容，却能感觉到他的冷峻和威严。

真果遵命，弯身提起地上的沙袋，感觉好沉。"二师父，这沙袋有多重？"

"十六斤。"王妙生淡淡地说。

啊？八斤沙袋已经够重了，还要换上十六斤的，这怎么走得动？真果心里叫苦不迭。

"加半个时辰。每天一个半时辰不息。"

什么？真要命。真果心里想，不过还是顺从地照做。

看到真果换上新沙袋后，王妙生对他道："开始吧。"

真果又继续在圆圈里踩步。沙袋绑在腿上，像绑了两个千斤重的大石，每举一步，艰难而沉重。

"走快点！"大雨中，王妙生站在圈外大声道，显然不满意真果。

真果咬着牙，加快了脚步。

"再快！再快点！"王妙生不满地提高声音道。

他威压的声音，穿过密集的雨声，让真果感到一种强大的压力，不由自主地迈开了步。

王妙生突然飞身跃到阵图中，对真果道："跟我来。"

说完，他身形闪动，在各个挂位的木桩之间穿梭、绕圈走转。

"一圆太极步，两仪阴阳连环步，三才交替步，四象循环步，五行梅花步，六合八方步，七星步罡踏斗步，八卦走圈步，九宫随意步。"

王妙生高声念着，将各种步法变化一项一项地讲解。

九宫随意步，是太极八卦步法中层次较高的步法。八卦图中的每卦各为一宫，加上正中的阴阳鱼（即中宫），合称为"九宫"。把九个标志物按一定的株行距分布于九宫位置，然后在其间穿行绕转，变换拳式，称为"九宫步"。

修炼之人从一宫开始，到二宫、到三宫……最后到九宫，又返回一宫，要经过三个修炼阶次。第一阶段，九宫飞行步，以我破进冲撞之强势，进逼攻击敌方。第二阶段，九宫鹞子步，当面对群敌围攻时，以鹞子穿林式避让对方的强势。第三阶段，就是最高层次的九宫随意步。它指修炼之人打破九宫顺序随意穿走，在实战中达到随心所欲、攻守自如、所向披靡的境界。

但是，要把九宫随意步演练到极致，不是一般人能做到的。

真果默默记着要诀，在后面跟着师父踩步。凭着他的聪颖，领悟得很快。渐渐，步法变得轻松起来，仿佛卸下了重负。

大雨中，真果与师父在阵图里闪转腾挪，你来我往，你绕我转，你退我进，你静我动。

半个时辰下来，真果的步法从踉踉跄跄的笨拙，到猫一样的灵动多变，而且腿上还绑着沉重的沙袋，尽管有些吃力，可已经很不容易了。

王妙生不由暗暗惊叹，这个少年的领悟力和身上迸发的一股力量，真是惊人啊。照此练下去，不出三年，他必是武林中的一匹黑马。

从这以后，真果练习时，由八斤沙袋绑腿改用十六斤沙袋绑在腿上，每晨一个半时辰不息。

他脚踩太极八卦，练得双腿肿了又消，消了又肿。但他没有停下来，忍着疼痛，继续练习。

若是平常人，只怕三五日也难挨下去。幸而真果有着超出常人的毅力，咬紧牙关，坚持着。他的脑海里只有两个字："报仇"。

每天练完八卦步，王妙生又让他对着大树劈掌练拳。要求他，外练手、眼、身法、步，内练心神、意念、足。

他告诉真果，内外兼修中，内功也即内气的修炼至为重要。聚气，才能增加能量和力量。内功深厚，能量更大，爆发力也更强。

"意沉丹田，静息凝神。"真果回想二师父王妙生的话。

树林中，真果双手虚抱胸前，运气凝神。可是，无论他怎么努力也无法让自己安静，脑海杂念丛生。一会儿是清狗黄麻子狰狞的嘴脸，一会儿是紫竹凄切的眼神。不知道要练到什么时候才能复仇？真果越想心里越乱。

"不要乱，把神收回来！"他的耳畔响起王妙生冷峻的声音。他正待开口，王妙生又道：

"脑子屏蔽外界一切干扰和杂念，凝神听息，配合呼吸升降，让真气跟着奇经八脉的气感走！"

真果按照王妙生的话去做，一呼一吸，一出一入，渐渐静了下来，同时感到热气散布全身，在体内涌动。阴极而阳生，静到极点，便产生阳气。难道这就是阳动？他心里一喜。

"吸纳天地能量，把真气凝为一团，聚集丹田。"王妙生对他说。

真果赶紧收神，慢慢地，他感到四周的云岚、山水、露珠、草木，正化成一股清新的气流和能量，源源不断地流入体内，与丹田中一团团乳白色的真气合一，循环流动。

他深深地吸了一口气，感觉体内的真气变成一股强大的能量，像地心的热泉快要喷涌出去。

"聚气掌心！"王妙生高声道。

真果照着师父所讲，将真气朝掌心汇去，感觉两手之间热浪翻滚，缓缓凝聚成一个能量球，越聚越大，不断地膨胀，仿佛马上就要爆炸。

"劈！"王妙生大喊一声。

真果朝向面前的一棵老树，挟着一股巨大的力量，单掌劈去，噼啪，坚硬的老树皮一层层掉了下来。

真果呆住了，不敢置信。真的吗？我真有这么大的威力？他低头看看流血的手掌。

"继续练，你这双细皮嫩肉的手，还没脱一层皮呢！"王妙生甩下一句话，走了。

真果以为师父会表扬他，却被兜头泼了一盆冷水。这时候，他才感觉到流血的手掌隐隐作痛。

他屏息凝神，一个深呼吸之后，默念要诀，继续将混元真气朝掌心汇去，朝老树连连劈去，仿佛那满身黑气的老树是面目狰狞的恶棍黄麻子，他的掌心迸发出一股狠辣无比的力道，但内力较弱，老树一动不动，只掉了一层树皮。

一只乌鸦从他的头顶飞过，停在黑而佝偻的枝干上，"哇——哇——"朝他粗劣嘶哑地叫了几声，似乎在嘲笑他，令他备感憎恶和厌烦。

真果捡起地上的石头，朝树上的乌鸦打去。那讨厌的黑影惊飞逃走了。

不能撼动老树，说明自己的掌力还很弱，内功不足，这更激发了真果的斗志。

每晨一个半时辰不息，用十六斤沙袋绑腿走八卦太极步，然后，他继续对着老树凝神聚气，身靠掌劈，拳打脚踢，一练就是几个时辰。每次下来，一身大汗淋漓，腰酸背痛。

斜阳残照，飞鸟点点。真果静静地站在树下，任有些浓浊的汗水滑过他刀削般的俊美脸庞，滴落在湿透的白衫上。他的手脚青一块，紫一块，掌心和手背淌着鲜血，他全然不觉。心中早已伤痕累累，这点皮肉之苦也不算什么。即便是遍体鳞伤，也不及失去紫竹的痛。

他要练就无敌功夫，杀死恶棍。

面前粗壮坚硬的树干，拦腰之处已剥去了树皮，有一个明显的深窝。这是真果练功的成果。

"接住！"王妙生冷峻的声音又从他身后传来。

真果猛然转身，看见两只木桶像离弦之箭，嗖嗖，挟着一股劲风从半空中疾飞而来，声势惊人地砸向他的头顶。

真果当下来不及细想，身子一闪，避过木桶，又猛地纵身一跃，双手抓住木桶把柄。可是，他没有料到，空空的木桶像灌满水一般沉，差点没有接住。幸而得益平时练功，臂力增强，木桶终没有从手中脱出，摔落下来。

他感到手臂隐隐生痛，不由敬佩师父内功精纯无比，两只飞来的空桶被师父灌注了几分内力，才有如此凌厉沉重的劲道。什么时候我才能练到这般功夫？他想。

"到碧泉谷打水去。"王妙生对他说道。

"遵命。"真果响亮地回答。

碧泉谷，在青翠的山峰拥围中，里面散落着大大小小的温泉，像天上的星辰坠落到银河一般。真果曾经跟两位师父来过这里。到碧泉谷，要翻一座山，而且山势陡峭，极难行走，来回至少一两个时辰。如果双手提着桶上山下山，还要保证桶里的水不洒出来，返回时保持水温，这就必须快步如飞，才能办到。山道崎岖难行，要做到师父的要求，几乎不可能。

"强行者有志。"真果想起老子的话。小时候每到半夜，那位白胡子老人便到他的梦里来，给他读老子的《道德经》。他从此把这本书一直揣在身上。虽然经文里有很多话他感到很难懂，但是，随着历练，他慢慢地有所领悟。

只要坚持前行，一切皆有可能。他坚信。

真果迈着肿痛的双腿，双手提桶，攀登在陡峭的山隙间。这座山叫云台山，如巨崖突立在四周高山峡谷之中，孤峰一蒂，兀起平畴，极为险峻。一面为古树枯藤蟠缠的蜿蜒小路，三面峭壁而立，状如拾级登天云台。

虽然山势险峻，好在他从小在山上摸爬滚打，这决计难不倒他。一路上，他饿了便摘野果吃，渴了便饮山溪水。说来很奇怪，这野果溪水仿佛是仙果玉液，使他的体力倍增。

然而，由于山高路险，加上整日强度很大的练功，他的体力消耗太大，走到半山腰，渐渐走不动了。

怎么办？他瘫坐在岩石边，望着高耸云天的山顶，感到无助。

夕阳一点点往山下坠落、坠落。这时候他多么希望自己是西坠的夕阳，从山上掉下去，就到碧泉谷了。

这时，他的脑海浮现儿时在树林路边见到白胡子爷爷的情景：那道人一面伸手抓一把空气，往口里送，一面提起葫芦喝酒。他很奇怪，问道人吃的什么，道人对他说，俺老道用天地日月精华下酒。

我何不学白胡子爷爷采一采这天地日月精华？真果灵光一现。

于是，他盘腿席地，凝神屏息，从虚空中抓一把，然后凑到口鼻处吞吸。如此反复"吃气"数次，他渐渐感觉体内一团气体在流动、循环，慢慢地变成一种能量，不断地聚集、增强，真气鼓荡而出。

真果突然一跃而起，提起空桶，朝山顶疾步登去。

他的身形灵动，脚步轻捷，手中提着两只木桶像是没有一样。转眼之间，他已凌空直上十丈余，终于爬上了山顶。

真果此时并不知道，原来遇见的那白胡子爷爷是在传授他"虚空吸气"大法。这是道家的吐纳内功心法。在吐纳之间，吸取天地日月精华，让阴阳清和之气归到身体内的元神里，神气合一，从而产生一种强大的能量，也即是内力。

"万物负阴而抱阳，冲气以为和。"真果此时对老子的"大道真经"精髓才真正有所体悟。

真果从山顶而下，力随心生，心随气发，脚步更加轻捷，半炷香的功夫，他惊奇地轻咦一声，发现自己竟已到了十里外的山脚下。

他放眼望去，碧绿的山谷升起一团团乳白色的雾气，弥漫着神鬼莫测的氤氲，夹带一股硫黄的气味飘来。大小温泉如星星散落着，恍若人间银河。

太阳已落了下去，但天光还没有完全暗下来。真果赶紧汲满两桶热气腾腾的温泉，朝花溪谷返回。

他按照二师父的吩咐，没有原路返回，而是走的另一条山路。这条路虽然捷近，没有那么险峻，但必须过一座筏桥。

这座几百米的筏桥，又长又窄，是用竹索和竹笆桥面相拼而成的。它悬空数十米，飞跨两崖之间。桥下飞流湍急，桥身随风摇晃，甚为惊险。

真果两手提着水桶，踏上筏桥。桥摇摇晃晃，他走在窄窄的桥上，像一个提壶饮酒的醉侠一般，歪歪倒倒。桥下奔腾的河水迸溅起四散的水花，涛声訇响，让人望而生畏。

突然，山风刮起，桥摇得更加厉害。他一个趔趄，差点掉下去。桶里的水洒出了一半。他惊出一身冷汗，连忙稳住身子，颤颤巍巍、小心翼翼地走过筏桥。

真果提着两桶水，行走在崎岖的山道，不像先前上山健步如飞，走得十分艰难。他试着采气以增加能量。说来也怪，吞吸之间，他的身体像被注入一股神力，果然脚步渐渐加快起来。

当他终于返回花溪谷，夜幕已经降临。

真果把水桶恭敬地放到二师父王妙生面前，王妙生看了一眼，桶里的水尚冒着微微的热气，心里暗自吃惊，山高路险，这少年竟还能把水打回来，太不可思议！难道他已自悟内功心法？

王妙生并没有流露内心的惊叹，只是冷冷道："再去！"

还要去打水？真果大吃一惊。

"桶里的水只有一半，打满再回来。"

啊？真果彻底崩溃了，他的双腿几乎迈不动了。此刻，他好想倒在地上睡一觉。

"二弟，我看让泽风明日再去吧。"大师父刘妙利走过来对王妙生道，"天已经黑了，山路又险，什么都看不清，还有野兽出没，太危险。再说，我看这孩子骨头都快散架了。"

真果心里一喜，终于有大师父帮忙说话。

王妙生并不为所动，看着真果的眼睛："你还想报仇吗？"

报仇？我当然想啊！吃这么多的苦，我就是想报仇！王妙生的话再一次激发了真果的斗志。

"二师父，我去。"

王妙生递给他一个松油火把："拿着照路。带一只桶去。"

真果又上路了。

望着真果拖着沉重的脚步，渐渐消失在黑夜中的身影，刘妙利顿生恻隐之心，对王妙生道：

"二弟，我们对这孩子是不是太残酷了？我担心他吃不消。万一遭遇不测……"

王妙生目视夜色中火把闪烁的光亮，动情道："大哥，我何尝不担心？在这少年身上，我看到了自己的影子，便连遭遇都那么相似。"

王妙生曾经有一个美丽的未婚妻，却被恶霸欺凌致死。他为了报仇，上武当山学武，最后亲手杀了恶霸，从此踏上江湖。

"大哥，我们不是这样过来的吗？如果泽风过不了这一关，他就无法成大器。"

"是啊。"刘妙利赞同地点点头。

这是一个没有月亮的夜晚。静谧的黑夜。

幽暗的夜色中，真果一手提桶，一手举着火把，攀行在山路上。远处树林里不时传来几声狼嚎猿啼，仿佛丛林中埋伏着瞪着绿眼的怪兽，随时可能伺机蹿出来，十分瘆人。

真果并不畏惧。

从紫竹惨死的那一刻，他的心中已无恐惧。只有仇恨。

雷声隐隐传来，风起，山雨飘了下来，浇灭了他手中的火把，他只得摸黑探索前行。

古木森森的林丛、山间的飘风，与突然而至的飞雨，似乎在考验着真果的意志。

他继续朝山上攀去，向上，再向上……

突然，脚下草丛中传来窸窸窣窣的声音。凭着经验，他敏锐地感觉到是蛇的声音。

他停住脚步，看见草里闪着两点阴森的绿光，是眼镜蛇！他判断。

这条眼镜蛇正悄无声息地朝他袭近。想逃已经来不及了。怎么办？

他朝眼镜蛇拱手道："蛇神，我不伤害你，请你也不要伤害我。你快走吧。"

过了一会儿，他听见嗖的一声，绿光不见了，眼镜蛇钻入草丛隐没了。

他松了一口气："谢啦，我真果保证，今生永不伤害任何动物！"他冲着蛇遁去的草丛大声道。

此时，电闪雷鸣，大雨滂沱。真果躲进附近的岩洞里避雨，很快睡着了。他实在疲乏不堪。

翌日，天刚破晓，雷声远去，雨停了。真果出了岩洞，一直向下攀去。

雨后，山路泥泞难行。真果提着盛满温泉的水桶，深一脚浅一脚地上山下山。他小心翼翼地走着，尽量让桶里的水不洒出来。在过筌桥时，他基本掌握了平衡，即使摇摇晃晃，水珠一滴也没有倾出。

当他返回花溪谷，裤腿沾满了黄泥，那张刀削般俊美的脸庞变成了花脸，经了雨的衣衫也还是湿的。

"再去!"王妙生依旧冷冷道。

什么?他感到不解。我遵照师父的要求,提回满满的一桶水,怎么还让我去?真是个魔鬼教头!他心里嘀咕。

"我知道你在想什么。"王妙生盯着他充满委屈的眼睛,"温泉是热的,可你提回的水是凉的,说明你走得太慢。"

"我……"真果想说,雨后路滑不好走。

王妙生打断他:"不要辩解,我要的是热的温泉水,不是凉水!"

说完,他将桶里的水朝屋外泼去。

真果望了王妙生一眼,只好提起桶朝外走。

"两只桶!"王妙生又道。

"是。"真果有点不情愿地低声应道。

"大点声!"

"遵命!"真果挺直身子,大声道。

为了达到师父的要求,既要保证桶里的水满,又要保证水温,他必须以最快的速度,翻山越岭取水回来,同时又要保持整个身体的平稳,难度非常大。

但越是如此难,越是练出了真果的轻功本领。加上他曾经从武侠秘籍里学过一点轻功,基础甚好。

三个月后,发生了惊人的变化,真果体内的真一之气被激发出来,内力增强,不仅能泥地疾驰,而且无论手里拿着多么重的东西,来回数里,身轻如燕。有时,连两位轻功上乘的师父都追不上他。

他终于明白师父的良苦用心。

"来,朝我攻击!"王妙生站在太极八卦图阵中,对真果道。

真果犹豫了一下,朝王妙生展开进攻。可是无论他如何狂暴地攻击,却怎么也够不上王妙生的一片衣角。

"太极之力并不是如羽箭一般'奔的'而去,而是像旋风一样旋转呼啸

"穿的'而过。"王妙生对他讲太极拳要领。

"出拳如大海，滔滔不绝。"真果默念要诀。

"步法轻灵，内气沉着，进退自如，拱手连环，随机应变。这些要诀你要记住，我现在将太极拳中的精微变化和招式一并传给你。"王妙生道。

真果当即跪倒在地，拜了几拜："谢谢二师父！"

王妙生将"玉女穿梭""青龙出水""白虎下山""玄武出岫""朱雀振翅""金刚捣碓"等六十四种招式比画给他看。

这六十四种招式，都是按太极八卦的六十四种变化而创，实是繁复奥妙。

真果看得眼花缭乱，但凭他的聪明过人，已领悟了近半。

一年之后，他的太极拳已达到随念所发、随心所欲的境界。王妙生十分满意。

大师父刘妙利又将六合拳法传授给他。

六合拳源于元末明初的少林寺。据传是少林寺烧火僧许那罗和尚根据日常僧人格斗的多种招式创编的。是历代武僧名师授徒传艺的重要套路之一，是训练打擂的基础。

六合指东南西北四方与上下，练拳要按龙、虎、鹤、兔、猴五形和八卦方位习练。前后、左右、上下都需照顾，做到手与眼合，步与身合，智与力合。

六合拳技击是眼观六路，拳打八方，以守为攻，以攻为守，前后左右攻守兼备，随机应变，刚柔相济，动静分明。

"招法准，速度快，步法稳，出手狠。手动眼随，步动身随，心动意随。"刘妙利一边对真果讲解要诀，一边与王妙生对练示范。只见两人一打，二拿，三摔，一个动如行龙，一个定如卧虎；一个迅如狡兔，一个灵如猿猴。

饶是真果悟性过人，一时也只明白三招五式。但他勤学苦练，爱琢磨，不到半月，已能与大师父过招。

刘妙利见他悟性特强，进步惊人，又肯吃苦，十分喜爱，便叫他去资中县找一位姓董的武师拜师。这位董武师是刘妙利的至交，身怀绝技，闻名武林，拳法在刘妙利之上。

真果遵照师命，出了花溪谷，一路翻山越岭，来到资中县蔡家场拜师。

董武师见真果如此年少，拳法竟出神入化，大为震惊，又因受刘妙利所托，便欣然将他不外传的绝技"弹杀棍"一并传给他。

弹杀棍法，千变万化，集勇猛、变化于一身，棒从手中弹出，四面八方都是棒，纵有十几个敌人，均百发百中。其棒法精妙，刚劲有力，已臻武学的绝诣。

学成归来，真果继续日日苦练。他还将太极拳和六合拳的精要融合在棍法中。半年工夫，他的棍法已臻至高境界。

刘、王两位师父见真果不怕吃苦，悟性极强，便加紧训练他的基本功，混元桩、无极桩。又过了半年，真果已会太极八法、十种腿法、六十四种步法。

转眼间又到了秋天，从真果到花溪谷拜师学武，已近三年。

"三年之后，我必回来报仇。"他的耳畔回响曾经跟义父说的话。

现在，报仇的时候到了。此时，真果十八岁。

第四节　声震武林

山岩上的一棵松下，王妙生与刘妙利在下棋。因为棋力相当，两人静静地对坐，一白一黑的身影，像悟道的高人。偶尔，他们中的一位落下一粒棋子，传来一声"将军"。这声音在静谧的山谷转了转，才会消失。

真果立在旁边多时，欲言又止，不敢惊扰两位师父。

过了一会儿，王妙生手拈一粒白棋，眼睛盯着棋盘，对真果道："说吧。"

真果鼓起勇气道："二位师父，泽风可以出师吗?"

"不可。"王妙生断然道。

真果吃惊地望着王妙生，又把目光投向刘妙利，希望大师父能帮自己说话。

刘妙利摇摇头，爱莫能助的表情。

真果跪倒在地，拱手道："泽风感恩二位师父传授我众术绝技，还望成全弟子报仇之心!"

刘妙利对他道："小子，我跟你二师父商量好了，你只要打败擂台高手，我们就放你出谷报仇。"

"擂台?"他一头雾水。

王妙生转过脸对真果道："近日川中武林北派高手擂台赛，我已飞鸽传书，替你报了名。你若拿下冠军，便准你出师。"

能站在擂台上，与武林高手过招，对于十八岁的真果来说，像做梦一样，他又激动又不敢置信。

"你要想证明自己，先过关斩将吧。"

"师父，我行吗?"真果没有底气，弱弱地问。

"你还没去，就已经在心理上打败自己了。我看你还是不必去了。"王妙生冷冷道，正要往棋盘上落子。

"二师父，不能!"真果盯着棋盘突然叫道。

王妙生停住，转过脸看着他。

"您的马要被吃掉了。"

王妙生低头一看，果然，刘妙利过河的卒已潜伏在身边，正伺机吃掉马，兵临城下。

"哈哈。"刘妙利大笑，"二弟，你输了。"

真果起身，走到棋盘边，在刘妙利的黑子阵营里，落下白子"车"。幽静的松下，传来他淡定的声音："将军!"

刘妙利大吃一惊。

王妙生微微一笑，看着自己的得意门生，心里惊叹真果天赋异禀，竟对此残局有破解之道。

"去打擂吧。"

"是，泽风一定不负二位师父厚望！"真果大喜，拱手相拜。

遂宁，川中一处宁静的所在。古寺和道观隐在青山绿树间的云霭里。

一切喧嚣在袅绕的香火和晨钟暮鼓里，归于寂静。

而一场武林擂台赛正在这隐秘的山谷中悄然展开。各路武林高手云集，皆是各自门派的佼佼者。

场地是一个可以容纳上千人的坝子。用木板搭着一丈高的擂台。擂台下，坐着几位身躯凛凛、仪表威肃的武林名家前辈，一看便知，他们都是这场擂台赛的评判。

周围站着黑压压一片围观者。

一阵阵此起彼伏的喝彩声之后，一个又一个比武者狼狈地走下台去。台上留下真果一个人。

真果高而清瘦，如玉树一般静静地站在台上，一袭白衣如雪，身形姿丽，如瀑的青丝披在身后，有飘然出尘之感。目光射如冰蓝色的寒星，令人心头一凛。那张刀削般俊美的面庞不动声色，多了几分淡定和从容。

"这少年十八九岁的年纪，看上去斯文秀气得很，却没有想到，竟打败了东西南北四大高手，真是天下之大，能人辈出，后生可畏！"台下，一位像是武林领袖的长须老道对坐在身旁的另一位评判说。他的目光里流露出赞叹之情。

"是啊，一个无名小辈如此神勇无敌，简直是天人哪！"旁边的人也禁不住惊叹。

"此话为时过早！"一个肃杀的声音从半空中传来。

这隔空传音，唯有内功极为深厚的人才能听见。那位北派武林领袖长须老道心头一凛，暗道："怎么这个魔头也来了？"

转念之间，一个黑影裂空而至，双脚如蜻蜓点水落在擂台上。此人毫无声息地立在真果的面前，那从天而降先声夺人的气势，造成一股强大的压迫，如黑云压城一般，真果为之一惊。

台下一片哗然，众人面面相觑。

"这不是夺命黑煞吗？我们都是正派高手比武，他是邪派，来捣什么乱？"

"完了，那少侠要吃亏了。"

"有好戏看了。"

围观者纷纷议论。

这位人称"夺命黑煞"的黑衣人，身长丈余，五十岁左右的年纪。身穿黑色缎面长袍，一双黑靴，光溜溜的大脑袋下面，一张布满黑气的脸生着凹凸不平的肉疙瘩，像被乱石所砸的坑，令真果想起黄麻子那张极其丑陋狰狞的脸，顿生厌恶。

夺命黑煞是川中武林臭名昭著的邪拳魔头，以凶猛狠辣、七步夺命而令武林中人闻之惊悚。

此刻，全场鸦雀无声，众人屏息看着台上相对而立的两个人，一大一小，一黑一白，一个猥琐阴冷、杀气腾腾，一个玉树临风、淡定从容，形成了鲜明的反差。

台下的人都为真果捏了一把汗。

夺命黑煞如冷电的目光射向真果，突然怪笑一声："何方小子，功夫了得。但碰上我夺命黑煞，算你运气不好。念你年少，我就动一动善心，让你六招，但第七招，我必取你小命。怕了，就赶快回家抱婆娘睡觉吧。"

面前满脸疙瘩、一股邪气的人，自称"夺命黑煞"，如此狂妄和猥琐，顿时激怒了真果。

真果轻蔑地冷冷道："那要看前辈有没有本事。既然前辈让小辈六招，小辈愿先让前辈八招。"

"大胆小子，敢蔑视我夺命黑煞，拿命来吧！"夺命黑煞大怒道。

说完，他呼地大袖一摆，激起一股风声，猛地单掌向前推出，率先发难。

真果只感觉一团肃杀黑气朝自己逼来，不及闪避，身子急向上跃起，一个"乾坤扭转"翻高丈余，白衣随风飘动。虽然让开一掌，但他还没有落地，夺命黑煞以一种奇怪的步法极快地蹿到面前，又是一个无影掌打来，真果顿时被震出两丈外，差点倒在台上。幸而平时师父教他练就的"太极混元桩"功夫，才得以稳住。

真果突然感到胸口一痛，猛地，一口鲜血喷了出来。

台下有人"呀"地惊呼起来。

座中的几位各派武林领袖人物也不免露出担忧与惊异之色。

就连夺命黑煞也大吃一惊，他使的这一招"无影无情掌"，十分狠辣邪毒，毫不留情。若无深厚的内功，根本抵挡不了，必倒于台上，经脉寸断。而眼前这位少侠竟然能稳住，足见功夫确属不一般。

真果暗暗急速运功，护住体内真气。他的耳边回响二师父王妙生的话："无极生太极，太极生两仪。"于是，默念要诀，屏息聚气。这一刻，真果的周身产生了奇异的变化，但觉一团乳白色的暖气自丹田冲出，朝掌心汇去，聚成一股强劲的气流。他力随心发，身形忽地电射而起，一股白气直冲向旋过的一股黑气，朝夺命黑煞旋风般发来的无影掌推去。

夺命黑煞大惊，连连急退，万料不到真果身负重伤，竟然还有如此强劲的力道，一气拆了八招，而他这八招都是致命的，除了高手中的高手，几乎很难抵挡。在武林群雄面前，他感到丢了颜面，脸色太过难看，不由怒火大炽。

两人相隔两丈，彼此死死地盯着对方。

夺命黑煞怪笑一声，突然以先前的奇怪步法围着真果走了起来，越走越快，双足变换间，两掌无影幻化，仿佛变成一团团黑气，将真果死死地罩住。

真果从容地站在那里，以静待动，暗运内息，观察夺命黑煞的步法变化。他发现对方的步法像巫师跳神，一前一后，忽左忽右，步如七星北斗之状，却又掺和了其他邪门步法，整个看起来十分古怪，却有一种咄咄逼人的诡异之势。

夺命黑煞见真果站在那里不动，突然右掌闪电般朝真果背后空门袭来。这一招着实狠辣，若躲避不及，不是重伤也是半死。真果只感觉背后冷飕飕如黑风旋来，猛地纵身跃上了半空，落在夺命黑煞一丈之外。

夺命黑煞扑空，大怒，居然被这个初出道的小毛孩戏弄，身形一晃，挥掌再次发难，快如闪电地朝真果命门击去。

奇峰突起。众人悬了一颗心。

真果冷冷一笑。只见他心念一动，以极快的身形一闪，刹那之间，已在夺命黑煞的背后出现了。

真果的身形实在太快了，简直犹胜闪电。这完全得益于二师父王妙生对他的魔鬼训练，在上山下山中练就的上乘轻功。

此刻，真果足踏九宫，步法来去灵动多变。变防守为攻，反将夺命黑煞围了起来。一步像太极，二步像两仪，三步像三才，四步像四时，五步像梅花，六步像六合，七步像七星，八步像八卦，九步像九宫。在双足变化之间，他的双掌也随步法变化，如天回地转，白虹灌形。

夺命黑煞连忙以诡异步法迎击，但他的身前身后、上下左右，全被真果的身形所逼，每一招也被真果变化莫测的招式所破解。这情景简直见所未见，闻所未闻。夺命黑煞心中骇然。

此时就连座中的长须老道也不免惊叹："乱世出英雄！当今真有如此高绝不凡的身手！"

趁夺命黑煞怔住的一瞬间，真果暗运内气，仿佛一团白气从袖中而出，猛地一掌推去，击在了夺命黑煞的胸口。夺命黑煞发出一声怪笑，因为这一掌就像击在水上一般，柔软无力，当下并不在意。可是，他笑声刚完，突然觉得胸口大痛，低头，一口乌血喷了出来，洒在黑色缎袍上。

原来夺命黑煞所练武功皆是偷学各派上乘绝学，但因贪功而走火入魔，体内经脉乱走，若遇真一之气冲撞，邪气攻心，必致重伤。而真果的手掌在自己的胸口并无知觉，竟中了极重的暗伤，心想：这小毛孩竟修炼到了太极八卦上乘武功绝学，不可小觑！

台下众人喝了一声彩。夺命黑煞是武林中的败类，杀人如麻，今见他遇到白衣少侠而如此狼狈，大家一阵欢呼。

夺命黑煞脸色十分难看，怒目圆睁，大吼一声，突然跃起，长臂前探，在真果迟疑间，使出"霹雳绝命掌"，一招疾推下去，山崩地裂一般。这一招居高临下，威猛无比。倘若硬接，将会粉身碎骨，实是毒辣凶狠。

真果遭遇奇险，身形一闪，迅疾躲避。但由于夺命黑煞这一招快如闪电，他的左肩中了一掌，顿时骨头断裂般撕心疼痛。

台下众人"咦"的一声，露出担忧之色。

夺命黑煞在真果受伤之际，双臂一振，疾速地施展大擒拿手，一把向真果的后背抓去，如老鹰抓小鸡般提了起来，高高举在半空。真果无力使出，还不了手。

夺命黑煞一声怪笑，就要将真果朝外抛去。这一抛，真果性命难保。众人张大的嘴合不拢来。

真果被举在半空中，看见夺命黑煞脸上的肉疙瘩抖动着，脑海里浮现出黄麻子的丑恶面目，不由怒火如炽。心想：我的仇还未报，决不能死在夺命黑煞的手上！

真果疾速回肘反击。可是，夺命黑煞的大脑袋左晃右晃，根本够不着。此时，他看出夺命黑煞似乎不急于把他抛出去，想戏弄他一番。他见夺命黑煞晃来晃去的大脑袋，油光发亮，心念一动，这不就是死门？

夺命黑煞运臂发力，突然将真果高高抛起，"单掌托塔"，一招朝他胸口致命一击。台下众人又"咦"的一声，万分紧张。

只见真果在半空中一个倒翻，双目如寒星精光一射，一个"乾坤倒立"，凌空一掌，照准夺命黑煞的大脑袋垂直一击。砰的一声，夺命黑煞眼冒金星，摇晃了一下，扑倒在台上。

真果的手掌在与夺命黑煞脑袋一击之际，借力，身体轻轻落下，足尖点地。

众人喝彩。连座中的各位领袖们都站了起来。

这一掌只有三分内力，并不致命。但因居高临下，极具凌厉之势，加上夺命黑煞的软肋是脑袋，真果凭智、勇、力、巧，打败了这个江湖邪派魔头。

在最后一轮比赛中，真果与八位北派高手持棍博弈。他的"弹杀棍"绝技融入太极八卦心诀，变化万千。木棍使出，如孙悟空手中的金箍棒，幻化成无数根棍棒，朝四面八方射出，横扫千军。八位北派高手均败给了这位白衣少侠。

长须老道走到台上宣布："川中北派武林擂台赛冠军得主：彭泽风！"

众人蜂拥上台，将真果抛举起来。

真果出道，便初露锋芒，以其众术绝技，夺得川中北派武术冠军，声震江湖。

消息很快传到安岳县乡团练黄麻子的耳中，他大惊失色，一阵骇然。

他万万没有料到，当年只有十五岁的真果从他眼皮底下逃走后，三年内竟成了川中武林高手。

黄麻子估计真果必会回来找他报仇，赶紧加派人手护院，还招募了十几个清兵。然而，从这以后，黄麻子每日不得安宁，眼前总是晃动着真果那双充满仇恨的眼睛，不禁心惊肉跳。他后悔当初没杀掉真果，以绝后患，却让人救走了。

"难道天要绝我？"

黄麻子睡不着觉了，整夜提心吊胆。

"泽风弟子，报仇后，有何打算？"草屋的堂前，王妙生坐在一把藤椅上，对恭敬地站在面前的真果道。他的旁边坐着大师父刘妙利。

两位师父对真果这次武林夺冠大为赞叹，他们的这位得意高徒，不仅学得所传上乘武功，还能融会贯通、举一反三，从容应对各路强敌，还将太极拳、六合拳演练到出神入化的境界。

"泽风报仇后，想回到花溪谷，跟随二位师父！"

王妙生摇摇头："你现在已经出师，足以在江湖立足，独闯天下了。此后，我将与你大师父云游四方，不问尘世。你且珍重！"

"二师父！"真果的眼中泛酸，心中不舍。

"哎呀，乖弟子啊，我与你二师父都舍不得你，可你还年轻，要一个人出去历练，天外有仙天外有道，江湖之大，强中还有强中手。"

"你大师父所言极是。"王妙生插话道。

"我学武只为了报仇。一旦报仇，泽风什么也不想了。"真果说的话是真心的。他想，只要为紫竹报了仇，我的内心就平静了，生与死，悲与欢，从此全都放下，且过一天算一天罢。

"此话为时过早。"王妙生用莫测高深的目光注视真果，"你的缘还未尽。"

"二师父，泽风不想再惹尘缘！"

王妙生又摇摇头："你这缘在尘世之外又在尘世之中。"

真果一脸茫然："请二师父明示。"

"哈哈，天机不可泄露。"刘妙利笑道。

真果跪倒在地，双手抱拳："感谢二位师父传授绝学武功于弟子，大恩大德，泽风来日相报。"

"起来吧。你要想报答我们，就是好好活着。"王妙生冷峻的眼神变得柔和而情深。

真果含泪向两位师父拜了几拜，起身告辞。

这是一个初夏的清晨，真果离开习武三年的花溪谷，出了天台山，朝山下的一条古道而去。

此时，他只有一个心念：复仇。

第五章

国仇家恨

一个国家的命运，也是一个民族的命运，同样，也关系着个人的命运。

清朝末年的中国大地，正处在列强入侵、山河破碎的时代。1895 年，中国在甲午中日战争中刚刚惨败于狼子野心的日本，丧权辱国的《马关条约》墨迹未干，康有为、梁启超等倡导的"戊戌变法"又遭逢失败，腐败无能的清朝政府，任八国联军的铁蹄肆意践踏中国，中华民族陷入危亡之中。

连年的战火和残酷的社会现实，国恨家仇，激起李真果胸中沸腾的热血。这一切促使他对国家和民族的命运进行了思考。

"我们从哪里来？要向哪里去？"在一次次追问中，他义无反顾投身到一场悲壮的反清救国的洪流中。

李真果能否从悲壮中走出一条大道？

第一节 雪 耻

真果离开花溪谷，昼行夜伏，一路跋山涉水。

此时的真果已不是三年前无缚鸡之力的少年书生。他练就的上乘轻功，已达到力随心发、真气鼓荡的境界。只听耳边嗖嗖风声，树木飞快地从眼前闪过，转眼之间，他已呼呼连行了数十里。再翻过两座山，便到老家彭家场了。

半天的工夫，真果又行了几十里路。黄昏的细雨中，他戴着一顶斗笠，登上了熟悉的塔子山。站在山顶，他向四下一瞧，山川依旧，与他离开时似乎并没有变化。若一般人的目力，仅能瞧见二三十丈外的物事。而真果的竟至十里开外，而且是在烟雨蒙蒙中。

他发现山脚下十里外的村庄，一棵古老的黄桷树下，一群村民围着在看什么。最不可思议的是，他竟听见了悲天跄地的哭声。原来他的耳力在真气的鼓荡之下，可以达到十里辨音。

真果的心一阵揪紧。为了尽快赶到山脚下，他猛一咬牙，抓住一根常青藤，身体顺着陡直的崖壁向下滑落，但听耳边风在呼呼作响，衣袂飘飘，整个人向下飞滑。

不到一炷香的工夫，他已来到山脚下十里外的村口黄桷树下。

淅淅沥沥的雨声中，凄惨的哭声从人群中传出。真果拉低斗笠，挤到前面，震惊地看到，地上躺着四具遗体。他认出是邻居王大叔一家四口——夫妻俩和十五六岁的两个双胞胎女儿。王大叔八十岁的母亲王大娘正伏在两个孙女的身体上悲天跄地地哭着。

他问旁边的一位大嫂发生了什么事。大嫂告诉他，乡团练黄麻子见王家两个双胞胎女儿生得如花似玉，欲抢去做小，姐妹俩不从，黄麻子便强暴了她们。姐妹俩逃出来后，在黄桷树下上吊自杀。王家夫妇悲痛欲绝，也跟着上吊了。

真果听后，脑海中浮现紫竹遭受欺凌而自尽的情景，诸般往事，霎时间都涌上心头。他把拳头捏得紧紧的，咯咯直响。

大嫂一边擦眼泪，一边气愤地说："村里凡生得好看的闺女，都被挨千刀的黄麻子给糟蹋了。有的人家就早早把闺女嫁出去了。"

"为什么不报官？"真果问。斗笠下那一双寒星般的眼睛，此时仿佛要喷出火焰来。

旁边一位大叔插话道："报官有啥用？黄麻子有县太爷老子撑腰，现在又勾结上教堂的大毛子，横行霸道，无恶不作。谁要反抗，谁家就遭殃啊！"

"唉！"大嫂叹息了一声，对真果道，"小兄弟，你不知道，三年前，咱村紫竹姑娘遭黄麻子糟蹋惨死，她未婚夫被黄麻子打得半死，关在黑屋子里，幸好被人救走了。后来，紫竹她爹安先生找黄麻子拼命，结果黄麻子带着清兵、家丁把私塾学堂和他家老宅给霸占了。安先生也……"

"安先生怎么了？"真果颤声地问。

"安先生当场气绝身亡了。"

"什么？"

真果感到后脑勺像被钝器重重一击，蒙了，一股冷气从背脊直透下去。那似寒风利刃辙过的脸，如纸发白。

这时，大嫂见他满脸悲苦激愤之状，似乎觉得面熟，吃惊地叫道："你不是彭状师的义子、紫竹姑娘的未婚夫吗？"

"对呀，这不是泽风吗？"也有人认出他了。

真果好像全没听见，呆了半晌。

"我不要活了！老天爷啊，你睁开眼睛看看吧！我儿子、媳妇、孙女都被恶棍害死了！我们一家人做了啥孽啊！"王大娘呼天抢地的悲泣声，伴着冷冷的雨丝钻入真果心头，如刀绞般疼痛。

真果突然大叫一声，这声音像沉雷一样滚动着，在人们的头顶碾过，传到很远很远，仿佛大地都在战抖。

他从人群中冲了出去，瞬间奔出数十丈外，消失在风雨中。

真果一口气狂奔，转眼间冲到黄府门前。

两个彪形大汉的家丁手执长矛站在门口，拦住了他。真果轻蔑地冷冷哼了一声，一把抓住横在面前的两支长矛，借力一推，"四两拨千斤"，守门的哼哈二将瞬间被震出一丈之外，重重倒在地上，长矛从手中脱去。还没有来得及反应，真果手掌快如闪电地从两个家丁的脸上划过。霎时间，他们被抽了几个大嘴巴，眼前直冒金星。

真果一把揪住一个家丁的衣领，杀气腾腾地道："黄麻子在哪里？说！不说小爷要了你的狗命！"

"在，在屋里，抽大、大烟。"家丁颤声道。

真果松了手，纵身跃进院子。十几个护院家丁闻声出动，手执长棍大刀，团团围住他。

冷冷的细雨里，真果的嘴角飘出一丝冷笑，那双寒星般的眼睛精光一射。只见他凝神聚气，一个太极起手，一股真气朝掌心汇聚，猛地向左右、前后连连推去，形成强大的压迫和爆发力，将他团团围住的十几个家丁被震出丈外。

这群人根本不是对手。他无心恋战，身形一晃，朝里面大厅冲去。但听到身后有棍棒嗖嗖破空之声，他也不回头，反手将飞过来的棍子抓住。

一群练过武术的家丁又奔袭过来，呼的一下，将他围在中间，刀棍齐发，仿佛要把真果剁成肉酱，情势极为凶险。

真果握着手中夺下的棍棒，只要一出手，那些人统统成为棍下之鬼。从他的内心来说，根本不想使出"弹杀棍"，尽管他们为虎作伥，但毕竟不是凶犯，罪不至死。他那双寒星般的眼睛流露出一丝悲悯。

正在犹豫之间，他的后背遭到几条棍棒齐击，危急中，他急用真气护体，才未受伤，但也十分疼痛。他下意识地东闪一下，西闪一下，将棒身快速横向舞动，形成一片影壁，挡在面前，将所有人笼罩其中，几十条刀棍竟无法近身。不料此时有人持双刀偷袭过来，刀锋从两肋掠过，幸亏闪避及时，只划破了他的衣衫。

真果一股怒火从两肋蹿了上去，猛地凌空跃起，一招"风中展翅"，形成强大的压力，挥棍劈下去，偷袭的人应声倒地。此时，他的真气被激发起来，聚气于棍身，化作一围幻影，以快如闪电的迅猛之势，朝六合八方击去，院子里顿时飞沙走石，但听得呛啷啷刀棍落地的声音，一群家丁黑压压一片倒在地上，爬不起来。

这是真果的"弹杀棍"绝技，但他只用了三成功力。若再加两成，这些人将成为他的棍下之鬼。

他身形一跃，呼地朝里面大厅掠去。

厢房里，黄麻子躺在一张大炕上吸鸦片，吞云吐雾。坑坑洼洼的脸孔上安着一对淫邪的三角眼。三个丫鬟围坐在旁边给他捶腿、卷烟丝。他不时伸手在丫鬟们的身上东摸一把，西捏一下，丫鬟们却不敢反抗。

一个丫鬟涨红着脸说："老爷，有人闯进来了。我听见外面都打起来了。您快去看看吧。"

黄麻子闭着眼睛说："谁他妈吃了豹子胆？找死！"

话音未落，厢房的门突然砰的一声被踢开了。

黄麻子恍惚中惊觉眼前一片白影掠近，等他定睛一看，真果已站在了面前，不由一阵骇然。

"彭泽风，你，你敢回来找死？"黄麻子结结巴巴地叫道。

真果戴着一顶斗笠，一双寒星般的眼睛如电射来。黄麻子如遭电击，浑身瑟瑟发抖，烟枪从手中掉落下来。

黄麻子慌忙拿起炕桌上的一把火枪。刹那间，真果指尖一弹，飞出一颗石子，火枪掉地。黄麻子吓得发抖，那张难看的麻子脸顿时面如死灰。

真果对旁边受到惊吓的丫鬟说："你们快回家吧。"

几个丫鬟忙感激地齐声道："谢谢大侠！"

她们跑了出去。

黄麻子跌跌撞撞地跑到窗口大喊："来人啊，来人！"他见二三十个家丁全部躺在地上，动弹不得。

真果仰天大笑，笑声里透出一种劲道和穿透力，仿佛大地都在战抖。

黄麻子浑身筛糠，扑通跪在真果面前，像鸡啄米似连连磕头，求饶地大喊："小爷饶命！不，大爷饶命，大侠饶命！"

真果一双如寒星如电光的眼睛，闪着一股不可遏制的怒火与仇恨，好似一头愤怒的狮子。

他杀气腾腾地厉声道："老子今天就是来收你狗命的！淫狗，跟老子走！"

真果一把提起瘫软如泥的黄麻子，朝外面大步走去。来到院子，他从一群被打得趴在地上的家丁面前踏了过去，如入无人之境。

出了黄府，真果朝塔子山方向而去。

村上的乡亲们看见真果挟持着黄麻子，都跟了过去。

转眼间，真果提着黄麻子来到山上的槐树林。

这是紫竹当年被黄麻子奸污而含恨自尽的地方。那棵开着白花的槐树旁，立着两座青冢，一座墓碑上写着紫竹的名字，另一座写着紫竹之父安立文的名字。

此时，电闪雷鸣，天黑得像要塌下来似的。一阵狂风刮起，伴着暴雨扫过一片片槐树，发出呼呼的凄厉长啸，仿佛阴风怒号，令人恐怖。

真果揪着黄麻子，把他狠狠往坟前摔去。黄麻子落汤鸡似的跪在地上，面朝墓碑。

一道闪电划过，雷声在黄麻子的头顶霹雳。黄麻子顿时吓得魂飞魄散，连连磕头，直喊："紫竹姑娘饶命！安先生饶命！我有罪！我有罪！"

这时，乡亲们也冒雨抄小路赶到。群情激奋，大家高喊："打死淫狗！打死恶棍！血债血偿！"

真果揭下罩在头上的斗笠，面朝双冢，跪了下来。他刀刻般俊美的脸上如狂风扫过，充满了哀痛。一双深邃如寒星的眼睛，落在风雨中的坟上，掠过一抹深深的悲伤。凄凉的泪水伴着冷雨，从他脸上大滴大滴地滑落。他的心泪流成河。

他朝向紫竹的坟墓哽咽道："紫竹我妻，原谅泽风三年后才回来看你。我们虽然没有拜堂，但你是我心中唯一的妻子，深爱的女人。泽风没能保护好你，这是我一生的遗憾。我发誓为你报仇，再随你而去。"

人群中有人叹息，有人落泪。

他又在安立文的坟前跪下，流着泪道："先生，泽风让您受累了！今日泽风武艺甫成，来为你们报仇了！"

真果腾地站起身，怒火大炽，仿佛火山就要喷发，他的眼光好像闪电，他杀气腾腾的样子显得非常可怕。

黄麻子连滚带爬地抱住他的腿求饶："我错了，我有罪，我是狗，我猪狗不如，大侠饶命！"

乡亲们怒喊："打死他！打死他！"愤怒的声音，盖过了槐树林里呼啸的风声和雨声。

真果抬起一脚，用了八卦腿法中的一招"乾坤霹雳腿"，朝黄麻子狠狠踹起，黄麻子被抛在半空，又重重地摔下，落在两丈之外，来了一个"狗啃泥"，趴在地上起不来。

人们大声喝彩。

大雨中，真果对黄麻子厉声喝道："淫狗，你欺男霸女，恶贯满盈。老子今天替天行道，为紫竹报仇，为安先生报仇，为大伙报仇！这里，就是你的葬身之地！"

他正要发力，突然，他听见身后有刀刃破空之声，猛然转身，一支长矛如箭一般朝他射来。情势危急，他快如闪电地腾空而起，又迅疾反手抓住一支长矛，朝聚来的数支长矛横扫开来。当啷啷，长矛落地。

原来乡团校场二十几个清兵闻讯后赶来救援。这群清兵都练过武功，见没有把真果刺倒，便摆开阵势，手执刀矛将真果团团围住。

真果镇静地盯着他们，冷笑道："淫狗，你运气好，还有一群狗腿子陪葬！"

黄麻子看见自己人来了，又嚣张起来，捂住重伤的胸口，大叫："打死他，给我往死里打！"

此时真果如站在九宫位置上，在一群清兵摆开的八卦阵合围中。只见他一个太极起手，身子忽地贴地斜飞，快如闪电般拾起地上的斗笠，又猛地凌空跃起，避开刀矛，大喝一声"八卦散影"，只见斗笠从手中旋转着飞出，一化三、三化九、九化一气，所有清兵被笼罩在一道弧形的影壁下，瞬间只听兵刃碰撞的声音，许多支银枪落地，大刀脱手，四散横飞，状如天女散花。

真果使出的这招"八卦散影"，是二师父王妙生传授他的太极八卦拳六十四招中的一门奇招，将劲力聚于斗笠，以一手弧光散影的功夫，破解敌方八卦阵。加上他又融入董武师所传"弹杀棍"的要诀，更增添了九分威力，势不可挡。

此时，他又如一道电光从清兵头上划去，跃出合围中。他的身形轻捷，出手实在太快，所有清兵都一阵骇然，简直见所未见。

黄麻子惊骇万状，大叫道："快上啊！谁斩下彭泽风的人头，本团练赏白银万两！"

重赏之下必有勇夫。众清兵一听，当即忽地围攻上来，手执刀矛对真果前后夹击，朝他齐发。

真果一派镇静从容，在大雨中步罡踏斗，三五飞步，忽而"朱雀移青龙"，忽而"玄武变白虎"，忽而"乾位改坤位"，腾转挪移，身如电，拳似剑，腿似风，发若炸雷，如游龙，如惊鸿，如脱兔，变化万千。在旁的群众都看呆了。

但见他"白炁混沌""阴阳神掌""霹雳狂电""倒转乾坤""七星降魔""九灵步罡"等，一招招变幻莫测，劲力加急。众清兵招架不住，甚至来不及招架，便倒在了地上，一片鬼哭狼嚎。

"滚！"真果大喝一声，如沉雷滚过。

众清兵连滚带爬，朝山下逃去，消失在风雨中。

真果空手夺白刃，大伙不禁拍手喝彩。

黄麻子面如死灰，感到大事不妙，慌忙从地上爬起来就要跑。真果突然身形电射而起，以"狂龙出洞"的功夫，一脚将黄麻子踹倒在地。黄麻子还没有反应过来，脖子上已被缠上了九尺白绫，吊在了树上，顿时口吐白沫，直蹬腿。

真果抓住白绫的一角，朝着两座青冢大喊道："紫竹、先生，泽风来给你们报仇了！"

只见他将白绫用力一拉，黄麻子顿时悬吊在空中，挣扎了几下，翻了翻白眼，便断气了。

"好！好！"大伙欢呼起来。

真果替乡民除掉了大恶棍，乡民们对他感激不尽，赞叹不绝。

这时，义父彭子渝闻讯赶来，看到这一幕悲喜交集。真果也看到了彭子渝，从人群中走出来，跪倒在地。

他抬起泪雨交加的脸，动情地对义父道："爹爹！原谅孩儿不孝！义父之恩，泽风只有来生再报！请受孩儿一拜！"

彭子渝大惊："孩子！你要做什么？"

真果站起身，朝义父深情望了一眼："我要随紫竹去了！"说完，他挥掌就要朝自己的胸口击去。这一掌若下去，七经八脉必会震断，气绝身亡。

就在这一刹那间，彭子渝猛地抱住了真果。真果大惊，收掌已经来不及。危急中，他暗运内力，将右掌的力道逼出三五成。啪的一声，右掌击在彭子渝的后背。彭子渝虽然感觉背上震得发麻，但并无大碍。

真果只觉胸口气血汹涌，一口鲜血喷了出来，落在彭子渝的灰袍上。

乡民中有人"咦"地惊呼起来。

一道闪电划过，惊雷炸响。大雨哗哗地落在父子俩的脸上。

"你没事吧？"彭子渝抱住他的肩膀，担忧地问。

真果摇摇头，嘴角飘出凄然地一笑。

彭子渝猛地推开他，狠狠地大声说："你是我儿子吗？你太让我失望了！你想过吗？如果你死了，紫竹在九泉下也不会心安！你老家的母亲该怎么活下去？"

真果心里一痛，泪水流了下来。

彭子渝痛心疾首道："还有，我跟你娘怎么办？你虽不是我们亲生的，但我们老两口一直把你视为比亲生儿子还亲，你怎么舍得丢下你的亲人？"

义父的话像鞭子一样抽打着真果，他被彻底打醒了。

他再一次跪在彭子渝的面前，哽咽地："对不起，泽风错了！"

"儿子，快起来吧。"彭子渝扶起他，急促道，"你快走！那些清狗回去搬援兵了。再不走，就来不及了。"

乡民们也都劝他快逃。

"可是……"

"你放心，你的两位母亲，我会照应的。"彭子渝知道儿子放心不下亲人。

真果向义父和乡民拜了几拜，最后朝两座被大雨浇湿的青冢深深望了一眼，转身走了。

彭子渝和大伙目送着真果的身影，消失在风雨中的槐树林。此时，雷声远去。

天空依然乌云翻滚，似乎还有一场更大的暴风雨袭来。前路茫茫，等待真果的又将是什么？

谁都不知道答案。真果也不知道。但他必须走下去。

第二节　参加义和团

风雨过后，李真果在路上。为了逃避官府的追捕，他开始了四处飘荡的流亡生涯。

19 世纪末的中国大地，正处在列强入侵、山河破碎的时代。中国在甲午中日战争中刚刚惨败于狼子野心的日本，丧权辱国的《马关条约》墨迹未干，慈禧政变，在光绪帝支持下的康有为、梁启超等戊戌变法又遭逢失败，腐败无能的清朝政府，任八国联军的铁蹄肆意践踏中国。

帝国主义的侵略，给中国带来了深重的灾难。民族危亡，清王朝的覆灭已到了最后时刻。孙中山第一个喊出了"振兴中华"的口号。他领导的推翻清王朝、反对外国侵略的资产阶级民主革命运动，正在席卷全国。千千万万志士仁人投身到这场推动历史进程的革命洪流中。

1902年春，光绪二十八年，四川大旱，赤地生烟。

这一年，李真果所在的安岳川中地区，水灾、旱灾、雹灾交替侵袭，地方官府却大肆搜刮民众，饥民数千万，农民被迫流离失所。官逼民反，终于激起了川中人民的反抗。

其时，山东率先在全国爆发了反教会斗争的义和团运动，消息传来后，四川地区也出现了民间秘密会党，如义和团组织会道门、哥老会、洪门、报国团、红灯教等，打出"灭清剿洋兴汉"的义旗，置刀备械，设棚练拳，拳民迅速发展壮大。川中地区资阳成为义和团活动的中心，团众们高举大刀、长矛，烧教堂、惩教霸，"起资阳、战金堂、袭三台、围成都，进而击犍为，攻剑门，打开县，闹川南"，大败清军，义和团运动风起云涌，中外震惊，给帝国主义在川的侵略势力和清王朝在四川的反动统治以沉重的打击。

李真果在花溪谷练武的三年，完全不知道外面发生的事。手刃恶棍黄麻子后，他又回到花溪谷。原本打算从此追随两位师父，然而，他们已经云游四方去了，不知所踪。

而此时花溪谷因为土匪占山，打破了往日的宁静。李真果又从花溪谷出来，四处流浪。

时在1902年，清光绪二十八年初夏。

李真果一路走来，兵荒马乱，满目哀鸿遍野。村庄路边、河边到处是一堆堆白骨。乌鸦黑压压一片从他的头顶飞过，呱呱叫着，依旧发出粗哑、令人厌恶的叫声。

雨后，太阳的光芒发狂地炙烤着大地上的一切，干涸而龟裂的土地失去水分，远山近岭像被一把火伞罩着，反射出刺眼的白光。没有一点风，路旁枯瘦的树木像干柴似的，无力地垂着没有绿叶的枝条。夏蝉在竹林间不停地叫着，极度烦躁。这是一个异常的天气，陡然暴热。

望着眼前死寂的大地，李真果心里一片茫然。

一路上目睹灾荒、饥饿、尸骨成堆，加之看到洋人侵略，清朝政府却腐败无能，而致山河破碎，李真果悲愤之情难抑。

回想自幼随母流浪他乡，幸被恩人收养。本一心读书求取功名，报效国家，谁知心爱的女人又遭到恶霸欺凌而含恨自尽。如今又被官府追捕，过着四处漂泊的日子。想到种种往事，命运多舛，他的心中无限悲凉，一股悲怆袭遍了他的全身。

"我从哪里来，要到哪里去？"他一次次追问自己，叩问苍天。

前途茫茫，李真果不知道命运会把他带向何方。

在逃难的人群中，李真果漫无目的地走着，像一只风筝，风吹到哪里就飘到哪里。

北行的路上，李真果看到不远处一座洋人修建的教堂火光冲天，一队装束奇怪的人马将教堂团团围住。他悄悄走过去，隐身于一棵大树后面，便可瞧得更清楚了。

这群人以大粗布红巾勒额，余布拽于脑后，以红带束腰，大红粗布兜肚，穿于汗衫之外。兜肚上画着八卦图形。大红裤子，黄布裹腿。他们皆手执长矛大刀。

李真果注意到，一个身形魁梧、威风凛凛的汉子，身穿红靠，头戴大红风帽，骑着一匹关帝赤马，手执一把偃月刀，身后红令旗迎风招展。此人应当是首领。真果心想。

这时，他突然闻听一阵枪声，几个头包红巾的汉子应声倒下。枪声从教堂一侧传来。几个身穿黑袍、传教士模样的洋人一边逃跑，一边朝人群开枪。

"杀！"为首的红巾大汉大吼一声，挥着闪闪的大刀，飞马朝几个传教士追去。马蹄扬起一片尘土。

一颗颗子弹呼啸而来，十几个紧追上去的红巾汉子又被洋人的子弹射中，倒在了血泊中。

突然，赤马惨烈地嘶叫了一声，将红巾大汉抛向半空。原来赤马腹部中弹。

眼见红巾大汉就要从马背上重重摔下来，李真果纵身一跃，单手接住他，同时以快如闪电的速度，伸手接住落下的大刀。逃跑的一个传教士又举枪朝红巾大汉瞄准，危急之中，只见寒光闪闪，李真果手中大刀已朝敌人掷去，嗖嗖如箭射出。传教士手中的枪咣当飞落在地。

几个洋人大惊，仓皇而逃。

赤马悲哀地嘶鸣一声，最后望了一眼主人，扑腾跌倒。红巾大汉含着泪，抚摸着赤马。

他站起身，向李真果抱拳一揖道："小侠如此年轻，却神功惊人。在下红灯教李南山，多谢小侠相救之恩。"

旁边一个包红头巾的人插话道："这是我们义和团红灯教首领。"

真果一听，虽然不了解义和团是干什么的，但这位首领与自己同姓李，乃自己的同宗，心里不由产生几分好感。加上他对外国列强入侵大清国的愤恨，而这群人与洋人斗争，又添了几分敬意。

他也学着李南山首领的模样，抱拳作揖道："在下李真果，英雄不必客气。"

他没有说自己改姓后的名字，因为官府还在四处贴告示追捕他。很久没有叫自己的原名，甫一脱口而出，他好像找回了自己。

"哈哈，五百年前是一家，原来是同宗兄弟啊！"李南山大喜道。

"小弟告辞，后会有期！"

李真果不想逗留，转身便走。

"小侠请留步！"李南山冲着他的背影大声道。

他停住，转过身来。

李南山打量着李真果，见他双目如星空一般深邃，文雅秀气中不失浩浩之气，有一种卓尔不群的气质。暗想：如此年轻，却有这般惊人神功，难道是上天派来助我的天兵神将？

李真果见他呆呆地看着自己，心中一片迷惑。

李南山醒过神来，连忙道："我见李兄弟是一位侠义之士，可否请兄弟留下，加入我们义和团红灯教？"

李真果闻言微微一怔，心想，我东躲西藏，四处漂泊，如果能留下来，倒有一个安身之处。但不知红灯教是什么组织？不会是一群草寇匪贼吧？看他们烧教堂，杀洋人，也是正义之举，倒更像英雄好汉。不管是英雄还是匪贼，我不愿过这种充满杀戮的日子。自手刃恶棍报仇雪耻后，李真果只想找一个清净之地，让心静一静。

他思忖着，心中主意已定。

李真果淡然一笑："对不起，小弟在山里隐居三年，未谙世事，也无心江湖，恕难从命。"

李南山大感失望，却又实在想挽留他。凭他在江湖的阅历，一眼看出李真果虽然武功深不可测，但初涉江湖，什么都不知。就像一块埋在深山的璞玉，得之，则幸。只要稍加雕琢，便立成闪闪发光的稀世瑰宝。若红灯教有这位小兄弟，必能助我宏业。

原来李南山便是震动四川的资阳县义和团红灯教首领。红灯教是四川地区民间秘密结社，是义和团从山东传入四川的别称。李南山领导的红灯教是四川义和团运动组织最杰出的一支。他打出"灭洋反清兴汉"的造反大旗，号召群众烧教堂杀洋人，杀贪官抗捐税，沉重打击了外国教会势力和清朝封建统治者。

红灯教通过练习"神拳"，设立神坛，画符念咒、拜神炼水等法术，吸引和招募劳苦大众入教。声言入教练就法术，刀枪不入。饱受传教士欺凌和掠夺的资阳老百姓，犹如干柴一样，在李南山义和团号召下，立刻点燃了反帝熊熊烈火，纷纷踊跃参加红灯教。拳民皆头缠红巾，着大红衣裤，执大刀长矛，全副武装。一时间威震遐迩，烟炎绛天，声势浩大。

此时，李南山与红灯教兄弟正酝酿着一场更大的反帝风暴。李真果的出现又在危急之时，救了他和红灯教徒众。这一切乃是神助，李南山心中忖念，绝不能轻易放走李真果了。

他微一沉吟，便含笑对李真果说："天下姓李皆一家。你我兄弟有缘相遇，我这做大哥的，理当尽地主之谊。请李兄弟随我等返回总坛，咱们大快朵颐，痛饮三百杯如何？"

李真果一听，顿时感到饥肠辘辘，腹中空空，似乎闻到了扑鼻的酒香，不由咽了一口唾液。原来他这一路靠野果充饥，石乳解渴，更不知什么酒味了。

但李真果又有些犹豫，在花溪谷学武时，两位师父常教导他，路见不平拔刀相助，是侠者所为，不应图求回报。倘若我去做客，岂不是有让人答谢之嫌？何况吃了别人的酒肉，如果别人强留我，该如何是好？在去与不去之间，他心乱难决。

李南山见李真果的神色，一眼便知他心中所想。他微微一笑道："难道李兄弟嫌弃大哥落草之地？或是不屑与我等造反粗人为伍？"

李南山的激将法起了作用，李真果急道："那倒不是！大哥言重了！"

"既然兄弟不嫌弃，大哥也很久没有喝酒了，酒虫都发了，今朝愿与兄弟喝个痛快！"

李真果闻言，不由心动，终于露出孩子的天性，呵呵一笑道："恭敬不如从命，我就随李大哥你去饮一杯吧！"

李南山见李真果爽快答应，心中大喜。李真果当即随李南山等红灯教徒众，返回红灯教的总坛而去。

青山隐隐，万绿丛中一点红。

李真果远远便望见一杆杆大红令旗飘扬在山峰之上。红灯教的总坛，原来便隐在距离资阳县城一百里外的山岭上面。

这里层峦叠嶂，刀削般的悬崖拔地而起，令人望而生畏。四周群峰高耸入云，如一围天然屏障，外敌难以攻入，是兵家绝好之地。

总坛设在一座极隐秘的翠峰上，各种大小溶洞里，布有义和厅、兵器窟、大坛口、小坛口、真空洞、无生老母洞等，均有红灯教拳民严密把守，十分森严。

李南山与几位兄弟把李真果迎进义和厅。李真果好奇地环顾四周，这是一个巨大的像太极图形的地下厅堂，洞中之屋，穹顶悬挂的钟乳凝石上挑着红灯笼，遍布一道道红光。内有虎皮交椅、红令旗、案桌等物。神龛上供奉有红灯教信奉的"皇帝"（真主）、无生老母，还有太上老君的神像。

在义和厅的正中，已摆好一桌酒菜。菜肴是从传教士那里夺来的食物，手撕牛肉、烤乳猪等。桌上还摆了一大坛酒，用沙袋密封的酒盖还没有打开，但一股酒香肆虐地蹿入李真果的鼻尖，他非常敏锐的嗅觉，早已闻到一种浓郁的、醉到心底的味道。

李南山邀请李真果坐上贵宾椅，自己坐在主位，他的二弟、三弟坐在李真果两旁作陪。

李南山见李真果盯着坛子出神，会心一笑，豪气地拍开红绒布泥封，浓烈的酒香顿时四溢开来。他给李真果斟上满满一大杯，笑问："李兄弟闻出什么酒味了？"

李真果注视杯中清澈的酒色，嗅了一下，笑道："这好像是桂花的香味，还有山泉的味道。"

在花溪谷时，两位师父都喜欢饮酒，常用山中花木药材和泉水酿酒，平时练功之余也爱叫上他一起喝酒。所以，他只要闻到酒的香气，便能辨别是什么酒。

李南山神秘地一笑道："李兄弟果然是懂酒的人，厉害！此酒得自大邑县鹤鸣山一位老道，据老道说，是祖天师张道陵当年在鹤鸣山修炼，亲自勘点龙脉地泉，用千年桂树的花酿制的神仙酒。喝了这酒后，祛病除邪，延年益寿。"

李真果一听，心中一动，张道陵乃道教创始人，奉老子为教主，以《道德经》为经典。我能有幸喝到张天师酿的仙酒，那是缘分啊！他猛然想起教他读《道德经》的那位白胡子爷爷，不知高道在哪里？他的脑海中浮现疯癫老道提着葫芦喝酒的样子，心中不免思念。

"怎么了？"李南山见李真果呆呆出神，不知何故。

李真果醒过神来，忙道："李大哥以这么珍贵的仙酒相待小弟，李某受之有愧。"

李南山爽朗地道："自家兄弟就莫客气！李兄弟是我红灯教众兄弟的救命恩人，理当把最好的酒献出来奉客。来，敬李兄弟一杯！"

李真果也不推辞，捧起酒来，如饮玉液琼浆般一饮而尽。

"感觉如何？"李南山问道。

"神清气爽。"李真果答道。这酒喝下去后，他感到连日来的疲乏尽消，整个人恢复了神气。

李南山又连斟了几杯，李真果也很豪气地全部干了。

微醺之中，李真果感觉一团暖暖的清气游走于全身，与血液融为一体，在经脉中流动，真气在丹田中震动，越震越强，仿佛化作巨浪滔天，体内一股强大的内力被推动激发。

突然，一只杯子嗖地挟着一股疾风，隔空朝他推来。李真果忙用二指急接。他感到杯子沉如铅球，被灌注了巨大的力量，便借助体内被激发的内力，暗运真气逼入指尖，稳稳地接住了杯子，杯中酒一滴不洒。

"谢了。"李真果微微一笑，捧杯一饮而尽。

李南山大吃一惊，这招"隔空推杯"几乎无人能接住它，没想到这年轻人的武功如此惊人。

其实，如果李真果没有喝酒，并不能接住杯子。酒起了很大的作用。原来李真果在花溪谷练功三年，体内早已吸收了清一真气，加之这千年龙脉仙酒浸润，他的内功在瞬间增加了两成。

"李兄弟的神功真是天下无敌啊。"李南山拱手赞叹道。

"哪里。只是喝了这仙酒之故吧。"李真果说的也是实情。

席间，几个红灯教的兄弟对李真果更是佩服得五体投地。宾主一边喝酒，一边畅叙，相谈投契。

李真果从李南山口中了解到，丧权辱国的《辛丑条约》签订后，清政府被迫向八国联军赔款四亿五千万两白银，分摊四川庚子赔款二百二十万两，居全国第二位，政府以各种名义分摊到农民身上，使得苛捐杂税层出不穷。1901年到1902年间四川发生了极其严重的旱灾，民众生活难以为继，而四川地方官吏仍旧摊派赔款，徇私舞弊，无恶不作，广大人民群众对中外反动统治者的仇怨与日俱增。红灯教趁势贴出"灭清、剿洋、兴汉"的揭帖，号召群众打教堂杀洋人，杀贪官抗捐抗税。

帝国主义侵略我泱泱中华，清朝统治者腐败无能。家仇国恨，他内心强烈的民族主义和爱国主义情感再一次被激发起来，热血偾张。

李南山对李真果道："李兄弟一身正气，又身怀绝技，何不加入我们义和团红灯教，共谋起义大计，一起赶走大毛子？"

大毛子是义和团对外国人的称呼。

李真果意料到李南山会再次提出这个要求，默然不语。

李南山的二兄弟插话道："李兄弟你就留下来吧！我们一起杀大毛子，打清狗！"

李真果沉吟片刻，道："蒙李大哥抬爱，小弟愿加入义和团红灯教，与众位英雄一道驱除大毛子，打倒清狗！"

"好！"李南山大喜过望，"来，我们一起敬李兄弟一杯！"

几个人饮酒为盟，击掌为誓。

李真果留在了山上，成为义和团红灯教的一员骁将，也暂时结束了漂泊的日子。

李南山是武术名家，擅长多种拳法，尤以金钟罩铁布衫功夫闻名。他想李真果的太极拳、六合拳和弹杀棍法已达到出神入化的境界，若将金钟罩铁布衫武功传给他，必所向无敌，对我红灯教有宏大的助益。

山顶上，李南山与李真果在切磋武艺。两位结义兄弟惺惺相惜，大有相见恨晚之意。

李南山纵身跃到平台上，稳如树桩地站着，对李真果道："兄弟，你来打我。"

李真果微微一怔，明白这是李南山在与他试手，便也不客气。只听他叫道："青牛推山！"一招疾推下去，直朝李南山胸口袭来。这招是他在花溪谷每天对着老树练的八卦掌法，极具凌厉威猛之势。可是他的一拳打来，却打不进对方的肉里，倒是身子一颤，一下被弹飞出去，如同敲在一面大鼓上。

李真果大吃一惊。

"拿剑!"李南山又道。

李真果年轻气盛，不愿服输。他一跃而起，取下树上挂着的一把长剑。这是李南山赠送他的玄冰剑。此时，他运力聚气，大叫："白龙出洞!"但见一团白影宛若游龙从洞中而出，剑刃寒光闪闪，朝李南山斜刺过来。他这一厉害杀招，将太极拳的刚柔与剑法合一。

然而，令李真果意想不到的是，李南山罡气护体，四周罩着一围墙影，整个人如金铸之钟覆罩全身，无论他怎么右攻左击，却始终够不到李南山一片衣角。

原来这就是金钟罩铁布衫，中国功夫中最有名的护体硬气功。据传说，练成金钟罩铁布衫的人不但可以承受拳打脚踢而丝毫无损，甚至普通的刀剑也伤不了他们。

金钟罩和铁布衫是两种功法，一般以金钟罩为内功，铁布衫为外功。

金钟罩是少林四大神功之一，为达摩禅师所创，共有十二关，练成后周身如同被一口大铜钟遮盖且密封不漏，人的全身宛如披上一件用金器包裹的衣裤，刀剑难损。它与太极拳导引术皆为内丹功法。

铁布衫为硬功外壮，练成后身体绵软如棉，宛如身披一件铁制的衣衫，运气敛力，坚如铁石，拳械不能伤身。

义和团以此向拳民宣传这种神术，号称可以刀枪不入，要求拳民皆练习金钟罩铁布衫。但这种功夫若没有深厚的内功，根本无法达到一般刀剑难伤的程度。事实上，真正能练成金钟罩、铁布衫的没有几个。

"李大哥真是神功盖世，小弟佩服!"李真果拱手一揖道。他想起大师父刘妙利的话，天外有天仙外有仙，强中更有强中手。果然如此。

"若李兄弟愿学，大哥愿毫无保留地教给你!"

"是真的吗?"李真果喜出望外，骨子里对武学的兴趣再次被激发。他对一切未知的、自己尚没能掌握的东西充满了好奇。

"请受小弟一拜！"

李南山将金钟罩铁布衫要领悉数传授给李真果。

这种功夫练成其实非常繁难，要通过十二关。每日要用木棍和铁杠经过无数次的遍身捶打，配合以运气吐纳。到第五关，棍棒打来的力度越大，练者的反震力越强，可以硬生生震断对方兵器。坚持练上三到五年，功夫才可小成。到第八关，内功修为已达到全身不受利器所伤，只剩下三寸罩门，不论对方击力是强是弱，均发出猛烈无比的反震力，中者非死即伤。李南山便达到了这种层次。

至于第十关，功力开始返璞归真，内劲雄浑，轻易震断尖锐刀剑，甚至吐出一口痰，也能像飞镖般构成杀伤力，罩门只剩一寸，自有金钟罩以来，练成此关者不超过十人。而最后第十二关，唯独达摩禅师这绝世奇才练成，罩门完全消失，成了金刚不坏之身，根本无须动武。达摩禅师当年任由各门各派高手拳打脚踢，力劈剑斩，火烧水淹，不眠不食五百日，甚至吃下穿肠剧毒，仍安然无恙，精神灿灿。此事轰动天下武林，其后他创立少林寺，威震五湖四海，金钟罩绝学居功至伟。

凭着聪明颖悟，李真果闻一知十，举一反三，把早已至臻上境的太极拳和六合拳法与金钟罩铁布衫融会贯通，很快学会了气运周天、单掌开石、铁头断砖、钢筋缠颈、铁指断石等二十余种功，并且还有自己的独创。但即使这样，最多只能达到第十关的境界。

李南山对李真果神速的进步连连惊奇，视为天人。

不过，李真果不同意李南山向拳民号称刀枪不入，可以抵御洋人的洋枪。他目睹了拳民在洋人的子弹下丧命，足见天下最强的武功也不是无敌的。拳民若迷信火枪打不到肚皮而盲目迎敌，幻想刀枪不入的神力，将会死伤无数。据武术界的人士说，练成这样的功夫，只要有了准备，一般的冷兵器是可以抗一下的，但是火枪（即便是鸟铳）还是难以抵挡。

在这点上，李真果与李南山产生了分歧。

彼时，风起云涌，山雨欲来，一场反帝风暴正在四川红灯教各个坛口密谋着。

第三节　镇　压

1902 年（光绪二十八年）5 月 31 日，四川历史上值得书写的一笔。

这一天，太阳如一个巨大的火球炙烤着大地，天空一片赤红，如血。

"杀洋人、杀贪官!""焚教堂、抗官兵!""慈禧是洋人的大奴才，我们是灭清剿洋的天兵天将!"

在一阵震天的呐喊声中，一群头缠红巾、身着大红衣裤的红灯教拳民在首领李南山的率领下，打着一面大红令旗，挥着大刀长矛，朝资阳城门冲去。那冲天的红阵，像一片火烧云染红了整个资阳城。

李真果在这红阵中，与李南山等红灯教兄弟并肩作战，投身到了这场反对清王朝和帝国主义侵略的起义斗争。

一千多人的起义军冲开了城门，攻进县城。

县令慌忙派清军营数百人镇压。清兵凭借洋枪，朝起义军疯狂地射击，两军展开了残酷的厮杀。

李真果如神兵天降，在枪林弹雨中，向重重掩杀而来的官兵连番冲杀。他宛若游龙，翩若惊鸿的身影快如电光一般在兵贼眼前划过。手中的一根弹杀棍，犹如化作百影，朝四面八方射去。清兵的洋枪纷纷落地。

"杀! 杀!"李南山大喝一声，率领起义军乘势进攻。

起义军非常英勇，挥舞大刀，排山倒海般地朝清兵杀去。所过之处，血肉横飞，血流满地，死伤的士兵惨号哀鸣。这些官兵平时飞扬跋扈，此刻个个是贪生怕死之辈。他们见起义军来势凶猛，所向披靡，早已心胆俱裂，纷纷抱头鼠窜。

李南山率领的红灯教起义军打响了胜利第一炮。

接着，起义军朝天古庄开拔，包围了一座教堂。天古庄的几十名团丁赶到，与教堂几个洋兵和两名传教士还有一群教民企图负隅顽抗，被攻入教堂的起义军击伤，有的成为刀下的亡灵。

这时，李南山一把火点燃了教堂，熊熊火光冲天而起，与傍晚天空的火烧云连成了火海，一片血红。教堂里传来惨叫哀号的声音。

李真果目睹惨烈的现场，心中不免对这残酷的杀戮场面动了恻隐之心。

"停！不要杀那些教民！大哥，他们也是受蒙蔽的人！"李真果对李南山振声大叫道。

"这些教民跟着大毛子跑，就是我们的敌人！兄弟，你就不要菩萨心肠了！"李南山没想到李真果会阻止他，又急又气。

"我们现在要对付的是马上就要赶来增援的清狗，否则死伤的就是我们的弟兄！"

李真果的冷静和眼神中的焦灼，提醒了李南山。他心中犹豫，但很快又摇摇头，拍拍胸脯："怕啥？咱弟兄们都是刀枪不入的金身，兵来将挡水来土掩！"

"大哥，你不记得那些在洋人子弹下丧生的兄弟吗？"李真果恳切道。

李南山微微一怔。

说话间，一拳民飞报："清军千人正朝天古庄赶来！"

李南山大声道："来得正好！我们杀个痛快！"

李真果急道："大哥，若清军一到，我们必被包围。他们手中有枪，我们不能白白送命。唯有智取，才能制胜！"

李南山觉得李真果的话确有道理，冷静下来："李兄弟，看你胸有成竹，依你之见呢？"

李真果沉着地道："当下之计，我们应埋伏在教堂周边，布下一个口袋八卦阵！"

"好！来个瓮中捉鳖！兄弟们撤！"

起义军撤走，埋伏在教堂周边的丘陵竹林后边。一眨眼的工夫，资阳县令派上千清军很快赶来。

清军头目见教堂燃烧着熊熊大火，却无一个人影。正疑惑间，起义军如天兵神将从四面八方合围过来，红压压的一片，令清军措手不及。

"摆开八卦阵！"李真果沉着地指挥。

红灯教徒众一拥而上，组成八卦阵，将清军困在中心。清军头目大惊失色。

李南山手中大刀一挥，大喊道："红灯教的兄弟们，用你们的拳头、大刀，杀洋人，杀清狗！"

在千变万化的阵势中，拳民们左攻右击，杀声震天。两军厮杀，火光中，血流遍地。

在这次战斗中，起义军在天古庄打败清军，远近震动。

与此同时，由资阳习拳归乡的安岳县杨祖平，奉首领李南山之命，在李真果老家安岳率部起义。8月底，资阳县的另一支义和团在首领刘精忠的率领下，转战安岳，与乐至开来的义和团首领陈联三会合，随即向安岳县城进军，沿途捣毁教堂，驱逐不法教士、教民。

也在这时，一位年仅十六岁、能文能武、美貌如花、人称"廖观音"的女子，身着月白短衫，头顶青巾，恍若"观音"化身，与早已加入义和团的曾阿义一起，举起"灭洋反清"大旗，带领众团在简阳石板滩率众起义。

由资阳、安岳义和团首先发起的武装斗争，影响极大。短短几个月内，全川有三十多个府县联袂响应，造成很大的声势，蔓延成都、重庆、眉州等。起义军所到之处，焚毁教堂及教民房屋无数。

全川各地红灯教起义风起云涌，川东、川西、川北等地连成一片，形成了四川反帝反封建斗争的热潮，引起清政府的恐慌。朝廷急派提督丁鸿臣率大军驰往镇压。

在清军和联军洋枪火炮的强大火力下，各地起义队伍被打散，惨遭血洗。一时间，江河血染，尸横遍野。

虽然李真果所在的红灯教起义军顽强抵抗，非常英勇，但与全国各地的义和团一样，属于松散的组织，且各自信奉各自的神。面对中外势力的镇压，起初他们还能使用大刀长矛和义和拳法，但到后来，这些都抵不过洋枪洋炮，他们便幻想刀枪不入的神力。

"大哥，敌人的火力太猛！我们的弟兄已经牺牲了一大半！二师兄、三师兄也阵亡了！先撤吧！保存实力日后再战！"李真果劝说李南山。

"不能撤！我们是天兵天将，无生老母保佑，死不了！"李南山说罢，把大刀一摆，对仅存的数百名红灯教拳民高声大喊：

"兄弟们不要怕，你们已经练成金刚不坏之躯，刀枪不入。杀死清狗，赶走大毛子！"

李南山领头冲向敌阵，拳民们振臂高呼迎着枪林弹雨而上。有的认为自己有刀枪不入的神术，竟然丢弃刀矛，挺着胸膛走向炮火。

刹那间，阵地上血流成河，一大批拳民倒在清军的枪炮下，身首异处，一节节长辫子在烟火中飞灭。

突然，一枚炮弹落在李南山面前，轰的一声巨响，李南山顿时被火光吞没。

李真果冲过去，也被炮弹震飞出去。他伏在地上，慢慢抬起被炮弹碎片擦伤的脸，眼睁睁看着李南山被恶魔般的炮弹炸飞，眼泪止不住流了下来，脸上的鲜血模糊了泪眼。

这时，清军和洋兵朝李真果和仅存的十几名拳民包围过来。李真果腾地站起身来，眼中射出一团愤怒的火焰，仿佛积在胸中的火山就要喷发而出。

他对拳民们振声大喊："兄弟们跟我来，杀出一条血路！"

李真果带着义和团红灯教兄弟左冲右突，击伤无数清兵，救出十几个拳民，一起冲出重围，侥幸逃过这场屠杀。

八国联军洋枪洋炮的轰击，清朝官府的残酷镇压，四川各地义和团和它的"刀枪不入"一块被淹没在血泊中，遭到残酷剿灭。

李真果冲出重围后，救出的十几个拳民纷纷逃散。他挂念着家乡的亲人，连夜奔回安岳彭家场。

安岳也是义和团活跃中心，同样没有幸免于难，遭到了血洗。设在山上的坛口被清军攻破，首领和众拳民被杀害。

鲜血染红了沱江河。

最让李真果难以承受的是，义父彭子渝也参加了义和团，在这次镇压中不幸遇害。义母也跟随而去。

李真果怎么也没有想到，手刃团练后的那个风雨之日，他与义父的相见竟成永诀！

此刻，苍白的月色下，李真果跪在义父义母合葬的坟前，悲恸万分。

一阵阵阴风刮起，吹动丛生的墓草。萋萋青冢，已不见亲人面容。李真果再也控制不住自己的情绪，放声痛哭，泪流满面，泣不成声。

"义父义母，你们养育泽风成人，泽风还没报答二老大恩大德，你们却被清狗所害！爹、娘，孩儿不孝，没能保护你们……"

夜幕下的坟茔，纸烟缭绕。李真果的哀哀悲痛，随纸钱飘向了天宇。

迈着沉重的脚步，李真果忍着悲痛，又乘夜回到安岳老家观音场响坛子村。他的心中牵挂着日思夜想的母亲和妹妹。

晨光熹微，走进静悄悄的村庄，一股血腥味从河面吹来。他的心猛然一惊，难道老家也难逃一劫？

推开熟悉的门扉，哀哀的哭泣声从屋子里传来。他的心脏瞬间紧缩，一种恐惧袭遍全身。他快步冲进屋子，见到母亲正坐在床边抱着绣枕哭泣。

"娘！"他颤声地喊道。

李氏慢慢抬起泪眼，几乎不敢相信眼前所见到的，自己日思夜盼的儿子就站在面前！

李真果快步上前，跪倒在母亲面前，拉着母亲的手喊道："娘，我是真果，真果回来了！"

李氏抬起战抖的手，在李真果的脸上抚摸，激动地："是真果，是我的儿啊！娘以为看不到你了。"

"娘！"

母子俩抱头痛哭，悲喜交集。

李真果望着母亲憔悴的面容，心里别是一番滋味。生活的重担使母亲失去了年轻时的神采。夹杂银丝的头发，布满风霜。岁月像一把利刃，无情地在她的眼角刻下了痕迹，粗糙蜡黄的皮肤，龟裂的双手……

母亲老了。李真果心中大痛，眼中泛酸。他为自己不能孝敬母亲，感到难过和自责。

"妹妹呢？"李真果突然想起没看见妹妹。

李氏禁不住号啕大哭。

"怎么了？娘，我妹子呢？她嫁人了？"李真果心头掠过一丝不祥之兆。算算，妹妹珍儿今年有十五六岁了，也到了嫁人的年龄。可能娘舍不得女儿出嫁吧？他朝好处想。

"你妹子她……她……"李氏哽咽着说不出话来。

"她怎么了？娘，您快说呀！"李真果的心猛地一阵揪紧。

"珍儿被恶霸熊老幺杀死了！挨千刀的，害死了我的女儿啊！"李氏呼天抢地。

"什么？"

不，这不是真的，不是真的！李真果感觉自己的胸口仿佛被人猛插了一刀，一种巨大的刺痛袭遍全身。

李真果从母亲的讲述中了解到事情发生的经过——

一个月前，李氏闻听彭子渝参加了义和团，平日只有彭氏一人在家。她觉得彭家夫妇在落难时收留她母子三人，应该报答这样的好人，于是决定变卖田产搬到彭家去住，给彭氏做个伴，有个照应。彭氏很高兴，欣然同意。

这天，她和女儿李真珍在彭家吃完早饭后，一道返回李家响坛子。从彭家场到李家响坛子有一百七八十里路程，其间还要翻过几道丘陵。途中，却遇见恶霸熊巴爷的儿子熊老幺。

十多年前，李真果的父亲患病去世，熊老幺的爹熊巴爷趁火打劫霸占了李家田产，赶走母子三人。彭家场状师彭子渝仗义为李家打官司，帮李家夺回了财产。后来，熊巴爷暴病而死。熊老幺像他爹一样贪婪、凶狠，跟官府勾结，欺压乡邻。

今日遇见李家母女，熊老幺得知李氏准备回家变卖田产，脑子里顿生歹念，杀死母女，霸占财产。于是，他暗中提刀尾随在李家母女身后。

经过一个丘陵地带，李母见女儿饥渴难忍，便到溪边打水。熊老幺见只有李真珍一人，趁其不备，扑上前恶狠狠一刀下去，李真珍还没有来得及喊叫，便倒在了地上。刹那间，一个如花的生命惨死在恶棍手中。

李母打水回来，见状，一面大声呼救，一面发疯一般朝熊老幺扑上去。熊老幺正要挥刀，突然听见行人的脚步声，慌忙溜掉了。李母见女儿被人杀死，当即昏死过去。

听罢母亲的讲述，李真果悲愤之情难抑。愤怒的血液冲上他的头，他腾地站起身，就要朝屋外冲去。

"你要去哪里？"李氏叫道。

李真果咬牙切齿："我要杀了这个狗日的魔鬼，替妹子报仇！"

"坏人下地狱去了。"

原来熊老幺买官当了团练，与清军一道镇压安岳义和团起义。在厮杀中，熊老幺被义和团拳民的大刀砍死。

恶人终于遭到了报应！佛告诉阿难，今生屠杀斩截众生，死堕刀山剑树地狱。李真果想起佛经中的话。

佛又说，造善因，必得善报；造恶因，必得恶报。可是，我们一家人都是那么善良，为什么如此悲惨？他想不通。

"孩子，做善良的人，不要灰心。多做善事，多发善念，上天会给你交代，会给你善果的，善恶到头终有报。"李氏掩住内心的悲伤，对李真果开解道。

李氏是一位信佛的农村妇女。虽然不能说出很深奥的道理，但她的话却如寺庙里僧尼敲击的木鱼声，使李真果的心灵受到震动。

"娘，孩儿记住了。我会多做善事。"

李氏从衣柜里拿出一套男人的衣服，这是她为儿子亲手缝制的衣衫。她让李真果换下了红灯教的大红衣裤。

"儿子，清狗正在四处捉拿参加义和团的人。趁现在天还未亮，你赶快走吧。"

"我不走！我死也不离开娘！"

李氏生气地道："你要是死了，娘也不活了！"

李真果心里一痛，含泪道："娘，要走，我也要带您一起走！"

"娘不走。我要在这里陪你父亲，他一个人在那边好孤单。你给你爹磕个头吧。"

李真果站在父亲的遗像前，望着父亲的遗容，儿时种种往事浮现脑海，父亲曾经在雪地教他习武学剑，每日教他识字念书，给他讲做人的道理……他好像感觉父亲还在眼前，正用慈爱而略带严厉的目光凝视他。

李真果跪倒在地，哽咽道："爹爹，真果无用，这些年漂泊在外，没有保护好小妹，没能在娘的身边尽孝。真果无颜见您。"

"孩子，这不是你的过，都是恶人造的罪孽。这个世道豺狼当道，村里哪一家没有受害？死的死，逃的逃，都快走光了。剩下的都是我们这些老弱病残。"

李真果悲愤难平，恨自己无能为力，无法扭转这颠倒的乾坤，黑暗的世道。

李氏望了一眼窗外即将大白的天光，心想：天一亮，清兵就要每家每户搜查，儿子若不走，就要被抓去砍头。

她焦急地催促道："儿啊，快逃吧。只要你不死，娘就有活下去的希望。你如果要尽孝，这就是对娘最大的孝！"

"娘，我上哪儿去啊？兵荒马乱，哪里不是如此？"

李真果不肯走。他既舍不得母亲，又感到前途茫然。

李氏沉思片刻，一字一顿道："出家。"

"出家？"李真果吃惊地望着母亲，不敢置信，娘怎么会让我出家？

李真果在母亲脸上看到一种从未有过的决然。这是一般农村妇女难以具备的果决和坚强。他看到母亲的另一面，心中敬意油然而生。

其实，作为母亲，李氏怎么舍得让自己的亲生骨肉断绝红尘？想到儿子今后将脱离凡尘，母子分离，她的心就像刀割一样痛。但是，转念一想，出家是唯一的出路，再混乱的世道，谁敢打扰菩萨神明清净之地？至少我儿的性命还能保住。

"孩子，不管你在哪里出家，佛门和道门都是你的安身之处，安心之地。去吧。"李氏眼噙泪水，意味深长道。

真果是一个大孝子，唯母命是从。

"娘，孩儿走了。娘的慈爱和恩情，真果一辈子也报答不了。请受孩儿一拜。"

说罢，李真果向母亲磕头，拜了几拜。他站起身，鼻子一酸，眼泪忍不住就要掉下来。

"娘保重！"

李真果深吸了口气，拉开房门，大步走了出去。当他踏出院门的一刹那，忍了又忍的泪水终于掉了下来。这一走，不知哪年哪月才能与母亲相见！而自己刚与母亲相逢，却又要别红尘而去。他的心中千般不舍，如万箭穿心。

曾经立志读书考取功名，报效国家，却在一夜之间，未婚妻遭受凌辱而死；曾经参加义和团，反清灭洋，拯救民族危亡的中华，却惨遭镇压。一切皆成梦幻泡影。想到这些，李真果不禁万念俱灰。

出家！这个念想突然非常强烈地闪现在脑海中。这是我的归宿吗？

三别家门。李真果又走了。

山一程水一程，世界这么大，他却不知要到哪里去，也不知哪里才是容纳他的一隅。

他不知道，他的心将安放在何处。

但是，他有一种感觉，这一次离开，他将走向另一个世界。这个世界是什么？他无法预知。

我会是另一个世界的自己。他想。

第六章

修真之旅

人到这世上究竟是为什么？经历了种种苦难的李真果，并没有放弃对生命意义的思索。

两千五百多年前的一个凌晨，明星现于天上，在尼连禅河边的一棵菩提树下，有人发出一声赞叹："奇哉！奇哉！大地众生皆有如来智慧德相！"这个人就是曾为国王太子的佛祖释迦牟尼。

佛经记载，佛陀在十九岁时，有感于人世生、老、病、死等诸多苦恼，舍弃王族生活，出家修行。

自在菩提树下悟道后，佛陀就四处传播关于宇宙人生缘起本心的道理，普度众生脱离苦海，创立佛教。

李真果历经人世间的悲情苦厄，清王朝腐败无能、民不聊生的残酷现实，亲身参与的义和团反帝斗争惨遭镇压，使他立志报国的愿望一次次破灭。

从小生活在佛教圣地之一安岳，深受佛文化熏陶的李真果，出家修真，对于他来说，或许是一条帮助众生脱离苦难的道路？

或许，他能从中找到生命的方向？

第一节 空 门

李真果避开官府的追捕，从安岳又逃到遂宁。

云烟缭绕的群山，峰峦叠翠。溪谷的薄雾中，几只白鹤低低掠过水面。缥缈的仙乐隐约传来，那声音顿时清扫了红尘的喧嚣。一切归于宁静。

李真果尽如一个虔诚的信徒，寻着清净的仙音，轻步漫入仙境之中。

这里是他第一次离家而拜师习武之地。他又进入了花溪谷，希望再见到两位师父。可是，物是人非，云深不知处。自那日师徒一别，刘妙利和王妙生这两位黑白双侠便云游四方去了，再也没有回到此谷。

怅然中，李真果出了花溪谷，往山下走去。

他来到遂宁古城。

他对这里有一种说不清楚的情感。遂宁，是他内心需要的一处，宁静的所在。那是他心灵疲倦的时候，隐秘的安慰。

静静的遂宁，仿佛时光在清澈的波光里停留，一切喧嚣在袅绕的香火与晨钟暮鼓里静止。似乎兵荒马乱的岁月不曾惊扰过这座城。那样静，那样安详。

李真果感到，到了这里，他放下放不下的执着，舍得舍不得的有情过往，所有痛苦的挣扎，都沉静了下来。

走在青瓦红墙下，长长窄窄的古道，一眼便望穿那段久远的历史。自东晋大将桓温收复蜀地后，路过歌舞升平的此地，勒马站在城下，发出"天遂人愿，息乱人宁"的慨叹，"遂宁"这个吉祥的名字便一直伴随着它。这座古城，一千多年来就是安静的模样，李真果相信，她一直在那里，静静地等他走来。

他步入广德寺，庄严的宝殿、古刹的钟声，把他带入一个清净的世界。

广德寺是中国皇家禅林，建于唐代，高僧辈出，是闻名西南的佛教圣地，观音的道场。它像一个入定的禅者，隐在城中。

大悲殿前，在斜斜映进来的一抹夕阳里，李真果点燃一炷香，朝向观音圣像叩拜，心里默默祈祷。

"慈悲的观世音菩萨，求您的慈航，度我到彼岸。度我的苦厄，度苦难的众生。"

"观自在，观一切声音。"一个平静的声音从大悲殿传来。

李真果蓦然回首，见一位慈眉善目、披着袈裟的方丈走了过来。

他忙迎向法师，道："法师，我愿出家为僧，请法师慈悲成全。"

方丈眼中精光一闪，打量着他，微笑地摇摇头。

见方丈不肯收他，李真果便讲了自己的遭遇，方丈依然微笑着摇头。

他不明白，法师为什么不让他出家。

方丈开口道："是什么神归什么位。施主的位不在本寺。"

李真果一阵惊疑，方丈为什么说我不能留在本寺？我应该去哪里？难道这位法师什么都知道？

他请方丈指点迷津。

方丈悠悠吟道："两日行山兴尚稠，尘缘未断且回头。一天风雨吹凉阁，四面藤萝伴容留。着眼尽难为业障，平生无过是浮讴。何须抵死言名利，寻得清闲即便休。"

李真果一头雾水，法师念诗是什么意思？

他向方丈求解。方丈则坐在佛龛旁轻敲木鱼，闭目无语。

李真果只得默默向方丈拜了一拜，朝大殿走去。

"施主，请留步。"

李真果惊喜地回过头，暗想，法师同意我出家了？

"施主一路奔波劳顿，我佛慈悲，请施主留住一宿，翌日再行不迟。"

李真果连日来不停地奔逃，加上与清兵进行了一番打斗，又没吃什么东西，他的身体极度虚弱，几乎迈不动步了，实在又累又饿。方丈的挽留，让他感激不尽。

方丈让寺僧带他去沐浴更衣。

浣衣后，已至夕暮。寺庙里，云板破空响起。李真果正疑惑间，寺僧走来，带他去斋堂用饭。他一听到"饭"字，不由吞了一口唾涎。

众僧搭衣齐集，合掌排队念佛依次进入斋堂，李真果也学着僧人的举止恭敬地入内。

僧众在东西两边依序就座。李真果在寺僧的带领下，在一个空位落座。

僧人们端坐桌前，向上问讯后，掌管寺院佛事唱念的维那师起腔，大众齐唱《供养偈》。李真果仔细辨听，大致能听出供养文中的含义，供养十方三世一切诸佛，面对充饥养身的食物时，不忘上求佛道、下化众生，要追随先圣先贤。

他心中肃然起敬。

维那师呼僧跋后，僧众便开始用斋，也就是"过堂"。在饮食中，大家止语，心存五观，"佛观一粒米，大如须弥山"，懂得"一粥一饭，当思来处不易"，就能以感恩心受食，进而激发道心。

当僧众食毕，僧值师巡走一圈后，至佛前问讯。维那师举腔，僧众齐诵《结斋偈》，念佛出斋堂。

整个过堂是一个安静的用食过程。李真果上了一堂功课，体验到菜根香里佛门悲心长的悲悯情怀，以及威仪与庄严。这对他的心灵是一次震动。

夜深人静，李真果在禅房难以入眠。

一阵诵经的声音飘入他的耳畔。一声声，撞击他的心灵。他出了房间，循声而去。

清凉的月色下，方丈盘腿坐在平台上，一边敲打着木鱼，一边念诵着《大悲咒》。月光洒在他的一袭袈裟上，整个人恍若置身在佛光中。

李真果悄然站在一旁，心中震动，默默地听着。

"南无喝罗怛那哆罗夜耶……"低沉的吟诵，慢慢地，清越扬起，如同天籁一般，饱含无限悲悯，触动了李真果的内心。他浮在尘世的心，在梵音中找到了一种平静和安详。

此时，他的脑海浮现出一个画面：他跪在观世音菩萨面前，法师在旁诵咒。

李真果感到身上的汗毛竖立起来，接着眼泪止不住地流下来。当方丈诵咒完毕，他已经泪流满面。

"施主为何流泪？"方丈慢慢睁开眼睛对他道。

方丈并没有回头看他，却什么都看得清清楚楚。李真果十分惊异。

"我也不知道为什么哭，好像回家一样。"他诚实地说。

"方丈，我是不是罪孽深重？"

方丈摇摇头，道："施主善根深厚，与佛有缘。"

"为什么法师不肯收留我？"他不解地问，仍不愿放弃剃度出家的念想。

方丈又摇摇头："与佛有缘，不一定身在佛门。施主只要带一颗佛心便是。"

"请教法师，什么是佛心？"

"佛心就是《大悲咒》所讲的大慈悲心、平等心、无为心、无染着心、空观心、恭敬心、卑下心、无杂乱心、无见取心、无上菩提心。"

李真果咀嚼着方丈的话，若有所思。

方丈给他讲解，《大悲咒》是观世音菩萨发愿偈，为利乐众生而宣说。故而，它又是观世音菩萨大慈悲心、无上菩提心、修道成佛的重要口诀。本咒是观世音菩萨《大悲心陀罗尼经》中的主要部分，共有八十四句。

方丈教他用译文唱诵：

> 南无大悲观世音，愿我速知一切法；
>
> 南无大悲观世音，愿我早得智慧眼；

南无大悲观世音，愿我速度一切众；

南无大悲观世音，愿我早得善方便；

南无大悲观世音，愿我速乘般若船；

南无大悲观世音，愿我早得越苦海；

…………

诵毕，方丈看着李真果，此时的他，眼中闪闪发亮，与先前悲伤的神情相比判若两人。

"很好！很好！"方丈嘉许地点头，"你只要诵此陀罗尼神咒，能成就一切善法，远离一切怖畏。当你契合菩萨的大悲心，便能利益众生。"

方丈的一番开示，如醍醐灌顶。李真果感到内心中的悲苦正在悄悄抽离，一种内在的力量在产生。

清朗的月光穿过树影，照在他的身上。他仰起脸，似乎看到了一束光芒。

第二天清晨，临别，李真果向方丈告辞。

"法师明示，我该到哪里去？"

方丈双手合十，念道："两日行山兴尚稠，尘缘未断且回头。一天风雨吹凉阁，四面藤萝伴容留。"

怎么又是这首诗？李真果满脸疑窦。

方丈念了一声"阿弥陀佛"，便轻敲木鱼，闭目无语。

李真果只得默默向法师拜了一拜，离开广德寺。

一路上，李真果回味着法师的话，心想，法师念诗必有禅机。诗上所言应是一处山上。他顿悟法师是在点化他，要他寻诗而去。

他上了山。

李真果身佩长剑，像一位侠客，飘行在树藤交错的山隙间。山间的细雨突然飞至，古木森森的林丛笼罩着一层如雾的轻纱，忽隐忽现。千峰的翠色，沾染了蒙蒙的烟雨，恍若仙境一般。

薄凉的风吹来，他深吸了一口野花茂草的香气。

沿着一弯蜿蜒的石径上去，他被一座像巨石的山形所吸引。四周怪石峥嵘，群峰奇秀。远眺山顶，一座黑白的道观隐隐约约掩映在树藤中。

他奋力朝山顶登去。

经过一个山洞，突然，李真果看见洞上有一行行字迹。他拨开遮蔽的藤萝，仔细辨认上面的模糊字迹。

"两日行山兴尚稠，尘缘未断且回头。一天风雨吹凉阁，四面藤萝伴容留。……"

他不敢相信眼睛所见到的，竟是广德寺法师念给他的那首诗！尽管法师当时只念了一遍，但凭他惊人的记忆，诗的每一句都记得清清楚楚。

难道这里就是我要去的地方？他抬眼望去，轻烟薄雾里，一座道观飞立于郁郁葱葱的山顶，一只白鹤在天空悠闲地飞翔，仿佛一个与世隔绝的宁静世界。

他的心里一阵激动。

这时，他感到背后有什么东西飘来荡去，似乎是从洞上面垂下的一根古藤。起初，他并不在意。但很快觉得不对劲，身后有一种冷森森的感觉。

他猛然回头，微吃一惊，见一条全身发绿的眼镜蛇盘缠在垂吊下来的古藤上，像藤一样的长长的躯干上鳞片闪着亮光，两颗绿豆大小的眼睛露出凶光，似乎正伺机扑向它的猎物。

危急之中，他意随心发，力随意转，身形如电朝后闪去。眼镜蛇见猎物要跑，脖颈猛地胀大，嗖地脱离古藤，身躯暴射而起，丝丝地吐着火红的信子，朝他扑去。

李真果不由大吃一惊，猛地凌空跃起，快如闪电地拔出背上的宝剑，向眼镜蛇劈去。但这一瞬间，他的耳畔响起了《大悲咒》，不忍杀生。同时，他想起自己曾对一条放他生路的眼镜蛇所发的誓言：今生绝不杀生！

不料，他凝神之际，稍一迟缓，眼镜蛇已抢先发难，眼睛里透出一股森然的冷光，露出两颗青白獠牙，突然蹿高，扭身朝李真果脚跟一口咬下。他顿时有种蛰痛的感觉。

李真果一怒，正要挥剑驱走毒蛇，那恶物狡黠地蹿入草丛，溜之大吉。

此时，翠绿的毒液注入了他的脚踝，伤口处立马变成紫黑色，暗色的血从伤口溢出。几分钟后，他的左腿乌肿起来，毒液迅速浸入了体内。

他忍着剧痛运功，试图将毒液从身体里逼出。无奈，他已经手脚无力，呼吸困难。终于支撑不住，昏死过去。

一个时辰之后。

李真果感到自己好像从很深的水底浮了上来，在一种奇异的芳香中醒来。

他慢慢睁开眼睛，见自己躺在清凉的山洞里。洞内怪石嶙峋，晶莹洁净，石桌石凳样样俱全。一线天光如虹如练，照得洞内光芒四射，恍若神仙府第，别有洞天。而他身体周围堆着奇异的花草，芳香正是从这里散发的。

令他更感惊异的是，一位头绾道髻、鹤发童颜的老道，手拿拂尘，腰间佩剑，盘腿席地坐在身旁。身上的白袍一尘不染，满面红润，神态飘逸，微闭慈目，口里正吟着什么。

我是在做梦吗？难道遇见神仙了？他坐起来，甩了甩头，感到不可思议。

"您是谁？"他疑惑地问。

"三千里外无家客，七百年来云水身。"老道手摇拂尘，悠悠吟道。

李真果连忙跪地一拜："感谢真人救命之恩！"

"呵呵，快起来。不要这么多烦琐的俗礼，老道最烦这个。"老道笑呵呵道。

原来老道姓吕，全真道祖师、八仙之一吕洞宾后裔，是云灵山道观的道长，法号"无尘"。

李真果昏迷时，无尘道长正好途经，立即将一粒丹药喂进他的口中，很快，毒液从他体内逼出。然后，又把他移到山洞里，用采来的草药帮助他苏醒，恢复元神。

无尘道长告诉李真果，此山叫云灵山，这里是吕洞宾修道的仙迹。山顶建有一座千年古刹云灵观，吕祖便在此观修炼道术，行化度人。

李真果想起广德寺方丈的点化："是什么神归什么位。"心想，难道我的归宿就在此观？

当即，他向无尘道长讲了自己的遭遇，恳求出家修道。

无尘道长注视着他，面前的青年骨骼清奇，一双深邃如寒星的眼睛神光内敛，举手投足有一种飘然出尘之感。此子不凡，与道有缘。

他微一沉吟，捋了捋白胡子，笑呵呵对李真果道："跟我走吧。"

说罢，白影一晃，人已经飘出了洞口。

一千年前的云灵山，一片苍茫。这云烟缭绕的仙山，千百年来没有受到烽火狼烟的侵袭，安静而祥和，与山麓下的涪江一起，守望着饱受创伤的川中大地。

云灵观在地势绝佳的山顶，四面奇峰耸立，层峦叠嶂，淡淡的云霭，缥缈在宛如一面石鼓的山巅。眼底，世间万物若梦若幻。

站在山顶，李真果——这位对于未来感到迷惘的漂泊者，开始把目光从正在经受苦难的大地投向广袤的宇宙之中，也开始了他的修道求真之旅。

在吕祖殿，缭绕的真香中，李真果恭敬地向吕洞宾神像叩拜。吕洞宾一袭白衣飘飘，身负一把雌雄九龙剑，手拿拂尘，神态飘逸出尘，似乎正对他颔首微笑。

吕洞宾是八仙中流传故事最多的仙人。在道教中，全真道奉他为"纯阳祖师"，又称"吕祖"。他本名吕绍先，出生在唐末，自幼好读书，淹博百家。后中进士为官。传说他在酒肆中遇见天仙史钟离权。经钟离权点化，遂大彻大悟，从此弃官入道。他有了道术和天遁剑法，发愿"浮沉浊事，行化度人"。吕洞宾成仙得道后，常仗剑行走人间，为民造福，除暴安良。他还留下了许多诗文。

"仙师，吕祖背的是什么剑呢？"李真果好奇地问。

此时，一直在旁微笑不语的无尘道长突然面色凝重。他走到神龛前，面向铜架上放着的一柄宝剑，深深鞠了一躬，然后又表情严肃地整理衣饰，双手取下宝剑，将剑缓缓从鞘中拔出。

李真果惊异地看到，竟是两把合鞘的长剑！一剑青光耀眼，如青龙横空出世；一剑红光紫气赫然，光华四射。剑柄上的雕饰如九龙盘卧缥缈深邃。双剑与斜斜照进来的阳光浑然一体，整个大殿光芒万丈。而剑刃如壁立千丈的断崖……

"好剑！"李真果禁不住惊呼。

"这就是吕祖雌雄合鞘九龙剑。"无尘道长对他说。

李真果肃然起敬。

只见无尘道长右手缓缓扬起，南面的墙壁上投下一个飘忽的剑影，转瞬又消失无影。而窗外落叶纷飞。

李真果正惊异间，北面的墙壁上又投下一道剑影，只听轻轻地咔嚓一声，探进窗口的一根树枝折断。

接着，无尘道长双手握剑，缓缓扬起，划出一道优雅的弧线，突然挥向看得目瞪口呆的李真果。李真果大吃一惊。

来不及躲闪，比电光更快的两道剑影从他头上闪过，又悠忽遁去，与暗淡下来的日影无声地合拢，复归于静。

仿佛什么也没有发生，不见变化，李真果松了口气。然而稍后不久，他感到脑后的长辫子慢慢地披散开来，不由震惊万分。

原来无尘道长使出的是吕洞宾的天遁剑法。传说吕洞宾当年遇见火龙真君，传以天遁剑法。这种剑法飘忽无定，变化莫测，最后化归无形，是剑法中至高境界。

李真果内心震动，天下竟有这般绝妙的、无与伦比的剑术！不知为什么，他的心随着遁去的剑影变得平静下来。

"年轻人，你知道吕祖的剑用来做什么吗？"

李真果知道无尘道长在考他，便自信满满地回答："削平浮世不平事。"

因为他在进山门的时候，看到了洞门上刻着吕祖写下的这句话。

无尘道长微笑，反问道："你说说，吕祖用这把剑怎么削平浮世不平事？"

这还用问吗？"除恶扬善，斩妖降魔。"他大声回答。

无尘道长不置可否，默默看了他一会儿，问道："你真想修道？"

"想！"

"红尘之中，红尘之外，只是一步之隔，一念之间，却已经是两重天。只要你踏进这道门，你就不再是俗世中人。想清楚了吗？"

除了对母亲的牵挂，红尘已无留恋，也无容身之地。李真果沉思了一会儿，定定地回答："想清楚了。"

"修道，要放弃常人心，放弃对名利的执着。这是一条很苦、很艰辛的路，你能走下去吗？"

再苦再艰辛的路，还有比经历过的那些曲折坎坷更难走吗？虽然这条道途不是常人所走的路，但李真果坚信，它是引领他通向大道的正确方向。

"你先在此学道吧。机缘成熟的话，再行受戒。"

只要能留下来学道，怎么都成。李真果喜出望外，对老道长感激不尽，暗自下决心，在此好好修道，过一种红尘之外的人生。

第二节　学　道

李真果在云灵观开始了道士生活。

晨曦初微，清脆的梆子声打破了云灵山观的宁静。石阶前，一个高而清瘦的身影正在打扫庭除。他身着一袭白色宽袍，束着头发，头戴亮晶晶的冠簪和华阳巾，蹬着白布袜和船形云鞋，有一种离尘脱俗、仙风道骨之感。

"咦，这个新来的，长得好俊，真像吕仙！"

"是啊，他要是再背一把剑就活脱脱吕仙再世。"

"他为什么出家学道？"

"听说他身世坎坷，曾参加了义和团，被官兵追捕，逃了出来。他武功可不得了。"

几个道士悄声议论的人，就是李真果。

每天一早，李真果便开始洒扫殿堂、煮饭、除草、担水。等到云板一敲，又上清律堂念早坛《全真功课经》《太上感应篇》和《文昌帝君阴骘文》，晚上又阅读《吕祖全书》《吕祖志》《吕祖诗文》，以及道教典籍。

半年后，他已经熟读了上百部道经。可是，无尘道长始终不教他剑术。在他的记忆中，人生第一次开始习武，便是幼年时从父亲那里学剑开始的。那时候，他就想长大做一个除恶扬善、正直勇敢的剑客。

他自以为自己的剑术已经很了不得，自见了无尘道长的吕仙剑法，才觉自愧不如。

有一天，他终于忍不住，跑到神仙洞去见无尘老道长。据说这神仙洞原是吕洞宾修炼之处。说来也巧，真果正是凭着神仙洞上吕洞宾的诗，才知道是广德寺方丈指引他来到此处。

这一刻，无尘道长正闭目坐在一块寒石上盘腿打坐。李真果不敢惊扰，默默站在旁边。

过了一会儿，无尘道长睁开眼睛，微笑地看着他："你想让老道教你吕祖天遁剑术吧？"

老道长的读心术太厉害！李真果连连点头。

"天遁剑术不容易学，很难哪。能学成的可没有几个。还是不要浪费时间吧。"无尘道长给他泼冷水。

"我不怕难。'背上匣中三尺剑，为天且示不平人'。我要像吕祖那样剪除邪恶，斩杀凶顽，消除人间不平之事，做一个替天行道的剑客道士。"

无尘道长嘉许地点点头，道："既然你有此决心，那老道就教你吧。"

说完，无尘道长把天遁剑法的口诀传授给李真果。不到半个时辰，便将口诀窍要讲完。

李真果一边听，一边熟记脑中，又问了十几个艰深的问题，无尘道长耐心地解说。

"你能说出这些疑难，说明你领悟很快。但这些都是术的要领，不是精髓。天遁剑法是什么含义？天，表示至高；遁，表示无形。要达到至高无形的境界，靠什么呢？——气。"

李真果认真地听。

无尘道长捋了捋白胡子，微笑地反问道："你知道什么是气呢？"

"气是人生混沌之气，气生阴阳，生天地万物。所以，老子说，万物负阴而抱阳，冲气以为和。这个气就是虚无一气，又叫真一之气。它无形无象、无声无嗅而又先天存在，是浑然一体的道。"李真果想起师父王妙生传他太极拳时所讲，以及他从《道德经》中领悟到的。尽管一知半解，但照此回答不会有错。

这青年能有此体悟，非凡尘中人所及。无尘道长暗自赞叹，但并没有表露出来。

"可是，为什么气有清、浊之分呢？"无尘道长接着问。

"……嗯，这个……"他答不上来。

"人与天地万物同是一般。每个人都有气。这个气是我们生命本身的一种能量，一种与生俱来、自然存在的生命能量。但是在后天的生命中，不同的人却有不同的气质。这个气的质量跟你的心有关。"

李真果被老道长的话深深吸引住。

"因为我们的心受到了后天的污染，起了执着，有了挂碍，被爱恨情仇遮蔽了，被欲望私念纠缠了。离开了先天状态的本心，你的气质就变了。气为心使，你的心是烦恼的，你的气就被烦恼之心影响。有不同的心，就有不同的气。你有清静的心，就有清静的气。你的心是污浊的，你的气也就是污浊的。"

这个气真是一个非常有意思、非常玄妙高深的道啊。李真果感到自己被带入一个新的至高境界。

"仙师，我怎样才能保持清静之心呢？"陷入沉思的李真果又问道。

无尘道长微微一笑，说了一个字："断。"

断？既然进入道门，我与红尘已经了断，还有什么要断？仙师所说的断是什么意思？李真果心想。

看到李真果满脸问号，无尘道长却并没有回答他，不徐不慢地说："回到刚才的话题，你不是想学吕祖剑法吗？"

李真果连连点头："对对，请仙师指点小徒。"

"这有什么好学的？"无尘道长摇摇头。

"吕祖剑法可神了。"李真果急道，"传说吕祖飞剑可以取人首级于千里之外，而且，小徒也亲眼见到仙师的吕祖剑法出神入化，仙师怎么能说没什么好学呢？"

"哈哈。"无尘道长大笑，长长的白胡子也抖动起来。旋即，他又严肃起来：

"剑有两种境界，一种是道剑，一种是法剑。道剑能出入无形，剑气合一，是至高的境界。至于你想学的剑法，也就是法剑，则只是一种剑术，用俗眼便能分辨高低，不过是一般道士用剑术斩妖驱邪的功夫。"

原来剑还有道剑和法剑之分。李真果又上了一课。

"吕祖的剑术非常厉害，这点不假。但吕祖用剑，不是拿来杀人的。"

李真果不解："吕祖带剑行走江湖，发誓削除人间不平事，却不杀恶人，剑有什么用？"

"你问对了。"无尘道长微笑道，"曾经有一位道士也这么问吕祖。吕祖怎么回答呢？他说，天下一切不平事，都可用剑铲除。"

李真果回味着仙师的话，陷入了沉思。

无尘道长拿起地上的一支石灰笔，在地上写诗：

"欲整锋芒敢惮劳，凌晨开匣玉龙嗥。手中气概冰三尺，石上精神蛇一条。"

这不是吕祖的诗吗？李真果寻思。几个月来，他已经熟读了吕洞宾的诗文。诗的大意说，吕洞宾在冰天雪地苦练剑法，不敢懈怠。即使冰冻三尺，仍然挥剑气势如虹，石上留下蛇一样深深的剑痕。

无尘道长又继续写："奸血默随流水尽，凶膏今逐渍痕消。消除浮世不平事，与尔相将上九霄。"

写完，无尘道长拍了拍手，掸去手上的粉尘，对李真果说："你讲讲吕祖后段的诗？"

"吕祖诗中说，剪除邪恶，斩杀凶顽，消除天下一切不平之事，便可以直上九霄，成神飞仙。"李真果为自己的领悟暗自得意。

无尘道长看了他一眼，不置可否，又道："那天，吕祖以筷蘸酒在壁上写了这首诗，那位道士见后，就问他：'如果一个剑客用剑杀人，在大庭广众之下，岂不太惊世骇俗，令人不忍吗？'"

是啊，此话有理。吕祖是仙家，是高道大德，用剑杀人，哪怕是恶人，也不应该是道人所为。李真果思忖着。

"吕祖答道，人以神为母，以气为子。神存则气存，神去则气散。道剑只在杀戮人的精神。"

"我明白了，用道剑杀人，未必人头落地，而只是杀灭一个人的精神；杀掉他的恶念，使他畏惧和害怕，神灭了，人就自行丧亡。"聪明的李真果恍然大悟。

无尘道长看着李真果，心里赞叹，这个年轻人的领悟力确实不一般啊。或许是吾道可以领悟真道的不二人选。若加以修炼，将来的修为不在我之下。

他决定继续启发："但道剑不止如此，也可以借他人之手制服恶人，就是用天道惩罚顽劣恶徒。打个比方，有人做了恶事，被天打雷劈，不也是一种报应吗？"

是啊，举头三尺有神明，天道是公平的。正如老子所言："天道无亲，恒与善人。"天道从不偏袒任何人，善人会得到帮助，恶人会得到惩罚。李真果对道剑之道有了进一步的领悟。

"消除浮世不平事，与尔相将上九霄"，他的目光落到地上的诗句，胸中顿生一股浩然之气。

"仙师，我怎样才能像吕仙祖那样行化度人？"

"我们又回到了正题。"无尘道长缓缓说道，"还是那个字：断。"

李真果不解："既然我踏入道门，就了断了尘缘，怎么还没有断呢？"

"你没有断。"无尘道长摇摇头，又继续启发他，"吕祖誓愿度尽天下众生，认为善为通天堂之路，恶为入地狱之门。天堂地狱，并非真实存在，而是由人心自化而成，一念是天堂，一念是地狱。所以，吕祖三剑，一断烦恼，二断贪嗔，三断爱欲。这就是吕祖天遁剑法的精髓所在。

"说得明白点，"无尘道长看着陷入沉思的李真果，"对于内心被欲望遮蔽，被烦恼纠缠的世人，吕祖就用道剑断其贪欲烦恼，使他的心回到本真。对于恶人，就劝其改邪归正，让他停止作恶，成为一个好人。"

"也就是说，真正的剑是无形的道，除恶于无形，劝善于无形，在无形之中化解天下不平事，消除人心的贪念欲望。我这样理解对吗？"李真果精神为之一振，恍然大悟。

无尘道长点头，突然话锋一转："作为一个修道的人，首先自己要断烦恼、断贪嗔、断爱欲，问问你的心，你能断掉吗？"

我真的能断掉吗？李真果为之一怔。每当夜深人静之时，躺在道观的草房里，过去所经历的爱恨情仇、悲欢离合浮现在他的脑海。心爱的女人被恶棍奸污惨死、义父被清兵杀戮、小妹被歹人所害……那不堪回首的情景，历历在目，撕裂着他的心，让他悲愤难平，仇恨难消。李真果的心抽了一下，眼睛红了。

"我如何才能断掉这些烦恼痛苦呢？"他望着无尘道长慈爱的面容，诚实地请教。

"回归。"

回归？什么意思？仙师总说半句。李真果暗暗心急。

无尘道长意味深长地一笑："把你的心回归到那个本真的自己，回到先天的本来面目。"

李真果想起在佛经里看到的一段公案，惠明问慧能法师，如何是本来面目。慧能法师说，不思善，不思恶，当下即本来面目。换句话说，起善恶之念，皆非本来面目。

"本来面目就是无善恶之念吗？仙师要我回到本来面目，岂不是没有善恶之别？"他仍然感到费解。

无尘道长又笑了一下："不思善不思恶，是慧能大法师从佛教禅宗修行的立场说的。不是无善恶分别，而是不执着，不能以非善即恶的二元思维判断黑与白、是与非、真与伪、美与丑、肯定与否定，而是超越善恶之上，将一切相对的、分别的观点和认识去掉之后，你的智慧达到无心、无念，也就是老子所说的无为境界，回归到你的真心本性，心的那个原本状态，才能散发道的光芒。在这点上，佛与道是相通的。"

李真果感到自己心里的重担正在减轻。回顾以前的生活，自己的心被各种痛苦、烦恼、仇恨的情绪所占据，这个心已经不是原来的那个心的本体，失去了真我，找不到自己，没有能量和智慧。

此刻，一线天光从山洞的穹窿漏下来，清气流动，光芒四射。他的心被光芒笼罩，整个人也变得神清气爽。

"你现在有什么感觉？"默默注视他的无尘道长问道。

"我……感觉心头翻滚的乌云被一束光驱散了，照亮了。……好像没有那么重，轻松多了，心静了。好像……身体内产生了一股能量，一股清气……"他试图解释自己的感觉，却又说不清楚。

"这就对了。"无尘道长嘉许地点头，"这说明你开始回归到你那个本源的状态，归复原本就不生不灭的道——自性真我，必然透发出本性的道光，照亮你的身心内外。你会发现，你一直没有意识到心的本体，原来跟道一样灵明广大，像无限的天空一样，没有了后天的挂碍，进入了无我的宁静状态，如日月照临。"

对呀，是这样的感觉！李真果沉浸在无尘道长的解说中。

"那么会发生一个什么结果呢？"吕无尘道长询问地看着他，却并不要他回答，"你的心清静以后，无为无欲，气也就变成一股清气。宇宙之间那种清静、平和、和谐的能量，与我们生命本体的能量结合，互相吸引，从而使你心中的道体与宇宙的道体相印，发生共鸣共振，就天人合一了。"

李真果灵光一现："当我的心回归到德行淳厚、宁静无念的本性，与道合一，必然就会与整个宇宙道德能量相应，就会激发成一股无穷无尽、无与伦比的能量，无为而无所不为，就可以像吕祖那样铲除天下不平事，行化度人。仙师，我这样理解对吗？"

无尘道长抚摸着白胡须，目光慈爱地看着他，微笑不语。

李真果当即向无尘道长跪拜："谢仙师赐教！真果谨记仙师开导，遵道、学道、守道，一生济世度人！"

无尘道长满意地点头："今天就到这儿，以后再传你吕祖的剑术。"

李真果惊喜万分，感激得又要跪拜。

"哎哟，年纪轻轻，怎么如此多俗套？快起身。"老道长笑道，摆摆手。

这时，山上云板敲响，清脆的声音传入山洞。

"快去诵经吃饭吧。"

李真果起身，向老道长告辞。

走出洞，他看到天空还是那么蔚蓝，风还是那么清凉，但心情和进入山洞前截然不同了，整个人好像脱胎换骨。

第三节　解　密

午夜的云灵山，一片静谧。一轮玄月高挂在广袤无垠的夜空，投下如水的清影。

月下，一袭白衣的李真果正在苦练剑法。他手中挥舞的玄冰剑，与月色的光芒浑然一体，剑光与天地间的清和之气相投，一切虚掉了，没有时间和空间的障碍，一丝不挂，万缘不染，进入了虚无的道境。他感到自己的生命与天地万物合为一体，集合成一股强大无比的能量，剑影变化莫测，出入无形。

这时，他缓缓扬剑，划出一道优雅的弧形，突然，朝一块岩石击去。夜色中，只见火花四溅。清朗的月光，照见石上留下的一道蛇一样深深的剑痕。

"手中气概冰三尺，石上精神蛇一条。"这不是吕祖诗中的写照吗？

我成功了！李真果激动地喊了出来。

静寂的山中，回荡着他的声音。

原来不久后，无尘道长将吕仙天遁剑术传授给了李真果。凭着过人的聪明颖悟，他很快掌握了剑法口诀要窍。为了学成剑术，他起早贪黑苦练。加上本身武学根基深厚，又得到老道长的心传口授，终于练到了吕祖诗中所描述的剑境。

就在这时，云灵观响起了当当的钟声，这声音缓而深长，肃穆而凝重，在天宇中久久低回。

李真果的心头一颤，午夜谁在敲钟？蓦然间，一条很细的、银白的光亮慢慢从迢遥的星际划过来，擦出无比奇异的光芒。流星！他抬起头惊异地看着那道美丽的光，它似乎并没有像其他流星一样转瞬即逝，在天空停留了一会儿，才慢慢沉了下去，一点一点消失在极夜。

李真果的心头掠过一丝不祥之念。

夜色中，一位道士疾步走来，面色凝重对他说："师父西归了。快去神仙洞！"

什么？不可能！他不敢置信，仿佛后脑勺被钟槌猛地敲了一下，脑中一片空白。

"无量寿福，师父升仙了。"道士面朝天空拱手拜揖。

李真果猛醒过来，拔腿朝神仙洞飞奔。

还没有走进山洞，一阵低沉的诵经声从里面传了出来。他一个箭步冲进去，顿时呆住了。

无尘道长像往常一样盘腿席地，垂着双目，手中执一拂尘，似乎在闭关打坐。几十个道士身着白衣，朝向师父跪地诵经。

"仙师！"李真果上前跪倒在地，急切地呼唤，"真果学成了天遁剑法！仙师，弟子练剑给您看！"

月光从穹隆投射下来，无尘道长沐浴在一片清辉中，依然慈目微闭，寂然不动。身上的白色宽袍如清光一尘不染。

一位年纪稍长的中年道士走到李真果身旁，对他说："小师弟，仙师羽化升仙前嘱我交给你。"

李真果战抖地打开书简，一行飘逸的字迹展现眼底：

真果弟子：

贫道知你已练成吕祖剑法，心愿已了，不日即去拜会太上老君和吕祖仙人，望你用道剑精神行化度人。贫道西归后，下山去吧，你的那位师父已在路上等你了。

无尘道长

李真果含泪读完，朝无尘道长深深跪拜，一颗泪珠，落在了洁白的书束上。

无尘道长神态安详，像生前闭目打坐一样。

李真果遵照无尘道长临终的嘱咐，离开了云灵山。

虽然在山中仅有一年的时光，但对李真果而言，这一年具有不寻常的意义。他的人生轨迹从此改变，进入了一个清修的道门世界，与尘世脱离。

他怀揣着无尘道长的书简，行走在山路上。

一路上，他满脑子被一堆问题困扰着，无尘道长说，师父已经在等我了，这是什么意思？我的那位师父是谁？又在哪里等我？他长什么模样？叫什么？为什么无尘道长不能说明白点？难道有什么玄机不可道？

他漫无目的地走着，下山，上山，逆流而上，顺流而下。

他又开始了漂泊的生活，只是，与过去不同的是，他心里已有一个明确的目标，就是找到无尘道长所讲的那位师父。

但，上哪儿找去？师父，您在哪里？他站在云霭里，茫然地望着蜿蜒曲折的山路，没有尽头。

这是一个秋天的清晨，在缥缈的云烟中，李真果看到了一个奇异而无比绚丽的景象，雨后铜青色的天空，渲染出一片紫红的云彩。在天的东方，红日正在上去，织成一幕荒古的紫色晨光。起伏的山峦笼罩在东来的紫气中。而另一边，冷而高白的月亮正在下去。

奇异的天象，让李真果想起了在《史记》和《列仙传》里读过的老子的传说——

两千五百年前，也是这样一个奇异的清晨，函谷关的关令尹喜见有紫气从东而来，知道有圣人出现。于是，他日夜守望在关楼之上，等候圣人的到来。

一天，在紫气缭绕的黄昏，一位白须皓首的老人从东方来到关前，留下一篇五千言，飘然西去。这位老人叫老子，这部经文就是《道德经》。而紫气东来的传奇由此引出了中国历史上最负盛名的佳话。

几年间的学习，李真果对天象略有所知，所以他知道紫气象征着圣人，天上的异象预示有不凡之人出现或到来。而这位不凡之人会是谁呢？难道是无尘道长暗示的那位师父？李真果没有答案。

既然紫气从东而来，我就沿东而去，兴许能遇见高人？李真果拿定了主意。

他朝着紫气飘来的东方而去。

不知走过多少路，翻过多少座山，蹚过多少条水，李真果来到了一个叫渠县的地方。

渠县地处四川东部，位于雄奇的大巴山境内。早在新石器时代，这里已有了人类活动。在历史上，曾为殷商时期的賨国都城——賨城。秦国统一蜀、巴、賨后，于公元前314年推行郡县制，设置宕渠县。明洪武九年

（1376），改称渠县至今。

李真果走在县城的古街上，一条清澈的渠江从大巴山而下，缓缓穿城而过。码头商埠云集，水面画舫游弋。而远处黛青色的山峦飘着淡淡的云雾，成为它水墨般朦胧的背景。这是一座安静而繁华的小城。外面的烽火似乎还没有打扰到它。

集市十分热闹，时逢一年一度的乞巧节。李真果站在一座石拱桥上，举目望去，茶坊酒肆挑起一盏盏花灯，笙箫管弦从青楼画阁悠悠传来，街上丽影飘动。做生意的商贾，看街景的士绅，观舞狮的百姓，骑马的官吏，叫卖的小贩，乘坐轿子的大家闺秀，身负背篓的行脚僧人，听说书的街巷垂髫小童，酒楼中狂饮的豪门子弟，城边行乞的残疾老人，各色人摩肩接踵，川流不息。

从小到大饱受苦难的李真果从来没有见过如此繁华、祥和的景象，他几乎不敢相信自己的眼睛看到的。如果每一个地方都像这座小城一样没有战火，没有饥饿，人人过着太平的日子，像老子所描述的理想社会"小国寡民"，该有多好！他一边走，一边看，心里发出无限感慨。

转到街角，一股刚刚出炉的烧饼的香味扑鼻而来。李真果不由馋得直流口水。一路上翻山越岭，仅靠野果山泉充饥，他实在太饿了。

他从衣袋里掏出几个铜板，犹豫了一下。这是他离开云灵山时，大师兄送给他的盘缠，一共有十几个铜板。他一直舍不得花掉。

"小师父，给你，不要钱。"卖烧饼的大叔从炉边夹出一块金黄的烧饼，用纸包好，递给他。

这个卖烧饼的大叔个子很矮，样貌丑陋，看上去老实巴交。不知为什么，他想起《水浒》里的武大郎。

"这哪行啊，使不得。"他连忙摆手，将铜钱递给烧饼大叔。

"小师父是出家人，我收你的钱，就折福了。"烧饼大叔不肯收，硬把烧饼塞给李真果。

突然，一只脏兮兮的手从他身后偷袭过来。他感觉到，竟不回头，翻手一把抓住了那只脏手。只听"哎哟"一声。原来是一个老乞丐，蓬头垢面，脸皮皱得像一张老树皮，像饿了几十天一般。

虽然被抓住，老乞丐也不反抗，冲着他笑嘻嘻地，一双浑浊的眼珠直盯着他手上的烧饼，嘴角流着口水，

李真果松开了手，同情地把烧饼给了老乞丐。老乞丐抓起烧饼就大口吃起来。

"小心烫嘴！"李真果好心提醒老乞丐。刚出火炉的烧饼，很烫。

老乞丐像没有听见，自顾自地大口啃着烧饼，仿佛那烫手的烧饼他一点也没感觉。

李真果把铜板放在烧饼大叔的案桌上，离开了。

然而，他没有走出多远，老乞丐又追了上来，那只脏兮兮的手摊开在他面前，依旧是笑嘻嘻地，满嘴沾满了烧饼的糖油。

李真果怜悯地看了老乞丐一眼，从口袋里又摸出五个铜板，放在老乞丐污黑的手上。

可是，老乞丐却没有走的意思，低下眼睛盯着他的口袋，嘿嘿地傻笑着，摊开已经放了几个铜板的手。

李真果的口袋只剩七个铜板，如果给了老乞丐，他就没有钱买东西吃了。而此时，他早已腹中空空，饥肠辘辘。

看着可怜的老乞丐，李真果毫不犹豫地把口袋里仅剩的铜板悉数给了他。

老乞丐捧着叮叮当当的铜板，笑嘻嘻地走了，也不道谢。

李真果又继续漫无目的在城里走着。

这时，一阵锣鼓声传来。他循声而去。只见八位身着彩服的脚夫抬着一顶五颜六色的亭子，亭上的少儿穿着鲜艳的戏剧服装，舞袖摆动，翻转滚动。亭子晃晃悠悠，似坠非坠，似斜非斜，高而险，动中有静，静中有动，亭上少儿非一般功夫，令观者叹为观止。

原来县城正在举办亭会，人们将流行的川剧剧情扎于高亭，抬起彩亭，伴以彩灯、彩旗、吹打乐游行大街。李真果一边走，一边看，十分惊奇。

突然，一个白发披散，穿着千补百钉紫袍的老道唱着歌，喝着葫芦酒，似疯似癫地出现在人群中。

李真果远远看见老道，觉得似曾熟悉，连忙追去。老道身影一晃，又不见了。

难道是白胡子爷爷疯癫老道？他的心里一动。因为老道头发披散，看不清楚样子，加上时隔十多年未见，李真果无法判定。

他无心再观看集市的热闹景象，一路寻找着疯癫老道。可是，老道消失得无影无踪，一点线索也没有。

蓦然，那白发紫影一晃，在城门又出现了。李真果连忙急追而去，但飘忽的身影出了城门，又消失不见了行踪。

我看错了吗？还是产生幻觉？李真果甩甩头，有些怀疑自己。

忽然，他又看见那白发紫影从远处掠过，忽隐忽现，朝山上方向飘去。

李真果一阵惊喜，正要追去，突然眼前一片晕眩，四周景物仿佛旋转起来。原来长时间的饥饿，使他体力不支。

他急运内功，想用"虚空吸气"大法抓气补食。然而，他没有丝毫力气运功。

蓦地，他感觉口袋里好像有个热乎乎的东西，伸手一摸，竟摸出一块烧饼。

他不敢置信。

这口袋里装的是路上用的盘缠，里面的铜板全给了老乞丐，怎么会有烧饼？难道是老乞丐悄悄放的？这怎么可能？他的脑子回放着先前的情景，完全想不通。

他顾不上多想，先吃起烧饼来。不到片刻，一块烧饼下肚。他浑身又充满了力气，元气渐渐充盈体内。

李真果出了城，朝山上而去。

通往山上的路有一条河。河上有一座摇摇晃晃的窄木桥，桥上铺着薄薄的木板,已经很破旧了,看上去像要断裂一般。

李真果来到河边,见一位姑娘站在桥头迟迟不敢过去。姑娘手提薄纱罗裙,长身玉立,一头青丝随意地扎成一根长长的辫子,搭在曼妙的蛮腰处。鬓发间插着一朵鲜花,容色秀丽俊俏。

姑娘胆怯地低头看着桥下湍急的河流,仍然不敢举步过桥。

"不怕。你跟着我走。"他对姑娘说。

话音刚落,突然狂风呼啸,木桥剧烈地摇晃,发出吱吱嘎嘎的声音。瞬间,桥上的木板掉了几块。

姑娘吓得花容失色,猛地抱住他,颤声地:"我害怕。"

"不用怕。"李真果镇定地安慰她,轻轻拿开她的手。可是,姑娘却紧紧地抱住她。

"嘿嘿。小师父,大姑娘。仙恋人,人恋仙。木桥断,姻缘牵。"这时,李真果身后传来一个戏谑的声音。他回过头去,吃了一惊,又是老乞丐!

老乞丐嬉笑着冲着他和姑娘吟唱道。他的脸顿时红了,忙推开姑娘。

突然,一声轰的巨响,木桥在狂风中断裂了,湍急的河水冲走了掉下来的木板。

"我怎么回家呀?"姑娘望着汹涌的河水无助地哭了起来,一双大眼睛蒙上了一层水汽,泪珠掉了下来,楚楚可怜。

"姑娘,我背你过河。"李真果对姑娘说。

姑娘抬起泪眼,望着面前的年轻道士那双清澈的眼睛,信任地点头。

李真果蹲下身,让姑娘伏在他的背上,然后下到水里,朝河心走去。

"快来看哦,小道士背俏姑娘过河喽!"老乞丐站在河边拍手大喊。

一时间,河边围拢了几个村民,纷纷议论。

有人冲李真果喊道:"小师父,你是出家人,怎么可以背一个女孩子过河呢?"

又有人大声喊:"小师父,你是不是看上人家姑娘漂亮啊?"

岸上的人一阵哄笑。

伏在李真果背上的姑娘闻听，羞红了脸，对李真果道："小师父，放我下来吧，我会坏了你的名声。"

李真果微微一笑："过了河，我就放下了。"

姑娘闻之，不再言语。

在众目睽睽之下，在人们各种讶异和猜测的目光下，李真果背着姑娘从容淡定地涉水而过。

到了岸上，他把姑娘放了下来。他的裤脚淌着水滴，地上已积了一圈水。

姑娘向他道谢后，忍不住问道："小师父，出家人不近女色，你这样做不是坏了清规戒律吗？"

李真果微笑道："我的内心是清静的，何以破坏呢？"

姑娘又道："小师父帮助人是对的，可是，我……我毕竟是一个女孩子，你就不避嫌吗？"

李真果又笑道："我早就放下了，没有男女之别。"

姑娘回味着李真果的话，有所触动。她望着面容清俊而气质飘逸出尘的道士，不由心生爱慕之情。

"小师父，你这么年轻，出家实在可惜。若蒙不嫌，民女愿以身相许。"

说完，姑娘用那双迷人的大眼睛看着李真果。

"好啊好啊，小师父，大姑娘。人恋仙，仙恋人。木桥断，姻缘牵。"

身后又响起了老乞丐吟唱的声音。

老乞丐不知什么时候也过了河，正冲他们嬉笑着。令李真果吃惊的是，老乞丐除了双脚是湿的，破烂的裤管竟没有沾一滴水。这么湍急的河水，怎么会不湿身？而自己的裤脚早被水湿透了。

如果没有上乘的轻功，根本不可能不湿身。这老乞丐不是一般人。他想。

思忖间，姑娘看见他怔怔出神，以为他心动了，便楚楚可怜道："小师父，我跟你说实话吧，家里要我嫁给卖烧饼的潘大郎，他又老又矮，又丑又粗鲁，我心有不甘。刚才在河边，我真想跳河一死了之。幸遇小师父，让我又看到活下去的希望。民女愿随小师父去。"

李真果暗想，姑娘口中所讲之人，莫非就是那卖烧饼的大叔？凝神中，姑娘突然拽住他的一片衣角，似嗔还娇地对他说："我是一个姑娘家，从没有近过男身。小师父背我过河，我就是你的人了。我要跟你走。"

李真果大吃一惊，正色道："姑娘请自重！贫道是出家人，已了却尘缘。就此别过。"

说完，他迅疾脱开姑娘的手，转身头也不回地走了。姑娘怔怔地望着他白色的身影渐行渐远，隐没在通往上山的幽径中。

"姑娘，跟我老乞儿走吧。"老乞丐走过去，嬉笑着对姑娘说。

姑娘不屑地白了他一眼，又羞又愧地跑走了。

耸立在群山之上的八台山，云雾缥缈，四围奇峰林立，恍若仙境一般。

李真果追到山上，老道的身影在翠微幽径出现了。等他赶到，老道又消失了。

山中，只闻听老道的笑声。那笑声似癫似狂，似疯似傻，四周树木的叶子随着风起，纷纷而落，仿佛是被老道的笑声抖落一般。

一片叶子飘落在他的面前，他俯下身，拾起叶子，久远的往事浮现脑海。

那是他五岁的时候，也是最后一次见到疯癫老道。那天，老人问他，你是谁。他回答自己叫李真果。但老人摇头说，李真果只是你的名号，不代表真实的你。他问老人，我是谁。老人拿着一片叶子，对他意味深长地说，你是这片叶子。风吹到哪里，你就落到哪里。

现在，风把我带到了这里……李真果陷入了沉思，猛然大悟，我要找的师父是道爷爷！他的心里一阵激动。无尘道长暗示的师父，一定是我的道爷爷！

此时，斜阳西赤，所有的景物落入了苍茫的暮色里。东边的天际出现一道道金色的云，幻化成满天紫色的晚霞，放射出奇异而绚丽的光芒。紫色的云雾飘动，变幻莫测。李真果感悟着天地的无穷变化，沉醉在祥瑞的紫气中。

李真果朝着紫气的方向，追寻而去。

不知不觉，他来到一个风景奇美的峡谷。这里岩峰峭立，如长剑直刺青天。水流凿岩穿石，瀑布宛若银河飞落，又似游龙吞云吐雾。一条五彩的湖泊，像天上的紫色云彩飘落下来，碧波荡漾，恍如瑶池仙境。

李真果感到所有尘世的烦恼痛苦都抛诸脑后，感慨着大自然的神秘与造化的神奇。

原来这里叫賨人谷。秦时，渠县称宕渠县，为賨国之国都。賨人，一个生活在渠江流域的古老民族，早在春秋战国时期（公元前520年）就在渠县土溪城坝建立了賨国。据史料记载，賨人是古代川东地区影响深远、强悍尚武的一支少数民族，亦是渠县最古老的土著民族。他们天性劲勇，勤劳聪慧，创造了灿烂的賨人文化，留下了賨国都城遗址。当年的賨人们正是生活在这个有着奇山怪石，充满神秘色彩的地方。

这时，笑声又在山谷响起。可是，只闻其声，不见其人。李真果望见对面的奇峰，隐隐有一座草楼。这个发现，让他喜出望外。

他沿着青石架起的木栈道，攀缘而上，终于到了峰顶。一座腐朽欲断的独木桥横跨其上，桥下是万丈深渊。对面，松树下，一座草楼矗立在山巅。

忽然，他望见老道坐在对面松树下的一块巨石上，悠闲地喝着葫芦酒。看那飘逸自在、似醉非醉、似癫似狂的神态，李真果认出，这正是疯癫老道。

他激动地大声高喊："疯癫老道，我找到您了！"

"哈哈。"疯癫老道大笑，"小子，如果你能过桥来，你老子道爷爷就收你为徒！"

疯癫老道直呼自己是"老子"，真是一个疯老道！李真果没想到，十多年后，自己竟见到了梦里那个可爱又可笑的神秘老人。

"怎么样？敢过来吗？"疯癫老道又笑道。

李真果低头看着眼底悬空的独木桥，一根弯曲如弓的树木架在两峰之间，仿佛是天际的晚霞落下来的一道彩虹。只是，那木头历经风雨，已经憔悴不堪像个老者，随时都可能掉下去。

"有什么不敢？疯癫老道，您可要说话算数！"李真果大声道。

说着，他正要举步，"慢着！"疯癫老道叫住他，笑道，"小子，别怪道爷爷没提醒你，这桥马上就要断了，那下面是万丈深渊，你的脚一旦踏上去，你那小命就不保喽！"

李真果知道疯癫老道并不是吓唬他，只要自己上了桥，就可能桥断人亡，粉身碎骨。但是，他一定要过去。

他凝神聚气，急运内功，让自己的身体轻盈起来。这样会减轻独木桥的承受力。

李真果开始过桥。双脚刚踏上去，只听那木头嘎嘎作响，发出一种断裂的声音，摇摇欲坠。因为内力不足，他的轻功并没有练到身轻如燕的上乘功夫。

"完了。"他闭上眼睛，绝望地想。他感到脚下的木头在颤抖，在断裂。

也罢，能见到疯癫老道，此生无憾了。他想。

这时，他突然感到体内产生一股巨大的能量，身体变得轻灵如一片叶子。他睁开眼睛，看见疯癫老道站在桥的一端，用葫芦指着他，笑道："小子，快过来啊！"

他醒过神来，飞步过桥。奇怪的是，他感到像是有人托着自己飞过去一样，身体轻灵无比。

他刚一过桥，只听身后噼啪一声。回头一看，朽木断了，朝深渊坠去。

好险。李真果松了一口气。

疯癫老道站在他的面前，满面红光，神态飘逸，笑呵呵地看着他。老人腰间缠着葫芦，穿着打着补丁的紫色道袍，长须如雪，白发披散，浑身透着仙风道骨之气。

李真果激动得不知说什么，感觉像在做梦一样。

疯癫老道慢慢收敛了笑容，慈祥地凝视着他："孩子，我等你很久了。"

李真果一阵惊异。

疯癫老道接着说："你的苦难我都看到了。那些苦难都过去了。"

李真果心里一暖，眼泪顿时掉了下来。十多年来，所经历的种种苦难，在老道意味深长的话里都融化了。他怎么也没有想到，从他出生的那一刻起，不知是什么样的缘分，自己竟与这个已届百岁的老道结下了不解之缘。

确实，疯癫老道正是李真果出生那天出现在李家院外的老人。也全凭老人施药救了难产的母亲，李真果才得以来到世间。

"每一个人都是命定的安排。你我的缘分也是上天的安排。"疯癫老道会读心术似的，看出李真果的想法。

"师父在上，受徒儿一拜。"李真果正要跪倒在地，疯癫老道用手上拂尘一挡，皱着眉头笑道："这些俗礼就免了。老道最讨厌这个了。"

"可是，天地君亲师……要尊敬老师啊。"

"尊师敬道要从内心，形式并不重要。"

"弟子，谨记。"

原来这位疯癫老道是久负盛名的奇人高道、丹鼎门仙师王复阳，被尊称为修炼得道的真人。他或在深山隐修，或藏于洞天福地，或云游四方，没有人知道他从哪里来，又将到哪里去。他博古通今，上知天文，下知地理，精通道家奇学。虽然年届百岁，却鹤发童颜，身轻如燕。他道法精深，修为甚高，一生悬壶济世，是一位神秘的高人。

许多年前，精于易学玄机、占卜预测的王复阳，预测天下将大乱，山河破碎，生灵涂炭。怀着拯救苍生的愿望，他决心寻找一位顺应天机悬壶济世之人，将平生所修的道家奇学传授给此人，让道的思想传承下去。

那一年，王复阳进入安岳县李家区响坛子村，遇见李家媳妇生子危在旦夕，便出手相救。那时，他便算到这个难产的孩子李真果日后必成大器，将是他要寻找的弟子。多年以来，他一直暗中观察李真果，而李真果所经历的苦难，他也看在眼里。

王复阳在等待一个时机。

这个时机，现在已经到了。

李真果后来得知，那位跟他要烧饼，又一路跟着他，戏谑他背姑娘过河的老乞丐，正是老道王复阳所扮。王复阳化装老乞丐，是为了试李真果的品格。

行善助人，没有怨言，又不受女色诱惑，并能淡定处之。王复阳对李真果的考察很满意。

道家仙师传法选择弟子，是由自己亲自挑选，所选弟子需有根基，即弟子本人及祖宗历代积德循道，称为"仙佛种子"；不传那种祖宗及自身无德而且轻视道的人；不传有恶念及做过恶事的人；不传有邪淫之心的人；不传执着却病坐功而欲学之以求成仙之人；不传开始勤奋而最终懈怠的人等。其所选弟子的条件必须是拳德、志坚之士。

不经意之间，李真果通过了神秘高人的各种考验，幸运地成了王复阳的弟子。

第四节　丹　道

李真果在山上住下了。

这座山人迹罕至，除了他和师父王复阳外，不见一个外人。山中云雾如翠，清气流转，是修炼的绝佳之地。

然而，王复阳却叫李真果管理菜园，也不教他什么，自己则酣然大睡，还对李真果说："你没事，就睡觉。"

李真果大惑不解。师父不传道授法，却让我大白天睡觉？真是个古怪的疯癫老道！

更让李真果感到奇怪的是，他发现师父特别嗜睡，一睡就是十天半月，而且多数时候没有睡在草楼上。有一次，他烧完饭，准备叫醒师父吃饭。却发现师父不在草楼。

于是，他四处寻找，没有见着。几天后，他到柴房搬柴草，竟发现师父睡在柴草底下。

又有一次，李真果一个月没有见着师父，心里焦急万分。他找遍整座山，搜索每一个山洞，连一个人影都不见。情急之下，他灵光一现，师父好酒，若闻到酒香，必会现身。

于是，他从草楼里抱出一坛师父自酿的醉仙酒，漫山遍野寻找疯癫老道。

酒的香气飘散在空气中，仿佛山间的清气也沾了酒味。李真果抱着一坛子酒，像个饮酒的醉仙，脚步轻飘飘的，踏着云朵一般。

可是，疯癫老道仍然没有现身。他站在山坡上，神情失望。蓦然，他看到山坳处，依稀有一具尸骸。他忙跑下去，见那人身上已经浮了一寸高的尘埃，全身被荒草覆盖。他心中怜悯，准备挖个坑就地掩埋。当他拖起尸骸时，大惊失色，发现竟是疯癫老道！

"师父！师父！您醒醒！"他连声唤道。

疯癫老道一动不动。难道师父死了？他的心顿时紧张起来。他用手探探师父的鼻息，却没有一丝气息，而且手脚冰凉。

完了！师父一定是睡死了。他不禁心中悲恸，眼泪止不住流了下来。

这时，只见疯癫老道把腰一伸，用鼻子嗅了嗅，睁开双眼，说："正睡得快活，哪来的酒香把老子的酒虫给引出来了？"

李真果喜出望外："师父，您还活着？"

疯癫老道看着他笑道："小子，老子我死不了，还要喝酒呢！"

说着，疯癫老道抱起李真果放在旁边的酒坛，大口喝了起来。

"师父，您怎么睡在这里？"李真果既惊奇又不解。

疯癫老道用手抹了一下嘴角的酒液，微眯起醉眼，摇头晃脑地吟道："疯癫老道最爱睡，最爱睡。不卧屋席，不盖被。片石枕头，衰草铺地。

一觉悠悠正酣睡，管它玉兔东升，红轮西坠。"

老人那疯癫之状极是可爱，李真果不禁被逗乐了。

"可是，您怎么睡这么久？"

疯癫老道盯着他，答非所问地："徒儿，你没睡觉？"

"大白天哪能睡得着？"他说。心里想，一年三百六十五天，若大半时间都在睡觉，还修什么道呀？

疯癫老道看出他心里的想法，也不介意。他翻身而起，走到溪水边，在一块岩石上盘腿席地。

老道把酒坛递给李真果："坐下来，咱师徒喝个痛快！"

李真果在疯癫老道身旁坐下，抱着酒坛，连连喝了几大口。清澈的酒液顺着他的喉咙下去，一股流动的热气与体内的清气交融，充盈五脏六腑，流入他的心里。整个人飘飘欲仙。

这酒比大师父的酒还厉害啊！李真果暗自惊叹，心里不禁怀想刘妙利和王妙生两位师父，不知他们在哪里仙游？

疯癫老道用手指蘸酒点了一下他："徒儿，发什么呆？"

李真果醒过神来。可当他一低头，看见自己的上衣，从胸口到手臂、腋下，全布满圆点状的酒渍，衣服上尚带着一股酒香。显然在一刹那间，疯癫老道用手指蘸酒，在他身上连点数十下。可是，李真果竟毫无察觉，足见其点穴功夫臻于化境。

最神奇的是，经老道这一指，李真果体内的奇经八脉全部打通，浑身充满了强大的能量。如果让他把一块巨石搬动，完全不费丝毫力气，轻而易举。

师父的内力竟达到如此高深的境界！李真果佩服不已。

"师父，您能教我这一指点穴功夫吗？"

疯癫老道呵呵一笑道："老道不是已经在教你了吗？可你并没有学。"

"啊？我怎么不知道啊？"李真果蒙了。

"老道叫你睡觉啊。"疯癫老道喝了一口酒道。

"睡觉也是练功？"李真果惊讶地问。

"这你就不知了。"疯癫老道捋了捋白胡子，"我给你讲一个人，陈抟老祖，他的睡功可是天下无人能比。"

李真果从疯癫老道的讲述中得知，陈抟老祖，别号"扶摇子""希夷先生"，常被视为神仙，是五代宋初著名道士，易学仙师，通儒释道三教之学。四川潼南崇龛人，与李真果是同乡。当时潼南崇龛镇与安岳同属普州。

陈抟还是著名的丹道大师，睡仙修炼家。曾隐居于武当山，修炼神仙炼气之术。后来练成"锁鼻胎息术"。胎息，指内呼吸，口鼻呼吸停止。锁鼻，即道家睡眠时，屏住鼻息，不让气从口鼻进出，而靠内呼吸在腹中旋转，是一种高深的胎息修炼方法。陈抟老祖精于睡功，睡下去少则一月，多则半年，有时甚至三年。传说陈抟老祖一睡八百年。他被后人称为"睡仙"，以善睡闻名。

"佛家以坐功见长，道家以卧功见长，一睡可以数月不动。在丹道史上有两大睡仙，一是陈抟老祖，一是张三丰祖师。又以陈抟老祖功夫最高，天下睡功第一人。"疯癫老道讲道。

"原来睡觉也有功夫啊！"李真果惊叹不已。

"这可不是一般的睡觉。"疯癫老道呵呵笑道，"道家的修炼功法分为内丹法和外丹法。内丹术是道家修炼的主要方法，睡功是内丹术的一种，假借睡姿修炼内丹。丹书上叫作'假借修真'。"

"内丹术到底是什么呀？"李真果好奇地问。

"不要急，这可不是三言两语就能搞明白的。"疯癫老道微笑了一下，"笼统地说，内丹学是古代丹家为了延续中华民族文化圣脉，将儒、释、道三教精华熔为一炉，糅合了道学宇宙生存论、天人合一的生命哲学、阴阳变化的五行学说，与德合天的儒家思想，和明心见性的佛学要理，作为道教修持的金丹大道。"

看着李真果满脸的问号，疯癫老道又耐心解释："丹家在修持中，将自己生命和心灵的振动频率调整得与宇宙的节律相应，从而达到老子倡导的回归自然、与道合一的人生至高境界，也是内丹家所遵循的神仙境界的理想目标。换句话说，金丹大道就是参天地、同日月、契造化，让身心灵返璞归真的修性养命之道。"

李真果被疯癫老道的讲解深深吸引，好像面前打开了一扇神秘的大门，只是还有很多地方像迷雾一般看不透，想不明白。

疯癫老道呷了一口酒，又兴致盎然地讲道："这个金丹大道的'金丹'，最开始是指炼外丹得到的一种成果，在炉鼎里炼出黄金白银来。在内丹学里面，其实是一个比喻。所谓内丹，是一种内在的炼金术，不需要外在有一个炉子，而是以自己的身体为炉子，以人自身的精气神为药物，经过修炼，在我们生命里面去提炼出高层次的东西，结成了金丹。"

"那它还是一个东西？"李真果为自己的发现而暗暗得意。

疯癫老道并不以为意，摇摇头："这个炼成的丹，其实也不是什么东西，你看不见它。但它与道合一了，你真正的生命进入到一个非常高的境界，返还到了道里面，回归到本性、本源里，而证到了一个永恒的生命。也就是丹家所讲的成仙证道。"

"人不是最终会死吗？生命怎么会永恒？"李真果不畏艰难地追问。

"死的只是人的身体，人的外在的、外面的假的生命，而不是真正的生命。真正的生命在大道里，像道一样永恒存在。人来自于道，又回归于道。它是不灭的。内丹功夫境界，实际上是一个回归在更高层次、回归自身的过程，也是寻找真正的生命回归到大道的过程，返本还源，返璞归真。"

李真果有所领悟，只是还需要慢慢消化。

"通过什么方法返本还源，回归到道里面？"他又提出一个问题。

"问得好。"疯癫老道抚摸着白胡子，赞许道，"内丹修炼要通过炼精化气、炼气化神、炼神化虚'三关'。精、气、神就是必修的三品大药，也称内丹的'三宝'。简单地说，内丹功法，就是修炼人的精、气、神。"

疯癫老道停顿片刻，看着专注聆听的李真果，问道："我们生命的根蒂是什么呢？"

灵性的李真果略一思索，朗朗道："我们生命的根蒂是精、气、神。人秉受生命之初，接受的是天地清虚之气，气生精，精生神，神生明。精气神是生命的基础要素。"

疯癫老道满意地点头:"这也是内丹修炼的基础。但是,这个精气神有先天和后天。先天的精气神,是人未有此身时就已经存在,叫元精、元神、元气。后天的精气神,这个精是我们后天的交媾之精。神是我们受形之后,有了此身而产生的思虑之神,也叫识神。识神是什么意思呢?我们在后天的生命状态中,内心有了欲念,产生了思虑和烦恼,这就是识神。气就是我们后天的呼吸之气,它是粗糙之气,不是我们的元气。"

"我明白了!"李真果灵光一现,兴奋地打断师父的话,"我们修炼,是要把后天的精气神返还到先天的精气神,让先天的精气神得以显现。实际上就是,炼元精、元神、元气。"

他抬头望着疯癫老道,期待得到肯定。疯癫老道并没有搭腔,算是一种默认,但内心对李真果的领悟力是很赞许的。

"好了,今天就讲到这里罢。"疯癫老道打了呵欠,拍拍身上的尘土,"沐浴、更衣,回草楼,睡觉去咯。徒儿,你也睡觉去。"

啊?又睡觉?李真果一想到睡觉就头大。这大白天如何能睡着?

疯癫老道起身,朝草楼摇摇晃晃走去,一边喝酒,一边吟唱《睡仙歌》:"明明白白又糊涂,糊涂饮酒糊涂醉。世人难得不糊涂,独我糊涂有真味。"

李真果跟在后面走,听着老道唱,不觉好笑。但转念寻思,感到歌里似有"真味"。

第五节　松　下

回到草楼,李真果便在自己所住的一间草屋睡下了。

秋天的太阳悬挂在纤尘不染的天空上,淡淡的余晖射进窗户里。躺在草席上,李真果辗转反侧怎么也睡不着。他努力地闭上眼睛什么也不想,可是，坚持不了一会儿，脑子里又开始胡思乱想。

他无奈地盯着草扎的穹顶，一直到夜幕降临，才终于睡去。然而，午夜之后，他又醒了，再也没有睡着。他想起了未婚妻，紫竹那双凄绝的眼睛在他的脑海里浮现，心一阵阵揪痛。

月色如水，泻了一地。他翻身起床，出了草屋。站在草楼的栏杆边，望着悬挂在夜空上的一轮明月，默默地沉思着。

蓦地，他看见松树下，坐着一个老人。清朗的月光披洒在老人的身上，如雪的白发，紫色的道袍，像仙人一般。难道是师父吗？他揉揉眼睛，以为自己出现了幻觉。当他再次定睛望去，松下真坐着一个人。

他奔跑下了草楼，朝老人走去。他确信，是师父。只是，老人不是说睡觉了吗？怎么这大半夜坐在这里呢？他感到一阵疑惑。

来到近前，他不敢惊扰闭目打坐的老人，悄悄地站在身后。

"过来坐吧。孩子。"老人开口道，却并没有回头看他。

李真果像被催眠一样，恭顺地走过去，盘腿坐在老人的对面，叫了一声："师父！"

他正要说话，老人摆摆手，微笑地看着他，说："睡不着，是吗？"

李真果诚实地点点头。

老人并没有责怪他，用慈祥的目光注视他，眼里充满了理解。静谧的月光里，李真果感到这里笼罩着一种神秘的气氛，眼前的老人身上散发着一种宁静和安详的气质，完全与平时的疯癫之状不同。他甚至有些怀疑，这是师父吗？

他感到，疯癫老道仿佛不存在了，在他面前的，是一个老人，一个神秘的高人。

"因为你的心是乱的，你没有真正宁静，也就是说，你还没有进入虚空。"老人平静地说。

"虚空是什么呢？"李真果难以理解，虚空不着边际，抓不住，摸不着，就像玄之又玄的道。

"对，它是道。"老人说。

师父的读心术太厉害，连我想什么都知道。李真果吃了一惊。

"虚空是大道的本体常态。它无边无际，无形无象，不受时空限制。它是无限的，没有边界的。你不可以把它抓住，也不可以把它变成一个东西。它是有非有，是无非无，是色非色，是空不空。"

见李真果似懂非懂，老人又说："怎么理解呢？这个虚是自然而然的存在，是本来的存在。无所谓有，无所谓无，它都在那里。但是这个虚不是死寂的东西，它又是无穷无尽变化的，具有无限的生机。一切事物都在里面产生、发展、演变。"

李真果福至心灵，领悟道："这个虚就是道。有没有世界它都存在着，在混沌未判、宇宙万物未形成之前就存在着，它是无边无际的一片虚空，然后在虚空里划分阴阳，由阴阳的变化才有了万物，有了世界。这个虚空把世界包裹在里面，世界上的万事万物又从虚中发展变化，从无到有，从有还无。我这样理解对吗？"

他发现，老人所讲的这个虚与道是相互联系的，是道的本来面目。我们看不见道，但它却存在着。就好像我们看不见空气，但并不表示空气不存在。他再一次深刻地了悟虚无妙道，大道玄虚。

老人嘉许地点头，对李真果过人的悟性，并能融会贯通，举一反三，是很满意的。

"对于修道来说，当你真的进入虚空的境界，你就跟道统一了，跟天地万物相通了。当你回到虚中，就是老子所讲的'致虚静，守静笃'的那个宁静状态，那么你就会得到一种能量，产生本性的智慧的光芒，见到本来的自己。"

李真果被老人越来越深入的话吸引住，觉得自己听到了从未听过的、新鲜的、深奥玄妙的道理。

"我不是我吗？怎么还有一个本来的自己？"李真果不畏艰难地发问。曾经无尘道长跟他讲过惠能法师关于"本来面目"的佛理阐释，虽然他有所开悟，但仍然还有许多疑问待解。遗憾的是，他还没有弄清楚，无尘道长便仙逝了。

"又回到先前的问题。"老人手抚白胡子，缓缓地说，"为什么你睡不着？因为你的心性乱了。这个心性就是本性，是你本来的自己。但是它迷失了，混乱了。你需要回到虚中，重新把它找回来。"

"可是，我怎么找到自己的心呢？见到了以后，我又怎么静下来回到虚中？"李真果问道。

"很好的问题。"老人满意地说，"如果能够被你看见的，能被你感觉到的，能被你知道的东西，肯定不是本性，不是你的真心。无论是佛家讲的见性，还是道家讲的修性，实际上是说，通过你的那个意识的光芒，显现出自我心中自然存在的本性。"

"那么如何通过你意识的光芒，显现心性？"老人把目光投向李真果，却并不要他回答。

"打个比方。"老人又接着说，"你为什么无法睡觉？因为你的胡思乱想。这些杂念就像天空聚集的一朵朵乌云，遮蔽了太阳的光芒，也就是遮蔽了你意识的智慧的光芒。于是你的心里就一团黑暗，一团糟。这个时候，你的心神不定，有无数的牵挂、痛苦、烦恼，在想这个，想那个。"

李真果陷入了沉思，师父所讲的正是我现在的状况。他联想到自己练功的时候，虽然也一度心无杂念，但是，当夜深人静的时候，那些杂念的乌云就会聚集在脑海，无法安宁。其实自己没有真正回到虚空。

"你意识的光芒一直存在着，只是你没有开启它。当你有意识地用智慧的光芒观照内心，乌云就会散了，杂念也就去除了，然后你就会体会到心性的那个虚空，感受到你的真心，全无挂碍。"

李真果寻思，这意识的光芒怎么照进去呢？我进不去，怎么办？师父讲的这些都是理论，是道理，可是，具体怎么做呢？

老人看透了李真果的心思，微微一笑道："所以，这就要修炼了，要下很大的功夫。通过修炼的功夫，'凝神调息'，把你散在四方的心收回来，把精神意识收回到身体里，才可以突破那些杂念的乌云，去掉障碍。这就是'三关修炼'的第一步，从筑基开始，调心、调息、调身，克制私欲，使身心安然泰定。"

"然后呢?"急性子的李真果问道。

"当然就是进入炼精化气、炼气化神,炼神化虚'三关'了。初关是修命,中关是证性,上关是还虚。这就是丹家主张的性命双修。这又回到先前的话题了。"

性命双修?这又是一个新鲜的术语。李真果越来越被老人的讲解所吸引,就像拨开一层又一层迷雾。暗道,原来炼精也好,炼气也好,炼神也好,核心就是性命双修。但这个"性命"是指什么呢?

老人一眼看穿李真果的心思,接着讲道:"所谓性命双修,是指人体生命由两大部分构成,一个是性,一个是命。什么是性?什么是命?这个性是指神。先前我给你讲过,神分先天后天。先天神为元神,指人心中的真性,是我们的精神,是道潜藏在我们身上的纯朴的真心。后天神为识神,这个你已经知道,是从先天神分离出来的后天思虑之神。"

"我知道了,这个命是指精气,为身体的气血形骸。"李真果兴奋地接腔,"它又分为先天炁和后天炁。先天炁为真一之气,虚无之气。后天炁,是我们能够感觉到的身体的气流,包括呼吸。在后天的生命中,我们的心已经受到了污染,是妄想的,是乱动的,所以,我们要把那个真心找回来。"

他已经深深记住了老人每一句话,并且能融会贯通,举一反三。

老人嘉许地点点头,又继续说:"性命双修的最终目标是还虚,还虚才是真谛。这是丹道修炼的返还功夫境界。打个比喻,就是朝着逆行的方向,往里走,向内在关照,向真正的生命的方向走,回到它自身,回到了自身的恒常、先天的状态中,回到大道的源头里。'逆'是老子思辨的哲学思想,'反者道之动',道向着跟它相反的方向变化、运动,循环往复,也是道教修炼的一个重要方向,通过不断的返还功夫去修炼,最后还虚合道。"

老人四两拨千斤,轻轻地拨开了一层又一层迷雾,李真果感到眼前越来越明亮,思路也越来越清晰,找到了方向。

疯癫老道看了他一眼,又道:"什么是还虚呢?想必你已经理解了。"

"所以我们道家内丹学强调的就是这个虚。"李真果回答道,"虚即无极之处,即人本来的真性,本来的先天状态。还虚就是复归无极,使人的真性圆满呈现,回到宁静的真我状态,回到真正的生命中,与道合一。"

老人满意地点头,又反问道:"什么是真正的生命?"

"这个……"李真果有些茫然。

老人并不责备他,继续说:"道家主张性命双修就是修心,心才是我们真正的生命,真正的本性。这个心是我们的先天之心,也就是先天之性没有被后天的欲望污染的先天状态。修炼,就是要找到被我们后天遮蔽的你的真心,见到我们的心的真实状况,那个真实的自己,也就是真我。

"那么,怎样才能找回真实的自己呢?首先要让心静下来,进入很宁静的境界,认识你自己是谁,哪一个才是真实的我。你的身体,你的呼吸,包括你的名字,你的身份,甚至你的思想,都不是自己,你只是寄托在里面,跟你真正的生命没有关系。"

老人的话,深入浅出,让李真果大开眼界,他从未思索过"我是谁"这个问题,以为这根本不是问题。现在,他不得不开始认真思考它。我不是我自己,我又是谁?

"我是那个'真我',你只是没有发现它的存在,它是每一个人都有的先天本性,心中的本性,真我的实相,也可以说是'德行',是我们的道德生命,是从道里面来的,与道相应。但它在我们的后天生命当中,被欲望和烦恼所遗忘了,所蒙蔽了。当今乱世,朝廷腐败,人心混乱。修道就是让我们回到真我里面去,回到大道里面去。人心和谐了,世道就和谐了;人心清静了,世道就清静了。"

李真果回味着老人的话,沉浸在深深的感触中:如果世道清静,又怎么会山河破碎,国仇家恨?如果人心清静,又怎么会有哪些贪婪凶残的清狗草菅人命,欺良霸女?一想到这些,他胸中悲愤难平。

"孩子!"老人慈祥地注视着他,语重心长地说,"老子说,道生之,德蓄之。天地万物皆来自道,又成于德。道以其清静无为,回归自然的本性来化生万物,德化有情众生,以德养护万物,从无想过要得到什么回报或想得到什么，无欲以待万物。而人类社会，若以尊道贵德、清静无为、齐同慈爱、抱朴守真的思想治世修身，世道将会和谐太平，人们也就会远离疾病与痛苦，摆脱烦恼与厄运，获得安乐与喜悦，生命也将得到升华。"

"原来这才是修道的意义，是我们生命的真正意义！"李真果内心激动不已，他仿佛看到，无为无欲的道，以无与伦比的慈善，等待他心灵归复纯真，等待他将遗失的德行修补完整，再造自己的道德生命，直返大道。

"修道的意义，在于通过不断地人生修炼，让自己达到至真至善的道德境界，去济世修身，成就生命真正的意义和永恒。这便是金丹大道的真义。对吗？"

说完，他期待地望着老人，一双深陷的大眼睛像明亮的星子。

老人手抚白胡子颔首微笑，对这个得意门生的领悟力，实在非常满意。

"生命里有很多的追求与烦恼，是没有意义的，你要知道如何去寻找有价值的生命，找回自己，就要把不定的心神收回来，使身心合一，心息相依。"

老人停顿片刻，又道："这又回到炼丹的问题上来，炼丹就是把我们的身体当作一个炉子，我的元神为火，这个呼吸就是炉子的风箱，煽风点火，控制我的胡思乱想，使心回到老子所说的'致虚静，守静笃'，不再在过去未来里面跑来跑去了。"

"我知道，这是老子的无为大法？"李真果灵光一现。

老人嘉许地点头，接着说："以清净、无为、自然做药引，持中守一，使自己静下来，放下来，进入定静的境界，这与睡功极为相似。重在无为而睡。当你真正进入无为的境界，你就悟道了，得到道了。内丹学很高深，但也不神秘，你以后会慢慢悟出的。"

李真果望着月下老人若童子般的面容，不由好奇地问道："得道的人都会像师父一样鹤发童颜长生不老吗？"

老人大笑，没有回答，算是一种默认。

"师父，您得道前，做什么？"李真果又问道，一双清澈的大眼睛闪着问号。

老人答："睡觉。"

"得道后呢？"他又问。

老人回答："睡觉。"

"那何谓得道？"他不解地问。

老人似乎预料到他会这么一问，莫测高深地说："得道前，睡觉时，想着怎么才能入睡。得道后，睡觉就是睡觉。"

原来这就是无为而睡啊。李真果醍醐灌顶。

老人接着启发他："当你想练睡功的时候，就比如你累了一天，还想东想西，这怎么睡啊？又比如你想着那个意识的光，怎么看不到光啊？光一直在你的意识里，从来没有丢掉。是因为你执着于一物，你意识的光就无法显现。无为则静。睡中无私无虑，混混沌沌，恍兮惚兮，至人无梦。这就是陈抟老祖蛰龙法的根本。"

蛰龙法？李真果听得如痴如醉，整个人兴奋起来。"我现在可以学陈抟老祖的睡功吗？"他性急地问。

老人微微一笑："陈抟老祖传有睡功秘诀三十二字，叫作蛰龙法。龙归元海，阳潜于阴。人曰蛰龙，我却蛰心。默藏其用，息之深深。白云上卧，世无知音。"

李真果一边揣摩，一边将秘诀窍要牢牢记在脑海。

"你初修睡功，还不可能一下子定静入睡。我给你讲一个方法。"老人又说，"存想你的身体，如水晶一样透明。又好像安睡在平静无波的水面上，下面空洞无底。同时又存想像龙一样地盘曲环绕藏于海底。"

"可是，师父不是要我忘掉一切吗？"他打断老人的话。

老人没有责怪他，点点头，说："慢慢地，你的心神气息一起进入到完全虚无、完全宁静的境界，与天地万物鬼神相通，身心同归万化。天地万物的清和之气自然回到你的身体里，归于丹田之内，也就是龙归元海。"

这时，李真果忽然感到像被催眠一样，一阵睡意袭来，眼皮合了起来。今天，老人给他讲了这么多，他需要慢慢地消化。

慢慢地，他不由控制地倒在冰凉的岩石上，睡去了。但是，他的耳畔依然回荡着老人的声音。

"这时候，你生命的元神调动起来。"老人看了一眼睡着的他，继续说，"最后你的存想全部丢掉，物我皆忘，甚至连蛰龙法三个字都统统忘掉，如佛教《金刚经》里所说，一切有为法，如梦幻泡影。"

睡中的李真果起初感到自己卧于平静无波的水面上，渐渐地，混混沌沌，浩浩荡荡，恍兮惚兮，好像进入了虚空之中，仿佛连身体都不在了，天地间一股清和的自然之气在身心内外鼓荡、环绕……

"炉里近为药，壶中别有天。欲知睡梦里，人间第一玄。"老人起身，笑呵呵吟唱着，踏着月色而去。

此刻，李真果枕着岩石，像龙一样侧身盘曲而卧，如水的月光照着他熟睡而安详的面庞，他好像置身在无边无际的光明中，进入一个至真至纯的光景里。

第六节　修　炼

不知过了多久，李真果在清晨的霞光中醒了过来。睁开双眼，一只白鹤婉转地叫了一声，从松树上飞起。

他看见自己躺在岩石上，十分诧异，我怎么躺在这里？我睡了一夜吗？

他甩甩头，慢慢回想起来，午夜时分，他曾与疯癫老道坐在松树下对话，师父跟他讲了很多，关于道，关于内丹术，还把陈抟老祖的蛰龙法传授给他。然后，师父讲着讲着，自己就睡着了。

这时，他闻到空气中飘来一股桂花的香气，嗅了嗅，哪来的桂花香？

他翻身而起，朝香气传来的方向找去。远远望见，师父坐在草楼的栏杆上抱着葫芦，悠哉地喝酒。

他跑到草楼下，扬起脸，大声喊："师父，干吗一个人偷偷喝酒？"

"哈哈，这可不是酒啊！接着，小子！"疯癫老道大笑着，葫芦从手中抛出，在空中形成一道优美的弧线。

李真果飞身跃起，伸手去接葫芦，只感到一股强大的疾风拂面而来，知道师父暗运了内力，威力甚是惊人。他急忙使出一招"月下独酌"，手指朝上一点，葫芦在半空翻了个身，一股清澈的液体从葫芦嘴里倾泻而下。他一面以口吸饮，一面伸手接住葫芦，宛若提壶自饮一般。

"这葫芦里装的什么？果真不是酒！醇香、甜醉。难道是琼浆玉液？"他来不及想清楚，那葫芦却像空中砸下来的巨石一样沉重，若非体内自发的真气鼓荡，他根本接不住，很可能反倒伤了自己。尽管葫芦里已被他溢出了许多玉液，但力道丝毫不减。师父真是厉害！他暗暗惊佩。

李真果抱着葫芦飞掠一般上了草楼。奇怪的是，他感到身体更加轻灵，脚下像踩着云朵一样，轻功似乎有了很大的长进，莫非是这玉液的作用？

他站在疯癫老人面前，恭敬地把葫芦还给师父。疯癫道人半眯着醉眼打量他，说："小子，长本事了，敢把老子的琼浆玉液倒出来。"

原来果真是琼浆玉液，这是疯癫老道采集的山上花果酿制。

"徒儿不敢。"李真果惶恐地说。

"哈哈。"疯癫老道又一阵大笑，笑得前倾后仰，笑声中挥洒出孩童般的纯真无邪，而那蓬乱的鹤发下的一张童颜，隐隐约约散发出一种道光。

李真果被他深深感染，老人可爱至极。

笑声停住后，疯癫老道把眼睛眯成一条线，问他："睡得好不好？"

"师父，原谅徒儿不敬。昨夜，我也不知道怎么的，听您讲着就睡着了，一觉睡到大天亮。"李真果惭愧地说。

"昨夜？"疯癫老道呵呵一笑，摇摇头，说，"你还不知，你已经睡了七天。"

什么？这不可能！我怎么会睡这么久？李真果大吃一惊，不敢置信。

"你看看，门前那棵桂花树都开了。"

李真果探头往外瞧去，草楼下，柴扉旁边，一棵婆娑的桂花树正开着细细柔柔的丹桂，那馥郁而甜醉的一缕缕香气，随着清风，幽幽地飘了上来。果然，桂花开了。他记得，七天前，桂花树只是结着米粒大小的花蕾，也不多，藏在密密的叶子下面，很难发现。可现在竟开出了满树的桂花。

他终于相信，自己已睡了七天。

疯癫老道咽了一口玉液，摇头晃脑地吟起陈抟老祖的《喜睡诗》来："我生性拙唯喜睡，呼吸之外无一累。宇宙茫茫总是空，人生大抵皆如醉。"

他吟罢，打了个呵欠，伸了伸懒腰，头一歪，依着栏杆又要睡去。

眼前的疯癫老道与午夜松下传道的白衣老人判若两人。一个是疯疯癫癫的老道，一个是神秘莫测的高人，李真果难以把他们联系起来。他有一种做梦的不真实感。

异人必有百变之相。他相信这句话。

"师父！师父！"他轻声唤道。疯癫老道这一睡，又不知多久。他要在师父睡觉之前弄清楚一个问题。

"说罢。"疯癫老道咕哝了一句。

"我是不是练成睡功了？"

疯癫老道翻了一下身，侧身半卧在栏上，头靠着柱子。这护栏是用一根圆木搭建的，根本无法睡人，除非有惊人的功夫。

李真果见疯癫老道竟睡在一根木头上纹丝不动，心中大奇。

"现在感觉如何？"疯癫老道合着双目，答非所问地问了一句。

他想了一下，回答："我睡了这么久，好奇怪，可肚子一点都不饿，饮了琼浆玉液似的。还有……好像神游在广阔无垠的太虚里，恍恍惚惚。感觉天地间纯正的能量，注入了体内，变成一股气流，又若有若无……"

他努力准确地描述自己的感受，又补充道："我还看到了一道光，整个人处在一片光明中，那光明无边无际……身内外没有嘈杂的声音，很静很静，好像只有我自己……"

"那是你的心性显现。"疯癫老道嘀咕道，

"我找到了自己，回到心的本来状态，对吗？"他兴奋地问。

疯癫老道不置可否，只是问了一句："你做梦了吗？"

师父的问话，让他回忆起来，自己在睡觉时做了很多梦，时而梦见自己像龙一样潜到深深的海底，时而梦见自己变成孙悟空守着丹炉炼丹。他还做了一个噩梦，梦见一个面容狰狞的恶鬼，张牙舞爪朝他袭来。他与恶鬼搏斗，恶鬼抢走他身边的女人威胁他。梦中，他大吼大叫。然后，只听耳边有人在说话，慢慢地，又沉睡了。

"我做梦了。"他诚实地说。

疯癫老道闭着眼睛道："是人一定会做梦。世上只有两种人不做梦，一种是至人无梦。至人是得道的真人、成仙、成佛的人，或者是最高智能的人。'至人本无梦，其梦本游仙。真人本无睡，睡则浮云烟。'陈抟老祖的《励睡诗》说的就是这个。"

"还有一种人呢？"他追问道。

"是愚人。愚人无梦。笨到自己没有思想，那还有什么梦呢？你还有梦，说明你不是愚人，但也不是至人。"

"师父，我明白了，弟子继续修炼。"李真果恍然大悟，"可是，要练到什么时候才能功成？"

疯癫老道将手中抱着的葫芦挂在腰间，依然闭着眼睛说："你还要往丹炉里投几味药。"

"哪几味呢？"

"张三丰祖师说：'未炼还丹先炼性，未修大药且修心。心修自然丹性至，性情然后药材生。'做梦是杂念的反映。杂念少的人得丹早，杂念多的人得丹迟。修心是第一味药。"

"我……可是……"

疯癫老道打断他，仍闭着目，像说梦话一般："金丹的玄关，是靠真心向道修出来的。要修到一丝杂念都没有。道门的修命之术，就是还丹。也就是返还功。返本归元。我再说一遍，它强调的是先修心，然后修命，再进入养性的最上乘之大道。从而知真、行真、至真，早归于正道。"

李真果回味着疯癫老道的话，若有所悟。只有心彻底放下了，安顿了，金丹的"丹性"，才会到来。只有自性清净了，才能"药材生"。说明我修心远远不够。

"金丹强调性命双修，这里面蕴含了易理知识，阴阳八卦，你本来也学过，有很深的基础。至于你问的需要哪几味药，靠你自己去体会罢。"

疯癫老道说完，睡去了，再也不说一句。

李真果恭敬地鞠了一躬，悄然退去。

李真果在赍人谷开始了修炼。

赍人谷是此处修炼的绝佳地势。从山顶下去，有一条蜿蜒曲折的古栈道，崖壁间有许多洞窟，那是先秦时古赍人避战乱，而因洞造屋，因崖修栈。沿青石栈道而下，便到了幽深而宽阔的谷底。

这里有一个清澈的七彩湖，像天上的彩虹落在了水里，绚丽而静美。远处，一条飞瀑穿岩凿石，悬垂如练，宛若龙嘴吞云吐雾。四围奇峰林立，怪石嶙峋，翠竹千竿。阳光照射到碧波之上，云蒸霞蔚，恍若瑶池仙境。

李真果在湖边的一块岩石上盘腿而坐。湿润的空气，宛转的清流。他深深呼吸一口林丛中芬芳的味道。

他并没有急于练习蛰龙法，而是先练习行气导引术。

解开头发，让全身放松。端坐，面朝东方，闭气调息。在一呼一吸之间，让自己入静。

行气亦称为"服气""食气""长息"，是一种以呼吸吐纳为主，辅以导引的内修功夫。二师父王妙生曾传他这种吐纳方法，而他凭此练就了深厚的内功基础。

此时，他感觉遍身湿润，出汗，毛孔张开，手足俱已通气，于是，爬上临湖的一座山坡，走进一个石洞。那里面有石床、石灶，是古赍人留下的。洞口面朝湖面，宛若游龙入江。

李真果创造性地将疯癫老道所授的锁鼻胎息术与蛰龙法融合在一起练习。他给它取了个名字：龙眠卧波功。

他按照锁鼻胎息术的姿势，即头朝南脚朝北正身仰卧，两脚自然伸直展开。这让他感到舒服。因为他平时就喜欢仰面而卧。

在清凉的岩石上躺好之后，他开始了练习。

锁鼻胎息术与行气导引术的方法和要领基本相同，均要求在行气之际，凝神净虑，专气致柔一呼吸吐纳时，要做到轻、缓、匀、长、深。

双眼轻闭，舌抵上腭，双手握固，排除各种杂念，用鼻子缓缓吸气，使腹部渐渐地凸起充满。随后闭息，待体腔气闷，难以忍受之际，再将腹部之气从口中细细吐出，不可一呼而尽，而且要使两耳不闻其声。

他的耳畔回响疯癫老道的话："修持者能闭息至二百五十数，即可耳聪目明，举身无病，邪不干人，便可长生矣。如继续坚持修持，可逐渐达到不再用口吐气，唯鼻中有绵绵短息的大成境界。"

李真果力求每次闭息的时间逐步延长，从一分钟到几分钟，再到十分钟……直至更长。

他开始练习蛰龙法，脑海里默记疯癫老道所授口诀。

蛰龙法总诀是，凝神调息。第一口诀：心息相依，神定虚空。第二口诀：心息相忘，神气合一。第三口诀：恍然而睡，感阴摄阳。

修炼阶次分为筑基、炼精化气、炼气化神、炼神化虚四个阶段。

第一阶次，筑基。以炼心为首要。即做到"万念俱泯，一灵独存"的先天境界。

第二阶次，初关——炼精化气。过程包括采药、封固、炼药、止火四个步骤。因其运行运炼须三百日，故称"百日关"。又依搬运河车，行龙虎交媾，用子午周天火候，又称"小周天功夫"。

第三阶次，中关——炼气化神。是先天向后天转化，有为向无为过渡的功夫。过程包括六根震动、七日生大药、抽铅添汞、守中、温养圣胎、移胎等。又称"大周天功夫"。

第四阶次，上关——炼神化虚。属于无为功夫。过程包括乳哺、温养、出神、还虚等。过程如同达摩九年面壁，古称"九年关"。

在练习中，聪明的李真果很快掌握了内炼金丹术的要领和方法。他悟出了出师父所说的炉子里缺少的几味药，就是精、气、神三昧。它是人体生命和内丹修炼的要素，大约相当于我们生命的能量。

他以身体做炉子，以精气神为药物，用意识做火候，观照内在的身体，让自己的那个真心，体会自己的呼吸，感觉自己的呼吸，静静地和自己的呼吸在一起，使心神气息进入一个广阔无垠的虚空之中。

睡中，最初他感觉自己躺在清澈平静的湖上，又好像龙一样潜游到深沉的海底。

再后来，身体似乎不存在了，连呼吸也不存在了，只感觉一片氤氲之炁，似云如雾，变化无穷，上升、下沉。

无私无虑，混混沌沌。他进入了心的那个先天状态。他找到了自己，那个潜在的真我。

他的心觉醒了，清静了，与宇宙合一了。

有时候，他一睡十天半月，有时候，一睡就是三十天。睡醒之后，他就在水里泡个澡，清洗衣服。晾干穿上后，又跑去找疯癫老道。

淡淡的月光下，师徒俩坐在草楼里，一边以菜园的花生下酒，一边谈天论地。

经过百日筑基之后，疯癫老道见李真果的任脉、督脉业已打通，真气在丹田充盈，神水在五脏中循环，便叫他进入初关——炼精化气。

气有先天气和后天气之分。所谓先天气，指元始之气，化生万物之本，也称元气。所谓后天气，指呼吸之气。道家认为，先天真气于人受胎之时，与后天之气融合以成生命。所以先天气和后天气存于一身之中。

"道家炼气，必须从后天之气入手。采取烹炼，以呼吸之气，炼到成丹还神，从后天一气返回先天，叫作归元。"疯癫老道讲道。

"我明白了，就是从有形到无形，从有为到无为，回归到老子的无为大法。这就是陈抟老祖的睡功第一玄门。"李真果领悟道。

疯癫老道满意地点头，又说："人秉受生命之初，接受的是先天清虚之气，湛然无杂。受形以后，有了七情六欲，受到各种诱惑，便产生痛苦烦恼，最后不能解脱，生命消耗，直至灭亡。这一切都是由心而生。所以，道家教人修道先修心，一切循道而行，心无杂念，常清静寡欲，则长生不老而丹成。"

"弟子记住了。"

"睡觉去吧。"

疯癫老道传授李真果炼形归气、炼气归神、炼神返虚的大法。三年之后，李真果已经通过了筑基、初关、中关三个阶次。

一个月明的午夜，清朗的月光照在波光粼粼的湖面上。李真果枕着清凉的岩石而睡。

睡中，他行足周天火候，填回先天乾坤之位，进入凝神大定之中，忽然，玄关一窍大开，顿觉虚灵空朗，进入天地混混冥冥的境界。

慢慢地，他从睡中醒来，翻身而起，整个人沐浴在月色中。

此时，他的一身尽都化为先天白炁，返回丹田。他猛然觉得好像有一种药丸，从体内冲上脑海，沥沥有声。过了一会儿，那药丸如一颗颗雀卵落在口中，渐渐溶化，如琼浆玉液甘美无比。

他缓缓吞咽，那玉液甘泉流到丹田，源源不绝，一股清凉之气充盈五脏六腑。他闭目内视，脏腑历历可见，如照着烛火一般。渐渐，万道金光透体，恍惚中，像有一颗晶莹剔透的玉珠凝于腹中，宛若珠在玉盘。

李真果大吃一惊，怎么会这样？难道我练得走火入魔了？

"哈哈。"夜色中，身后传来疯癫老道的笑声。

"十月功足，圣胎圆成，调神出壳了。"疯癫老道走到他的身旁，微笑道。

"师父，我……我练成了？"李真果惊喜得声音颤抖。

月下的疯癫老道不置可否，又回到那个白衣老人的状态。"你的潜能已经开发出来，将得到大智慧，大神通，自然也会延年益寿。但是……"

疯癫老道话锋一转，神情严肃："但要达到生命升华的最高境界，也就是心与宇宙合一，连虚空都不要，心也不存在了，真幻两忘，还虚合道，让真正的生命与道合一，你还有很漫长的修道之路，甚至是一生。"

"这么久吗？"李真果有点泄气。

"修道求真，尊道贵德，是道人一生追求的事，怎么能说久？"疯癫老道不满地说。

"是。真果错了。弟子将穷尽一生修道，追求道德境界。"李真果惭愧地说。

"大道至简，德化众生。"疯癫老道说完，飘然而去。

月光下，李真果独自回味着师父的话。

第七节 外 丹

清晨，郁郁葱葱的群山，一片苍茫。

李真果站在云霭里，衣袂飘飘。那张刀刻般俊美的面容，焕发着飞扬的神采，浑身上下隐隐透着一股飘逸出尘的气质。

他把深邃的目光投向山下的大地，陷入了沉思。山中的岁月一晃又是三年，不知山下又发生了多少事？那些不堪回首的片段又浮现他的脑海，外敌的炮火，义和团奋起反抗的刀枪，清廷的镇压，血雨腥风……滔滔的洪水，干裂的土地，路边的饿殍，肆虐的瘟疫，无助的百姓……

我就算练到长生不老，可是又有什么用呢？他想起，自己曾立下的誓言，要效法吕祖行化度人。这个愿望到现在还没有实现。他喟然长叹。

"师父，我想下山。"李真果来到松树下，对正在独自下棋的疯癫老道说。

疯癫老道举起葫芦，喝了一口酒，眼睛仍盯着棋盘上的棋子，不慌不忙地问：

"下山做什么？"

他似乎早料到李真果会提出这个要求，一点也不吃惊。

"济世度人。"李真果答。

"哈哈。"疯癫老道手抚白胡子大笑。那笑声使树上的松叶纷纷而落。

李真果愕然地望着师父。

疯癫老道笑毕，走了一步棋，头也没抬地问："小子，你有什么本事济世度人？"

"我……这个……"

这个问题难住了李真果，他还真没想过。

"我会剑术，会武功……会……"

"还会睡觉，对吧？"疯癫老道打断他，语气略带嘲讽地说，"对别人有什么帮助呢？用你自认为强大的武功除恶扬善吗？"

"……"李真果一时语塞。

疯癫老道抬起头，看着他，反问道："老子说，天下之至柔，驰骋天下之至坚。你如何解释？"

这是老子《道德经》第四十三章里的一段话。

李真果回答道："水是天下最柔弱的东西，却能摧毁天下最强硬的东西。"

疯癫老道不置可否，接下去说："剑术、武功，包括你学会的内丹术，是帮助你增强精气神，强身健体，延年益寿的。但如果仅满足个人的修炼，就算练成了不死神丹，只能拯救自我的生命。小子，这是不够的。"

"请师父明示！"

疯癫老道一边走棋，一边说："道就像水一样柔软，却是世界上最强大的东西，也是最高的境界。水善利万物而不争。道家身心修炼的目的是什么？"

"师父教导我，修道的目的，是寻找生命真正的意义，济世救人，利国利民，建功立德，做无量善事，解人之厄，抑恶扬善。我正是按照师父的教谕去做啊。"李真果不解，师父为什么这么问。

疯癫老道沉默片刻，抬头看着他，表情严肃地问道："孩子，你愿意用一生劝善教化，悬壶济世吗？"

悬壶济世？我对医道一点不懂啊。李真果吃惊地抬头望着师父，不像是开玩笑啊。

李真果想起母亲曾跟他讲过，母亲难产时，生命垂危，幸好疯癫老道用一颗丹丸混合柞木汁，救下了他们母子的生命。他恍然大悟，历代高道大德，如孙思邈、葛洪等，他们不是用神奇的道医悬壶济世吗？如果我能掌握玄妙精深的道医术，不是可以实现行化度人的愿望吗？原来师父要我学这种本事！他恍然大悟。

疯癫老道微笑不语。

他当即跪倒在地，双手抱拳："弟子恳请师父传授道家医术，真果愿一生劝善教化，悬壶济世。"

疯癫老道突然高扬一声："将军。"那苍劲而内力深厚的声音，在林间转了转，飘向天宇，尔后才消失。

这情景，令李真果想起他的两位师父——黑白双侠，也曾在松下对弈，也有那一声高扬的"将军"。

恍惚中，疯癫老道变成了黑白双侠，又好像是三个人化身为一个人。李真果有一种恍恍惚惚的感觉。

"跟我来吧。"疯癫老道忽地一跃而起。话音未落，他已经飘出了洞口。

李真果好奇地跟在疯癫老道身后。林丛中，那淡紫的身影一闪，悠忽不见。

"追我啊，追不上，我可就不见了。哈哈。"山中回荡着老道的笑声。

那身影忽隐忽现，仿佛玩捉迷藏一般。李真果的身形也呼地向前掠去，转瞬间，从数百丈的绝壁下到山谷。他的轻功比以前大增，内力已达随念所发的地步。

他跟随疯癫老道走进一座山洞。

这座山洞很幽深，也很宽阔。有些寒冷。洞里有一条清澈的暗河，流水潺潺，可以划船荡舟。洞顶悬吊形状各异的钟乳石，欲坠未坠，仿佛翡翠玛瑙一般；顶壁滴水如细雨霏霏，水雾迷蒙。洞壁五彩斑斓，有很多看不懂的图案，或雕刻，或绘画。

李真果惊奇地打量着这洞天奇观。

疯癫老道身形一晃，还没有看清楚，他已经稳稳地踏上漂在水面的单棵楠竹。

"上来吧。"疯癫老道手执一杆细细的长竹，对他道。

这可难不倒我。李真果得意地心想。他暗自庆幸曾跟师父王妙生学过这个独竹水上漂轻功。

李真果模仿着疯癫老道的动作，身形一掠，稳稳地立在了竹子上。但由于没有平衡的东西，很快，在水波的颠簸下，他的身子摇摇晃晃起来。

疯癫老道及时地将手上的一根竹子递给他。他抓住了竹子，才慢慢地平稳。否则，不出几秒，他就会一头栽到水里去。

令他惊奇的是，疯癫老道竟没用任何东西平衡，稳稳地站在竹子上，还一边举着葫芦喝酒，一边摇头晃脑地吟唱着什么："自饮长生酒，逍遥谁得知。"

李真果为自己先前的得意而惭愧。

半炷香的工夫，师徒俩上了岸。还没有进洞，李真果便感觉红光从洞内透出，身体顿时暖热起来。与先前寒冷的幽洞相比，真是冰火两重天。

李真果随疯癫老道进了洞窟。他不由呆住了。一个巨大的炉鼎立在中央，炉内火光熊熊，将洞窟映照得红光满壁。穿顶金色的阳光射了进来，整个洞窟万丈光芒。

"师父，这就是炼丹炉吗？"他好奇地左看右看，这时候的李真果感觉自己像《西游记》中的孙猴子。

疯癫老道呵呵一笑。

"师父，您的丹药就是从这里出来的吗？要多久才能炼成？它们是什么药材？"李真果从来没有看见过丹炉，也没见过神秘的丹药，忍不住连连发问，实在很好奇。

鼎前的香炉上，一炷香快要燃尽。疯癫老道不慌不忙地重新续香，细细的香烟，与炉烟一起缭绕在炉鼎上方。

"坐下吧。"疯癫老道说着，在炉前盘腿坐下，往炉子里添加了一些柴火，又揭开炉门朝里面观察了一番。

李真果恭顺地坐在师父身边。疯癫老道将外丹术的概念仔细讲给他听。

外丹术，又称金丹术，是古代道教中人幻想通过炼制、服用金丹，达到长生久视，甚至白日飞升的一种以炉火烧炼药物的方术。它也是道教修炼的法术之一。

外丹术包括了黄白术，也就是炼金术。最早是通过炼制铅、汞等药物来制作长生不老的丹药。开始称作金丹，后来为了与内丹相区别，而称为外丹。

道教把内丹术称为人元神丹，把金液还丹称为天元神丹，将制造药金银的金丹术，称为地元神丹。

金丹术的实质是在炼丹炉中将时间和空间浓缩起来，模拟宇宙演化和反演化的规律，从而炼制出称为还丹的凝固化的"道"。因之炼丹过程实际上是对道的哲学的一种实践。

"当然，这样理解有点困难。"疯癫老道同情地看了一眼仍然一头雾水的李真果，看得出，虽然徒儿对内丹术的原理已经完全掌握，但对外丹术还是陌生的。

"道教认为，道生万物有着一个特定的规律，也就是老子所说的，道生一，一生二，二生三，三生万物。我们只要在丹炉中浓缩地再现这个过程，依循道的造化规律，运用火候烧炼药物，而这些药物如水银和铅粉，在特定条件下发生变化，生成另一种物质，象征它从宇宙生化程序的一个阶段返回到另一个阶段，再经过多次的还炼，返回到'道'先天的那个状态。而人吃了这种经过还炼的丹药，就可以回复到道的境界，永生不灭。"

李真果恍然大悟，原来炼外丹与内丹一样，也都是"道"的体现。

在《搜神记》里，他看过关于道教创始人张道陵炼丹的记载和传说。

"可是，真的能炼出不死之药吗?"李真果望着熊熊炉火，忍不住问道。

他知道，这种问题对师父有些不敬，但是，这是他心里一直不解的问题。张道陵天师算是天下最厉害的炼丹家，他在龙虎山筑坛炼丹，三年丹成，炼出了长生不死的九转神丹。张道陵服下一粒后，三十多岁却容颜如同少年。可是，百年之后，活了一百二十三岁的张道陵还是不在人世了。

疯癫老道完全了解他在想什么，也并不生气。丹炉的火光映照着老人红润发光的面容，安静而祥和。此时的老人，完全没有了疯癫状态，又是一个莫测高深的世外高人的感觉。

"长生不死是什么?"老人反问道，"长生不死是明了我们不生也不死，不生也不灭，因为我们跟万物同一体，同宇宙创造力同一体。我们最终脱离的肉体，并不代表死亡。因为我们的精神、灵魂还活在物质世界。"

李真果若有所悟。虽然张道陵祖天师不在人世，但他的精神和灵魂还在影响我们。就像太上老君，以各种化身降临人间，教化众生。

疯癫老道是神仙的化身吗? 他是不是来点化我呢? 李真果不由走神。

"世人都有永生的愿望。道教尊道贵生，信仰神仙长生，世间具有上根之人通过修习神仙之道，可以使生命永恒不朽。"

老人的话使他回到现实中，李真果又专注地听下去。

"尽管到目前为止，长生不死仍然是一种愿望，但道教养生学和道医，如针灸、推拿、草药，还包括内丹、外丹、符箓禁咒等修炼修仙之术，对除病驱邪、延年益寿，确有神奇独特的功效。因之对延续人的生命长度，提高生命存在的质量，是很重要的影响。"

李真果全神贯注地听着，不知是因为兴奋，还是火光的映照，他棱角分明的脸庞泛着红光，俊美异常。那一双如寒星般深邃的眼眸，透着沉思的神光。幽深的洞壁投下他一袭白衣的身影，再加上他高高地束着发，长发如流水披散肩后，整个人宛若天人一般。

在他面前长须如雪的紫衣老道，面目慈祥，透着一种安静和祥和，又莫测高深。

在这个世外洞天里，这样神秘的氛围，跟一个神仙般的老人，围坐丹炉学道。李真果有种做梦一般的感觉。好奇怪的老人。

说话间，疯癫老道又点燃了第三炷香。

"师父，您教我炼丹吧。"李真果急切地央求道。

"莫急，莫急，听我慢慢道来。"疯癫老道呵呵一笑道，"炼丹得有一个场地，但这个场地不是随随便便地找一个，要选择清净、灵气充盈的炼丹之地，叫作作屋，以采集天地的真气。风水越佳，气场越好，所炼之丹越纯。"

"难怪师父炼丹选在这块绝佳的地方。"李真果恍然所悟。

这处炼丹的盘龙洞，前面地势开阔，绿草茵茵。再前面是清澈的七彩湖，四面环山，八方呈祥，气象万千。更有奇峰怪石、仙峡幽洞、飞瀑流泉，氤氲之气缭绕茂林，仙风飘飘吹来，虚空真气自生。

"是啊，此洞如龙盘踞，前有朱雀，左右青龙白虎，四山拥丛，是一处龙脉之地。"

"师父真是慧眼识龙穴，恐怕连风水大神鬼谷子都要比下去了。"李真果不禁赞叹。

真果小子，你什么时候见过风水大神鬼谷子？两千多年前，你在哪里哪？这马屁拍的，咳。疯癫老道暗笑，却也十分乐意他这么一比。

疯癫老道将炼丹的规仪和步骤以及秘诀窍要，一一详解。不到半个时辰，李真果已经掌握外丹炼制的要领。

炼丹前的准备，大致有作屋、筑坛、安炉、置鼎、研磨、烧砂、固泥等环节。

经过作屋、筑坛后，便开始安炉置鼎。炉，为生火之器，也就是给炼丹的鼎器设置一个灶。鼎，为古代盛器。外丹家最常用的上下两鼎，与天地对应，与阴阳五行结合。

在开炉炼制丹药立坛之前，要对丹炉举行祭祷仪式，即祭炉。在斋戒数日，焚香沐浴之后，道人身披道服，头戴星冠，面朝南方，持咒祷告道教主神天地三清和十方圣真，准许立坛炼丹可成。诚心邀请太一神君降临，使神气加入药物之中，炼成极品之丹。

这些规仪完成后，把研磨好的药末放入铁锅内，移锅至炉上加热溶化，直至药末成胎。这是炼丹的关键步骤。胎结成后，用备好的瓷碗盖在铁锅内的药胎上，再用盐泥封住裂缝。封口好后用细沙填入铁锅内至瓷碗底平，再往细沙中注水至细沙吸满水。

一切就绪后，便开始加柴火在炉内炼丹了。

疯癫老道告诉李真果："炼丹，有三个要素：一个是炉鼎，一个是药物，一个是火候。炼丹首先要有一个炉子，炉子里炼什么？当然是药物，要把那些五金八石三黄等放进炉子里反复提炼，直到炼出真金白银的金丹来。"

"什么是五金八石三黄呢？"李真果问。

疯癫老道故意停顿，似乎也在等他问这个问题，便呵呵笑道："五金是指：黄金、白银、赤铜、青铅、黑铁。八石是指：朱砂、雄黄、云母、空青、硫黄、戎盐、硝石、雌黄等八种矿物。三黄指雄黄、雌黄、硫黄。这些用途，以后再告诉你。接下来是，如何炼？"

疯癫老道又回到刚才的话题："火候是关键。在不同的温度下，不同的火候之下，药物的反应和变化也不一样。如何调节火候？丹家祖师魏伯阳在《周易参同契·鼎器歌》中有一句真诀：阴在上，阳下奔，首尾武，中间文，始七十，终三旬，二百六，善调匀。"

李真果入神地听着，默默将真诀记在脑子里。

"什么意思呢？"疯癫老道接着说，"烹炼的火候有文火与武火的区别，也有前后之别。在药物始生之后的未熟之际，可用猛火煅之，待药熟之后，可用慢火温养。温养到结尾时，再用猛火烧之，使凝丹坚实。"

"武火用来煅炼坚固，文火用来温养。对吗？"李真果领悟地总结道。

疯癫老道嘉许地点头："子（冬至）是阳之首、阴之尾，午（夏至）是阴之首、阳之尾，进火退符的关键之处就在于子午。这两个时间内极易产生变化，所以必须用武火速煅以使坚固。卯与酉介于子和午的中间，这两个时间内阴阳调匀，二气平和，比较稳定，所以只用文火温养就行了。"

"什么是始七十，终三旬，二百六？"李真果问道。

"七十日加三十日为一百日，一百日加上二百六十日则为三百六十日，正符合周天度数，以应周年的火候。通常一周年之中有一百日须用武火，二百六十日须用文火。"

原来火候也要讲究阴阳时辰，与天地合一。李真果深深地感受到道的玄妙，且无处不在。

加柴火之前点香一炷，用来计时。第一炷香为文火，保持火炉内温度。第二炷香为中火，使火炉内温度升高。第三炷香为武火，把全部柴火放入火炉内，直至香尽丹成。

这时，最后一炷香燃尽。炉内柴火完全熄灭，变成灰烬。疯癫老道起身，面朝炉鼎，持咒祈祷，口中念念有词。

李真果意识到可能要开鼎验丹了，兴奋地跟着站起来，学着师父的样子也念念有词。

念毕口诀咒语，疯癫老道打开鼎门，但并没有急于取出神丹。因为炉内的温度还没有降下来。

趁此空隙，疯癫老道又继续给李真果讲解。

丹药，分点化和服食两种。初步练出的叫丹头，只作点化用；继续再练，便成服食用的"仙丹"。青白色的矿物质铅，经过烧炼，去除了银水的毒性，变成红色的丹。红色的丹，经过烧炼则变成白色的汞。这两种看起来正好相反的化学现象，恰恰蕴含了道家哲学的阴阳互化。

丹药有上中下三品。第一品是铅丹，又称黄丹，其色鲜艳橘红，被炼丹术士视为珍宝。第二品是灵丹，也称金砂，它比铅丹的品位略高。术士认为，灵丹含黄金之气，是服食的圣品。服食它，可永葆容颜，返老还童。最上品的是九转神丹即龙虎大还丹。传说，张道陵天师得皇帝九鼎神丹经，炼成这九转神丹，服食后，羽化升仙。

"原来灵丹妙药一词就是从这里来的。"李真果不禁感叹。

"什么叫九转？"他又问。

"丹烧炼时间越久，转数越多，便越贵重，服食它成仙便快。一转之丹，服之三年成仙。九转之丹，服之三日成仙。"

"师父，我有一个问题。"

"说罢。"

"世上真有神仙吗？"李真果问道。这个问题一直在他的心里盘桓。

疯癫老道沉默了一霎，道："这个问题，以后我再给你解答。"

既然师父如此说，李真果也不再追究下去。他盯着打开的鼎门，好奇地又问："这里面炼的是什么神丹呢？"

他恨不得立刻看到丹药的样子。

疯癫老道打了呵欠："睡一会儿吧。"

话音未落，老道身子一歪，便睡去了。

"师父睡功真是了得，这也睡得着。也不讲究地方，不修边幅，真是不着外相。我若能练成师父这般潇洒自在，那就好了。"李真果大为佩服。

第八节　丹　成

又过了两个时辰，疯癫老道醒来了。他看了一眼守在炉边的李真果，问道："你怎么不睡？"

"我，我想看看仙丹炼好了没有，睡不着。"他诚实地说。

疯癫老道摇摇头："徒儿，你的心中还是放不下事。但也不要紧，在以后的历练中，你自然会明白无为之道。"

此时，炉内温度已经降低。疯癫老道起身，从炉子里抱出烧炼丹药的阳城罐，启开泥封，小心地捧出三颗丹丸。

只见那手心里如珠般圆润的丹丸，发出玄黄的金光，非常炫目。李真果激动无比，这就是传说中的仙丹啊！

他仔细再看，三颗丹丸颜色不同，分别是朱红、紫金、玄黄三种颜色。

"这是玄门四大丹之三大丹，是道医常用的主要丹药。朱红的是乾坤一气丹，紫金的是混元丹，玄黄的是金龟下海丹。"

疯癫老道说着，从怀里掏出一颗黑色的丹丸："还有一丹，叫毒龙丹。"

乾坤一气丹，主要用于治疗已溃未溃的各种疮疡；金龟下海丹消炎、杀菌、疗毒；混元丹既供内服，亦可外用，可治三十多种疾病。

毒龙丹是唯一不用火炼制的，而是用五石、五豆浸泡所制。它舒筋透骨、活络搜风、兴奋补脑，治症甚多，可治内科疾病一百六十余种、妇科疾病二十余种、儿科疾病三十余种、外科疾病二十余种。

玄门四大丹，为道门丹家有效秘方。

真是灵丹妙药啊。李真果捧着四颗丹药，爱不释手。

"有些丹药是有毒性的，不能随便服食。但这玄门四大丹，对治疗疾病，不仅有效，而且很安全。"

李真果听疯癫老道这么一说，忽然想起什么，问道："师父，当年我娘亲难产，您是不是给她服食的毒龙丹？"

疯癫老道摇摇头，有点得意地说："那是老道我自个儿炼制的太虚降生灵丹。"

李真果肃然起敬，跪拜道："多谢师父救我母子一命，才有真果今日。徒儿一定刻苦炼丹，悬壶济世。"

疯癫老道呵呵笑道："外丹术只是道家的一种医术，你还有很多需要学习。"

"请师父赐教！"

一片苍茫的群山，天空清澈而透明。一老一少，一紫一白的身影，飘忽在山隰间。

常常，疯癫老道领着李真果出入深山幽谷采药，教他辨识百草，采集炼丹的五金八石三黄等各种矿物药，讲解它们的用途和功效。

凭着过人的领悟力和记忆力，不到一个月，李真果已能认识上千种不同分类的药物，了解和掌握了它们的性能和药学知识。

疯癫老道还将《黄帝内经》经典授予李真果，并为他一一详加讲解。

独自进山采药，李真果常把《黄帝内经》带在身边，坐在树下，一边研读，一边参修领悟。他被神奇而博大精深的绝学深深地迷住，不吃不喝，忘掉了时间，忘掉了空间，也忘掉了自己。

此时，李真果正全身凝读《黄帝内经》。《黄帝内经》是我国最早的一部医学典籍，来源于《易经》。他发现，《内经》还是一部洞悉自然法则，改变人生命运、得天下大道的修炼之书。老子《道德经》的哲学思想，阴阳变化之理，天人合一之机，深深渗透于《内经》的理论思想中，"人与天地相参，与日月相应。"

李真果研读到此，不由叹了起来："老祖宗真是太了不起了。轩辕黄帝以天道悟出人道，以天道、地道、人道悟出医道。道真是无时不在，无处不在啊！"

建立在阴阳五行学说基础上的中华医学，为年轻的李真果打开了一扇奇门。

由于具备了丰富的道医学和药学理论，加上疯癫老道传授的外丹秘诀，天赋异禀的李真果很快学会了金丹之术。

在往后的岁月，李真果把自己闭关于洞中，开始了炼丹修真之旅。他守在炉鼎之旁，日夜观察着炉内的火候，研究药物的配制。他几乎到了不吃不喝的境地。偶感饥饿，他便运用自创的"无为静功"。这是他将陈抟老祖的蛰龙法和丹道内功融合，所独创的功法。但见他盘足入定，凝神调息，将一切放下，万缘不染，使心神气息一起进入到寂然不动的心体，宇宙间的能量——虚无元气源源不断地注入泥丸九宫之中，如饮玉液琼浆，饥饿全消。

只有当日月光交替三十次时，他才吃一点进山所采的药草灵果。说来很奇怪，这药草灵果进入腹中，与体内真气合一，竟感到浑身充满了使不完的能量，身体轻灵如洞内一掠而过的岩燕。

炼丹过程是很艰辛的，并非一蹴而就。李真果几经失败。

第一次炼丹，由于火候没有掌握好，火势过猛，产生了坠胎。当他打开鼎门，取出丹药，却是一摊绿色的水，冒着一股绿烟。

第二次炼丹，他采取燃香计时控制火候。这个办法很有效。虽然火候得以调节，但由于药物成分没有搭配好，他烧炼的红色朱砂变成一颗黑丹。

李真果又失败了。

偶然之中，李真果在盘龙洞看见壁上的那些图案，发现正是疯癫老道刻在上面的炼丹步骤和秘籍。

他细心揣摩和摸索，经过反复提炼，甚至不惜尝药试毒，终于炼成了玄门四大丹。

只见朱红、紫金、玄黄呈不同颜色的三颗丹丸在他的手心里发出金色的光芒。它们就是乾坤一气丹、混元丹、金龟下海丹。他还炼出了毒龙丹。这颗褐黑色的丹丸不是炉子里炼的，而是用五石五豆浸泡而制。

这时，洞外传来疯癫老道的声音："自饮长生酒，逍遥谁得知。"

吟唱间，疯癫老道抱着葫芦酒已来到洞里。不知老道算到了这个时刻，还是巧合？李真果没有答案。

"师父，您看！"李真果捧着丹丸，激动地说。

疯癫老道手抚白胡子，拿起每颗丹丸仔细端详了一番，又举起葫芦，喝了一口酒，突然将一颗红色的丹丸吞下肚子，然后抬眼长久地注视着李真果。

李真果忐忑不安，看师父的表情，难道失败了？

疯癫老道打量着李真果，眼前的这个得意门生，胡子拉碴，一头如流水的头发像乱草一般，完全不像平日俊美的风采，几乎快要认不出来了。只有那一双深邃如星子的眼睛散发着熠熠的神光。

一年了。他在这洞里一待，就是整整三百六十五日。平常的人几乎根本做不到，便是修道之人也难以办到。更何况他竟用一年的时间就炼出了真丹。别人可能要用十年的功夫炼一颗丹。这徒儿有如此非凡的毅力，且悟性不在我辈之下，成就大道指日可待。疯癫老道在心里赞叹着这个得意门生。

看着李真果不知所措的表情，疯癫老道呵呵一笑道："还行吧。"

"我炼成了！"李真果惊喜地说，"师父，真的吗？"

疯癫老道点点头。

终于丹成了，李真果的激动自不言表。

这以后，疯癫老道将"定海神针""灵龟八法""飞腾八法""乾坤点穴开门法"等道医绝学和要诀传授他。这些都是道医对针灸、导引、气功的运用，是循经探穴的独特医术。

"灵龟八法"与"飞腾八法"是以《洛书·九宫图》和《八卦九宫图》配合人体奇经八脉之八个穴位，按日时开穴治病之法。

疯癫老道叫李真果在他身上试验。

"来，往老道身上扎。"疯癫老道仰卧在草席上，对李真果说。

李真果拿着银针，手颤抖着，不敢下手。

"怕甚？我死不了。"疯癫老道瞪了他一眼。

李真果努力让自己镇定，默记要诀，一针针地扎下去。从头到脚，疯癫老道满身都是密密麻麻的银针。

突然，他看见师父面色发白，全身痉挛，吓了一大跳，不知所措。

"坎移申脉，震位外关，乾对公孙，离临列缺。"疯癫老道平静地指导他。

李真果按照师父的指示一一照做。慢慢地，疯癫老道的面色渐渐红润。

当他拔出银针，惊出了一身冷汗。好在有惊无险。原来他把穴位弄错，使疯癫老道的冲脉、带脉、督脉逆向行走，血液倒流。若不及时改穴位，将会有性命之忧。

疯癫老道其实知道李真果扎错了针，但为了让徒儿得此教训而谨慎，不惜冒险一试。

经过这一次人命关天的教训后，李真果更加勤学苦练，加上他熟知九宫八卦，其太极拳、八卦掌早已达出神入化的境界，因之很快掌握了道医针法和穴法。此外，疯癫老道还教他运用内丹功法运气治病。施气者必须达到很高的内气修炼层次，方可祛疾。因李真果已练就了精湛的丹道内功，自不在话下。

不久，疯癫老道让李真果随他下山，为当地百姓施药治病。

时光荏苒，山中不知岁月久。

三年后，李真果已成为一名医术精湛、遐迩闻名的道士。许多人慕名上山前来登访。

终于实现悬壶济世的愿望了！每当治好一个病人，李真果心里十分欣慰。想想以前那些打打杀杀的日子，他感到出家修道才是自己要走的正道。

这是他的归宿。

从内丹到外丹，李真果在疯癫老道的引领下，走进了一个神秘的玄门世界。

他在修道求真的路上，又迈进了一步。但久而久之，他不免有些飘飘然。

有一天，在草楼上，疯癫老道对他说："你下山去吧。"

李真果大吃一惊："师父，您要我下山？真果哪里做得不好？弟子愿意改正。"

"天外有天，仙外有道。"

"师父的意思是，让真果下山行医吗？"

疯癫老道摇摇头："去成都二仙庵。"

"去做甚？"

"挂单学道。"

李真果以为自己听错了。我已经学成了，师父怎么还要我学道？他无法理解，却又不敢问。

疯癫老道喝了一口酒，说："我给你讲一个庄子的寓言故事。"

李真果心里嘀咕，师父啊师父，您就直接讲为什么，怎么老绕来绕去？

"有一天，井里有一只青蛙，与东海之鳖偶遇。青蛙向那只海鳖诉说井底生活的快乐与惬意，不无扬扬自得。东海之鳖就问青蛙，你听说过大海没有？"

疯癫老道讲着，故意卖了一个关子。

井底之蛙，怎么能见到大海？用鼻子都能想出来。李真果心想。不过，他显然被疯癫老道的故事吸引住，想听下去。

疯癫老道继续说："青蛙摇摆头。海鳖说，大海水天茫茫，无边无际。用千里不能形容它的辽阔，用万丈不能表明它的深度。传说四千多年以前，大禹做国君的时候，十年九涝，海水没有加深；三千多年以前，商汤统治的年代，八年七旱，海水也不见减少。海是这样大，以至时间的长短、旱涝的变化都不能使它的水量发生明显的变化。青蛙弟，我就生活在大海中。你看，比起你这一眼枯井、一坑浅水来，哪个天地更开阔，哪个乐趣更大呢？"

李真果听到这里，脸腾地红了。

疯癫老道看了他一眼，又接着说："浅井的青蛙听了这一番话，惶恐不安，两眼圆睁睁地好像失了神，深深感到自己的渺小。"

"宇宙无终极，学道无穷尽。道无止境啊。"疯癫老道又意味深长地说。

此时，李真果恨不得有个地缝钻进去，真是太丢脸了。原来我就是那只浅薄的坎井之蛙，只能看到井口那么大的一块天。因一得之功，便沾沾自喜。

"师父，我错了。"他低下头惭愧地说。

疯癫老道呵呵一笑道："徒儿，这不怪你。你只需依老子无为大道之精髓，修道求真，实而践之，你自然会悟出许多道理。……老道要云游四方去矣，你好自为之……"

说完，疯癫老道已掠出了草楼，倏忽而去了。只有那苍劲的吟唱还在空山回荡："妙妙妙中妙，玄玄玄更玄。动言俱演道，语默尽神仙。"

李真果沉思回味，心中一阵感伤，暗道：大道茫茫，如今又是孤身一人了！师父让我继续学道，说明我的修为还不够高，离道还远着呢。不知何时才能像师父那样修成正果？

宇宙无终极，大道无止境。我且去也。他收拾好包袱，决然离开草楼，飘然而去了。

第七章

孤独的修行

修行是一条寂寞而漫长的路。真正能成就大道的修行者，如寂寥的夜空上的星辰，是孤独的。

也正是因为孤独，很多人在修行的半途返回，功亏一篑。古人有言："靡不有初，鲜克有终。"人们大都有一个良好的开端，但很少有人善始善终。

李真果却是一个例外。他是孤独的星辰。

智慧的老子说："上士闻道，勤而行之；中士闻道，若存若亡；下士闻道，大笑之。"这句话的意思是上等的士人、读书人、高智商的人，听到我讲的"道"，他就认真按这个道努力来实行，来实践。中等人的闻道，好像听见了，又好像没听见，将信将疑。下等的人闻道，根本不信而加以诽笑。

李真果听到了这个道，认定这是他毕生追求的方向，而努力去实行，也注定了他将忍受智慧的孤独。

但是，这颗孤独的星辰，终将发出光芒。

第一节 挂 单

郁郁葱葱的林木之中，一座重叠飞檐的山门掩映其间。轻烟薄雾里，长而清幽的曲径，沿着清澈的湖水，通向丹台碧洞的宫观。

这里就是紧邻成都青羊宫的二仙庵，为全真道十方丛林。清康熙三十四年（1695），四川按察使赵良璧访胜求真，游于青羊宫东边的花园中，遇见一道士跌跏习静于丛篁里。这位道士叫陈清觉。赵良璧从道士口中得知，吕洞宾、韩湘子仙迹于此，遂增建观宇，是为二仙庵。赵良璧亲请陈清觉主持庵事。

康熙四十一年（1702）壬午十二月，钦赐御书"二仙庵""丹台碧洞"匾额，又敕封陈清觉为"碧洞真人"。于是，陈清觉便成为二仙庵开山真人，开启了龙门派分支碧洞宗，二仙庵被尊为全真龙门派碧洞宗的祖庭。

一袭白衣道袍的李真果，脚蹬十方鞋，步入二仙庵，若刘姥姥进大观园一般，霍地眼前一亮，充满了新奇，左看右看。

殿堂层层叠叠，宏伟庄严。亭台楼阁，清净素雅。廊庑连接，错落有致。花园湖光潋滟，花木繁茂，一片清幽静谧。袅绕的香火中，飘来仙乐般的洞经音乐，直抵人心。

居于都市之中，却不闻喧闹的市声，李真果大有一种恍若隔世的感觉。风过仙乐飘，世外尘劳远。真乃大隐隐于市啊。李真果暗叹。

他拾阶而上，步入吕祖殿。这是二仙庵的正殿，为吕洞宾专祀。大殿里塑有吕祖神像。又见纯阳真人吕仙祖，依旧是仙风道骨、潇洒自在的形象，李真果不禁肃穆起敬。吕洞宾仗剑除妖降害、行化度人的故事仙迹早已深入他的内心，也是他效仿的动力。而他当年跟无尘道长所学的剑术，也正是吕洞兵的天遁剑法。

李真果忽然明白疯癫老道让他到二仙庵挂单的深意。

道教中道人到别处道观修行居住，叫作挂单。当时的二仙庵方丈是阎永和高道，他与疯癫老道王复阳是师兄弟。

　　阎永和方丈听说李真果是王复阳的弟子，既惊且喜。师弟王复阳几十年来一直在寻找能传其衣钵的弟子，却苦于无人承道，没想到竟是眼前这个年轻人。

　　这位精通心相学的方丈见李真果相貌清奇，胸中藏有气象万千。而那双深邃的眼睛散发出一种静定的光芒，即使静静地坐在那里，也显得卓尔不群、飘逸出尘。能有如此相貌和气质之人，少之又少。而李真果通古论今，天文地理，河洛图纬，皆极其妙。对道的领悟力和修为之深，更令方丈称奇。

　　此青年乃人中之龙，玄门之人哪！师弟真是好眼力，众里寻他千百度，终于找到如此天赋异禀的弟子。阎永和方丈暗道。

　　方丈有意修炼李真果，吩咐他开垦荒地。李真果高兴地领受。在赉人谷，疯癫老道曾让他管理菜园，使他懂得修行在生活中的道理。

　　从这以后，乱草丛生的荒地里，常见李真果的身影。耕地、松土、整畦，施肥，下种，他乐此不疲地忙碌中。

　　每天，晨钟响起，从吕祖殿里传来道士们接三清念宝号的声音："玉皇大天尊玄穹高上帝"，"九天应元雷声普化天尊"，"寻声赴感太乙救苦天尊"。一声一击，那钟声深沉、绵长、雄浑，令人震撼。李真果站起身朝向大殿，心中默念一会儿，又继续弯下身去，默默地开荒、种地。

　　道士们都在殿里诵经，做功课，而唯有他在田里孤独地耕耘，仿佛被遗忘一般。

　　但是，李真果没有丝毫的心浮气躁。

　　三个月后，李真果已经把园内的荒地一点一点开辟出，二十多亩地的菜园，种上了土豆、茄子、辣椒、莴苣和羽衣甘蓝。远远望见，一片菜地长出绿油油的新芽，充满了生机。晨钟暮鼓里，几畦蛙声，又增添了几分宁静。

　　阎永和方丈从远处走过来，问道："真果，种地有何感受？"

李真果恭敬地答道:"种地之前,种地就是种地。种地之后,种地还是种地。"

这是以前疯癫老道点化他的问题。此时,他深刻地体悟到了个中之道。忘掉一切,回到本性,这就是道。

阎永和方丈虽然很满意李真果的回答,但并没有流露出来,不置可否。

"从现在起,你到藏经楼刻书。睡觉也在那里。"

"是,方丈。"李真果应声道。他曾听道友说,二仙庵藏经楼收藏有许多珍贵的道教经典,一般人是不允许进去的。

真没想到,方丈让我去刻书,这样我就可以在藏经楼看书了!他暗喜。

"让你刻的书,是一部十分重要和珍贵的典籍,要流传千载万世的。你不得丝毫懈怠。"阎永和方丈严肃地说。

这个方丈说话怎么这么严肃?一点不像疯癫老道那样随意。李真果感觉到阎永和方丈安详的神态里,有一种让人震慑的威仪。

于是他不由自主地恭敬回答"是"。

原来方丈让李真果刻的经书是《道藏辑要》。这部书是继明《正统道藏》和《万历续道藏》之后最重要的道教经典丛书,也是近代最大规模的道教经典选集。

《道藏辑要》由清康熙年间长洲进士彭定求撰辑;一说称此书系蒋元廷编纂于清嘉庆年间。

光绪十八年(1892),四川成都二仙庵阎永和方丈发起重新刊刻《道藏辑要》经版。从光绪十八年开始至光绪二十七年(1892－1901),历时九年时间,《重刊道藏辑要》才宣告完成编纂。

《重刊道藏辑要》共有二百四十五册,除收录了《正统道藏》中重要典籍之外,还收录了《正统道藏》以外的典籍一百种以上,集周秦以下道家子书,六朝以来道家经典,辑道家哲学、道教历史、科仪丹法、天文地埋、医学易学等,集几千年中国传统文化之精,具有重要价值。

时值光绪三十二年（1906），阎永和方丈决定开始雕刻《重刊道藏辑要》经版。

很多修为很高的道士参与了此书的编纂和雕刻。阎永和方丈把经书的正统道藏部分和藏外道书，如《老子想尔注》《吕祖心经》等，交给李真果雕刻。一方面因为李真果博学多才，诸子百家，三坟五典，所览无遗。加上他能耐得寂寞，无怨无尤，方丈打心眼特别喜欢这个挂单的年轻道士。尤其真果是师弟疯癫老道的爱徒，自是更有所偏爱。另一方面，方丈有心栽培他，希望他通过雕刻经书，在道的修为上有更大的提升。

《重刊道藏辑要》经版采用梨木为材料，每块两面刻字，一面两页。从早到晚，李真果便在藏经楼雕刻经书。

面对如此浩瀚的道教经典，他深感这是一项功德无量、永载史册的大事件。阎永和方丈把这么重要而神圣的事交给他，足见对他的器重和信任。李真果对方丈心存感激。

自此，他更加勤奋努力、不舍昼夜地刻书，边刻边读。博大精深的道教经典，打开了他的视野，使他大开眼界。尤其张道陵《老子想尔注》，使他对老子《道德经》的领悟更加深刻，许多不解的疑惑，也找到了答案。

夜深，二仙庵四周一片静谧，笼罩在幽寂之中，而藏经楼的烛火还透着光亮。

此刻，李真果仍在秉烛攻书。他一边在梨木上一字一句、一丝不苟地镌刻着经书，一边潜心地读着浩如烟海的典藏，领会其中的精义，竟无丝毫的疲累，反而更加神采飞扬。

阎永和方丈来到楼下，望着楼上的烛光，眼里流露出嘉许的神色。驻足望了一会儿，又悄然而去。

一天，一个叫无根的道士上藏经楼来，叫李真果去戒律堂见阎永和方丈。

"无根道兄，方丈何事叫我？"他一边放下经版，一边起身问道。

"去去就知道了。"无根冷冷道，转身下楼去了。

李真果暗想，方丈必是满意我刻的经版，又要把其他经书交给我刻了。

他兴冲冲地来到戒律堂。突然，梆子声石破天惊地响起，声音沉闷，如很厚的云层中滚过一声闷雷，他心里一惊。

阎永和方丈身穿黄色道袍，手持拂尘，端坐在正中。一头银发高束，神情严肃。案前燃着一炷香，有一种令人不安的氛围。

方丈平时就不苟言笑，李真果并没有感觉不对劲。

"方丈，《老子想尔注》明日便刻好了，我……"

"跪下！"

阎永和方丈突然打断他，板着面孔，声音带着威严。李真果一怔，不由自主地跪在香前。

哗啦一声，阎永和方丈猛然将案桌上的几块刻板劈头盖脸地朝他面前砸过来。李真果大惊失色。

"你自己看看吧！"

李真果捧起刻板，仔细看着。这些经版刻的文字是《老子想尔注》前四十章。我刻的没有错啊。哪里错了呢？突然，他发现，经版上凡是有"经"的字，都刻成了"径"。因为两字相似，加上刻板的字体甚小，极不容易注意到。

怎么会这样？不对，我明明刻的是"经"，怎么会变成这样？他惶恐地望着方丈。

"你还有什么说的？"

阎永和方丈威严的声音令他骇然。"我……"李真果嗫嚅地低下头。他知道自己犯下了不可饶恕的错。这么重要的经书，却让我搞砸了。我辜负了方丈的用心良苦。

"念你初犯，回藏经楼重刻。但必须惩戒，罚你跪香刻书。"

"是，方丈。"

李真果回到藏经楼，点燃一炷香，跪在地板上，对照着《老子想尔注》，一笔一画地在梨木上刻着字，刻完一章，又仔细检查两遍。确认无误后，又继续刻下去。

多少个日夜过去，他的双膝跪肿了，皮肤磨破了。道兄每日送饭进来，他痛得几乎无法起身。

然而，李真果毫无怨言，心甘情愿受罚。是我没有做好，即使方丈不惩罚我，我也会惩罚自己。他万分自责。

一个月后，李真果终于重新刻完了《老子想尔注》，又仔细检查了三遍，确认无一丝差错，才放心让无根道兄把经版送给方丈呈阅。

但是，让李真果怎么也想不到的是，经版又出现了多处错字，"道"刻成了"遒"字。

跪在香案前，阎永和方丈那威严的目光像利剑一般射向他，令他不寒而栗。

"方丈，我刻的是'道'字，怎么会成了'遒'？我真不知道。"他跪在方丈面前，委屈地说。

李真果确实不知道是怎么回事，明明自己检查了几遍都无差错，怎么会变成这样？

他用无辜的眼睛望着方丈。但是，他知道，自己有口难辩，摆在面前的经版的确出现了错字。

"方丈，您罚我吧，真果愿受一切惩罚。"

"你不能留在这里了。"阎永和方丈冷冷地说。

李真果闻之骇然，师父让我来二仙庵挂单学道，我却被开除，怎对得起师父？

"方丈，真果愿重刻经书，保证不再出错。请不要赶我走。"李真果恳请道。

"这部经书何等重要，你却一错再错，走吧。"阎永和方丈背过身去，决然地说。

"方丈，我真的没有刻错字，检查了好几遍，也不知道那个'道'字怎么会变成'遒'字？我……"

阎永和方丈沉默片刻，对旁边站着的监院道："叫无根进来。"

监院把道士无根叫到戒律堂。无根看到李真果跪在地上，似乎明白了什么，嘴角露出一丝不易察觉的笑。

"跪下！"

方丈威严的声音如雷一般击在无根心上，他一阵惊骇，扑通跪下了。

阎永和方丈转过身来，威严地盯着无根："你可知罪？"

"师父！弟子不明白犯……犯了何事？"无根结结巴巴地说，又狠狠地盯了一眼跪在旁边的李真果。

李真果一阵惊疑，无根道兄犯啥错了？

"真果，你起身罢。"阎永和方丈道，转身回到座椅上，盯着无根：

"你是自己交代，还是让监院告诉你？"

无根抬起头，正好与方丈那如炬的眼神相遇，吓得连连磕头。

"师父，我错了！我偷偷改了真果小师弟刻的经版，那上面'经''道'两字都是我改的。"

原来每次李真果刻完经版，都由无根将经版送到方丈那里去，他便趁此偷偷做了手脚。他原以为神不知鬼不觉，没想到还是没有逃过方丈的眼睛。

"无根，你第一次偷偷改字，方丈便已觉察是你干的，只不过未露声色罢了。你居然一而再地继续犯错！"监院厉声地揭穿无根。

方丈真是厉害啊！有道是，举头三尺有神明。方丈就像神明一样洞察一切！李真果暗道。

"无根道兄，为何这么做？"李真果大惑不解，我与无根无冤无仇，他为何陷害我？

无根低着头，脸红到了脖子上，额头冷汗直冒。

"我是本庵的道士，是方丈师父的弟子，可是方丈却让一个外来挂单的小道士刻书。我心里不服，又嫉妒，便偷偷破坏经版，好让师父把小师弟赶出庵里。"

无根说着，抬起头，双手作揖，眼含热泪对阎永和方丈道："弟子罪孽深重，请师父给无根一个改过赎罪的机会。"

"身为出家人，却心生邪念，干出陷害道友之事，违反清规戒律。监院，将无根迁单，逐出本庵！"阎永和方丈对监院道。

无根闻之如五雷轰顶，瘫坐在地上，磕头求情："方丈，无根知罪，无根愿改过自新，请不要把无根驱逐！"

阎永和方丈默然不语。

李真果看着无根哀哀苦求，生恻隐之心，替无根向方丈求情："方丈，此事皆因真果而起。无根道兄也是想刻书心切，一时做了错事。方丈有海纳百川、包容万象之境界，望给无根道兄改过的机会！"

阎永和方丈冷然地说："真果，你不用求情，道门不能纵容恶行邪欲！"

无根悄悄拉扯李真果的衣袖，把哀求的眼光投向他。

李真果跪下，对方丈作揖道："清规戒律，是为惩戒道人犯错，旨在让其改过自律。无根道兄已知错，善莫大焉。请方丈宽恕！真果愿同无根道兄一起受罚！"

阎永和方丈沉默了一会儿，对真果道："道家惩戒分明，你有何错。"

他转向无根道："念在真果替你求情，这次就饶了你。这惩戒还是必须的。每日跪香面壁，诵念《初真戒》千条戒文！"

"无根愿受惩戒。谢师父厚恩！"无根感激涕零。

"你知道为师为何没有让你刻书?"方丈对无根说，"真果的品德、修为远远在你之上，你以后要向真果师弟多学！"

"弟子明白了，谢真果师弟！"无根转向李真果道，他的脸色一阵红，一阵白。

因为向方丈承诺过，愿同无根一起受罚，李真果跪香刻书，在临睡之前诵《初真戒》千条戒文。

初真戒是道教入道者必须遵守的金科玉律，是入道的门户，是修道的起点。初真戒有五戒、八戒、十戒和女真九戒等。初真戒要求十恶不生，无思无为，一念修道，去掉凡心，以戒为师。目的就是树立道心，弘道立德。

李真果通过念诵《初真戒》，更深刻地明白普济群生，是修道之本。持戒修持，是积功累德以达道真的开始。从此，他更加严苛地规范自己的言行。

李真果替无根求情的事在道友中竞相传播，大家对这位新来的小师弟刮目相看。而李真果总是处处虚心，更赢得了道友的敬重。

但是，无根经过这事后，对李真果并不感激，反而更加嫉恨，常常对李真果冷嘲热讽，阴一句阳一句。

从鹤鸣山道观来的挂单道友张至意看不过去，替李真果打抱不平。"无根，若不是真果胸襟开阔，不计前嫌，替你求情，你早被逐出本庵！现在，你不但不感激，反而对真果道友不敬。真果当初就不该帮你！"

无根脸上悻悻然。

李真果则平静地说："无根道兄，我帮你并不求回报。你怨我，是我做得不好。"

"你别装善人！"无根恨恨地抢白道，脸色尴尬地拂袖而去。

"这人真是狗咬吕洞宾——不识好人心！"张至意摇头道。

阎永和方丈默默看在眼里，暗赞："师弟的眼力真是没看错啊，天降弘道立德重任于斯人矣！"

第二节　疗　疾

山路上，一个五六十岁的老妇人提着一篮子鸡蛋蹒跚地走着。她的脸上布满了岁月的风霜，眼里不断地流着泪。

突然，她被一块石头绊倒，昏迷过去。当她醒来的时候，四周一片漆黑，什么也看不见。

"儿啊！儿啊！你在哪里？娘看不见你！"她伏在地上哭喊着，伸手无助地在黑暗中探索着，地上是破碎的鸡蛋……

"娘，我在这里！娘！"李真果大喊着，猛地醒了过来。原来他伏在经版上睡着了，做了一个梦。

烛光下，他忽然看见阎永和方丈坐在案前正仔细看着刻好的经版。

"方丈……"他惶恐地连忙起身道。

此时，已是午夜三更。方丈什么时候来到藏经楼，他竟一点不知道。该死的瞌睡！李真果暗暗责备自己。其实，他已经几天没有睡觉了。

"做噩梦了？"阎永和方丈说，眼睛仍看着经版。

"我梦见了我娘，她摔倒了……"

阎永和方丈朝他摆摆手，叫他不要说话。然后在案前盘腿打坐，闭上了眼睛，似乎进入了冥想。

李真果不知所措地站在一旁。

过了一会儿，阎永和方丈慢慢睁开眼睛，对他道："你回去看看你娘吧。她的眼睛失明了。"

"是……是吗？"他不敢相信，方丈从未见过我娘，却这么肯定娘的眼睛失明。何况娘在几百公里外，方丈怎么可能知道？

方丈从怀里掏出一个布包，里面似有数根银针，对他说："拿去，为你娘治病除疾。你的师父也教了你灸法，且你的内功已经很深厚，我再将'天目神光'法传授你，你娘的眼睛就能看见光明了。"

说着，方丈将"天目神光"运气要旨详细讲解给他。这个功法要求施术者具有深厚的内功，运气聚于天目，打通对方任督二脉，继而疏通奇经八脉所有穴位，以达到排除病气的目的。

不到半个时辰，方丈已将窍要说完。

李真果心中默记。待方丈离开后，自己又练习了一会儿。

第二天一早，李真果急匆匆地离开二仙庵，踏上了返家的迢遥路途。

因为探母心切，李真果暗运轻功，真气鼓荡，一路如飞一般掠过，即使悬崖峭壁也难不倒他。

时值光绪三十三年（1907），义和团运动自发起到遭到清廷镇压的五年时间，早已灰飞烟灭。但连年的灾荒依旧侵袭着蜀地，农民挣扎在死亡线上，反帝灭清的斗争声势此起彼伏。

经过三天三夜的长途跋涉，李真果回到老家安岳李家区观音场响坛子村。

眼前的村庄一片荒凉，从山那边吹来的凛冽寒风，扫过荒芜的田园，打在几间破瓦残砖的屋顶上，发出呼呼的啸声。一只寒鸦从枯枝上惊起，从李真果头上飞过。

村口河边的那棵大黄桷树，最后的一片叶子也被风带走了。没有鸡鸣，没有狗吠，枯瘦的几竿竹子伸向死寂的铅灰色的天空。村子里很少看到走动的人。李真果的心里一阵紧似一阵，有种不好的预感。

遇见老邻居王伯，经过打听，李真果得知，由于连年灾荒，加上清廷对义和团的镇压屠戮，许多村民都出去逃难了，剩下的尽皆老弱病残。

"王伯，我娘好吗？"李真果急切地问。

王伯将手里的烟杆往鞋底敲了敲，抖了抖烟灰，叹了口气："真果啊，快回去看看吧。可怜啊。造孽啊。"

话音未落，李真果已箭一般朝家里狂奔而去。

熟悉的青瓦白墙的清式宅院就在近前，但房屋已显得破旧不堪。唯有那棵门前的梅树，在寒风中倔强地独立。李真果想起幼时，一身武艺的父亲便是用那梅树的枝条教他练剑。如今物是人非，他不禁眼里泛酸。

马上就要见到日思夜想的母亲，李真果却不敢踏进家门。"近乡情更怯"，或许这句诗更能表达他此刻复杂的心情。

他鼓起勇气推开门，随着吱嘎一声，院子里传来熟悉的声音："谁呀？"

听见母亲的声音，他揪紧的心放松下来。

母亲正坐在院子石桌边纳着鞋底，她抬起头朝门口张望。李真果激动地朝母亲走过去，正要开口。

李母又问："谁呀？"

娘明明看见我，怎么认不出孩儿了？李真果心又一阵揪紧。

似乎不见动静，李母又低下头纳起鞋底。她拿针的手，仿佛在黑暗中摸索。突然，针扎在了指头上，鲜血涌出。李真果心里一痛。可是，母亲连眉头也没皱一下，又继续一针针地纳鞋。她的针很乱，有几次刺破了指头。

"娘！"李真果再也控制不住自己的感情，哽咽地大喊一声。

李母拿针的手突然呆住不动，鞋底从手中落在了地上。她的嘴唇哆嗦着，慢慢地，浑浊的眼里流下了泪水。

李真果蹲下身，又急又痛地问："您的眼睛怎么了？您看不见孩儿吗？我是真果，娘的真果啊！您不要吓我！您怎么了？"

李母呆了片刻，猛然抱住儿子放声大哭起来。

"孩子啊，娘想死你了！"

"真果也好想娘！"

李真果默默地抱住母亲，眼中的热泪缓缓流下。虽然他已是出家人，尘缘了断，但唯一让他放不下的牵挂，就是母亲。

"儿啊，让娘好好看看。"李母抬手在李真果的脸上抚摸着，又摸摸他的身子骨，喃喃地，"长高了，长结实了。唉，娘看不到孩儿的样子。"

"娘，您的眼睛怎么了？"李真果大痛，急切地再问。

李母用手擦了擦脸上的泪花，叹息道："娘的眼睛看不见了。"

李真果只感到一阵天旋地转，如雷轰击一般。方丈说的，果然没错。可是，方丈如何知道母亲失明？李真果再一次感受到玄门高道，高深莫测。

原来李母时常为死去的丈夫和被害的女儿伤心流泪，又日夜牵挂出家的儿子真果，日复一日，年复一年，终于哭瞎了眼睛。

"娘，放心，您会很快看见孩儿的。"

李真果的话并不完全是安慰，他相信，若按照方丈传授的"天目神光"法，还有疯癫老道师父的"神针"灸法，必能治好母亲的眼疾。

一阵紧似一阵的寒风停息了，初冬的晨光淡淡地照射在开阔的院子。屋后的山林飘散着乳白色的雾气，空气里传来泥土和树木的芬芳。

这是一个阳气初升的时辰。

院子里，李母坐在一张蒲团上，闭上眼睛。李真果拿出方丈给他的银针袋，按疯癫老道所授灸法穴位，将数根细细的银针插在母亲的头上，开始施术。

李真果在母亲的对面盘腿坐下，凝神调息，进入寂然不动的虚静状态。慢慢地，他双手合抱胸前，又缓缓展开，划成一个太极圆圈，让气从四面八方聚过来，越聚越多，天上之气下降，地上之气上升……

突然，他的眼睛聚成一束光芒，如日月明明当前。眼前浑浑然烟雾迷离的无形之气，凝为一团乳白色的清气从头顶灌入，玄关窍开，神光下照丹田，天地间的真一元气与体内的元气合为一体。那一团乳白色的清气变成万物化化无穷的能量气机，在全身勃发。此刻，他的目光如一道强光，直射母亲失明的双目。李母只感到眼睛如烧灼一般火烧火燎，慢慢地，又有一种针刺般的痛痒，眼前似有金星点点。

李真果暗运体内元阳真气，内力随念所发，聚于掌中，猛然朝母亲面前推去，一股强大的掌力将真气传布母亲全身。霎时间，李母只觉一团火球滚进了体内，又变成一个通红的太阳，不断地向外放射光芒。太阳渐渐扩大，整个人像火球一样炙烤着。她汗如雨下，遍身火热，如一块金子在火炉中熔炼。

李母咬紧牙关，忍受着痛苦的煎熬。儿子在为娘治病，她感到很幸福。就算让她死去，此生已知足了。

此时，天地阴阳升降交会，离卦时当正午，李真果运用后天八卦图式，真水和真气相交。他一面布气运转母亲任督周天，上通泥丸，下通涌泉，一面手掐指诀，诵经念咒。这是他从藏经楼《重刊道藏辑要》的经版中学来的。

渐渐地，李母感到体内的火球变成一团暖气，恍若白雾罩身，全身如坐在蒸笼之中。一切阴寒之气、病气、毒气都被蒸发掉，眼睛四周烧灼感消失了，有一种清凉如水的感觉。

"娘，睁开眼睛吧。"李真果收功后，对娘轻声道。

李母慢慢地睁开双眼，眼前一片白色的雾气，过了一会儿，雾气消散，她看见一个身穿蓝袍的年轻道士坐在自己面前，儿子清俊的轮廓渐渐地清晰起来。

"我看见了！我看见我的儿子了！"李母激动地抓住李真果的手臂，惊喜地叫道。

终于重见光明，看到分别多年的儿子，李母不禁热泪盈眶。

抚摸着儿子如雕刻般俊美的脸庞，李母喜悦地赞叹："越来越俊了。"

她看到李真果一袭道袍，眼神中掠过一抹深深的内疚和失落。

"儿子，娘让你出家，你不怪罪娘吧？"

"娘，您是为孩儿好，孩儿不但不怪罪娘，还要感激娘的决定。真果出家之后，学到了很多东西，懂得了许多道理。"

李真果将自己巧遇疯癫老道，又跟随疯癫老道学道，尔后又到成都二仙庵挂单的经历一五一十讲给母亲听。

"孩子，这都是命中注定的安排啊。"李母感慨道。

李真果出生的那天，疯癫老道的出现，李母的潜意识里便隐隐感到，儿子将来与道门有缘。当年丈夫担心儿子走上出家之路，曾经阻止年幼的真果去见疯癫老道，没想到，山不转水转，还是遇见了。

看来儿子这一生注定是道门中人，与道有缘啊。到底是福是祸？若是祸，儿子没有出家，怎么躲得过官府的追捕？也许早就不在人世了。若是福，他这辈子只能在空门中度过，母子分离，无家无室，李家彻底断了香火。李母暗想，内心喜忧参半。

"娘，您跟孩儿走吧？真果在哪儿，娘就在哪儿。"真果恳切地央求。他放不下母亲。

李母摇头道："你有这番孝心，娘知足了。你身为出家人，就要放下一切，运用你所学的本事，多多去做善事，积功德，为穷人治病。"

母亲的深明大义，让李真果肃然起敬。

"孩儿遵命。"

连续数天，李真果继续为母亲疗疾。李母身上的各种疾病也一扫而光，甚至腰直腿健了，花白的鬓发也开始有了青丝，苍白的面容渐渐红润起来。

村里人闻讯后，纷纷带着患病的老人和孩子登门造访。李真果便根据各自不同的病情，或用灸法，或用草药，或运功布气，为村民治病疗疾。数日后，皆痊愈。

李真果的道医术和草药知识得益于疯癫老道的传授。他更加深刻地体会到师父让他悬壶济世的良苦用心。

村民们对李真果的神功大为惊奇和佩服，视为神医。他们为感激李真果，送来积攒不多的米面钱物，但李真果一一拒绝。只要求他们在家宅四周种下一棵梅树。等冬天蜡梅开了，只要拿一小碗米给母亲，就可以取树上的蜡梅，回家泡酒，可驱寒防病。

大家对李真果的孝心和医德大为赞颂。

这时候，村庄突然发生疟疾，瘟疫四处蔓延。那些官府之人纷纷躲到城里去了，患病的村民只好找到李真果求治。

李真果连夜配上草药，然后将草药碾成粉末，倒入井水里，让村民汲水而饮。

不几日，村民疟疾治愈，蔓延的瘟疫终于停止扩散，并消无踪影。

从此，李真果在安岳名声远扬。也从这一天开始，李真果迈向了悬壶济世的道途。

第三节　符箓术

李真果辞别母亲，离开安岳老家，往成都二仙庵方向而去。

一路上，他跋山涉水，昼行夜伏。半途，突遇山道塌方，道路中断，他只得绕道而行。

沿途重峦叠嶂，浓雾迷离。李真果迷路了。

不知走了多久，一路攀缘而上，他登上了一座不知道其名的山峰。一只只白鹤从他的头顶掠过，在天空翩翩飞翔。

　　又是一个紫色的黄昏。

　　李真果极目眺望，山峰的东面冲起五道黄紫的光华，使这里呈现一方异彩，瑰丽之极。这里必是一处宝地灵境！或许会有高人在此？他暗道。

　　但见巍峨而状若凌空的山势，像一只仙鹤从天而降。一条河流环绕在云雾袅绕的群山之中，左若青龙、右若白虎的两座山峰，负阴抱阳，又俨若太极图，玄妙之至，仿佛置身在虚无缥缈的神仙境界。

　　几年修道已熟知风水的李真果四下环顾，不由喃喃叹道："此山四方献瑞，八方呈祥，万千气象别有洞天。是人间仙境，绝佳修炼之地！恐怕所见的洞天福地都比下去了。……这里应当有寺庙宫观、修行之人吧？"

　　正寻思着，暮钟响起，声音清玄、绵长，仿佛穿山越岭一般，扫过林间的遍地落叶。

　　钟声似从高处传来。李真果抬头一望，东面松林掩映的山顶，一座飞檐挑角的道观凌空矗立。

　　他朝东面山顶攀去。然而没有路，面前壁立千仞。他看见从岩顶上面垂下一根长长的绿藤，便抓住它，暗运真气，纵身一跃，嗖嗖地，身轻如燕，贴着石壁飞一般攀缘而上。

　　突然，他感觉藤蔓发出细微的断裂的声音，心里一惊，一节碗口粗的藤蔓被刀般的岩石划破，眼看就要折断了。他往下一看，黑咕隆咚的洞穴，不知下面有多深，令人触目心惊。

　　他试图抓住一棵可以攀附的树木，却什么也没有，皆是滑溜溜的石壁。这时，他突然感到手上一松，藤蔓崩断了，整个人好像滑板一样直往下坠，耳边犹感风在呼啸。完了，他绝望地闭上了眼睛。

　　向下，向下……

　　一直坠落，坠落……

　　我就要死在这里吗？这念头一闪，他连忙心中默诵"无为玄功"心法，急运内功，身体在真气的激发之下，变得轻盈起来，如一片羽毛。

五年多来，李真果自创的"无为玄功"，集合了几位师父各种内功心法，又悟得吐纳胎息法妙谛，这使他的轻功达到极高的境界，身体轻灵无比，任何高山恶水决计阻挡不了他。

此刻，他像一片羽毛，向下飘啊飘……

然后，他落了下来，便什么也不知道了，失去了知觉。

不知过了多长时间，李真果好像沉睡在一个幽深而黑暗的地洞里，耳边似有念咒声，那声音越来越密，越来越大……然后，他被念咒声弄醒了。

他霍地睁开了眼睛，念咒声顿然消失了，一片空寂。几道玄黄的光不知从哪个地方透了进来，使他一阵炫目，无法看清楚眼前的环境。只闻到一股淡淡的、清雅的水沉香的气味，绕鼻袭来，瞬间心静神凝。

过了一会儿，他的眼睛慢慢适应了光线，发现自己身在一个幽深的洞窟，躺在如小山般的麦黄色纸堆里，每张纸画着似字非字、似图非图的符号、图形，写着隐晦的秘文。

符箓？这里怎么有这么多符纸？李真果一阵惊疑。

在义和团红灯教总坛，他就亲眼看到首领给拳民每人一道符，用朱砂画在麦黄纸上，然后放入一碗清水里，这叫"符纸化神水"。拳民吞符念咒后，像上法般，顿时勇气百倍。他们自称神灵附体，高喊"刀枪不入"，冲入敌阵向前猛杀乱砍，个个视死如归，大有英雄气概。

当时，李真果便对符纸很好奇，它到底有什么魔力？他一直不解。直到后来，随疯癫老道炼丹，他才知道，朱砂本为药物，有安神、定心、解毒、镇邪等功效。有可能拳民服了用朱砂画的符纸后，产生了兴奋的幻觉，对刀斫剑击失去感觉。

李真果从符纸堆里艰难地爬出来，浑身有一种仿佛筋骨寸断的剧痛感。若不是这些堆成小山般的符纸，纵然他轻功再好，从千丈绝壁掉下来，不粉身碎骨也会死。

他面朝符纸堆跪拜作揖："谢神灵符纸，救我真果一命！"

过了一会儿，他忍着痛，起身朝洞内深处走去，玄黄的光从里面放射出来，飘散着缕缕的轻烟，又是熟悉的、水沉香的气味。道香！谁在烧香？他愈加好奇，这是个什么地方？

他甚至怀疑，这一切是不是一种幻觉？

越走越深，渐渐豁然开朗，一个偌大的洞窟出现在眼前，犹如一个巨大的厅堂。李真果早已见过形态绮丽的溶洞，他曾跟疯癫老道学炼丹，便是在贲人谷的一个大溶洞里。所以，见到它，他并不感到惊奇。

但令他惊讶不已的是，洞里各种倒悬的钟乳石上挂着麦黄色的符纸，随着不知从何处而来的微风轻轻地飘动，宛若垂着的一帘帘帐幔。而那玄黄的光就是从符纸上散放出来的。

一定有人在此！他的心快要跳出嗓子眼了。

他正待掀开一道符帘，里面传来一个平和而苍劲的声音："进来吧。"

李真果几乎不敢相信耳朵听见的。他迟疑了一下，猛地掀开符帘，只见一块巨大的石桌边，端坐着一个龟背鹤发、鹑衣百结的老道，好似仙翁一般，桌上铺着麦黄色的符纸。香案上燃着香，供奉着太上老君神像。

铺天盖地的符帘，神秘的幽洞，缭绕的香烟……这像是一个奇特的法坛。

这样一个与世隔绝的秘洞，怎么会有人？难道我真的遇见神仙了吗？李真果吃惊地暗道。

龟背仙翁握笔在符纸上行云流水地画着符号，对他呵呵一笑道："老翁这里还从未来过客人，没想到今日天上掉下个小仙来！"

李真果惶惑地拜揖："老仙翁，小道打扰了。"他依旧有一种恍恍惚惚不真实的感觉。

"你叫我什么？"龟背仙翁仿佛没有听清楚，竖起耳朵问道。

"老仙翁！"他大声叫道，顽皮地在仙翁前面加了一个"老"字。

"再大点声！"龟背仙翁又道。

"老仙翁！老仙翁！老仙翁！"李真果连声叫道。

"哈哈。"龟背仙翁愉快地大笑。笑声在偌大的山洞回荡，旋转了一会儿，发出一种强劲的穿透力，穿过环环相连的幽洞，飘出洞口，飘向了天宇，许久才消失。

这老人家内功深厚无比，竟达到如此之高的上乘境界。李真果既佩服又惭愧，自认为内功已经很厉害，没想到碰上这位世外高人，一下子给比下去了。师父说得对，天外有道，天外有仙。道无止境啊。

"小子，你叫我一声老仙翁，那我们就有仙缘了。"龟背仙翁赞许而满意地说。

"坐下吧。"龟背仙翁用慈祥的目光看着他。

李真果像被催眠一样，顺从地在旁边坐下，盘腿席地。

龟背仙翁取下身上的葫芦，打开来，顿时一股袭人的、熟悉的酒香弥漫开来。只见他拿起案上的符纸，突然左手一抬，隔纸朝香台上的烛火一指，噗的一声，符纸烧着了，慢慢燃尽的灰烬倾入了葫芦中。

李真果瞪大眼睛，看呆了。好深厚的内功！

"喝吧。"龟背仙翁摇了摇葫芦，递给他。

李真果接过葫芦，用鼻子嗅了嗅，惊讶地道："这是千年神仙酒？"

奇妙的是，他闻到这股酒香，浑身的疼痛竟没有感觉了。他忍不住连连喝了几大口。如泉水一样清澈的酒液，带着一股沁人心脾的芬芳，还有一种淡淡的药香，应该是那符纸灰的味道，顺着喉咙流入肺腑，流到心里，渐渐化作一团暖暖的乳白色的真气，在体内游走、蒸腾。他受伤的经脉瞬间被疏通，整个人重新恢复了能量，甚至感觉这股能量比以前更加强大。

原来龟背仙翁在用这加了符纸的仙酒为我疗伤！李真果想起疯癫老道从不离身的葫芦里装的酒，就是这神仙酒。义和团首领南山第一次请他喝的酒，也是这神仙酒，说是鹤鸣山一个老道送他的。此刻，李真果有一种恍恍惚惚的感觉。这个龟背仙翁是疯癫老道师父乔装的吗？又不像。难道他真是神仙？可是，世上哪有神仙？李真果脑海里闪过许多问号。

"你告诉老仙翁，你从哪里来，要到哪里去？"龟背仙翁的问话，打断了他的思路。

李真果忙答:"我叫李真果,在二仙庵挂单。……我从老家探母返回二仙庵的途中,迷了路,不知不觉走到这山上,想攀上山顶,结果掉了下来……"

"我知道。"龟背仙翁又打断他,"我还知道你是疯癫老道王复阳的弟子,不对,论年龄应该是徒孙。"

李真果吃惊地:"老仙翁,您怎么知道?"

龟背仙翁神秘一笑,打起了太极:"你既叫我老仙翁,还有什么我不知道的?"

他又说:"知道且能品尝到这仙酒的人,世上没有几个。疯癫老道那个酒虫子,算一个。你若不是他的弟子,怎么一闻到酒香就知道是什么酒?"

"这么说,老仙翁认识我道爷爷?"李真果瞪大眼睛,惊奇不已。

"我俩是不同门的道友,你道爷爷是全真教龙门派,我是正一道。这疯癫老道嗜酒如命,每年都要上我道观来找我,讨我祖天师的神仙酒喝。"

对呀,李真果猛然大悟,疯癫老道师父讲过,他葫芦里装的酒是鹤鸣山张老仙翁所赠,说是张道陵祖天师当年所酿制的神仙酒,祛病除邪,延年益寿。若练功者饮后可助内力增强。

龟背仙翁笑道:"看来你小子喝过不少吧?从山崖上摔下来都没摔死,必是疯癫老道给你灌了不少这仙酒。"

"莫非此山就是鹤鸣山?老仙翁便是道法高深的张老道长?"李真果惊喜道。

龟背仙翁点点头。

原来这位张老道长姓张,是祖天师张道陵的后裔。二十岁时,出离红尘,追随张天师的仙迹,来到道源圣地鹤鸣山隐修,常年住在张道陵当年修炼的山洞里,后人称为"天师洞"。如今张老道长年届一百一十岁。

"道长仙真,请受小道一拜。"

李真果起身正欲跪拜,龟背仙翁抬手用毛笔的另一端轻轻一挡,笑着说:"哎哟,别那么拘泥。小子,我还是喜欢你叫我老仙翁。好玩。"

"是,老仙翁。"李真果被龟背仙翁的孩子气逗乐了,也调皮地回答。

"你还没有回答我刚才的问题，你从哪里来，要到哪里去？"老道突然强调道。

李真果为之一怔，猛然领悟老道话中的玄机。

他福至心灵，答道："我从来处来，到去处去。"他记得，佛家就是这么问答的。

"来是哪里？去又是哪里？"

"这个……"

李真果知道，龟背仙翁有意在考他。这个问题，他从来没有想过，不由陷入了沉思。佛家用禅机回答了人从哪里来，但是，仍然没有解决那个"来处"和"去处"是哪里。

他的脑海里灵光一现，突然蹦出一个字："道。"对，只有老子所说的这个"道"，才能从根本上解决人的终极问题。

于是，他回答道："人从道中来，又从道中去。"

"说说看。"龟背仙翁兴趣盎然地看着他。

"道是宇宙的本源，世界的本源。老子说：'道生一，一生二，二生三，三生万物。'无形的道产生了世界，有了天地，然后天地有了人。老子又发现，世界上每一个具体的事物，具体的存在，包括你眼睛看到的东西，都不是永远的。道的根本从'无'生出万物的'有'，又从'有'返回到了'无'。这就是无中生有，有中还无。"

龟背仙翁兴趣盎然地听他侃侃而谈。

"比如说，"李真果不知不觉地模仿疯癫老道的口吻，"这个人死了，又有人生了。生生死死，有有无无，道在它循环往复中永恒变化着。"

龟背仙翁看着他的眼睛，反问道："你是说，人到世上来了，从无到有。最后人人都会死，又从有回到无。所谓赤条条来赤条条去。既然人最终会死，我们修道有什么意义？"

显然，龟背仙翁故意在给李真果设置障碍。

"这个'无'，不是什么都没有，也不是人死了以后生命就不存在了。肉体死了，但精神不灭。'无'是大道，是我们人精神性的本体，是我们真正的生命，我们最终要回归到天地万物自身的状态中，向着生命意义的方向朝内走。在这一个过程中，寻找人生的意义，回归到大道，而证到一个永恒的生命。"

李真果停顿片刻，眼神明亮，自信满满地打总结："我们从哪里来？从道里来；我们到哪里去？回道里面去。"

疯癫老道的启发，加上自己的读书和思考，他对道有了进一步的领悟。李真果发现自己的思路从来没有这样清晰过。

"你能够有此参悟已经很不错了，疯癫老道终于收了一个好徒儿。"龟背仙翁微笑地赞许道。

"初学，只知皮毛，献丑了。还望老仙翁指点晚辈！"李真果真诚而恭敬地道。

"你想老仙翁教你什么？"龟背仙翁显然很喜爱这个"掉下来的小仙"。

李真果的目光投到龟背仙翁面前神秘的符纸上，今日幸亏堆如小山的符纸救了一命，又得龟背仙翁用符纸化酒为他疗伤，他更加对道家的符箓术这一神秘文化产生了强烈的好奇心。若是能得此道术，又掌握一门道家绝学，该有多好！

"小子，你想学？"

李真果一惊，老仙翁跟师父一样厉害，连我想什么都知道。

"呵呵，看在你我有缘，我就把这'玄门符箓'传你吧。"龟背仙翁微笑道。

李真果喜出望外，不知该如何表达内心的感激。

符箓是道教表达对鬼神、自然事物等神秘力量的敬畏，并试图达到天人感应效应的一种文图语言。它是道教法式、斋醮科仪的内容，也是道医驱邪治病的一种手段。

符箓是符和箓的合称。符指道教摹写云气鸟兽等自然物，书写于黄色纸、帛上的笔画屈曲、似字非字、似图非图的符号、图形；箓指记录于诸符间的天神名讳秘文，一般也书写于黄色纸、帛上。

符箓之源，起于先秦巫觋。早在黄帝时期，古代先民就已有立坛、求神、授符等巫咒风俗。疾病被看成是鬼神或先灵示罚的结果，因而祈祷、祭祀、祝告、诅咒称为治病的重要方法。

东汉张道陵天师，教民众信奉黄老之道，常以造作符书和以符水为人治病，有病的人使他服下符水，立即痊愈。因此信徒趋之若鹜。

因而，符箓成为正一道主要修习方术，也称为"道术""法术"。

符箓还与原始社会的谶纬及星辰崇拜和天道自然有关，被认为是天神的文字，是传达天神意旨的符信，用它可以召神劾鬼，降妖镇魔，具有超自然的神力。

道教符箓使用十分广泛。有用于为人治病者：或丹书符箓于纸，烧化后溶于水中，让病人饮下；或将符箓缄封，令病人佩带。有用于辟邪保安：或佩带身上，称为护身符。或贴于寝门上，叫"桃符"或叫"护宅符"。有用于救灾止害：或将符箓投河堤溃决处以止水患，或书符召将以解除旱灾等。

道士作斋醮法事，更离不开符箓，或书符于章表，上奏天神；或用符召将请神，令其杀鬼；或用符关照冥府，炼度亡魂。整个坛场内外，张贴、悬挂各式符箓。

李真果在二仙庵藏经楼刻经版时，翻阅过所藏的《道藏》典籍，对道符的神力十分好奇，又难解奥秘。眼下经龟背仙翁详解，他感到自己正读到道医文化中最神秘的一页。

"符箓咒术必须要有极其深厚的内炼功夫。在制符的过程中，需要发动自身灵场向符内封注灵气，也就是运气于符上，将天地日月的能量聚于你的意气中，达到老子所说的，'万物负阴而抱阳冲气以为和'，天人感应，神气冲和，才能为人治病解厄，道书所谓符无正形，以气而灵'。"

李真果思忖着龟背仙翁的话，突然有所触动："就是说，符箓法术起决定作用的是内功，以我之气，引天地万物之气；以我之精，合天地万物之精；以我之神，合天地万物之神。对吗？"

李真果的聪明颖悟胜过常人百倍，闻一知十，举一反三，兼之疯癫老道传授内丹功法于他，对丹道修持法门早已费过许多心血推详，达到天人合一之境。今日遇老仙翁，又传符箓之术与他，略加点拨，他立行豁然贯通。

"对。"龟背仙翁满意地说，"书符者引炁存神，倾'精''神'于笔端。神不走，炁不乱，心与符一，符与心俱，下笔成符，一挥而就。如此书成的道符，便能感应天地间之阴阳、五炁，役使鬼神，达到呼风唤雨、治病消灾的目的。"

龟背仙翁将书符的诀窍讲完，又正色道："若无至诚之心，符自然就不灵了。道士书符、用符，须先澄心净虑，去掉杂念，以我之正气，结天地飞玄妙气，而为人治病疗疾。符箓是否灵验，全在道者德高意诚，道功法力。"

"一些江湖术士功力不够，起贪念邪心，利用它装神弄鬼，骗人钱财，在民间影响极其恶劣，污了道家声名。"龟背仙翁又严肃地加了一句。

"真果记住了！"

接下来，龟背仙翁将书符窍要咒诀一一说给李真果，符箓书写要与咒语掐诀配合，每画一笔都有相关咒语，以达上天。

"静心定息，左手掐诀，右手念咒，口中微咒，心中存神，依诀画符。"

龟背仙翁说完"二十四字"口诀，整理了一下道袍，神情严肃。他端坐在石桌边，手拿毛笔，点蘸朱砂，一边念着咒语，一边在纸上画符。

此时的老仙翁身上安静祥和的气质，笼罩着一种神秘感，又给人震慑和庄严之感。

李真果不由肃然。他无法完全听清楚龟背仙翁所念咒语，只听得几句："混元一气，高辛之余，付我弟子，疾摄疾除……谨召十大功曹，针砭小吏，布气治病，神员天医大圣，随呼即至……"

他听得最清楚的是，每一句咒语结尾都有"急急如律令"一语。而每一道符针对不同的内容，用于修炼、镇邪、治病等。仅治病，便有各种不同的符，如冷吞符、热吞符、吐吞符、汗吞符、洗眼符、求子难产符等。

李真果看得眼花缭乱。

这时，老仙翁将面前的案桌上已写完的符箓，突然朝空中一掷，符纸漫空飞舞，又纷纷落下，悬挂在了山洞里的钟乳石上，布成了一个符的气场，令人震撼。

李真果看得呆了。他忽然联想到自己掉下来时，能够死里逃生，或许是老仙翁设的符坛所救？

龟背仙翁从怀里掏出一个白布裹着的布包，递给李真果："你拿去看吧。"

李真果慌忙接过，小心翼翼地取出，拆开一看，原来白布包的是一本褪色的线装书，上书"张天师玄门符箓秘籍"六个行云流水般的墨字，似老仙翁的笔迹。

李真果一阵狂喜，能得到张天师的符箓秘籍，我便可以书符作箓，为人治病解厄了。他心里对老仙翁更加感激。

"你就在此研习吧。此处有一个通道，可以出去。读完，你便回二仙庵吧。"

龟背仙翁说完，起身，如一团白影从李真果面前掠过，转瞬间，出了洞口。

"老仙翁，你去哪里？"李真果追过去，大声喊道。

"哈哈。"龟背仙翁纵声大笑，"找疯癫老道云游去也。"

山谷中回荡着老仙翁的声音，只闻其声，不见其人。仿佛做了一个梦，李真果怔怔地站在那里。

回到天师洞，李真果坐在那张石桌边，就着不知从哪里透进来的光线，开始读起《张天师玄门符箓秘籍》来了。

这像是一本无字天书，里面的符号，似字非字，似图非图，天地云气，飞鸟虫鱼，皆奇形怪状，像密码一般。李真果如坠入云里雾里，傻眼了。

无论他怎么研读，却始终不得其解。这些符箓到底什么意思啊？老仙翁为什么不点拨一下呢？

老仙翁不做任何阐释，必是要我自己悟出吧？他暗想。

于是，李真果静下心来，决心破解这难啃的"无字天书"。深而幽静的洞中，他忘记了周围的一切，沉浸在神秘的符书中，忘了时间，也忘了饥饿，不吃不喝，不眠不睡。

他按照老仙翁所授咒语，拿起毛笔，运气于纸上。尽管他写得一手龙飞凤舞的毛笔字，可是，他画的符却歪歪扭扭，完全无法凝气，更无法通天地之气。

他又心急又沮丧。渐渐地，他伏在石桌的符纸上睡着了。疯癫老道传授他的胎息大法和他自创的"无为玄功"，在他的体内自然地结合，进入"睡功"状态。

他睡了很久。等他醒来，已过去了十天半月。

奇妙的事发生了。李真果一觉醒来，提笔运气，调气定息。只感觉天地之气从头顶灌下来，一路顺着胸口注入腹中，慢慢地在体内升腾起一股乳白色的清气。但见他深邃如寒星的眼睛，精光一现，一手掐诀，口中念着老仙翁所示咒诀，在麦黄色的符纸上龙飞凤舞地书符作箓。每一笔每一画如行云流水，自结空中飞玄妙气，成龙箓之章。

而他所作符书，皆是这本《张天师玄门符箓秘籍》中所有的神符宝箓，没有错一笔，漏一点，全是他脑海中所显现的。

"我可以作符书了！"李真果一阵激动。

睡了一觉，竟破解了"无字天书"的密码，连李真果自己也不敢相信。别人可能要用十年的工夫书符作箓，而他仅用了做一个长梦的时间而已。

从掉入天师洞，到遇见老仙翁，到对道家符箓术绝学的掌握，李真果感觉，真的好像做了一个梦。

第四节 传 戒

清晨，静寂的二仙庵传来一阵诵唱声。

世始初无假之真性，本自天命，无思无为，自然而然。

无善可修，无恶可作。

故曰，为善无近名，为恶无近刑。

万法，从自性中生。一念思量，保为变化。

思量作恶，化为地狱恶鬼。

思量修善，化为天堂善神。……

戒律堂。阎永和方丈端坐在九龙通灵椅上，手持玉简，神态威严，正领着几十名戒子诵唱《初真戒说》。众戒子盘腿席地于蒲团之上，李真果也在其中。

原来李真果从鹤鸣山天师洞回到二仙庵后，恰逢庵中举办戒律学习班。方丈让他参加学习，继续修持。

戒律，是道士须遵行的一种宗教纪律，也是规范道士宗教道德修养的约束性教规。

戒，有劝诫、教戒之义；律，指条律、律令。戒，主要规定哪些是恶，禁止道士去作；律，主要规定犯戒后给予何种处罚，使人有所畏惧。戒律系借神的名义以约束道士，是道士必须遵守的思想与行为准则，违反了即要受神的谴告。

道教有许多戒律和经典，称为"道戒"。道教最早的戒律是据张道陵《老子想尔注》而制作的《道地尊经想尔戒》，劝人以道戒自律。还有依据各种门派的戒律，如上青派的三品元戒、观身大戒灵宝派的上品大戒、十戒；正一派的女青鬼律、玄都律文等。

初真戒是道教入道者必须遵守的金科玉律，是入道的门户，是修道的起点。初真戒有五戒、八戒、十戒和女真九戒等。

"初真的意义和要求是什么？"阎永和方丈把询问的目光投向戒子们。

"树立道心，弘道立德。要求十恶不生，无思无为，一念修道，去掉凡心，以戒为师。"李真果响亮地答道。

坐在他旁边的道士无根，嘴角飘出一丝冷笑，嘀咕："谁不知道啊！显摆。"

自从无根因偷偷将李真果所刻经版破坏被发现后，差点被方丈逐出本庵，他便对李真果嫉恨在心。其实，若不是李真果替他求情，无根已不在众戒子之中。

阎永和方丈狠狠地盯了一眼无根，无根在方丈威严的目光下，吓得低下头去。

阎永和方丈接着说："你们在发心入道，皈依道门后，就要恪守戒律，将之作为修道持身之规范，积功累德之径路。有违反戒律者，轻者跪香，较重者催单（劝离），严重者革出（逐出）、杖革（杖责逐出），再严重者火化（处死）。记住了吗？"

"戒子谨记！"众戒子齐声回答。

道教对违犯戒律的道士的惩处条例形成于明清之际。据《正统道藏》和《道藏辑要》所收《全真清规》与清代北京白云观所订清规，均按道士所犯过失的轻重进行处罚。制订清规的目的是约束道士持守道教戒律，惩戒"乖言戾行"。

李真果严守戒律，刻苦修持功课，平时少言寡语，有闲便披卷自省。

李真果凭着惊人的记忆力，不到三十天，他竟将各种戒条和经典背诵得滚瓜烂熟。《老子音诵诫经》全集二十四卷、《清静经》、《玉皇心印妙经》等等数十百种有关戒律的道经，以及"三戒""五戒""八戒""十戒""老君二十七戒""老君百八十戒"等清规戒条，有的戒条最多者达到一千二百种，他都一字不漏地倒背如流。而这些必须经过一百二十天的苦修，才能熟读所有道经戒律。

道友们对李真果敬佩之至。无论是武功绝学、内功修炼，还是品德修为、学识造诣，无人能及。

最令道友们惊讶和羡慕的是，李真果回了一趟老家，不仅治好了母亲的眼疾，而且在鹤鸣山遇见高道，一夜之间，竟掌握了神秘高深的"玄门符箓"法术。

道友中，唯独无根对李真果十分轻蔑。课余，无根对几个道友说："李真果那点功夫有啥了不起？一本《玄门符箓秘籍》，破书而已。"

道友张至意替李真果抱不平，鄙夷地说："你说人家功夫不咋的，那你给我们露两手啊！"

无根道："好，我让你们开开眼界。"

说着，无根快如闪电地把手一摊，霎时，张至意头上戴的混元帽已在他的手上拿着。但谁也没有看清楚，无根是如何取下张至意的帽子的。

看着道友惊呆的表情，无根得意地一笑："你们信不信，我想什么有什么？"

他故意大声地说给坐在蒲团上看书的李真果听。李真果无动于衷，依旧专注地读书。

"是吗？太玄了。"几个道友纷纷摇头，却又将信将疑。

无根挑战地对李真果道："李真果，你想见识我的本事吗？我们到后园去？"

张至意对李真果说："师兄，去吧？我就不信他有你厉害！"

李真果仍然无动于衷。

无根鄙夷地说："瞧，李真果心虚了，露怯了吧？那点花拳绣腿算什么！"

李真果合上书，道："好。学习了。"

"你们跟我来。"无根说着，出了戒律堂。李真果和几个道友跟在后面。

来到后园。这是李真果初来二仙庵所开垦的一片荒地，如今已成为一大片菜园，长出绿油油的蔬菜，树上挂着金色的橙果，飞鸟来来去去。

站在一棵橙子树下，无根对李真果等人说："你们想吃橙子吗？我不用动手，呼之则来。"

张至意摇头道："我不信。除非它自己掉下来。"

"看着。"

说着，无根口对着掌心，轻轻吹了一口气。眨眼工夫，他的手上已多了两颗金灿灿的橙子，正是那树上挂着的果子。

几个道友看得目瞪口呆，张大了嘴巴，连李真果也感到吃惊。

突然，张至意惊呼起来，原来他的怀里抱着一棵大萝卜，还挂着泥土。大家把目光投向脚旁的菜地，看见有一个小坑，应是大萝卜被"挖"出来留下的。

张至意如见鬼魅般地大叫道："无根道兄会使隔空大挪移妖法！"

李真果在道教典籍中有所了解，这是奇门遁甲中的一种法术。一般道行高深的人才能有此神术，也是属于"炼气"的一门玄术。疯癫老道教他的"虚空吸气法"，与无根所示的隔空取物法术有些类似。即空手一抓，就可以抓来一个物体。只不过区别在于，他抓的是气，无根抓的是物。

"无根道兄，你这功夫是哪学的？可否教我们？"几个道友纷纷道，对无根的功夫佩服得五体投地。

"这叫'乾坤大呼功'。"无根神秘地一笑，"告诉你们一个秘密，有一天，方丈派我去青城山采药。结果我从土里挖到了一本书。那书上什么都没有。很怪。然后，我就睡着了。这一睡就睡了七七四十九天。等我醒来，我就'呼'什么有什么了。"

道友们像听天书一样，惊讶之情自不必言表。

无根瞟了一眼李真果，故意道："我这本书才是真正的无字天书。"

无根言外之意是，李真果那本《张天师玄门符箓秘籍》根本不是什么了不起的无字天书。

"无根道兄获此无字天书，得到神意所授高深道术，真果佩服。道贺了。"李真果拱手道。

一只画眉飞来，在枝头上婉转地鸣叫。

无根得意地一笑："李真果，你信不信，我把那树上的鸟呼过来？"

话音刚落，树上的那只画眉已被他攥在手中。几个道友惊呼起来，都不敢相信眼前所见的。

接下来发生的事，却让在场的人瞠目结舌。转瞬之间，画眉身上的羽毛一片片掉落，被一只无形的手拔得精光，连那像画的一样的鸟眉也没有了。小小的、裸身的画眉在无根的手中哀哀地叫着。

"出家人不能杀生，你怎么能伤害它？"李真果一见，厉声喝道。他万万没有想到，无根竟残忍地把鸟身上的羽毛全部拔掉。

无根白了李真果一眼："就是掉了几根羽毛，我又没有杀生，怎么就成伤害了？你分明是嫉妒罢了！"

"老君五戒说，一者不得杀生。你虽未杀死小鸟，但你使它痛苦，没有羽毛的鸟怎么飞起来？这等同于杀生！"李真果正色道。

"哼！别给我说这些有的没的。清规戒律，吓不了我！你没本事就住口！"无根嚣张地说，将手上的画眉扔在地上。

"真果道兄，把你的本事拿出来，看看谁最厉害！"张至意对李真果说。

李真果不发一语。

"怂样！我们走！"无根嘲笑道。

张至意只好和几个道友跟着无根回去了。

李真果弯下身，捧起地上那只已经不能飞的画眉，心痛不已。无根出手太快，他后悔自己来不及阻止。

这以后，戒律学习班的道友们都知道无根会"乾坤大呼功"法术，对无根刮目相看，羡慕不已。无根愈加得意忘形，也常讥笑讽刺李真果。

李真果没有与他计较，只专心于研读道学。

一天清晨，早课的云板敲响。阎永和方丈与监戒仙师一起步入戒律堂，一脸严肃。

戒子们盘腿席地，等待方丈传戒说法。

阎永和方丈在九龙通灵椅上坐下，用威压的声音道："无根，站出来！"

无根吓了一跳，连忙起身，站到方丈面前。

"背诵《初真十戒》！"方丈威严地命令。

"第一戒者，不得阴贼潜谋，害物利己，当行阴德，广济群生。第二戒者，不得杀害含生，以充滋味，当行慈惠，以及昆虫。第三戒者，不得淫邪败真，秽慢灵气，当守贞操，使无缺犯。……"无根哆嗦地念着，心里预感到什么不妙。

"停！"方丈打断无根，神情威肃，令无根不寒而栗。

"你可知违反道规戒律？"

那威严的声音如雷般滚过无根的心上。无根扑通跪倒在地，连连磕头。

"方丈，无根知罪，犯了三戒。我不该伤害小鸟，损物，更不该用法术把……把妇女的衣服剥掉……"

无根说完，座中众戒子一片哗然。

原来不久之前，无根因家里父亲生病，告假回乡探望。幸老父亲并无大碍。

一天，无根坐在河边上，向邻里炫耀自己的"呼"功。一位儿时的伙伴怂恿他："无根，你敢不敢'呼'掉翠丫的衣服？"

翠丫是村里王家的姑娘，长得十分俊俏。比无根小四五岁。无根未出家前就偷偷暗恋她，但翠丫一点不喜欢他。

"有什么不敢。"无根满不在乎地说。

正巧翠丫在河边浣衣。无根把手一指，呼出一口气。瞬间，翠丫身上的衣服被剥掉了，只剩下一个红肚兜。她白皙的皮肤和玲珑有致的身体呈现在众人面前，大伙儿都看得呆了。

翠丫反应过来后，"啊——"发出凄厉的尖叫声，羞得抱住身子，大哭起来。

无根却得意地笑着。

后来，无根返回二仙庵，王家的人追到成都，找到方丈，要求惩处无根。

"无根知戒犯戒，起欲念邪心，侮辱妇女，伤害生灵，已出离道心，严重违反清规戒律。即日逐出本庵。"站在一旁的监戒仙师大声道。

无根如雷轰顶，瘫倒在地。

"李真果，画符！"阎永和方丈对李真果道。

李真果初是一愣，方丈怎么叫我画符？

在大家的注目下，李真果起身，缓缓走到一张檀香木的香案前。他那双深邃的大眼睛神光外射，有一股凛然之气，顿时让在座的道友心生敬畏。

只见他面向香案上的红烛，静气凝神，突然右手一指，扑哧一声，红烛不点自燃。

众道友一阵惊骇。第一次目睹李真果运气施法，都暗暗敬佩他内力深厚，已达精深境界。

随后，李真果手捻三支降真香，轻轻一晃，香燃。然后将香插于几案上。他深深吸了一口清新的异香，感觉五脏六腑都舒展开来，心立即静了下来，随灵香飘向天宇。

这是鹤鸣山的高道龟背仙翁让他带回二仙庵的降真香。道教醮坛以降真香品位最高，认为是天帝灵香，其香气可以上达通明，还可以下辟室内秽气、消除灾厄，仿佛神真降临。

焚香完毕，李真果正襟危坐于案前，存思运气，尔后迅疾手执狼毫，蘸上朱砂，在香桌上铺开黄纸，运笔如飞地画着道符。他一边画，一边嘴里轻轻念"张天师玄门符箓秘籍"咒语："北帝敕勒吾纸，书符打邪鬼。此水非凡水，一点在砚中。急急如律令。"

接着，他将画好的符绕过炉烟三次。随即，又将烧完的灰烬投于盛有清水的净盂中。

他捧着化为符水的净盂，呈递给方丈。

阎永和方丈接过来，存思布气。过了一会儿，他命跪在地上的无根把它喝下。

无根不敢违抗，颤抖着，喝下了符水。

"无根无德无品，屡犯戒条清规。现已将无根所施法术尽皆除去，从此不再危害他人和一切生灵。即日革出。"

无根流下悔恨的泪水，连连磕头道："师父，无根错了！无根愿改邪归正，洗心革面，请不要把我逐出本庵！"

他的额头磕出了鲜血，大滴大滴地掉在了地上。

李真果见状，心生恻隐之心，也跪了下来，替无根求情："方丈，无根道兄法力已除，受到惩罚，并且知罪悔过。真果请求留下无根道兄。佛说，放下屠刀立地成佛。道门向善，'有恶知非，悔过从善，罪灭善积，亦得道也'。"

其他道友在李真果的感召下，也跪下求情。

阎永和方丈与监戒仙师耳语了一番，沉思片刻后说："真果言之有理，无根，就给你一个清洗罪孽的机会。但要杖责六十大板，以示惩戒。"

"谢方丈！监戒仙师！"无根感激涕零，又转向李真果，真心道："真果道兄，我心存妒忌，暗地使坏，又起妄念，种下恶果。你却不计前嫌，胸襟开阔，如江海之水包纳百川。无根自愧弗如，今生愿行善去恶，一心修道。"

"无根道兄，真果何德何能，是方丈的教诲。只要你知错能改，一心正道，善莫大焉。"

李真果的胸襟与气度，令无根惭愧万分，也让众道友更加敬佩他的品行。

经过一百二十天的学习，道教的三规五戒在李真果的心灵上刻下了深深的烙印，也影响着他的行为与品德。

广袤无际的天空，清澈而透明。一阵洞箫悠悠地传来，仿佛云端飘来的仙乐。

清脆的云板响起，钟声在清凉如水的清晨显得悠扬、浑厚。李真果与众位戒子头顶黄冠，身着黄色天仙戒衣，左腕搭黄规，手执木简，排列成行，云集于圜堂长廊两边。

李真果站在众戒子中间，一袭黄衣，宝冠娥带，刀刻般俊美的面容，散发着宁静祥和的光芒。

此时，二仙庵正举行盛大的传戒授受法会。

二仙庵是整个西南地区唯一具有传戒条件的十方丛林。自光绪十三年至民国三十六年（1887－1947），二仙庵计共传戒六十余期，受戒弟子六千多人，遍及四川、西南乃至全国各地。

传戒是为出家的道士传授戒法的宗教仪式。道教要求入道者通过内心的修持，不断提高道学修养和道品阶次，以最终得道，成为有道之士。

唐宋以来，道士受戒都要举行传度受戒科仪，但自金元全真道兴起后，全真龙门派祖师丘处机见传统戒律戒目繁多，不便道士遵行，遂统一制定了初真、中级、天仙三坛大戒。

三坛大戒是全真道授受传承之根本戒律。由"初真戒""中极戒"与"天仙大戒"三部分组成。由于受戒道士须经一百天戒期，又称"百日圆满三坛大戒"。

道士受三坛大戒后，分别取得不同法位，受初真戒者称为妙行师，受中级戒者称为妙德师，受天仙戒者称为妙道师。这才正式成为道士。

受戒法会的圜堂设在二仙庵吕祖殿内。里面设着众真神位，在神位前设着庄严的法坛。

鼓乐声中，二仙庵全体戒子、经乐师、八仙师衣冠整齐，在吕祖殿门前列队恭迎阎永和方丈入殿。

阎永和方丈头戴法冠，身着紫衣道袍，身披霞帔，在监院师引导和仪仗、经乐师、八仙师、侍者的护持下，逐殿拈香礼拜后，在吕祖殿就座。

大殿内，李真果和戒子们捧简长跪。

阎永和方丈担当律师，正襟危坐，宣讲初真戒："第一戒者，不得不忠不孝，不仁不信，当尽节君亲，推成万物。"

讲完第一条，便问坛下诸戒子："此戒尔等可能持否？"

李真果与戒子们齐声回答："依戒奉行！"

"第二戒者，不得阴贼潜谋，害物利己，当行阴德，广济群生；第三戒者，不得杀害含生，以充滋味，当行慈惠，以及昆虫……"

"依戒奉行！"

如是一问一答，初真戒传毕。然后再分别传授中级、天仙大戒。中级戒有老君三百戒条，天仙大戒共有二百七十戒条。

阎律师每讲完一条戒律，问众戒子："此无量心能持否？"

李真果与众戒子齐答："尽形寿命，常持此心，依教奉行！"

最后，阎律师强调："凡入道者，须皈依道、经、师三宝，尔等能持否？"

李真果与众戒子高声回答："皈依道！皈依经！皈依师！"

三坛大戒传授完毕，阎永和方丈对众戒子说："受戒是出家道士严肃修持的开始。戒条是太上之玄意，戒子受戒后要作为自己的行为准则，自觉去遵守。道士持戒后，应更好地爱我泱泱中华，弘道立德。"

李真果默默将方丈的教谕记在心里。

阎永和方丈环顾安静的大殿，对众戒子道："李真果潜心修道，功德圆满，今赐其法名，恢复本姓，名真果，号不虚子，其衣钵为'信'字辈，为全真教龙门派丹台碧洞宗弟子，龙门派二十一代传人。"

说完，方丈将三戒书籍、度牒、戒牒一一发给李真果，嘱咐道："真果谨严修持，明白义理，精虔证道。"

"弟子谨记！"李真果大声道。

至此，李真果受戒已满，成就"三坛大戒"。从此，李真果便成为正式受过三坛戒律的道门弟子。

他正式成为了道士。

第八章

游方道士

云游，也是一种修行。

古往今来，无论是出家僧人或道人，为了寻求佛法道义的真谛，经常带着简单的行囊，跋山涉水，拨草瞻风，历尽千辛万苦，参拜天下名山道场，求得高道大德指点。他们云游各地，弘法度众，没有固定的住处，或挂单寺观，暂歇在荒郊野外的树下、冢间或洞穴。很多修行者一生中有很长一段时间是在这种艰苦的云游行脚生活中度过的，也因此培养了修行者的耐力，坚定了他们的道念，成就了他们的道业。

李真果便是其中一个。

只是他所处的年代，战火纷飞，山河破碎。在云游生活中，他又会遇见什么呢？

第一节　云　游

光绪三十四年（1908），落叶飘飞，阎永和方丈仙逝，羽化归真。

怀着依依不舍之情，李真果送别方丈后，离开二仙庵，星夜兼程，返回老家探母。

连日来，他的心里一直惴惴不安，挂念着独守老家的母亲。对于一个遁入空门的人来说，既然出离红尘，就没了家。家里的亲人，也就成了外人，不应再留恋俗情。可是，若不能孝养双亲，却又有违祖训，在世俗眼中，自己又是否算不孝呢？是否有悖于人之常情？李真果内心人神交战。

转念一想，佛学所讲的空并不是无，道学所讲的无也并不是空。放下一切缘的实相，是让我们以慈悲和善心对待一切众生，包括亲人。天下皆是一家人，又何必分别和执着呢？

孝敬双亲是用慈悲心和善心，而不是情感。

慈悲心和善心比亲情更伟大。

一路上，李真果思忖着，心里的纠结慢慢地解开了。想不通的事，也终于彻悟了。

初冬的雪花飘落着，拂了他一身。踏入家乡的村庄小路，李真果的胸口突然觉得疼痛，一阵紧似一阵，心里掠过没有来由的恐惧感。

他加快了脚步，朝家里走去。

走近家门，他望见院子周围的十几棵梅树已高出墙头，开着细细柔柔的、金黄的寒梅，一缕缕暗香随着风雪飘送过来，在料峭的寒意中，散发着清澈、澄明无比的芬芳。

这些梅树是他三年前回乡探母，乡亲们为答谢他驱除瘟疫而栽种的。

李真果注目之际，忽听里面传出呼唤声。他心里猛地一震，先前的恐惧又莫名地抓着胸口。

他推开大门，向屋里一掠而进。眼前的情景令他心弦颤抖，母亲躺在床上，枯瘦的身子，深陷的眼窝，苍白的脸，双目紧闭昏迷不醒。旁边围着几个邻居大嫂在轻声呼唤他。

"娘！您怎么了？"李真果奔到床前，握住母亲冰凉的手，焦灼地喊道。

母亲一动不动。

"菩萨保佑，真果，你终于回来了。你娘就盼着看你一眼啊。"王大嫂擦了一下眼角的泪珠，对他道。

王大嫂告诉李真果，母亲因为小女珍珍被恶霸害死，日夜悲伤，又加上思念儿子，积郁成疾，病倒在床数月，不省人事，已经昏迷十多天了。邻里帮忙请来郎中，郎中看后摇头叹道，就是华佗再世，也无力回天了。

"娘，您醒醒！看看我！我是果儿！"李真果忍着悲痛，含泪呼唤道。

他摸着母亲的脉搏，从脉象里判断，母亲早已气若游丝，命悬一线。若不是等儿子回来见上最后一面，恐怕已经断气了。母子心灵相通，他强烈地感应到娘亲不肯瞑目的最后期盼。

他心中一酸，眼泪掉了下来。很快，他镇定自己，强忍着悲伤深吸一口真气，将手搭在母亲的胸口，默诵"无为玄功"心法，猛地一压，体内升腾起一股元阳之气，通过掌心导引到母亲的身上。

在旁的邻里都屏住呼吸，紧张地期待着有什么奇迹发生。

果然，不一会儿，李氏慢慢地张了一下失去血色的嘴唇，微弱地呻吟了一声。

"娘！"李真果惊喜地喊道，"孩儿不孝，回来迟了！您快看看我！快醒来啊！"

不知是因为真气导入所致，还是儿子这一声呼唤，李氏起死回生一般，彻底醒了过来，睁开了双眼！

在场的人都惊呼起来，不敢置信。

李氏脸色红润起来，发散的瞳孔逐渐恢复了神光，脸上露出了笑容，竟像好人一般神采奕奕。李真果知道，这是将死之人的回光返照。他的心悲痛万分，五味杂陈。

李氏伸手抚摸儿子的面庞，欣喜地喃喃道："娘终于等到儿子回来了。果儿啊，看到你好好的，娘到了九泉也放心了。孩子，娘就要走了，你爹爹和妹妹在等我。不要伤心难过。你是出家之人，多行善事，多积功德，帮助好人脱离痛苦……"

李氏的声音越来越弱。

"真果记住了，悉听娘的教诲。娘，您没事的，会好起来。"

李母凄然地望着儿子露出一丝笑容，摇摇头，有气无力地说："娘知道，我的病不会好的。娘支撑到现在，就是想看看我的儿子……娘……满足了……"

话音刚落，李氏的手突然一松，含笑而逝。

李真果心中大痛，抱住母亲大哭。想起往事，在他几岁时，深明大义的母亲，将他送给恩人做养子。后来，母亲为了保护儿子，忍受骨肉分离之痛，又让他出家躲避灾难，自己则独自承受生活的艰辛，在悲伤和思念中度过……母亲是他生命中最大的菩萨，用广大无边的爱护佑着他，用她的品格影响着他。母亲在李真果的心中分量很重，如今却要与母亲阴阳相隔，他怎么能承受生死别离？

李真果悲恸不已，内心泪流成河。

他发誓，终其一生，也要帮助人间减少"生离死别"的痛苦。

在大雪纷飞中，他将母亲的灵柩与父亲合葬一起。坟前，两棵梅树开着细密的、金黄的蜡梅花，与周围一丛丛青蒿散发着幽幽的香气，飘向天际。

白雪覆盖了大地，一片茫茫。

李真果与亲人告别后，在漫天的飞雪中离开了老家。他一路步出村庄，踏雪而歌："仰天长啸出门去，两袖云烟红尘远。"

他手舞足蹈，似癫似狂，时而大笑，时而长歌，像变了一个人似的。与那个沉静、斯文的青年道士判若两人。

村里的小孩儿在他后面屁颠屁颠地追着，他便又唱又叫，嘻嘻哈哈。

村民们冒着风雪，纷纷出来送他，见他如此癫狂，个个神情错愕。有人叹息道："真果道士八成疯了，怎么心性大变？"

又有人摇头："不会吧！可能一时受了打击吧。"

大家自动地给李真果让出一条道，齐声对他说："真果道士，一路保重！"

李真果拍了拍肩上的雪花，哈哈一笑，转身向大家拱手道："无量寿福！真果去也！"

说完，白影一晃，如飞一般向村庄外掠去，转瞬消失在风雪之中。

村民们怀着敬仰的心情目送他，飘然而去。

溯流而上，顺流而下。

母亲去世后，无牵无挂的李真果开始了漫长的云游生活。

云游行脚是出家人重要的参学方式，类似于儒家所提倡的"行万里路"。对于出家人来说，云游并非一般意义上的游山玩水。古往今来，无论是出家僧人或道人，为了寻求佛法道义的真谛，经常带着简单的行囊，跋山涉水，拨草瞻风，历尽千辛万苦，参拜天下名山道场，求得高道大德指点。

他们漫游四方，弘法度众，没有固定的住处，行踪不定，或入丛林客堂讨单，驻锡于云水堂，每日随众过堂用斋，上殿做功课，打坐参悟，登藏经楼读经阅藏，向有道者征诘佛法奥义，做一番专心参究的功夫；或暂歇在荒郊野外的树下、冢间或洞穴修炼。很多修行者一生中有很长一段时间是在这种艰苦的云游行脚生活中度过的，也因此培养了修行者的耐力，坚定了他们的道念，成就了他们的道业。

当到达一处既定目的地后，修行人待有所收获、达成愿望后，就会向寮元告辞，开始向下一处参学地进发，继续开始自在无住的云游生涯。

虔诚行脚参访的收获除了增长见识，强化意志、体魄，培养吃苦忍耐精神等之外，还是证悟道法的有效途径之一。因此，云游对于出家人是一种修行，是去参破大千世界，去觉悟道的精深博大。云游的目的是，抱积极的道心，发救济一切众生的大愿，努力地做利益众生的事功。

李真果背着简单的行囊，一袭褪色的白衣道袍，风餐露宿，跋山涉水，遍历名山大川，从十大洞天、三十六小洞天，到七十二福地；从道教祖庭龙虎山，到道源圣城鹤鸣山；从全真丛林第一观——白云观，到玄武修道圣地武当山；从崂山、泰山蓬莱仙境，到老君西出的函谷关、楼观台……所到之处，都留下了李真果的踪迹。

他或结茅舍而居，或入洞穴栖隐，或挂单留住，在古观青灯下打坐静修，闻经听法，或拜谒仙山圣境……

李真果成为了一个游方道士。

但是，这种居无定所的行脚生活，有着常人难以想象的艰苦。除乞食为生、随处安歇、日晒雨淋、热逼寒侵外，还会遇到许多意想不到的困难，遭受一般人难以忍受的痛苦折磨，由此磨炼成普通人难以企及的超然品格。

坐在寺里湿冷的露天平台，李真果想起师父讲过虚云大和尚的云游往事。1902 年，大法师虚云和尚参访峨眉山后，前往云南途中，不慎跌落河水里，爬上岸抵达一小镇时已近晚上。当地的旅社谢绝出家人，镇上唯一的僧人同样对他很冷漠。最后这位僧人允许虚云在寺外的平台上过夜。他想生火取暖，付钱买稻草，但僧人给他的是湿稻草。虚云无奈，只好穿着湿透的衣服，坐在寒冷的夜风中等待天明，而虚云并无怨言……

李真果此刻感同身受。

斜阳下，苍茫的古道上，一个孤独的年轻道人独自前行着。

他是孤独的，但并不寂寞。

在游历的过程中，李真果虚心向高道大德们问道，搜集了各种药典妙方，特别是民间治病的常用方剂。他对之潜心研究。风餐露宿，披星戴月，他去人迹罕至的深山老林中采集草药，对照《黄帝内经》和葛洪《肘后备急方》所记载的药物，对许多药用植物的形态特征、生长习性，都做了详细的研究，并亲身试验药用效果。

他一边游历求道，一边化缘接济穷人，为百姓疗疾。他牢记着师父的期望，悬壶济世。

一日，李真果来到一个县城，看到有很多沿街乞食的流浪者，心生恻隐之心。可是自己腰无分文，于是，他决定采药诊病，在市集摆起了草药摊。这草药摊除了草药，还放着一个大葫芦。

李真果一袭补丁的灰白道袍，虽然陈旧，却很干净，并不显得邋遢。他披散着一肩如流水般的青丝，浑身上下依旧散发着飘逸出尘的气质。与以往沉静性格不同，他说话、行事，变得疯疯癫癫，似真似假。

"卖药啊，卖药，五个铜板，有疾皆愈。"他一边高声吆喝，一边吟唱，"阴阳壶中炼，长生几味药。玄玄玄玄中玄，妙妙妙妙中妙。"

有人路过，摇头道："吹吧。太玄了。"

一个秀才模样的男子神情痛苦地走过来，哆嗦地问道："道长，你的药真管用吗？"

李真果呵呵一笑，对他说："你信，它就管用。你不信，什么都没用。"

秀才暗道：看这道士年纪轻轻，却莫测高深，还是试试吧。连忙道："我信，我信。"

李真果命他把舌头张开。

秀才张开舌头，李真果看了一眼，道："此地是否有多人患疟疾？"

秀才惊讶地瞪大眼睛，连连点头："是啊是啊，每天都有人死。"说着，他浑身又开始发抖，额头直冒冷汗。

"秀才，你运气好，遇见贫道。不然，不出三日，你就命归西天了。"

秀才知道遇见高道，忙恳求道："我死了命不足惜，可是丢下年迈双亲而去，实是不孝。恳请道长救我小命，也恳请道长救城中百姓，脱离疾病之苦。"

李真果点点头，暗道：这秀才家境贫寒，却是个孝子，也有善心。命该不绝。

他从大葫芦里取出一个小纸包，让秀才即刻服下纸包里的黄色药粉，又递给他一碗清水。

秀才服药后，留下五个铜板，道谢离开。

"且慢。"李真果叫住秀才，又递给他两个小纸包，说，"这你留着给二老服用，延年益寿。免费，不收钱。"

秀才辞谢离去。过了一会儿，他突然折返，来到李真果面前，正要跪倒在地。

李真果一见，手轻轻一抬。秀才顿时感到一股巨大力量袭来，使他不由自主站直了身子。

秀才既震惊又激动，连忙躬身拜揖道："多谢神医救命之恩！我求了许多郎中，都说治不好。我就等着阎王召见了。没想到，刚服下道长的神药就见好了！"

原来秀才走出两条街后，觉得浑身暖和起来，不再发冷汗打摆子了。身体的高热也渐渐减退。

市集的人闻讯后，围拢过来，都纷纷向李真果求药。很快，李真果葫芦里的药全散光了，连地摊上的草药也一点不剩。

两天、三天、五天……来找李真果求药的人越来越多，十天后，求药的人却越来越少，原来他们的疟疾都被李真果的"神药"治愈了。

李真果这葫芦里到底卖的什么药？

其实说来，这药神奇也不神奇，说不神奇，也确实神奇。它无非是常见的紫苏、薄荷、青蒿等几味草药，也不是名贵药材。玄机就在于，李真果采集的草药皆出自灵气聚集的高山深谷，并凭他精深的道医药学，以及搜集的道医秘方，加以配伍，又用外丹术炼制方法提取药物成分，因此能收到奇效。

李真果将卖药所得报酬，施给了街上的行乞者和穷人，救济穷苦。然后，肩挑葫芦，又潇洒自在地上路了。

时光一晃，已至民国。1911年（清宣统三年），中华先觉孙中山领导的辛亥革命，推翻了封建君主专制制度，满清王朝寿终正寝，中华民国建立。

李真果亲身经历了这一场历史性的变革和社会转型，看到了它所带来的中华民族的巨大希望。同时也看到新旧制度交替的社会矛盾和冲突。袁世凯复辟，军阀混战，社会的黑暗仍然笼罩在民众头上。

这一刻，他默默站在终南山古楼观台，陷入沉思。楼观是两千多年前函谷关县令尹喜迎接老子的地方。老子就是在这里，留下了五千字的《道德经》，也注定了这部经文与中国道文化的历史宿命。

"有物混成，先天地生。寂兮廖兮，独立而不改，周行而不殆，可以为天下母。吾不知其名，强字之日道。"

"道"是人类思想的最高层次，"道"的诞生，让古老的中华大地上出现了一道理性的光芒，它闪烁的东方文明的伟大智慧，也唤起了李真果思想上的大觉悟，让他站在了高峰。

李真果仰望广袤无垠的星空，一轮清澈、皎洁的明月悬挂于天际，又将一道清辉洒下大地。

他深深地感悟到，天下无道，便会天下大乱。统治者要效法道，效法自然，顺应历史潮流，才能唤醒人心，真正地改变这个混乱而迷惘的时代，社会也才能和谐，而呈现一片祥和气象。在李真果的心中，也许遵道、循道、守道，才是天下归自定的大道。

突然，一道流星雨划亮了夜空，短暂地弥留了一会儿，拖着美丽的长尾，消失在漆黑的天际。

已深谙天象的李真果不由叹息了一声："又有巨星陨落了。"

不久，传来一个不幸的噩耗，正与帝国主义和北洋军阀做斗争的孙中山先生，中华民国的缔造者，因病长逝。

"国之不幸也！"李真果仰天喟然长叹。

时在 1925 年 3 月 12 日（民国十四年）。而这一年，李真果四十五岁，从青年迈入了中年。

第二节　中国功夫

混乱的时局，动荡不安。

李真果从终南山的楼观又来到武当山。他对武当山有一种恍若前世般亲近的感觉。

站在云霭里，巍峨雄奇、连绵不绝的群山，一片苍茫。金殿、紫霄宫、玉虚宫……重檐飞角，丹墙翠瓦，像极天庭的凌霄宝殿，云雾缥缈。李真果如置身仙境，凡念顿消，胸中澎湃之情，如翻滚的云海激荡汹涌。

这钟灵毓秀、自然天成的天下第一仙山，它的玄妙、空灵和神韵，让李真果产生了无限的遐想。那一峰擎天，众峰拱卫的山势，或许就意味着万法归宗的高远至境，在与天相接的绝顶修身问道，习练武学，是千百年来多少人梦寐以求的理想。

武当山是真武大帝的发祥地，又是一座道教名山和武当拳发源地。

武当山的真正兴盛，绕不开一个人，他就是明朝著名道士、武当派祖师张三丰。

张三丰于明朝初年入武当山，拜玄帝（真武大帝）于天柱峰，并在展旗峰北陲卜地结茅修炼，肇开武当道统。他直承陈抟老祖先天道脉，传说亦得火龙真人亲授剑法。张三丰悟通太极妙理，创造了以阴阳、五行、八卦、九宫等理念相结合的风格独特、性命双修的武当内家拳，成为武术的一大明宗，而开三丰一派。

在李真果的心中，张三丰不仅是他敬仰的剑仙侠客，更与之有武学上的一脉相承。张三丰得火龙真人传授剑法，而他仰慕的剑仙吕洞宾，也得火龙真人真传。他所学剑法又正是吕洞宾的天遁剑法。

最奇妙的是，李真果少年时所习太极拳，便是武当派师父王妙生所授。因此，算来张三丰是他的祖师爷。

再推及张三丰的师父陈抟老祖，也更有不解之缘。当年师父疯癫老道授他以陈抟老祖先天道脉和睡功法。又算来，吕洞宾、陈抟老祖，应是他的老祖宗了。

　　李真果向武当山道长拜师求道。道长见他功夫深厚，又因他是一个外来的道士，不愿将本门绝学传授他，只留他在此挂单居住。

　　或许道长见我诚心不够？李真果想。

　　于是，他跪在道长打坐的金殿外，七天七夜不吃不喝。无论暴雨之中，还是酷日之下，他依旧长跪不起。如此，便是修炼之人恐已坚持不住。

　　道友们为之惊叹，也心生同情，纷纷向道长求情。道长仍然无动于衷。

　　第十天，李真果已感到精疲力竭，饥渴难忍，一点力气都没有。但他努力暗运真气护体，不让自己倒下去。只是，他绝望地感到真气正一点点在消失，不知还能坚持多久。

　　突然，一束亮光射来，李真果一阵目眩。厚重的殿门吱呀一声打开了，道长从静室里走了出来。

　　李真果至诚的求道之心，终于感动了道长。

　　"起来吧。"道长慈祥地看着他，"这些书送给你看。你若能悟出其中妙理奥旨，也算是得到三丰祖师的心法了。"

　　道长说完，把几本书放在李真果面前，便转身回静室去了。

　　李真果喜出望外，面向关上大门的金殿磕头拜谢。

　　道长所送书籍是张三丰的《大道论》《宣机直讲》《道言浅近说》《正教篇》《玄要篇》以及《武当拳要诀》。

　　李真果如获至宝，废寝忘食，日夜研读。

　　"夫道者，统生天、生地、生人、生物而名。"

　　这一点不新奇啊。李真果暗道，张三丰在《大道论》中提出道生天地万物的思想，是从老子"道生一，一生二，二生三，三生万物"的大道论的启发而来。但是，他接着读下去，张三丰抛出的一个又一个新观点，让他大开眼界。

张三丰说:"古今有两教,曰正,曰邪,无三教。"意思是,古今只有两教之分,一个是正教,一个是邪教,而无三教之别。儒释道共同都有一个核心,就是道。这个唯一的道是儒释道的根源,如果离开了道,儒不成儒,佛不成佛,仙不成仙。

道高于一切,又统领一切。李真果感悟道。儒也者,行道济世者也;佛也者,悟道觉世者也;仙也者,藏道度人者也。

儒释道各有优长,又相互融合。这就是你中有我,我中有你,合二为一,自成大道。对于武学何尝又不是如此?李真果茅塞顿开。

张三丰主张"以道为主,三教合一"的思想彻底征服了他。

一天,李真果在隐仙岩的一棵松树下练拳。

他一边划拳挥掌,一边琢磨武当拳的招式。武当拳,称为内家功夫,"行如蛇,动如羽,以静制动,犯者应手即仆。"史料记载,内家拳的祖师是北宋徽宗时的武当丹士张三丰,他曾看见鹤蛇相斗而悟通太极妙理,仿太极变化创出太极十三式。后经历代宗师不断充实和发展,武当武术遂走出了深山,以其松沉自然、外柔内刚,行功走架如浮云流水连绵不绝的独特风格在武林中独树一帜,成为中华武术的主要流派之一。

太极拳和武当拳都是内家拳。太极腰,形意劲,八卦步,这说明武当拳涵盖了太极拳、内丹的精要。李真果暗道:我何不取所学各派之长,将太极拳、武当拳、八卦掌和吕祖剑法,包括达摩金刚罩、少林六合门拳融为一体?这正是张三丰儒释道三教合一,互为融合之道。我的"无为玄功"岂不上了更高层次?

李真果心念一动,不由挥拳踢腿,以最精湛的内功与出神入化的各种武功招式比画着,初时,轻柔如云水,迅捷如疾风,四周树木纷纷而落。可是,到后来竟乱成一团,不知使出的是哪一招,摇来晃去,如疯疯癫癫的醉汉。

"好!"一个高扬的声音从他的头顶飘下来。

他正抬头之际，一团红影凌空而下，快得如电光一般朝他袭来。耳听风声劲疾，他闪无可闪，避无可避，危急中探出左掌，急施大擒拿手反勾对方手腕，但连对方一片衣角都没挨着，竟中了一掌，如一块巨石砸来，只觉胸口气血直涌。幸而他内功很强，否则便被那飞来一掌震了出去。

"花拳绣腿，不堪一击！"一个苍劲的声音冷笑道。

李真果定睛一看，面前站着一位身着红色道袍，满头白发的红脸老道人。奇怪的衣着，奇怪的老翁，如此无形无招的神功，又是哪位神秘高人？

李真果忙拱手拜揖道："真果惭愧，愿得仙真指点。"

红脸老道人捋着白胡子注视着他，心想：此人骨相清灵，神气脱俗，看他刚才所练拳法，虽然稀奇古怪，杂七杂八，但内功极为深厚，招招精妙绝伦，即便武林高手恐难应接。只是尚未浑然一体。若加以点拨，日后便是我等都有所不及。

于是，红脸老道人对他说："你取太极拳、武当拳、八卦掌、六合拳和吕祖剑法等诸般功夫之长，自成一家，这个想法大胆，有新意，合我意。可是你没有把它们化于无形之中。"

真乃高人也！李真果当即跪拜："望仙真点拨！"

"内家拳的关键在于内气，这个你没有问题。你的问题在手上。"红脸老道人道，"你刚才接我的那一掌，你的心与手是分离的，根本近不了我的身。"

是啊，当时心里很乱，情急之下胡乱用招对付。李真果暗道。

"你必须有一双与你的心相通的手。"红脸老道人边比画边说，"明确地说，就是心上的功夫，做到心手合一。然后，再把你的心练没了，进入无我之境。这样你的每一招与心相通，每一招又都无招，拳随心境，舒展绵长，恢宏大气，容万物于一心，最后化为无形。"

李真果豁然开朗："这就是老子所说的道法自然，无为至境！也是炼精化气、炼气化神、炼神化虚、还虚合道的内功心法。"

红脸老道人嘉许地点点头，对他说："距隐仙岩五里远，有一修真洞府，你须在此隐修数年，待炼到化境，方可离山云游，归乡布道。"

说完，红脸老道人便欲离去。李真果忙叫住他："请问仙真法号？"

红脸老道人哈哈一笑："你就叫我火龙真人吧。"

话音未落，红脸老道人已掠去数丈之外，转瞬消失得无影无踪。

李真果呆呆地站在那里，喃喃地念道："火龙真人。难道仙真就是传说中的神仙火龙真人？"

他甩甩头，让自己努力保持清醒，眼前什么人也没有，好像什么也没有发生过。恍若一梦。可是，那刚才一切又是怎么回事呢？

此后，李真果隐居武当山中，潜心修炼，通过修习道功武术，深刻体悟到老子在《道德经》里所阐述的柔刚、静动、曲直等一对对矛盾的辩证关系和哲学思想。他将中华传统武术和道家内功，以及道教精义融合，又进入一个更高的层次和境界。

也不知过了几年，他集武术各派之长的"无为玄功"已达到了化境。

那位火龙真人却再也没有见过。是梦吗？

转眼之间，已到了1932年，时值民国二十一年。

此时的中华民族灾难深重。1931年9月18日，日本帝国主义趁中国内乱之际，发动了蓄谋已久的侵略战争，事变拉开了日本侵略的序幕。三千万同胞遭受了日本军国主义者极其残酷的蹂躏和摧残，身陷水深火热之中。

烽火狼烟中，东北三省全部沦陷。

"九一八"事变后，中华民族到了最危险的时候。"抗日""救亡"的呼声高涨，千千万万中华儿女、炎黄子孙投身到轰轰烈烈的抗日救亡运动中。

千万年来安静而祥和的武当山，也打破了往日的宁静。

一天，几位道友来到隐仙岩，找到正在修真洞府闭目打坐的李真果。

从二仙庵挂单回到武当山的道友张至意急匆匆告诉他："真果道兄，听说日本武士在上海设擂台比武，挑战我们中国功夫！"

李真果为之一震，那双深邃的眼睛射出一道寒光。

"据说为首的日本拳师，叫小野一山，打败了东南亚所有高手，号称'天下无敌'。扬言说中国功夫没啥了不起，要把中国武林高手打残。"

"小日本太猖狂了！"

道友们义愤填膺，个个怒火中烧。

"口出狂言！"李真果腾地起身，他的拳头捏得紧紧的，咯咯直响。愤怒之火在胸中燃烧，好像火山即将爆发。

日本侵略中国，山河破碎，国之耻，国之殇，早在李真果的心中聚集成一团怒火。

"去上海！"他一字一顿地说。那双眼睛仿佛在燃烧。

"我还听说，南派的咏春拳武师被小野一山打死了。真果道兄可要小心！"张至意说。

"身既死兮神以灵，子魂魄兮为鬼雄。杀身以成仁。"李真果冷笑了一下，"再说，鹿死谁手还不一定。我要让那些日本侵略者看看，我们中国人不是好欺负的！"

"真果道兄，我们跟你一起去上海！"

张至意和几位道友被李真果的民族正义感点燃了，纷纷表示愿一道前去打败日本人。

面对侵略者嚣张气焰，在武当山隐修的李真果再也坐不住了。为了挫败日本侵略者的威风，一向抱守民族正义的李真果，辞别武当山道长，与几位同道赴上海比武。

上海国术馆。

擂台上，一位身着黑色摔跤服的人，头扎武士带，挥舞双手，叽里呱啦地说着日本话。他的旁边躺着一位被打败的自然拳高手。看神情伤势不轻。四名武师上来，把伏地不起的落败者抬了下去。

台下的观众一片唏嘘。

李真果听旁边戴眼镜的人介绍，台上那位日本人就是空手道高手小野一山。他已经打败精武、自然门、青城、峨眉各大门派顶尖高手，还破了一位少林武僧的不败金身。

李真果见台上的小野一山嘴里一直叽里呱啦地说着日本话，一脸狂傲。他听不懂，问身旁的眼镜儿："他在说什么？"

"他说，中国功夫都是垃圾，花拳绣腿，不过如此。"

李真果暗暗捏紧拳头。

"还有没有挑战者？"台上总裁判大声道。

"真果道兄，我去教训那个小日本！"一旁早就看红了眼的张至意对李真果道。

说着，张至意飞身上台。

李真果迅速朝他唤了一声："小心，用神！"

台上，张至意展开武当拳架势，小野一山却一动不动，像盯一只死蚂蚱般盯着他，一脸蔑视。

张至意挥拳朝他晃动了两下，小野一山冷冷地看着他，脸上露出一丝嘲笑。台下的一群日本武士大笑。

张至意又红了眼。他踏着九宫八卦步，围着小野一山转走起来，想从侧面进攻，挫挫对方逼人的杀气。可是，对方连动也不动。于是，他伺机从背后突袭，猛地挥拳打去。

就在这时，小野一山左手一挡。张至意闪避，却不料对方突然变成右手出拳，一下扼住了他的喉咙。

他只听见自己的喉骨咯咯作响，仿佛立刻就要被捏碎。

小野一山的右手虎口钳住张至意的脖子，把他的下颚顶了起来。张至意的脚尖也悬空起来，失去了攻击力量。

小野一山冷笑道："这就是闻名天下的武当拳吗？"

说着，他的手臂一举，猛然将张至意朝空中抛去。这一摔下去，不是死也是重伤。

台下观众惊呼起来，几个道友不禁骇然。

危急之中，突然白影一晃，李真果纵身凌空跃起，以比电光更快的速度掠向擂台，单手接住就要摔下来的张至意，然后稳稳地、无声无息地站在台上。

大家悬着的心落了下来，所有的目光注视着仿佛从天而降的李真果。他一袭白衣飘飘，如仙侠一般。此时的李真果虽然已五十多岁，可看上去如二十出头的俊美少侠。

台下鸦雀无声。

"让我来。"李真果对惊魂未定的张至意低声说。

"真果道兄，你一定要胜！拜托了！"张至意拱手道。

看着张至意离开台子，李真果才缓缓转身，冷峻的目光如一道剑芒，射向一脸惊愕的小野一山。

小野一山暗想：我用了九成功力把那小道士抛起来，相当于从高空砸下一块巨大的岩石，谁有本事接得住？就算他接住了，也会被重重压死。可没有想到，此人竟凌空单手接人，像接一片羽毛一样轻松。看来不可小觑。

李真果的气场对小野一山形成一种巨大的威压之势，这让小野一山浑身不舒服。他冲李真果叽里呱啦地说着什么鸟语。

李真果听不懂，问台上的翻译："他说什么？"

翻译说："他问你从哪里来的？是何派？"

李真果道："全真道龙门派李真果。从武当山来。"

小野一山听翻译讲后，为之一震，但很快恢复了傲慢的神情，嘴里又叽里呱啦地说。

翻译对李真果说："小野一山武师说，他听说过全真道龙门派，想跟你较量一下，问你有没有这个胆量？"

李真果微微一笑，镇静自若地扎下马步，拉开了架势，朝那个傲慢狂妄的日本人招了招手，小野一山顿觉自己被戏弄了一般，如一头发怒的狮子，击打着双拳猛扑过来。可李真果这时却静若处子，不挡、不躲、不闪，仿佛进入"致虚守静笃"的状态，根本不理会对手打来的拳。这更加激怒了小野一山，朝李真果挥拳狠狠打来。眼看对方的拳头几乎打到了他的脸上，这时，他猛然向下蹲步沉身，向对手的右后闪进，对手顿时扑空。小野一山的重心突然不稳定，立马撤退回去。但见，李真果顺着对手撤退的路线，前后、左右、上下，沿着太极图形六个方向，速度身形快如电，在对手身上画了一个圈。几乎在同时，小野一山的嘴巴、屁股、全身上下，被李真果左抽右扇，跟跟跄跄，狼狈不堪。

台下观众发出一阵哄笑。

小野一山恼羞成怒，使出一个诈，左拳朝李真果打去，快到眼前时，突然变成右手朝李真果致命一击，并提起右腿猛力地朝李真果胸腹撞去。这一招十分狠辣迅疾。李真果急用右掌挡开对手的攻击，暗运"无为玄功"，突然用右肘顶住飞来的一腿。小野一山哪里经得住李真果的八卦掌铁肘，疼得"啊"的一声大叫。李真果顺势右拳向其腹部辅以掖打踹击——用了一招"直捣黄龙"。小野一山刚要使劲，却感觉前面什么东西都没有，人突然从高楼失重一样，身体向后抛去，如一扇厚重的门板砰然倒地，摔了一个狗吃屎。

面对如此精湛的神功，全场目瞪口呆，一阵沉寂之后，才爆发出热烈的掌声，经久不息。人们欢呼起来："中国功夫胜利！""打倒小日本！"

小野一山羞恼得满面通红，趴在地上痛得无法起来。突然他悄悄使出暗器，一颗钢珠呼啸地射向李真果的左胸。李真果完全没有料到日本人的毒手，已来不及用金钟罩护体，胸膛便中了钢珠，幸亏他的真气受到催激，才免于被击穿胸部。但胸口血气上涌，一口鲜血猛然喷了出来，他倒在了台上。

观众惊呼起来，大家都看出小野一山使用了暗器。情势急转，台下群情激愤，高喊："小日本使诈！小日本卑鄙无耻！"

"真果道兄，站起来！站起来！"张至意等道友喊道。

观众也跟着喊起来："站起来，英雄站起来！"

一分钟、三分钟、五分钟……李真果还没有站起来。

总裁判正要宣布胜负。这时，李真果用"无为玄功"封住受伤的胸部，紧咬牙关忍着剧痛，站了起来。

全场一阵欢呼。

就在这时，一群日本武士手持长剑上台，将赤手空拳的李真果团团围住。

台下观众一阵惊骇。有人喊："多数挑战一人，胜之不武！"

情急之下，张至意将一支长棍抛给李真果。李真果伸手接住棍棒，对一群气势汹汹的日本武士招了招手："来吧！"

话音刚落，七八个日本武士挥舞长剑朝李真果刺去，竟欲把李真果剁成肉泥。李真果又怒又气，"无为玄功"真气被激发到至高境界。只见他身形快如闪电，使出弹杀棍法，朝合围的日本武士射去，犹如一棒化百影，四面八方都是棒。

只听金属当啷落地声，七八支长剑全部被打落，这群张牙舞爪的日本武士倒地不起，头破血流。

在场观战的中国人再次欢呼起来，掌声雷动。

李真果胜了。中国功夫胜了。这是正义的胜利。人们敬佩这位扬我国威、身怀绝世武功的爱国道士。

李真果名扬上海滩。

在上海，在全国，人们知道了李真果的名字。

李真果也赢得了同道中人的敬重。

"真果道兄，你跟我们一起回武当山吧。"张至意热切地说，他和几位道友希望李真果一道返回武当山修道。

李真果沉思片刻，说："我要下山。"

他认定，真正的修行最终要回到民间。他曾发心悬壶济世、弘法度众，现在，他要去践行。

第二天，李真果与道友相别，向着紫气升起的东方，又一次出发。

第九章

道士下山

　　真正的道士，是为了一切众生的利益，弘道立德。

　　二十年来的云游生活，李真果参访了众多丛林道场，足迹遍及大半个中国。正是靠着行脚参访，磨炼了他坚忍不拔的毅力、百折不回的意志、为法忘躯的精神，为后来实现悬壶济世、弘道利生的愿望奠定了坚实基础。

　　"道生之，而德蓄之。"老子说，道生长万物，德养育万物。使它可以生长的是道，使它可以蓄满的是德。李真果从老子的"大道"里深刻悟出，人类生命问题的最终解决离不开道德。

　　道德的光芒胜过了太阳的灿烂。修道求真，悬壶济世，便成为他孜孜以求的一种行道方式。

　　下山，是李真果行道的开始。

　　他用自己的"奇门怪招"，演绎着一段段神秘和富有传奇色彩的故事。

第一节　三吓保长

结束云游，李真果下山了。

他依旧是一袭灰白道袍，只是那一肩青丝，已变成雪白的银发。长长的胡子也花白了。但那刀刻般的面容仍像童颜一般，看上去只有三四十岁的年纪，完全不像六十岁的老人。那双深陷的眼眸依然如星空般深邃，高而清瘦的身影飘逸出尘，透着仙风道骨。

此时的李真果已是一位修为高深的大道士。他继承了从老子到陈抟的传统，以老子学说为本，融儒家孔子思想与佛教大乘心法为一体，"以清静无为为主，以无修无炼为功，以无生无灭为道，以无证无得为得"。兼之武功深湛，精通金丹秘术、先天道法，道家医术奇绝，已达到了相当高深的境界。

李真果回到了阔别二十多年的家乡，安岳李家区观音场响坛子村。

"娘、爹，真果回来了。"蒙蒙的细雨里，他含泪跪在青青的香冢前，切切地唤道。

"今日，真果立下誓愿，重修道观，布道济世，誓度众生，解一切病苦厄难，不负爹娘厚望善愿。"

李真果向坟前的父母发心立誓，他要重修老家的道观，运用老子思想和道家医药学，实现弘道利生、教民济世的理想抱负。

当他话音刚落，雨突然停了，阳光穿过乌云，露出一道金边，放射出耀眼的光芒。

李真果离开老家，又回到彭家场，幼年被义父彭子渝收养之地，曾经生活了十年的地方，他的第二个家，他做的第一件事就是，重建道观。

三清观在彭家场附近的一座山岗，立于不算巍峨的翠峰之巅。虽然道观规模很小，与名扬天下的安岳石窟相比，并不起眼，像被遗忘一般，但是，千年的历史，伴随它漫卷的云雾升腾变化，赋予了这里清静之境，曾一度香火不断。

随着八国联军入侵中国，民国初年军阀混战，抗日战争爆发……连年的战火，纷扰的乱世，打破了这处宁静的清修之地。道长和道士们早已不知所踪，风雨飘摇的道观，与饱受苦难的大地一样，早已破败不堪。

李真果将李家大宅院和父母留下的二十余亩田产全部变卖，用来修建三清观，并招募苦力、泥水工。

当地老百姓素闻江湖传说，李真果已修炼得道，道行高深。又听说李真果要重修三清观，这对于深陷苦难、寄希望于神佛保佑的百姓来说，无疑是一件大功德。大家都纷纷自愿参加修建，还有一些有钱人慕名而来，捐钱相助。

李真果与信众一起开始了道观的修建工程。举凡挖土、搬石、筑墙、盖房子、种菜、种树……一切最劳苦的工作，他都带头勤作，无一份闲暇，亦无一刻不忘跟大家传道讲法。

"彭道爷，您为什么回来修建道观？"有人问。因为当地百姓都知道他姓彭，便称他"彭道爷"，反而忘了他的本姓。

"哈哈，问得好。"李真果呵呵一笑，"老子说，致虚静守静笃。清静是道的根本。重建道观的目的，就是重建清静之道。"

"现在到处都在打仗，哪还能清静？"

"气气清静，勿勿毫错。清静无事，天下太平。"

见大家一脸惘然，李真果又解释说："世界需要清静，国家需要清静，国共两党应停止内乱，一致对外御敌，才能换来和平。我们老百姓需要清静，便连花鸟虫鱼飞禽走兽都需要有一个清静的环境。只有清静，百姓才能过上安宁的日子。"

有人又说："我们都是平民百姓，谁不想图个安逸舒服日子？可饭都吃不饱，有上顿没下顿，还整天担心被抓了壮丁，能管得了天下大事吗？清静跟我们有啥关系？再说，我们又不是出家的道士和尚。"

"我们管不了天下大事，但能管好自己。"李真果不急不慢地说，"老子主张清静无为，要修心。清静是一股正气，气从心生，气为心使。心动则气动。你有什么样的心，就会产生什么样的气。你有清静的心，就有清静的气；你有污浊的心，就有污浊的气。人人都要有一颗清静的心，少私寡欲，忘我无为。不要一天到晚想东想西。想好事样样来，不管别人怎样活。只有心静了，气正了，才不会产生妄念、邪念，生事添乱，身体也不会得怪病。你们说，如何没有关系？"

"道爷教诲得是。"

听道爷这番话，大家觉得说得有道理，深受感召。

"大家要学好，多做好事，学好一定得好，得好更要学好。"李真果意味深长地说。

李真果用道家思想对人进行劝救，把老子清静无为的观念一点一滴地浸入人们的头脑。大家都喜欢听他讲道理。

虽然李真果已是花甲老人，却因长期的道家内功修炼，已达丹结神凝的化境，看上去并不显老，如三四十岁人的模样，声音清扬洪亮，深邃如星的眼睛神光内敛，浑身上下透着仙风道骨。而他身上散发的安详安静的气质，又有一种无形的威严让人有所震慑。

半年之后，三清观修葺一新。

庄严的殿宇静静地矗立在山冈，清净的香气袅绕在翠峰之上，给这乱世平添了一份祥和之气，信众纷至沓来。

一个雨后的清晨，李真果上山采药。

他经过一个岩洞，突然听见里面传来隐隐的哭泣声。他此时的内力已随真气鼓荡，耳力所达，竟能穿墙破壁。他判断声音来自洞内深处，一般人根本无法听见。

他走进去，洞内光线很暗，几乎伸手不见五指。洞里遍布奇形怪状的石头。好在他常年隐居岩洞修炼，对各种岩洞非常熟悉，毫不费力地在洞里轻松行走。

一群黑压压的蝙蝠，扇动翅膀，从他头顶惊飞而起。他的身子呼地抢到蝙蝠前面去了，倒把蝙蝠吓得乱扑腾。

　　他寻声而去，穿过一个洞口，发现里面有一点亮光，走近一看，见一青年男子蜷缩成一团，无力地靠着石壁，一年轻少妇坐在旁边不住地哭泣。一堆微弱的柴火也快要燃尽了。

　　突然见有人闯进来，两个人大吃一惊。男子下意识地抱住吓坏的少妇，喝道："你是谁？"

　　李真果忙摆摆手，安抚道："不要害怕，我是三清观的彭老道。"

　　原来是回乡来重建三清观的彭老道。男子松了一口气，对李真果说："原来是道爷啊！修建三清观的时候，我家里很穷，就应召来观里盖房子，完后，道爷您还付我们工钱呢！您不记得吗？"

　　"你是李木匠？"李真果认出男子是他招募的木匠工，便问道："你们为什么在这里？"

　　坐在旁边的少妇擦掉眼泪，忽然转身朝李真果跪地磕头。李真果一阵惊骇。

　　少妇哀求道："道爷，请您救救我们！"

　　"快快起来！发生什么事了？"

　　"您不答应，我就不起来！"少妇含泪道。

　　李真果寻思：这两个人躲在这里，必是遇到很麻烦的事。熟悉陈抟老祖麻衣相法的李真果，打量二人，暗道：这男人印堂呈一股黑气，必有一凶。而这女子清秀貌美，眼秀晴红润有砂，睛圆微露似桃花，倒是好相。但她双眸似水，暗生微澜，必逢桃花劫。看这二人夫妻宫气色暗沉呆滞，与此劫有关。

　　他心中已然有数，便道："佛说，救人一命胜造七级浮屠。道爷平生好劝救。你不求我，我也会帮助你们。起来说话吧。"

　　少妇仿佛看到了一线生机，连忙道谢起身，饮泣着将事情发生的经过告诉李真果。

　　这名少妇叫春梅，家境贫寒。半年前，从外乡嫁到彭家场乡下，做了李木匠的媳妇。村里的王保长见春梅姿形秀丽，楚楚动人，顿起淫邪之心，想要霸占她。

有一天，王保长探知春梅一人在家，男人出工去了。于是，便偷偷摸摸来到李家。门上了栓，他用准备好的刀子轻轻拨开门闩，悄悄摸了进去。

卧室里，春梅正在窗下做女红。午后的阳光穿过木格窗，照在春梅的身上。她身着浅蓝色的裹身斜襟棉布衣衫，宽摆的七分袖，露出一双如藕节般的纤纤玉臂。乌云般的头发随意地绾了个髻，更使她的颈项白皙修长，干净、洁白，不需佩戴任何首饰也很美。因为天热，她松了两颗襟扣，如雪般的肌肤泄露了春光，浅素的衣衫下，玲珑起伏的一片酥胸隐隐欲现。她低着头飞针走线，水汪汪的明眸流露出无限的柔情。

站在窗外的王保长，早就看得呆了，色眯眯的小眼睛快掉到春梅的身子上了。

他三步两步摸进门，猛地掀开房间的窗帘。正专注绣着鞋垫的春梅，抬头看见王保长突然闯了进来，吓得花容失色。

她下意识地用手遮住胸口，厉声而颤抖地喝道："你，你要干什么？"

王保长淫邪地坏笑，一步步朝她逼近，说："美人，你把我王保长的魂儿都勾去了。你只要从了我，让你吃好的穿好的，要啥有啥。"

春梅怒骂道："你做梦！流氓、混蛋！你再敢过来一步，我就喊了！"

她高声呼救。

"哈哈。"王保长一阵狂笑，"你喊啊！喊啊！就是喊破嗓子也没人听得见。"

春梅朝后退去，被逼到墙角，无路可逃。她吓得浑身发抖，脸色苍白如纸。

王保长威胁道："你如果不从，我就把你男人拉去当壮丁！"

"我宁可死，也不会让你得逞！坏蛋，你再过来，我就一头撞墙而死！"春梅厉声道。

她话音刚落，王保长猛地扑了过去，一把抱住春梅，把她按在床上。

春梅死命挣扎，大声呼救。可是，她如一只柔弱的小羊，被狼死死地拽住。

王保长正待下手施暴，突然后脑勺被木棍击中。"哎哟"，他大叫一声，松了手，霎时天旋地转。

原来就在这时，李木匠回来了。因为做工的东家老父亲突发疾病，他只好返回家里，正好看到这一幕情景。顿时怒从胸中生，抄起一根木棍朝王保长打去。

王保长痛苦地捂着后脑勺，虽然被吓破了胆，但依然死鸭子嘴硬，一边往外走，一边恶狠狠地威胁李木匠：

"你敢打国军的人，老子明天就让你当壮丁，到前线送死去吧！"

"滚！"李木匠挥着木棍大吼道。

"你等着！"王保长咬牙切齿地丢下一句，灰溜溜地跑了。

为了躲避王保长的抓捕，更为了媳妇的安全，李木匠带着春梅连夜逃到山上，躲在一个山洞里。十天半月之后，他们带的食物吃光了。李木匠摘来山上的野果让媳妇吃，自己则饿着肚子。渐渐他体力不支，常常饿昏过去。

李真果默默地听着，注视着春梅梨花带雨的面容，不知为什么，他的脑海里浮现出紫竹的样子，那一双哀怨屈辱的眼睛，满是泪痕的脸庞，还有黄麻子狰狞淫邪的嘴脸……不堪回首的往事，像一个可怕的梦魇又重现眼前。

但此时的李真果已非彼时，显得十分冷静。

眼下正值抗战时期，与日寇激战的国军伤亡惨重，需要后方大量的兵源补充。为了源源不断地征集士兵，国民政府实行义务兵役制，凡年满十八岁至四十五岁的兵役适龄男子都在此列。每年由保长采用抽签的办法，决定谁去当兵。抽签的基本原则是"三丁抽一、五丁抽二、独子免征"。抽签后谁去当兵等等几乎都由乡、保长和军队征兵官员说了算。有人交钱，便可免于当兵。没钱的，便拉去充数。于是，"抓壮丁"这种非常规的手段便成为当地保长为所欲为的权力，结果民怨沸腾。

虽然李真果痛恨这种强抢壮丁的手段，但无奈民弱官强。他暗道：救人是一定的。但此事需从长计议，不可冲动。

他对二人说："你们暂时待在洞里，千万不要出去。我每日给你们送饭来。待避过风头，再做打算。"

李木匠想想也只能如此，拱手道谢："谢谢道爷救命之恩！"

此后，李真果每日提着篮子给夫妻俩送汤送饭。从三清观的翠峰到那山洞，要翻过一座山。

王保长见李木匠和春梅数日不知踪影，气急败坏，带人遍山搜查。一天，他远远看见李真果与一女子站在山路上说话，心想：这老道不在庙子念经打坐，跑到这荒山野岭找女人？看来也是个花心老道。爷倒要看看那女人是谁！

王保长支开手下，悄悄走近去，一看不由大喜，与李真果说话的女人竟是春梅。爷踏破铁鞋都没找到这块天鹅肉，得来全不费工夫！

幽静的山路边，一棵山楂树下，李真果对春梅说："姑娘，那坏蛋上山到处找你们，你怎么出来了？若给看见，就麻烦大了。"

春梅道："我给我那口子找点水喝。这里好偏僻，应该不会被发现吧。"

这个地方到处是茂密的树木，还有许多藤蔓、灌木遮蔽着岩洞，很难发现。

李真果将一篮子吃的交给她："快进去吧。"

李真果与春梅朝山洞疾步走去，王保长悄悄地跟了上去。

当他们进洞后，一直尾随的王保长突然闯了进来。春梅一见，吓得抱住丈夫直往后躲。

李真果镇定地说："不要怕，道爷在。"

王保长唰地掏出盒子枪，将枪口对着李木匠，气势汹汹威胁道："李木匠，你居然躲到这里来了，竟敢违抗国军征兵之令，跟爷回去，不然我王保长一枪崩了你！"

"不要！请你放过我丈夫！"春梅哀求道。

"不要求这个狗日的！"李木匠说着，怒火中烧，朝王保长吐了一口唾沫："我呸！你个王八蛋，我跟你拼了！"

他抄起地上的一根木棒，就要朝王保长打去。王保长慌忙扣动扳机。危急之中，李真果闪电般地飞起"无影脚"，击中王保长握枪的手腕。只听一声"哎哟"，盒子枪从王保长手中脱落，飞向半空。

王保长一阵惊骇，对李真果厉声喝道："老妖道，你窝藏壮丁，破坏抗战，老子要把你抓去砍头！"

李真果冷笑道："你也配称老子？道爷老子在这里，还不给我磕头！"

话音刚落，他使出"六合手"，朝王保长运力一推，王保长被震出一丈之外，由于站立不稳，仰天跌下去。"哎哟"连声，磕了个响头。

李真果哈哈大笑，拍手唱道："龟孙子，磕响头。不学好，摔跟头。"

王保长恼羞成怒，心里却又胆怯，知道李真果的厉害，不敢招惹。他慌忙抓起地上的盒子枪，边往外逃，边威胁道："老妖道，你，你等着！"

王保长被李真果吓跑了。

李木匠夫妇跪谢恩人，感激不尽。李真果预料到王保长不会善罢甘休，便送二人下山，离开此地。

"可是，道爷您怎么办？那王八蛋会来害您老。"李木匠担心地说。

"道爷，您跟我们一起走吧。"春梅恳切道，"若不是遇见道爷，我和夫君早已没命了。"

"放心走吧，孩子们。恶人伤害不了我。"李真果意味深长地说。

送走二人后，李真果才放心回到三清观。

果然，不出李真果所料，王保长不会善罢甘休。

李木匠和春梅跑了，这都是老妖道坏我的好事。王保长恨得咬牙切齿。

他决定"整治"李真果，这次有了借口，给彭老道安个"窝藏壮丁，破坏抗战"的罪名。

这一天，王保长纠集了十多个手下，从保公所出来，埋伏在李真果回道观的必经之路。他已经掌握了李真果的规律，一早出观，下山给人看病。到了黄昏，才踏着夕阳回到山上。

此时，正是夕阳西坠的黄昏，李真果出现在返回道观的山路上。他披着一身晚霞，边吟边唱地朝山岗走去。

伏在树后的王保长得意地冷笑，冲手下打了个手势。一群乌合之众嚷嚷着拿着棍棒冲上前去，突然将李真果团团围住。

李真果一见，十分镇定，微笑着朝他们招了招手："来吧。"

十几个打手面面相觑，他们都知道李真果的本事，不知这道爷葫芦里卖的什么药，不敢靠近。

"他妈的，都怂包了？"王保长骂道，"活捉老妖道，赏银圆两块！"

重赏之下必有勇夫。众手下一哄而上。奇怪的是，李真果站在那里，不躲，不闪，摊开双手，等他们上来。

众手下愣了一下，但很快反应过来，七手八脚将李真果扭住，五花大绑。李真果既不挣扎，也不反抗。

王保长一阵狂笑，满脸的麻子集中在一堆，更显得丑陋狰狞。"老妖道，你也栽在我手上了，看你还能使出个什么幺蛾子？"

他转身命令手下："给我往死里打！"

话音未落，只听咔嚓一声，李真果身上的棕绳像刀割一般地断了。众手下大惊失色。

王保长不由惊骇，慌忙拔出枪来。可还没等他举枪，李真果一掠而起，飞起一腿，踢掉了他手里的枪。王保长"哎哟"连声。

"你们这群猪是吃干饭的吗？给我打！给我往死里打！"王保长一边往后退，一边气急败坏叫骂道。

四名手下战战兢兢地拿着棍棒逼近李真果。只见四只棍棒齐向李真果身上打去。李真果不慌不忙，伸出左手，一把抓住两根棍棒，同时右手反过来抓住从背后搠来的两根棍棒。

李真果大笑道："还有多少棍棒一齐上啊。"

其他几名手下被李真果的气势震慑住，不敢上前。而那四个人用力向里拉夺，竟是纹丝不动，随即又使出吃奶的劲回夺，四根棍棒像死死钉在柱子上一样，怎么也拉不出来。四个人挣得满脸通红，场面煞是搞笑。

"去吧！"李真果戏弄一般道，将手里抓住的四只棍棒，向自己面前一拉，只见一前一后的四个人失去重心一般，朝前凑到一堆，彼此碰得鼻青脸肿，"哎哟"连声。李真果看得有趣，略略运力，双手朝前推去，四两拨千斤一般，将四个人震出两丈之外，倒地不起。

王保长见状，心中又怒又惊：想不到这妖道，竟有这等功夫！敢戏弄我的人！

这时，他趁李真果低头用手掸衣服上灰尘的空隙，如一头狂怒的狮子，抓起手下的一根扁担，从李真果背后偷袭过来，使尽全身力气砍去。

李真果听到背后偷袭脚步声，理都没理，等到扁担快近身后，才身形一晃，闪到旁边。扁担吭当一声，扣砍在石头上，顿时成了两段。

王保长顿时手臂被震得发麻，大怒，朝手下大吼大叫："还不给老子上！"

众手下愕然相顾之际，反应过来，一声狂呼，乌压压蜂拥而上。李真果仍然不慌不忙，顺手拉着山路旁一根大碗口粗的柏树，向上一提，就好像在菜地里拔了一个萝卜，把那柏树连根带泥拔了出来，反手朝空中一扔，柏树飞向半空，落在十丈之外的草丛。包抄过来的众手下惊得目瞪口呆，像见了鬼似的，魂飞魄散，一个一个丢下棍棒溜了。

王保长见势不妙，也转身拔腿就逃，一边跑，一边气急败坏地骂道："彭妖道，老子吹火筒当眼镜，长起眼睛看！"

刚跑出几步，只听李真果在身后叫道："把你烂家伙拿走！"

话音未落，盒子枪朝王保长头上呼呼飞来。王保长大吃一惊，连忙接住，狼狈不堪地跑掉了。

王保长回去后，突然病倒在床。他得了一种怪病，浑身发冷，大热天还捂着厚厚的棉被，全身像筛糠一样瑟瑟发抖。半夜常从噩梦中惊醒，大声号叫，令人闻之毛骨悚然。

每天都有许多郎中走进王府，又摇头叹气出来。他们都无法医治保长的"怪病"。

王保长认为是中了"彭妖道"的邪，发誓除掉李真果。他从床上咬牙爬起来，坐上轿子，纠集了几十个手下，浩浩荡荡开赴上山。

山上，黑压压的一群人把三清观围得水泄不通，大有兵临城下之势，但始终没有人敢闯进去。

李真果见人多势众，从道观后门走了。王保长见李真果从后门逃走，忙命众手下赶快追。

一群人又呼啦啦地朝后山追去。

李真果镇定自若，如闲庭漫步一般。凭他上乘的轻功，这些小兵虾将根本无法追得上，但他并没有放开脚步飞跑。

眼看快被追上，这时，山路上有四个山民抬着一头三四百斤的大肥猪走来。李真果心念一动，上前对山民说："老道帮你们抬抬肥猪如何？"

几个山民已累得气喘吁吁，见老道帮忙，自然乐意。

李真果不慌不忙，跨步上前，两手抓住那头肥猪四蹄，仿佛不费吹灰之力，把一头重达三四百斤的大肥猪举过头顶。他慢慢调过头来，向追赶过来的人群一步一步走来。

众人见状，惊得不知所措，一个个就像点了穴道一般呆住，一动不动站在那里。

王保长更吓出一身冷汗，许久，喊道："妖道果真运起妖术来了，还不逃命！"

他率先落荒而逃。

众手下如梦方醒，争先恐后地四下逃窜。待他们逃跑后，李真果也不食言，帮几个山民将大肥猪抬下了山。

奇怪的是，回去以后，经过这番折腾，一惊一吓，王保长全身不再发冷发抖，半夜也不做噩梦了。"怪病"奇迹般地不治而愈。

他心想：彭老道这等本事神通，必是异人。都怪我做了太多坏事，所以神明派老道来收我。

王保长开始懊悔，心有余悸。

一个凉风习习的傍晚，王保长带着香油钱上山。

远远，从三清殿里传来道士们诵经的声音。李真果正带着弟子念诵《初真十诫》：

"第一戒者，不得不忠不孝，不仁不信，当尽节君亲，推诚万行。第二戒者，不得阴贼潜谋，害物利己。当行阴德广济群生。……第四戒者，不得淫邪败真，秽慢灵气。当守真操，便无缺犯……"

王保长恭敬地站在殿外等候。诵经声灌入耳朵里，他听得面红耳赤。

两个时辰过去，月亮慢慢从山岗上升起。李真果这才步出大殿。

王保长一见，连忙跪倒在地。

李真果早已预料到王保长此番举动，并不吃惊，明知故问地："保长，你这是为何？"

王保长连连磕头，悔恨地说："道爷，我王保长罪有应得，不该起淫邪之心，强暴妇女，强抢壮丁，害人害己……多亏道爷相救，从今往后，我，我重新做人，为百姓做好事，当好官……"

李真果站在澄明的月光下，沉默不语。

"道爷，我已经派人把李木匠和春梅接回家了，保证不再伤害他们。"为了证明自己的忏悔，王保长又补充道。

李真果点点头，见王保长确实真心悔过，便道："天尊告曰：如是众生，受诸恶业，皆由自心，妄想颠倒，不悟无为，一切罪根，皆从心起。"

这是《太上说九幽拔罪心印妙经》里的话。李真果用经文教化王保长："每日持诵太上老君经文，消除业障，多行善事，积累功德。"

王保长连忙称是。

"你抬头看看天上。"

王保长抬起头，看见一轮皓月悬挂在广袤的夜空，那澄明、清澈的光芒，仿佛照见他丑陋阴暗的内心，不由惭愧地低下头去。

"举头三尺有神明，人在做，天在看。别以为你做的坏事无人知道，天也会知道。"

李真果一番严词，如雷声滚滚，从王保长头顶滚过，令他胆寒心慑。

"我王保长诚心忏悔，若再有不轨之举，害人之心，天打五雷轰。"王保长向天发誓。

"起来吧。"李真果平静地说。

王保长掏出千两银子，双手奉上："道爷，这是我为道观捐的功德钱，请收下。"

李真果正色道："你这些钱都是从老百姓那里搜刮来的。三清观是清净之地，别亵渎了神明。拿走吧。你若真想做功德，就把它们给穷人吧。"

"我听道爷的。"

王保长感到李真果不仅神功了得，而且还是一位高道大德，不由肃然起敬，更自惭形秽。

他向李真果恭敬地鞠了三个躬，下山去了。

王保长走后，弟子们围着师父七嘴八舌地问道：

"师父，王保长作恶多端，危害百姓，您为什么放过他呢？"

"他发的誓谁知是真的还是假的？"

李真果微微一笑："道家认为，人的先天本性真心是无污染的，清明的。只是有的人随着后天的熏染，环境的影响，产生贪念、妄念，慢慢走向了恶。但只要作恶的人能够生起悔过真心，痛改前非，忏除心灵的种种污染和污垢，就会回到清澈澄明的本来面目，本性真心。这就是道经上所说，洗心忏悔。"

弟子茅塞顿开。

"师父，我有一个问题。"一个相貌清瘦的小道士鼓起勇气道。

"你说吧。"

"为什么王保长的怪病突然好了？是师父施的神术吗？"

李真果呵呵一笑："我哪有什么神术？只不过把他吓好了。"

众弟子瞪大眼睛，个个脑子里充满了惊奇和疑问。

"人的疾病很多因素是精神所致。精神又跟气紧密相关。气有正邪之分。正气是先天真炁，邪气从后天之气而来。先天之气与后天之气相互作

298

用，构成了人体性命的基础。"

看到弟子似懂非懂，李真果又道："这就与儒家所说的'人之初性本善，习相近习相远'是相同的道理。人生下来的时候都有着善良的本性。一个行善的人，光明正大，心中充满正气，便会健康长寿，远离病苦。而有的人受后天邪气的影响，就会产生邪恶欲念，邪气便会进入身体，自然会得怪病。"

"难怪那些郎中按照风寒去治疗王保长的病，没有找到根源，当然治不好。"小道士插话道。

"王保长做了坏事，本来心是虚的，加上经我一吓，就吓出病来了。道爷我就索性把他的'恶'病再吓出一身汗，这不是不药而愈吗？"

众弟子恍然大悟，原来李真果为了达到既要惩治恶人，又要医治恶人的目的，便采取了精神恐惧疗法，从精神上震慑对方，以驱除邪念，不敢妄为。

李真果又说："一切皆由心生。气也由心而生。心正，则气正。心念不正，邪念丛生，就会造成肉体上的许多疾病。人只有忏除邪恶欲念，使思想光明磊落，单一纯净，才能获得心神的宁静平和。心性清净了，气也清净了，心气合一回到道里面了，回归道体，也才能祛病远祸，获得长生。"

众弟子听得全神贯注，师父又给他们上了一课。

"王保长是贪财贪色的人，这回他真的会把银子送给穷人吗？"一个弟子又问。

"作善由心，作不善亦由心。师父让保长把银子送给穷人，就是要净化他的道德动机，去除恶心，培养善心，不得妄作邪念。这也是我们修道之人要做的无量功德。"

"谢师父教诲！"众弟子齐声拜道。

李真果行道以来，既以道家医学为人们治疗肉体上的疾病，更看重用道家思想劝救，治疗人们精神上的疾病。

王保长下山后，果然遵照李真果所嘱，把银子分送给穷苦的人家。从此洗心革面，清廉为官，受到当地百姓欢迎。

"响坛子有个彭老道，道法深，医术奇，道德高！是劝救度人的'活神仙'。"人们相互传诵着。

从此，李真果在安岳老家的名声大震，到三清观慕名而来的香客络绎不绝，听他讲道传法，宣讲道德。还有许多远道而来求他治病的人，首先得到的不是药物，而是他的教诲，从身心灵的根源上解除病人的痛苦。

人们尊敬地称他："彭道爷。"

第二节　午夜惊魂

对于安岳的老百姓来说，李真果身上笼罩着一层神秘的迷雾。除了他惊人的神功外，他独特的奇方怪药、奇门遁术，令人于信服中觉得玄之又玄，神秘莫测。

"异人""高道""神医"，江湖上，人们绘声绘色地描述着李真果。

但是，也有人看不起李真果，认为他是个"土道人"，装神弄鬼，故弄玄虚。

当地一位叫王大富的财主就是其中一个。

王大富常到城里做买卖。有一次，他病倒在客栈，客栈掌柜给他请来了一位留洋回国的西医大夫，"洋医生"给他打了一针，第二天，他的病就痊愈了。

此后，王大富对西医佩服得五体投地。家里的人无论大病小病，都是花重金请洋医生来诊治的。他还对那些找李真果看病的村民说："彭道爷就是个土道士，那些奇奇怪怪的把戏，都是骗人的，吓唬人的。人家洋医生才是真正的神医，包治百病。"

有见过世面的村民就反驳他道："洋医生看病，我们可看不起，贵得吓死人，动不动就举着大针筒吓人，吊瓶子，用几把小刀子开肠破肚。还叽里哇啦说我们听不懂的鸟语。人家彭道爷看病从不收钱，几把草草药就好了。"

王大富有一个千金大小姐，年方十五。生得倒也俊俏，只是天性古怪，孤傲清高，从不见陌生男子，出门都是坐轿子，回家后便待在绣楼上画画写字，或在花园走动。她家的花园像贾府的大观园，她也把自己当作是《红楼梦》里的林黛玉。平时很少出门。

王大富见女儿已到婚嫁年龄，便托人说了一门亲。相亲对象是城里一位大官的公子，留过洋，王大富自是十分满意，与对方大人约定，八月十五，请公子到乡下相亲。

恰在此时，小姐突然患了褥疮。因为小姐长期久坐，而引起臀部皮肤发生水泡，继而糜烂，触之疼痛难忍。她坐不能坐，睡不能睡，炎热的夏天也只能躲在绣楼上。后来小姐的褥疮感染，肿得像水蜜桃一般大，痛苦万分。这小姐娇贵之躯，哪里经得起这番折磨？整日呻吟哭泣，却羞于见人，不许爹娘大夫给她看病。

王大富与夫人日夜闻听小姐哭泣呻吟之声，心痛如割，又焦急万般。眼看相亲之日迫近，若那位公子见不到小姐之面，婚事岂不泡汤？

王大富只好瞒着小姐，请了城里的洋医生来家里为小姐看病。

起初小姐死活不肯让洋医生给她诊病，但实在痛得生不如死，便终于允许，但提出三个条件。

"不准见到本小姐的尊容，不准切脉，不准看疮处。"

王大富对掌上明珠向来千依百顺，便要求洋医生按小姐提出的条件诊病。

大夫十分无奈，只好估摸着小姐的病症，拿点外用药涂擦患处。包扎伤口，也是由小姐的母亲亲自料理。

结果小姐的褥疮非但没有好转，反而继发感染，溃疡脓肿，越来越严重。病情恶化急转直下，几天来水米不沾，高烧不退，整个人日渐枯瘦，奄奄一息。

"若再不好转，可能就只有准备安排小姐的后事了。"一位请来的郎中对王大富说。

王家人慌了。王大富更是急得六神无主，寝食难安。能不能相亲已经并不重要，保住女儿的命才是最要紧的。

"如果女儿死了，我也不活了。你必须把女儿的病治好！"王夫人哭着对丈夫说。

"唉！"王大富叹了口气，"女儿是我的命根子，就是家财散尽，用我的老命，我也愿意换女儿一条命。可我有什么办法？女儿死活也不愿别人给她看病。"

好心的乡民听说小姐病情后，建议王大富去请彭老道。但几次都被王大富拒绝了。在王大富的眼里，根本看不起李真果这样的"土道士"。

王大富说："彭老道就是一个弄几把草草药的土道士，弄不好，把我宝贝千金的命都要葬送了。"

他又说："如果请了彭老道，就抬高了老道的身价，贬低了我王家的门风。绝对不行！"

王夫人一听，又气又急："老爷，这啥时候了？门风比女儿的命还重要吗？你说那城里的洋医生有多神，可他反而把女儿快要给治死了。再说，彭老道医好了那么多人的病，也不是假的，为什么不试试？"

王大富觉得夫人说的言之有理，又见女儿病情危急，再不想办法医治，恐怕熬不过几天了。他这才点了点头，派管家去请彭老道。

管家来到三清观，请李真果去王府看病。

"道爷，我家老爷的千金病得很重，老爷请您老给看个病。"

李真果正在殿里闭目打坐，默然不语。

管家十分心急，只好求道："道爷，您是神医，又是大善人，请救救我家小姐。"

李真果缓缓睁开眼睛，道："叫你家老爷八抬大轿来接我。"

管家只好回去，如实转告王大富。

王大富一听，气得破口大骂："狗屁狂道！以为他是什么？请他看病，是给他面子，这个土老道还自命不凡真拽起来了？他敢不来，我把他的庙子给烧了！"

"老爷，您就忍忍吧。只要能救咱女儿的命，别说抬轿子，下跪也要求啊。"王夫人哭着劝道。

王大富只好叫上轿夫，忍气吞声，抬着八抬大轿上山去请李真果。

一大清早，李真果被请到了王府。

他将腰间的葫芦放在桌上，王大富知道道爷喜欢喝酒，连忙叫下人给道爷上一坛好酒，并亲自给道爷倒入葫芦里。

小姐闻听彭老道要来给她看病，尽管明知自己病情已恶化，仍坚决不许任何男人当面诊病，就算是出家人也不行。

"爹爹，娘，如果你们不答应女儿的要求，我就一头撞死！"王家千金痛苦地说。

王大富只好对李真果约法三章："一不准切脉，二不准看疮，三不准直接向小姐提问病情。"

李真果没说什么。

"彭老道，您能治吗？"王大富见李真果默不作声，以为他打退堂鼓了。

李真果举起葫芦喝了一口酒，呵呵一笑道："老道还没有治不好的怪人怪病。不过，老道看病也有三怪：不切脉、不处方、不用看病人。"

"那好，如果你没治好我家千金的病，我就带人把三清观拆了！"

"如果治好了小姐的病，你得答应老道一件事。"李真果对王大富道。

"别说一件事，十件事都行。"王大富信誓旦旦。

李真果向王夫人询问了她女儿的病情，然后又把病情不清的地方详细问了一遍，便心里有了底。他暗想：王家千金古怪，我老道更古怪。

王大富催李真果赶快处方拿药。

李真果笑道："我的药方独门。李时珍的《本草纲目》上都没有。你家千金的病只有老道的药方能治。而且我用的药更没有现成的。千金需要的药很特别，我要专门配制。这类药我一生只用过几次。等太阳下山后，你派人来我观里取吧。"

说完，他转身出了王家大宅院，一掠而去，如一缕清风消失得无影无踪。

王大富想：彭老道又在故弄玄虚？我倒要看看他葫芦里卖的什么药！

乡民们从王府的下人那里闻听此事，都感到好奇。

夕阳渐渐西沉，暮色合围。管家带着几个手下上了山，到道观找李真果。

"师父走了多时。"一位年轻道士站在石阶上告诉前来的管家。

"什么？敢耍我家老爷？"管家大吃一惊，愤怒地对道士说，"赶快去把你师父找回来，不然我让你们念不成经，拜不成神！"

"请施主少安毋躁，太阳不是还没有完全下山吗？"道士平静地说。

管家抬头望着天边，夕阳的一半仍浮在山上，正一点一点往下掉。

一个手下对管家说："这老道一定是没有本事，今天又夸下海口，八成害怕我家老爷找他算账，溜了。"

另一个手下又说："我估计老道给小姐采药去了，谅他不敢跑。跑得了和尚跑不了庙。他彭老道还会逃得脱我家老爷的手心？"

"我们就再等等！"管家忍住气道。

又过了一会儿，还不见李真果的踪影，管家正要破口大骂，忽见李真果从山道上飘然走来，嘴里不知吟唱着什么。转眼之间，白影一晃，便到了山门口。

此时，最后的一点夕阳完全沉下了山头，天空迅疾黯淡了下来。

李真果手里拿着一样什么东西。几个手下立即迎了上去，开口便骂老道让他们等了很久。

李真果也不生气，笑道："这不太阳刚刚落下去，道爷从不食言。"

说着，他将手里的木盒交给管家，嘱咐道："这是治你家小姐的独门良药。这种药不能吃，不能涂抹，也不能接触。只需你家小姐打开木盒看一眼就是了。我保证你家小姐第二天就会下楼，七八天内病完全好。"

管家拿着木盒将信将疑，暗道：哪有看一眼病就好的药？吹得这么玄。

"如果治不好，我们老爷可饶不了你。"管家警告道，然后带着几个手下转身就走。

"慢着！"李真果叫住管家。

"记住，这个木盒，只能在半夜三更时分打开。而且，让小姐紧闭门窗后，不能点灯，不能穿任何衣裳，独自一人打开。千万不能有旁人在场，更不能事先打开木盒偷看。不然，这药就不灵验了。到那时治不好小姐的病，就不要来找我彭道爷的麻烦了。"

李真果又让管家复述一遍后，才让他们离开了。

管家拿着木盒回到王家，如实禀报了李真果的吩咐。王大富心想：这老道古里古怪，搞什么玄虚？这木盒子装的什么东西？看一眼就好？

王大富一阵惊疑，无法相信。但想到女儿病入膏肓，只好按老道说的去办。

半夜，浓墨一样的天上，没有星月。夜空像怪兽张着黑洞洞的大口，似乎要把大地吞掉。

庭院一片漆黑。王大富与夫人焦急地守候在小姐绣楼下，心乱如麻，觉得恐怖的黑夜就要把他们的宝贝千金给带走了。

突然，一声凄厉的惨叫从绣楼上传来，接着听见小姐被重重摔倒发出的巨大声响。然后，什么动静也没有了。王大富感到不妙，让夫人带着贴身丫鬟立即奔上楼去。

丫鬟点上蜡烛，眼前的情景让王夫人惊呆了，小姐赤裸着玉体昏倒在地板上，从木盒里爬出的一条条毛毛虫满地板皆是，令人毛骨悚然。

"啊——我的女儿啊！"王夫人哭喊着扑过去，抱住小姐。

她惊见小姐屁股上的褥疮流着大量的脓液，楼板上流满了从褥疮里挤压出的脓液，一阵骇然。

王大富听到哭声，奔到楼上。这时，王夫人与丫鬟已把小姐抬到床上，并穿上了衣服。

王大富看到被吓昏的女儿，还有满地板的毛毛虫，又急又怒。他一面安排人照顾女儿，一面命管家上山把李真果抓来。

管家带着一群家丁举着火把，连夜赶到山上。可是，他们把道观里里外外搜了个遍，哪里有李真果？

这次，李真果真的是躲藏了。

后半夜，小姐感觉自己好像从一个很深的黑洞里被一个人拉了上来，那个人一袭道袍，长须如雪，仙风道骨。然后，那道人像一阵风消失了，而她慢慢地苏醒过来。

一直守在女儿身旁的王大富见女儿醒来，惊喜万分。

"孩子，你好点了吗？"王夫人心痛地问。

慢慢地，小姐的脸上舒展了一丝笑容，痛苦的神情没有了。

"爹，娘，我好多了。"小姐轻声道。

王夫人摸摸女儿的额头，竟退烧了，也再听不到女儿那令她肝肠寸断的呻吟声。夫妻俩不敢相信。

"我想吃点东西。"小姐望着爹爹道。

"快，把煲好的鸡汤给小姐端上来！"王大富吩咐下人道。

小姐还能坐起来吃饭了。看到女儿病情奇迹般好转，夫妻俩喜极而泣。

果然如李真果所言，第二天，小姐已经能下楼了。她的褥疮也一天天好了起来。到了第八天，疮口完全愈合了。

在这几天里，王大富的管家带着手下四处寻找李真果，却始终没有找到。直到第八天的一个黄昏，李真果却自己大摇大摆回来了。

李真果一路手舞足蹈吟唱着走进村庄。"老道悬壶来，百病玄中了。有人骂老道，老道自说好。有人唾老道，随它自干了。"

村里的儿童跟在他的身后拍手学唱。乡民们见了老道，纷纷出来迎接。

"神医回来了！"大家高兴地说。

"道爷，王大富派人到处抓您呢，我们都捏着一把汗。"有人说。

"好在菩萨神仙保佑，道爷把王家千金的病治好了，应该不会找道爷麻烦了。"善良的乡民说。

李真果呵呵一笑，对大伙道："大家回去转告，凡是参与三清观修建的工匠，今晚到道观领工钱。"

大家纷纷说："修三清观是积功德，做善事，道爷给我们治病，也没收钱，我们咋能收道爷的工钱？"

李真果微笑道："大家都是穷苦人，日子也不容易。大伙放心，这工钱有人出。"

乡民们笑逐颜开。大家心里对他们的这位道爷更加敬仰，又觉得他神秘莫测。

王府里，管家正在向王大富禀报，李真果已回到道观。

"老爷，我们还去抓老道吗？"

王大富思忖片刻，道："我亲自去，但不是抓。"

看到女儿的病奇迹般地彻底好了，王大富想到，女儿虽然受了老道的惊吓，但病确实给"吓"好了。这老道并不寻常，千万不可得罪。我不但不能抓，还要重谢。

王大富心里也很好奇，老道为什么想出用毛毛虫吓小姐的办法？

月亮从山岗升起，王大富带着管家等几个仆人上了山，来到道观。

这时，二三十个工匠聚集在大殿外。他们看见王大富，心里明白了几分。

王大富进入三清殿。李真果正坐在神龛前的椅子上，似乎已料到王大富会来。

"道爷，大富特来感谢您老人家救命之恩。"王大富恭敬地作揖道，"我有眼无珠，不识真人相，还四处派人抓您，多有得罪。我向道爷请罪。"

说着，他当即跪下磕头。

"起来吧。"李真果道，"你王大富不是坏人，没有做过恶事。小姐的病能好，也是你积的德。

"但是，"李真果突然话锋一转，"你也没有做过好事。所以，你家的千

307

金才患此恶疮，危及性命。"

"道爷，我错了。今后一定做个好人。"王大富十分惭愧，连忙道。

王大富叫仆人把抬来的箱子放在李真果面前。仆人打开箱子，里面全是白花花的银元宝。

"道爷，这是我一点心意，也是我王大富随喜功德，请笑纳。"

李真果默默看了一眼，朝殿外高声道："大伙进来吧。"

早已等候在外的工匠们蜂拥而至。

李真果对大家拱手道："我李真果就是一个贫道，两袖清风，承蒙大伙齐心协力，才把道观重修一新。今天，王善人捐来一箱善银，请大伙领取。"

大家感激万分。

一旁的王大富先是感到意外，但很快也被李真果的善举感动。他亲自给工匠们分取银子。

"道爷，您如何想出用那个……那个办法？"等大伙领着银元宝散后，王大富向李真果询问。

李真果当然明白，他指的是自己用毛毛虫吓小姐的事。

他呵呵一笑，告诉了王大富整个事情的原委。

原来，李真果听了小姐病情介绍后，判断王家千金的褥疮结了"硬头疤"，医学上称"疮疖"，已经散毒。这硬头疤里面的脓液被外面的一层硬皮裹着，触之很痛。加上散了毒，就会越肿越大，像成熟的西瓜，里面烂透了，可外面还被一层硬皮包裹着，使脓液无法排出，以致疮毒扩散，越烂越深，越烂越宽，继而引发高烧，病情加剧恶化，危急性命。

要治好这种病，首先要把脓液完全挤出来。这对李真果来说，手到擒来。只要用梅花针点刺，再用闪火法拔罐，使脓血从针孔排除，两日内便可痊愈。可是这小姐脾性倔强古怪，羞于示人，不准人碰。这倒有点让李真果束手无策了。

不过，越是具有挑战性，越是古怪的，越是能找开他的脑洞。

深谙武学之道的李真果暗想，自古医武同源，医道同源，由医入道，由武入道。道，即是万事万物变化的规律。以不变应万变。我何不以怪治怪？只有出怪招，才能治怪人。

他心念一动，武学的最高境界是，不用任何物而将自己的身体乃至心灵化为一种最厉害的武器，这叫作无剑。我不用草药，也不用其他东西，却一样可以"化腐朽为神奇"。

李真果想：一般年轻女子素来胆小，天生怕毛毛虫。我只要想个法子，让小姐摔倒……

于是，他计上心来，开了这个"独门处方"。他料到，小姐在漆黑的半夜打开木盒，看到里面的毛毛虫爬来爬去，必会吓得惊倒在地。果然，小姐看到木盒里爬满了毛毛虫，一下子惊得昏了过去，摔倒在楼板上。这一重重地挤压，疮的硬皮破了，脓血流了出来，自然就无大碍了。

当然，这法子是很冒险的。如果小姐看到毛毛虫，没有吓得跌倒，硬疮就不会被压破，不但救不了小姐的命，恐怕自己的性命也不保。对此，他并不担心。

毕竟，李真果不是一般人。他早已胸有成竹，一切会按自己所预料的方向发展。

他认为，宇宙是一个巨大的磁场。这个磁场也是气场。当一个人具备强大的气场，你发出去的想法，就会产生一种能量。宇宙就会响应你的想法给你所想要的结果。

"道爷，多亏您想出这个谁都想不到的办法，才救了我女儿一命。您真是神医啊！"听完李真果的讲述，王大富佩服得五体投地。

李真果淡淡一笑："我就是一个土道士，用了一个土法子而已。"

王大富顿时羞愧得满脸通红。

李真果用奇方怪药，巧治千金之躯，在当地被当作奇谈佳话，又传到几十里外的邻乡、邻县。

人们绘声绘色的描述，更增添了几分神秘感。

第三节　巧治恶症

古老的中国文化传统与思想观念里，人们的婚姻、祸福、吉凶、生死、功名利禄等等，无一不取决于冥冥之中非人类所能掌握的一种力量。它就是神秘的命运。

作为儒家经典的《易经》，被后人看作是最早的一本占筮书，人们对未知和无法掌握的命运充满了神秘感，加上江湖术士浑水摸鱼，滔滔不绝颠倒阴阳中透露出的宿命玄机，使算命也越来越神秘化。

近日，彭家场出现了一位算命的道士，自称"神算子"。

这人大约四五十岁的年纪，瘦骨嶙峋，穿着破旧的、没有洗干净的深蓝道袍，头上盘着一个高高的发髻，一根竹簪子从乱糟糟的头发里穿过。长长的胡须耷拉在胸前，给人一种高人的感觉。

他整天坐在乡场街道旁的围墙下，前方摆着一个借来的八仙桌，幡子立在背后的墙壁前，上面写着："预知未来，占卜吉凶。"八个大字。地上一张八卦图，手里摇着一把小蒲扇，看上去像模像样。

刚开始，神算子卖劲地吆喝："拿命来，拿命来，把命拿来算一算，不算不知道，一算好命到。一算一个准，不准不要钱。"

几个过路的人因为好奇，便过来问了几卦，没想到竟说得十分准，而且很灵验。于是一传十，十传百，大家都知道彭家场来了一个神算子，纷纷排着长队找他相命打卦。这神算子也不再吆喝了。

一天上午，天空下起了雪，李真果与大弟子玄一从这里经过，看见神算子正在摆摊算命，许多人排着队，一个个轮流着走上前去很虔诚地请教神算子算命。桌上的化缘钵堆满了银子、铜钱。

"师父，我听说这神算子精通易经八卦，算得很灵。"玄一对李真果说。

玄一是李真果在三清观收的第一位弟子，十八岁时，父母双亡，从外乡投奔李真果，拜李真果为师。

李真果朝神算子看了一眼，眼中精光一现，暗道：此人相貌猥琐，邪气较重。老道倒要看看这神算子有多神！

他便与弟子在暗中观察。

这时，轮到一个穿着破旧棉袄的青年男子上来询问，还没有等到他开口，神算子眼珠在他身上一打转，劈头就问："你是不是住在河西村？给你的母亲算命来的？你的母亲是不是病重？"

青年一惊，连连点头，眼中不禁湿润，佩服地说："您真是神算啊！"

一旁，玄一对李真果道："师父，这人还真神极了。"

"也没什么神的，不过是一个江湖术士。"李真果淡淡地说。

玄一惊疑地问："师父怎么看出来的？"

"你看这个年轻人身上的雪花都在身前，显然是迎着风来的。今天吹的是什么风？东北风。要逆风而行，只能从西边来。而在西边只有一个村子，他不从河西村来从哪里来？"

"那他怎么知道年轻人是给母亲算命？"玄一又问。

李真果微微一笑："这就更简单了。年轻人面容良善，应是一个孝子。这么冷的雪天，不是为了母亲还是为了谁出来？"

"他也可以是为父亲，为什么算命的不说是父亲？"

李真果并不介意弟子的追问，启发地说："你看那年轻人手上拿着什么？"

玄一朝青年看去，他的手上拿着一把妇女用的梳子。显然是青年刚在集市上为母亲买的。

玄一恍然大悟："算命的见青年愁眉深锁，所以判断他母亲患了重病。"

李真果抚摸着花白的长须，意味深长地笑道："你不是也能算了吗？"

玄一说："师父，我们去揭穿他吧，不能再让这假神算骗人钱财，也坏了我们道家声誉。"

"不急。时机未到。且再看看。"李真果话中有话。

摊前，青年的话也多了起来。神算子装模作样地掰开指头，闭上眼睛，嘴里念起咒诀，然后在纸上写了"断桥救母"四字，递给青年。

青年接过纸条看后，脸上一阵惊疑。

神算子煞有架势地对他说："你家屋后的那座木桥，是蜈蚣精变的。你母亲害病，与此桥有关。"

青年听后，感激不尽，掏出身上的几文钱给神算子，然后千恩万谢离开了。

青年走后，玄一悄悄问李真果："不知算命的写什么给那施主？"

李真果却答非所问地说："这青年的母亲患了重疾，若不及时医治，命不久矣。"

玄一又问："师父，您又如何看出？"

"施主十二宫中的父母宫有难，日月角气色黑暗，明角晦滞，且有瑕疵，预示其母身患重病，很危险。"李真果神色凝重地说。

李真果是根据《麻衣神相》法中判断的。十二宫分布在人的面相各部位，分别是：命宫、迁移宫、官禄宫、财帛宫、福德宫、夫妻宫、兄弟宫、子女宫、交友宫、田宅宫、父母宫、疾厄宫。父母宫处在天庭左右侧，左为日角，右为月角，男左女右。

李真果学道期间，曾得疯癫老道传授麻衣道者《麻衣神相》法和陈抟老祖《心相篇》秘诀。他见青年日月角晦暗，呈一股黑气，右边月角主母，有青色瑕疵，由此断定青年的母亲病情危重。

玄一听完李真果的讲解，敬佩不已："师父才是神算子！"

李真果淡淡地说："师父不是神人，也是从《麻衣神相》相法上推断的。人的命理与天机道、地机道相通，蕴含易学原理，掌握了它的法则，便能预知一二，断吉凶祸福。"

"可恶可恨的是，"李真果怒容顿生，"江湖上一些术士懂得一点皮毛，就拿它来骗人谋财，害人害命！"

"走！"

说着，李真果已大步而去。

"师父，我们去哪里？"玄一小跑着追上去问道。

"河西村。"

转眼间，师徒二人迎着风雪来到了河西村。

这是一个较为偏僻的小村子，一条清澈的河流围绕在山前屋后，穿过村庄向东流去。因为雪天，很少见人迹。

地上已堆上了厚厚的积雪。村庄白雪茫茫。

"师父，我们上哪里找那位施主？不如我去打听一下？"玄一茫然地问。

"跟师父走就是。废话那么多。"

李真果带着弟子转过几处丘陵，来到一处幽静的河边。

"施主在那里！"弟子惊喜地说。

只见青年正在河边，挥着斧头砍着摇摇欲坠的木桥。雪花落满了他的全身。

"他为何砍桥？桥断了，村民怎么过河？"弟子不解地问。

李真果摇摇头，说："因为神算子告诉他，这座桥害他母亲生病。所以他要断桥救母。你去问问便知。"

玄一刚走过去，木桥轰然断了，不由大吃一惊。

"施主，好端端的桥，你为何砍断它？别人如何过路？"玄一问青年。

青年盯着被砍断的木桥，憎恨地说："神算子说，这座桥是蜈蚣精变的，害我母亲生病。把它断了，我母亲的病就好了。"

李真果走到青年身旁："年轻人，你快回去看看，你母亲就快不行了。"

青年名叫陈安，他认出李真果是远近闻名的彭道爷，听道爷这一说，他不由几分相信，扔下斧头便朝家里奔去。

李真果与弟子也跟着去了陈安的家。

陈母奄奄一息地躺在床上，唇青面黑，呼吸困难，似乎就要窒息而死。

"娘！您怎么了？"陈安焦灼地呼唤着母亲。

陈母两眼含泪，张了张嘴，却说不出话来。她的手在脖子、嗓子间比画，神情极为痛苦。

陈安介绍说："母亲咽喉疼痛很久了，现在连话都无法说出来，更无法吃东西，郎中看了，都说没办法。找城里的西医看，说要开刀。可我哪有钱为我母亲治病？"

陈安突然转向李真果，跪倒在地："道爷，您是活神仙，请救救我娘！"

李真果来到床边，看了看陈母，叫陈安端一碗清水来，给陈母喝了几口水。只见她一吞水，立即呕吐，还咳了一大口血痰。

李真果心里有数，说："这是锁喉症。"

锁喉症，在道医和中医看来，又叫"梅核气"。症状表现为咽喉包块，有异物感、咳嗽、痰血、吞咽困难伴疼痛。这种病与七情郁结，气机不利有关。以妇女多见。《金匮要略》中描述了其症状："妇人咽中如有炙腐。"

这与西医所称"喉癌"症状类似。严重者，咽喉肿瘤可发生器质性病变。

"你娘的病已经恶化，恐怕过不了今晚。"李真果对陈安说。

陈安一阵惊骇，眼里流出了泪水："道爷，您一定有办法的。我爹爹死得早，只有我和母亲相依为命。母亲操劳一生，供我读书，我要让母亲长命百岁，报答她的养育之恩！"

"你是个孝子，老天不会让你娘离开的。"李真果安慰道。

一旁的弟子暗示陈安："道爷已经答应救你娘了，还不给道爷道谢？"

陈安醒悟过来，连忙跪谢。

"不必不必。"李真果阻止道，"老道既然来了，哪能袖手旁观？我这里有一个方子，是我的师父传给我的。你按我开的方子自己找药吧。"

说着，他写了一个处方："茴香虫虫十四根，晒干，打成粉末，用米醪糟（糯米酿成的甜酒）开水冲服。每日早晚各服一次，七日服毕。"

他又叮嘱说："今晚务必让你娘服下此药，第二天会见好。"

李真果看病极少开方子，这次是个例外。

陈安连声道谢。

李真果又意味深长地说："陈安，万恶淫为首，百善孝为先。难得你一片孝心，你娘是有福之人。但今后你要以仁心善念为本，断恶修善为行。多做善事，多做好事，学好得好，才能为母增寿。倘若为救母而造恶业，不但救不了母，还会害了她，也伤害了他人的利益。"

陈安是个聪明的人，一点就醒，惭愧道："道爷，是我错了，听信算命先生的话，只为救母，砍断了村民过河的桥。我会把断桥修好。"

"嗯。快去抓药吧。"

陈安立刻按照李真果开的方子，上山去找茴香虫。茴香虫是金凤蝶的幼虫，多寄生在茴香枝间，样子像乡下人叫的"猪儿虫"，全体浅绿色，有黑色环状条纹并间有金黄色斑点，看起来很可怕。

陈安好不容易找到数十根茴香虫，带回家烤干，研成粉末，然后用米醪糟给母亲服下。奇怪的是，母亲竟没有呕吐。

果然如李真果所料，第二天，眼看就要窒息而去的陈母病情转好，渐渐有了神气，也能顺畅地服药。

陈安没想到，母亲刚服药到第三天，便开始进食，喝稀饭也不发呕了，咽喉也不痛了，还能发出声音。陈母一连服了三个七天的药，完全能正常说话，吞咽自如，奇迹般地恢复了健康。

在这期间，陈安听了李真果的话，每天到山上砍来树木，为村里修好了断桥。

这一天，陈安和他的母亲来到三清观，向道爷道谢。

李真果连忙说："不用谢，解厄治病，是道人所为。"

陈母带上家里仅有的老母鸡和一篮鸡蛋，请李真果收下。李真果坚持不收。

"你大病刚好，需要补补身子。快拿回去吧。道爷心领了。"

在陈母的再三恳求下，李真果只拿了一个鸡蛋。

"道爷啊，您真是菩萨心，我们母子的大恩人！"陈母感激地流下了眼泪。

城里医院的医生得知陈母的"喉癌"居然没有动手术就治好了，又得知她是吃的李真果开的奇奇怪怪的"虫子"治好的，那是在药典上都找不到的"药"，都感到不可思议！

"师父，您真神哪！"弟子们对他们的师父崇拜不已，更感觉到师父身上笼罩着一种神秘感。

"道医治病，从源头根除，治本，而不是治表。不是头痛医头脚痛医脚。这个本是什么？就是气，人体的先天元气。"李真果打开了话匣，侃侃而谈，"老子说，道生一，一生二，二生三，三生万物。这个道的体现就是气。庄子说，人之生也，气之聚也。聚则为生，散则为死。气是宇宙万物和人体生命的本源。呼吸之气以及五脏之气，为先天元气变化而来的后天之气。人体的生化运动就在于气的出入升降，运动平衡，气的运动机制失常，就会产生各种疾病。"

他停顿片刻，看着听得聚精会神的弟子们，说："陈母因为丧夫，长期精神忧郁，肝气郁结，胃经不通，而致咽喉长包。找到这个根源就好办了。茴香虫恰有理气、化瘀、止痛的功效，所以我就用了这个道家秘方茴香虫治厄。"

"原来如此啊。"玄一等众弟子恍然大悟。

在李真果看来，自古以来，道家医学是以其道家人生哲学和宇宙论为基础的。人与宇宙天地万物共同源于"炁"，"炁"者，"气"也，或称"无极"。葛洪在《抱朴子内篇·至理篇》中明确指出："夫人在气中，气在人中。自天地至于万物，无不须气以生者也。"

"天地万物与人都是由阴阳之气构成的，互为相感。自然的变化，世纪的迁移，都与人的形体与情感相关联。比如，天有日月，人有双眼。地分九州，人有九窍。天佑风雨雷电，人有喜怒哀乐。天有四季，人有四肢。天有不测风云，人有旦夕祸福。天有阴阳晴雨，人有健康疾病。即所谓天人相应，人体与宇宙自然不仅相通，而且人体的器官以及气血运行，都与宇宙结构相似。自然界的风寒暑湿燥火六种自然气象，也因应在人体中，称为六气，导致人产生心理、生理及病理的变化。"

李真果深入浅出的讲解，让弟子茅塞顿开。

"人是一个小乾坤，是天地自然的一部分，与天地同道，其首法天，其腹像地，其气血盈虚消息，都与大自然同途。天地供人以生存的必要条件，人要顺应天地自然的关系和规律，以天地自然为楷模，做到天人一体，就达到了老子所说的'道'，也就能'不自生'而长生了。反之则灾害降临，疾痛丛生。"

李真果以道家思想和道家医学理论来指导他的医学实践，用道医验方、秘方为人治病，又将这些收到奇效的经验和独到见解毫无保留地传输给弟子，为后世留下珍贵的道医学财富。

弟子们由衷地敬仰他们这位修为高深的师父。

李真果用妙方救治陈母的佳话传遍了整个观音场，人们识穿了神算子骗人钱财的把戏，也不去算命问卦了。

这神算子自然也没有生意了，摊位冷冷清清。算命的幡子斜立在雪地上，上面写着的"预知未来，占卜吉凶"八个大字，充满了讽刺的意味。

神算子心里对李真果充满了嫉恨。都是这个臭老道坏了我的生意。

一天，李真果又经过这里。他大步来到神算子面前。

神算子正冷得蜷缩成一团，见李真果到来，连忙站起来。虽然暗恨李真果，但心里十分畏惧。

李真果在八仙桌边坐下，看了他两眼，说："两日之内，你有疾病之苦。只有道爷能给你治。"

说完，他起身离开了。

"呸，臭老道，我是神算子还是你是？"李真果走后，神算子骂道。

此时，李真果早已消失在风雪之中。

第四节 治"神算子"

不出李真果所料，第二天，神算子突然腹痛，继而腹泻不止，几分钟内便上一趟茅厕。

此病古称肠辟、滞下，在民间叫作"拉肚子"，在西医称"痢疾"。

连日来，神算子日夜腹泻数次至数十次不等，也无法去摆摊算命了，回到暂居的破旧土地庙。

在民国年间，人们称"西药"为"官药"，对西药的认识很少。那时候的西药也很贵，一般人吃不起。所以，老百姓生了病，一般就看中医，抓几服草草药。

这神算子虽然骗人，却也是个出家人，不信西医，对中药十分信服。他找了几个中医郎中看病，吃了几服药，却不见任何起色，反而腹泻越来越重，面色十分苍白，整个人有气无力，渐渐虚脱。

"会不会是那臭老道使了什么法术？不然，怎么断定两天内我有病厄？"神算子想起几天前李真果到他算命摊上说的话，不寒而栗。

"臭老道说只有他能治。罢了，我总不能这样等死吧，只好去求他了。"

想着，神算子拖着虚弱的身子，出了土地庙，冒着寒冷的北风，上山去了。

"道爷，我不该骗人钱财，今日遭了报应，求您老看看病，救救我！"一进道观，见到李真果，神算子便跪地磕头。

李真果用那双神光四射的眼睛注视他："我看你不是真心悔过，而是因为病重，为了求老道治病，才出此违心之言。"

神算子一阵惊骇，这鬼老道真不是寻常之人，道行深不可测。

这时，他的肚子又开始隐隐作痛，想上茅厕。他脸色极为苍白，直冒虚汗。

李真果看了他一眼："快把你一肚子坏水拉干净吧。拉完，在这里等道爷。"

神算子赶紧捂着肚子朝茅厕跑去。

在神算子上茅厕的时候，李真果到后山走了一转。

半个时辰后，李真果回到观里，手上拿着一把草叶，也不知是什么。

然后，他把草叶揉碎搓烂，又把揉烂的草叶泡在一碗清水里。

神算子早已拉完肚子，回到大殿，恭敬地等候道爷。他见李真果捣鼓这些草叶，心里想：八成道爷在给我弄药吧？

这时，只见李真果面向神龛上的红烛，静气凝神，突然右手一指，扑哧一声，红烛不点自燃。

神算子大吃一惊，暗暗佩服老道神功达到如此化境。

随后，李真果正襟危坐，存思运气，尔后手执狼毫，蘸上朱砂，在香桌铺开的黄纸上，运笔如飞地画着道符。他一边画，一边掐诀念咒：

"居收五雷神将，电灼光华，纳则一身保命，上则缚鬼伏邪，一切死活灭道我长生，急急如律令。"

神算子忽然觉得丹田似乎注入了一股外气，上下流动。肚子好像不再那么难受。

他恍然明白，这是李真果用气咒法在为他治病。咒语是道家作为治病的特殊手段之一。利用咒语声波的穿透性，带动内气的行走，达到意到声到，声到气到，以意领气，以意催声，声气结合，形成一股强大的浑浊气流，将混元真气传入病人身体。

几十年的拜师修道，李真果以道家哲学为根基，以老子清静无为为修炼之功诀，外练武术，以强其筋骨。内养神气，以壮其魂魄。他将道学、武学、气功和金丹秘术融为一体，深厚的内丹功夫早已出神入化。他不仅总结出一整套独特有效的治病方法，还能运用内炼元气之神奇功能与人治病，谓之"布气"。

道医布气治病，在早期道教即已出现。葛洪的《抱朴子》中记载了许多道士行气治病的例子。宋代苏轼《东坡志林》记道士李若之于苏氏中子布气治病。明清以来，道家为人布气治病之例数见。自汉末至今，道家布气治病已有两千年历史。

"布气治病"并不是一种故弄玄虚的异能。它所以能有神奇疗效，全赖道医体内元气的作用。布气疗疾的先决条件为施气者内气修炼必须达到相当高深的程度。但有这种高深修为的道医并不多见。而一些江湖术士常利用它敛财骗人，而使"布气治病"被蒙上了"迷信"的色彩。

这一刻，念毕气咒，李真果将画好的符绕过烛火三次，符纸的灰烬落入碗中，溶于碗中的草叶清水中。

李真果命神算子把这碗水喝下去。

神算子喝了这碗"药"后，顿时感到腹部一股强大的暖气流动，腹泻很快止住，隐隐的腹痛也消失了，神气也一点点地恢复起来。

他不由惊疑万分。暗想：原来就是一把草药这么简单，却这般灵验。我如今的算命摊都被这老道搅黄了，如果能得知这是什么草药，岂不又可以赚大钱了？

他计上心来，向李真果千恩万谢后，试探地讨要药方。

"道爷，您这碗符水里的是什么草药？这么灵验？"

李真果看穿神算子的鬼心眼，冷冷道："病好了就快走吧，问这么多干什么？想再去骗钱吗？"

说完，不再搭理神算子，兀自闭目打起坐来。

神算子脸上悻悻然，只好再三道谢后，无趣地走了。

一天，镇上的一个秀才捂着肚子，来找神算子。

神算子在摊位上吆喝了大半天，没有一个来算命的。正在发愁，见终于有一个人来找他算命，不由一喜，心想，得好好敲他一笔。

秀才并不是来算命的。原来秀才也是害了痢疾，跟神算子的病一样。他听说神算子吃了什么草药，很快就好了。他拿出几十文钱，向神算子打听药方。

神算子心里想：我还想知道什么药方呢。可我讲不出来，这钱就收不到。

他鬼心眼一动，有了。我何不带他去找彭老道，趁此搞清到底是些什么草草？一举两得。

于是，他陪着秀才去找李真果。

李真果见神算子又上道观来，冷冷地说："怎么，又拉肚子了？"

站在旁边的秀才连忙上前，恭恭敬敬地作揖道："道爷，是我生病了。素闻道爷仁心妙术，特地上山恭请道爷疗疾。"

李真果向来特别尊重读书人。他看了看秀才痛苦的面色，又见神算子领着秀才来找他，心里明白了几分。

"拉肚子？"

"是的。"秀才神情焦急，似乎内急按捺不住。

"秀才，你先去上茅厕，道爷这就去给你找药。很快就好的。"

说着，李真果朝大殿外走去。

"道爷，我陪您去。"神算子追上去，冲着李真果的背影叫道。

李真果停住，猛然回过身来，犀利的目光朝神算子一扫。神算子不由骇然。

"不要跟着我。别打鬼主意。"李真果呵斥道。

神算子心里的小算盘被李真果一眼看穿。他尴尬地愣在那里，心里恨恨地骂了一声：鬼精老道。

李真果又到后山去了。

一会儿，李真果又转回来了。神算子马上凑上去，想看看老道抓的究竟是什么草草药。出乎意料的是，李真果这回带的不是草药。只见他摊开左手，手掌里放着一些白色粉末。

"这鬼精老道搞的什么鬼？耍的什么把戏？"神算子被弄得莫名其妙，"明明是一样的病，为什么药却不一样？八成鬼老道怕我识破，就故意把药方换成别的。"

李真果倒了一碗水，把"粉末"放在秀才的手掌里，也没画符念咒，叫秀才把"药"立即冲服下去。说完，他又闭目打坐起来。

神算子趁机悄悄地叫秀才给他留下一点粉末，好带回去研究一下到底是什么东西。

秀才服药后，果真不拉肚子了。

"道爷真是神医哪！"秀才敬佩不已，感激万分。

神算子悄悄把那留下的白色粉末带了回去。他仔细研究，东看西瞧，又闻又尝，无臭，无味，手摸有滑腻感。慢慢地，他的嘴角浮出一丝得意的笑。

"道爷啊，任你怎么鬼精，也算不过我神算子。"

他那算盘珠子一样的眼睛滴溜溜一转，打起了一个鬼主意。

又是一个逢场天，神算子把算命摊改成看病摊，撤去了幡子，八仙桌上拉起一条布幅，上面写着"包医肚泄"。

他又开始了吆喝："看病，看病！治拉肚子的仙丹妙药，一吃就灵，一吃就好。药到病除！"

许多人经过这里，怀疑地看了一眼，摇摇头，走开了。

过了一会儿，一个四十多岁的中年人走过来，不信任地问神算子："你不是算命的吗？咋看起病来了？"

神算子煞有介事地说："贫道既能算命，也能治病。出家人性命双修，悬壶济世，度化众生。"

中年人忍不住又问："你真能治拉肚子？"

神算子不满地瞪了他一眼："真是笑话，贫道如果没有真本事，还敢在大街市摆摊招摇？"

他见一些人围拢过来，便大声道："各位乡亲，我就给你们说实话吧，贫道已投到彭道爷门下，我的师父就是彭道爷！"

大家一听，开始有些相信了。

神算子又对中年人讲："我又不是想多收你的钱，大家都是穷苦人，我是在做好事，积功德。这样吧，我治好了你的病，你就随便给几文钱。如果没有治好，我不收半文钱。"

中年人难受地捂着肚子，急道："那就快请抓药吧。"

"你等着。"

神算子说着，从布袋里抓出一把草叶，揉烂，泡在一碗水里。然后铺开黄纸，一边画符，一边嘴里念念有词。

歪歪扭扭的符画好后，他又点燃蜡烛，放在烛火上烧。他自然没有李真果"不点自燃"的神功。他将符纸的灰烬与碗中的草叶水混合在一起，叫病人服下。

中年人端起碗，毫不迟疑地一口喝了下去。

过了一会儿，中年人惊喜地说："这药真神啊，肚子不难受了！也不想拉了！"

神算子又说："这药包治百病，不拉肚子也可以吃。啥病都能治好。"

围观的人都相信了，纷纷讨药。

由于病人扎堆，生意特别好，神算子用所谓符水化的"草药"几下就卖完了。他又从另一个布袋里拿出几大包白色粉末，对大家说：

"我这里还有更方便的单方，你们回去用水冲服，无病吃了长寿，有病吃了就好。一包十文钱。"

有人听了表示怀疑，问道："你这些草草粉粉的真能治病？这个单方到底是不是彭道爷传给你的？"

"彭道爷的单方是不轻易外传的，他怎么会传给一个外来的道士？"旁边的一个私塾先生也不相信。

"我看这像是彭道爷的单方，古里古怪的。他的土秘方确实能治大病呢！"另一个赶场的人说。

众说纷纭，七嘴八舌。

神算子见大家怀疑，用肯定的口吻说："我以性命担保，这药方千真万确是彭道爷亲自传我的。人命关天，我能骗你们吗？前次我拉肚子，彭道爷就是用这秘方给我治好的。他还收我做徒弟，说这秘方包治百病，让我做好事。"

许多人都相信了，各掏出几文钱，买光了神算子的"粉粉药"。

"且慢，施主莫走！"一个洪亮的声音从人群后传来。

正要散去的人们回过头去，看见李真果出现在面前。神算子一见，慌了神，赶紧拿起钱袋子就要溜。

李真果大步上前，挡住他的去路，那威严而高冷的目光朝他逼视过来。神算子感到一种巨大的威压气息，吓得手直打哆嗦。

"道……道爷，我……"他结结巴巴，嘴唇颤抖。

李真果勃然大怒道："老道治好你的病，却没有治好你一肚子坏水！竟然打着老道的旗号招摇撞骗，谋财害命！"

神算子连忙狡辩道："道爷，小的不敢谋财害命！这都是按您老秘方所配的药。"

李真果从一个病人手里拿过一个小纸包，冷笑道："这就是我的秘方？"

"是，是啊。我见道爷给那秀才吃的就是这白粉粉。我猜是山上的白石头粉做的药，就上山找了一些白石头，研成粉末。"

李真果一听，怒火又起，大骂道："你这个缺心眼的坏道士，道爷何时候用白石头治病？何时收你做徒弟？幸好我路过这里看见，这是要出人命的！真出了人命，还以为是我彭老道干的缺德事！害人害命，还败坏道爷我的名声！可恶可恨至极！"

人们一听，一阵骇然，才知道上当受骗，冲神算子怒骂道："骗子，把钱退给我们！"

大家把纸包里的白粉末朝神算子兜头兜脸撒去。

神算子满脸白灰白粉，十分狼狈，赶紧把收的钱全部退给了那些上当受骗的人。

"道爷，他还给我们吃了什么草药符水！"有人向李真果告状。

李真果朝神算子喝问道："快说，你用的是什么烂草？"

"我，我用的是马桑叶。"神算子嗫嚅地说。

他又指着站在旁边的中年病人说："我也没有骗人，大家看到的，他拉肚子，吃了我的马桑叶泡的符水就好了。"

中年人突然大声道："不，他骗人。他拿钱收买我，要我装成病人骗大家的。"

人们一听更加愤怒，高喊："打死骗子！打死他！"

大伙朝神算子吐唾沫，扔菜叶，还有的人把他的八仙桌给踢翻了。

扑通一声，神算子跪倒在李真果面前，连连磕头求饶。

"道爷，我有罪，都是因为贪财，才算命、卖药骗人，我不是好人。我……我，再不敢了！请道爷恕罪！"

"谋财骗人，不学好不得好。"李真果斥责道，"身为道人，以弘道立德、行善救人为己任。你竟贪图钱财，不惜做伤天害命之事，真是道门的败类！"

神算子的脸一阵红一阵白，不敢抬头。

"走吧！"李真果冷冷道，"从今后离开彭家场，不得在江湖上行骗，好好做人！"

神算子抱住李真果的腿，央求道："道爷，请收下我，我也是穷愁潦倒，走投无路，才出此下策。我神算子保证，从今往后不再骗人，拜道爷为师，专心修道。"

随即，他又发誓道："若有半句食言，天打五雷轰！"

"不要相信他的鬼话，他是坏人，骗子，道爷不要收他！"有人高声喊道。

李真果注视着神算子，见他一副可怜相，也确有悔过之意，不免心生恻隐之心。

"人生最可怕的就是一个'贪'字，带来的是欲望，邪思，进而做出恶事，害人害己。贪的果实是痛苦，跟着'贪'字走的人最终没有好下场。"

李真果停顿片刻，把目光扫向围观的人群，大声道："佛家说，诸恶莫作，众善奉行。人要一辈子做好事善事，不要做坏事恶事。人要脱离苦海，除了立即从善、行善、做善的事以外，没有别的办法了。道祖老子说：'夫天道无亲，恒与善人。'这句话什么意思呢？也就是说，天道是最公平的，它大公无私，不讲情面，只帮助那些有德的人，行善的人。"

他把威严的目光逼视低着头的神算子，声音威压："反之，那些干缺德事的人，满肚子坏水，违背天道，是要遭到惩罚的。"

他用佛学和老子思想劝化民众，任何时刻都不忘传道布道。大家都被道爷的一番教谕所震动，纷纷称道：

"道爷说得好！"

"道爷言之有理！"

"要做好事，不干坏事！"

有人朝跪在地上的神算子啐道："你这个骗子，不做好事，伤天害命，自遭报应！"

神算子满面羞愧，悔恨地说："我错了，我不该骗大伙，不该起贪念，害人害己。"

他又望着李真果，满面愧色，忏悔道："道爷，您的教谕如醍醐灌顶。我违背道门清规戒律，离经叛道，谋财骗人，伤害百姓，罪有应得。我愿从此洗心革面，跟随道爷修道立德。望道爷成全！"

"道爷，不能收留他！他是大骗子！"人群中有人高喊。

李真果看了一眼神算子，此人确实真心悔过，便道："佛说，苦海无边，回头是岸。你能幡然醒悟，还不算晚。跟我走吧。"

神算子大喜过望，连连磕头拜揖："师父在上，请受弟子三拜！"

李真果慈悲的襟怀和高尚的品德，让大家更加敬佩这位神秘的高人。

一位青年禁不住好奇地问："道爷，您治拉肚子的秘方到底是什么呀？可不可以透露？"

李真果呵呵一笑道："没有什么神秘的。我就是用的野地瓜藤尖尖和柏树油粉。"

原来这野地瓜藤是山坡上贴地面生长的一种藤蔓野生植物。它结的果实像算盘珠，甜美可口。农谚中的"六月六，地瓜熟"，便是指的这种野地瓜。

"没想到神算子居然用什么马桑叶、白石头粉骗人！"青年气愤地说。

"他那符水也是骗人的？"一位大嫂问道。

"当然。"李真果解释说，"我画符的时候，施了气咒法，用气打通病人的肠经，画符的朱砂也是治病的药，再配合野地瓜藤，自然立竿见影，药到病除。"

"柏树油粉也治病吗？我们从来不知道啊！"有人说。

李真果解释道："至于柏树油粉就更简单了。我从柏树皮间取一些分泌出来的油脂，等它干后，就成了晶体状白色粉末。柏树油粉有止痢、祛病抗邪之功效。肠辟，也就是拉肚子，都是因为邪气而致腹泻。柏树油粉恰能培养人体正气，吃一点，半小时内立即见效。这满山坡都是柏树，道爷我呢，就地取材了。"

这种几乎不入药典的草药，甚至仅是民间的土方，可是，经李真果之手，一切草木竹石皆可当药，其道医学境界已臻化境。

大家恍然大悟，纷纷朝李真果跷起大拇指。神算子在旁听得脸红一阵白一阵，心里也不由佩服。

那位请李真果看病的秀才也在人群中。他问道："道爷，孔夫子说，死生有命，富贵在天。命能改变吗？"

"对呀，道爷给我们讲讲吧？"大家纷纷道。

看到大伙兴趣浓厚，李真果寻思：正好给大家讲讲道，讲讲人生。

"秀才问得好。"李真果在八仙桌边坐了下来，理了理花白的长胡子，缓缓讲道：

"什么是命运？人的生死、婚姻、贫富和一切遭遇，都取决于冥冥中的非人类自身不可掌握的一种力量，叫做命运。从伏羲时代开始，古代先民认为，所谓命运就是天命。"

"比如说，"为了让大家便于理解，他习惯地打比方，"咱们中华民族先祖伏羲从河边经过，见到龙马背负'河图'过黄河，神龟背负'洛书'过洛水，因而得到河图洛书，画成了八卦，才有了古老的经典《易经》。说明什么？说明是天地自然所赐。这就是天命！"

寒风中，人们围着李真果，聚精会神地听他谈玄论道。

"孔夫子是最信天命的。孔子早年周游列国，到处推行他自己的政治主张，很想干一番仁政事业，结果却是风尘仆仆，穷困不通，像个丧家犬碰了一鼻子灰以后，才领会到命运之神是如此这般捉弄人。一个人的生死存亡、富贵贫贱完全与高悬于天的命运有关，绝非尘世碌碌众生的力量所能改变。于是，年过半百以后，孔子站在江边，发出了'逝者如斯夫'的感叹。宣扬'死生有命，福贵在天'的天命思想。"

"我们的命运到底能不能改变？"李真果突然反问道，"我先来讲讲什么是命。所谓命就是人一出生下来带在身上独有的符号八字，由出生年月日时的四个天干和四个地支所组成的生命整体。这个命是不可改变的。比如你是南瓜子，你就不能变成冬瓜子，长成大冬瓜，你的出生决定了你只能是南瓜。这是你先天的命注定的。"

大家被李真果的解释深深吸引住了，完全忘了寒冷。

"什么是运？"李真果又道，"运就是人在后天成长过程中所经历的顺逆衰败、生老病死等一切遭遇，运行的轨迹。运是可以变化的。打个比方，命就好像人的身体，运好比一年四季的天气。身体会随着四季的天气或变好，或变差。运附着于命，命又通过运来体现。天冷了，容易感冒，但你通过强身、养生，就可以抵御风寒。先天注定的命不可改变，但后天的运是可以通过自身努力改变命的。"

李真果说到这里，加重了语气："道家主张，我命在我，不属天地。人是生命的主人。个人命运能否改变，并非由外在的东西决定，由天来决定，而是取决于你自己，你内在的自觉意志的选择。"

见大家有些茫然，便道："简单地讲，我们每个人生在世上，就有思想活动，人的道德表现有善有恶，人的命运也有好有坏。而道德表现是人能自己选择的，一个人的选择就决定了他的生命走向，决定了他的命运。所以，个人无论是富是贫，是贵是贱，是顺或逆，是造善业，还是造恶业，都是自己一手造成的。"

"我如何才能改变自己的命运呢？"秀才问道。

李真果微笑道："人的天性是善良完美的，要改变不好的状况，摒弃愚昧平庸，你就要通过修道，从内心上建立道德观，树立慈悲心，树立菩提心，去除烦恼和无明，从而产生智慧，不断了悟，弃恶扬善，离苦得乐，你就可以达成自己的愿望，你的人生也就会圆满美好。"

李真果的一席话，让秀才豁然开朗。他激动地说："道爷，我能跟随您吗？"

人群中有几个青年人也响应道："我们愿跟道爷学道。"

李真果呵呵笑道："你们有此愿心就好。学佛修道，不一定在庙观，全在自己去修，去悟。只要发起善心，舍弃贪心，把'爱国、孝亲、尊师、尊道'作为立身之本，把'诚信、宽厚、忏悔、感恩'作为处世之道，这两个八字诀做到了，无论你考取功名，或者富贵发达，你都会遇事进退自如，从容镇定。随心所愿，心想事成。"

大家听后，深受教化，领受了一堂生动的人生之课，从中获得佛道的心灵洗礼。

尽管天气寒风凛冽，人们仍兴趣盎然地缠着李真果继续传法讲道。李真果也乐此不疲。

第五节　解"难言之隐"

在当地百姓的心目中，神功妙术、仁心大德的李真果，是他们的救苦救难的"活神仙"。

而三清观所在的那座不算巍峨的青葱山顶，伴随若隐若现的云雾，与天地连接，更增添了一种玄妙的灵气。

来此上香的男女信众络绎不绝。

老君殿里，塑着老子的神像，即太上老君。这位长须如雪的老人，在两千五百年前留下一部绝世经文《道德经》，成为道家思想的创始人，而被道教尊奉为道祖与至高神。老子在李真果的心目中是最崇仰的圣人与仙真。

人们要向李真果求医解厄，一般会在老君殿见到他。

一个初夏的上午，长须花白的李真果身着白衣道衫，依旧是仙风道骨的模样，坐在老君殿神龛旁的八仙桌边，为香客答疑解惑，诊病解厄。

这时，一位年约二十七八的少妇款款步入老君殿，她一身宽摆的翠烟锦衫，绲一道窄窄的金边，一袭散花水雾白纱罗裙，尽显优美丰腴的身段。乌云般的秀发绾着发髻，插着一支翡翠玉钗。举止优雅，仪态妩媚雍容，一看便知，至少是城里大户人家的太太。旁边带着一个丫鬟。

她面色苍白，看上去有些虚弱。点香后，她面朝老君神像，虔诚地鞠躬跪拜，一双秋水般的明眸，掠过一抹深深的担忧，心里似乎在祈祷什么。

看病解厄的人相继散去，李真果敲响了挂在旁边的铜钟，清玄的钟声敲击在妇人的心上，那少妇拜揖道：

"太上老君在上，请保佑将军平安归来，与妻团圆。停止战争，不要再打仗了！"

她话音刚落，突然眼前一黑，栽倒在地上。旁边的丫鬟大惊失色，尖叫起来。

"太太，救命啊！道爷，救命啊！"

李真果闻听，疾奔过去。眼前的情景也让他吃了一惊。鲜红的血从少妇的下身汩汩流出，像喷泉一般，瞬间染红了雪白的纱裙。

"血崩！"凭着经验，他断定少妇患了暴崩血症。

血崩，又称崩中、暴崩，或崩漏。血崩指妇女不在经期而突然阴道大量出血的急性病。崩之病名见于《黄帝内经》："阴虚阳搏谓之崩"。起病急骤，来势如山崩堤决，导致昏迷，若不及时止血，危及性命。

"快将女施主抬到静室去！"李真果对闻讯而来的几个弟子道。

"这个……不干净的血会玷污我们道门，惹来血光之灾。师父，我们还是把她抬回家去吧？"玄净说。

说话的玄净正是李真果收到门下的神算子。

李真果怒目一睁，怒斥道："什么不干净？抬回家人就没命了！出家人以救人为本，我看你才是装了满脑子不干不净的东西！"

玄净顿时满脸通红，赶紧与几位师兄弟一起把少妇抬到静室。

静室在后院，是李真果打坐练功、居住的地方，四周山石花木拥围，环境清幽静谧。

几个弟子把少妇放在一张木板床上，然后全部退了出去。李真果叫少妇的随身丫鬟留下，并把一贴"观音膏"交给丫鬟，吩咐她立即贴在女主人的肚脐上。随后，他也离开了静室。

这观音膏是李真果根据玄门四大丹秘方与草药结合研制的成药，共有三十五味药，具有止痛、止血、化瘀、行气的奇效。

丫鬟按照李真果的要求，将观音膏贴在女主人的肚脐上。过了一会儿，果然血流不再像先前泉水一般喷涌，慢慢地在减少。

半个时辰之后，李真果端着一碗冒着热气的汤药进来。此时，少妇已经苏醒过来，换上了李真果为她准备的一套干净的白衣。

"谢道爷救命之恩！"少妇虚弱地说，欲欠起身，不安地道，"我这不净之身，把您这清净之地弄脏了。"

"不要多动，不要多说话。"李真果忙说，把药碗交给旁边站着的丫鬟，"快把这碗药给你家太太喝下。很快就好了。我一会儿再来看。"

说完，他便离去了。

又一个时辰过后，当李真果再次回到静室，少妇已经下床，穿戴整齐，正待出门向道爷告辞。

李真果见她苍白的脸色已泛起了一丝红润，显然大量的流血已经止住。

"道爷仁心妙术，救了我一条贱命，大恩大德无以回报，这里有薄银百两，望请道爷收下，聊表心意。"

少妇说完，让丫鬟将随身带的一袋银子拿出来，然后亲手奉上。

"使不得，使不得。"李真果连连摆手，正色道，"我道爷看病从不收钱，别破了规矩。救人性命，是道人所为，没有什么好感谢的。"

"道爷，您若不收下，我难以心安。就算我捐的功德吧！"少妇恳请道。

李真果沉思片刻，对少妇说："行得一分善，便减一分病。德满病自除，善圆道即成。女施主若真心愿意做功德，就用这银两，每隔五天上山为香客百姓施粥，如何？"

少妇连忙答应，"我愿意。我愿意一直为百姓施粥，只要没有战争……"

说着，少妇的神色黯然下来。

"女施主的官人在前线打仗吧？至少应是个军长、师长的官。"李真果沉吟道。

"道爷，您怎么看出来的？"少妇吃惊地问。

李真果并没有回答她的话，又道："女施主的病也是因为将军长期在外打仗，忧思伤脾，气血不和，元气衰弱，而致血崩。"

少妇既万分惊讶，又敬佩不已。

她告诉李真果，她住在安岳县城，书香门第。丈夫叫李庆庭，在国民党的军队当了师长。日本投降后，本以为战争结束。谁料，蒋介石发动内战，战争烽火又起。丈夫不愿中国人打中国人，可身为军人必须服从命令，只得被迫在前线与共军作战。李氏与丈夫十分恩爱，却苦于长期不能相聚，又日夜担心丈夫安危，更痛恨战争使多少亲人分离。她闻听三清观香火很灵，特地带着丫鬟来到这山上朝拜，为丈夫祈福。没想到，却突然发生血崩，差点没了命。

李真果听完李氏讲述，抚摸着花白胡子点了点头。

"久闻道爷神功盖世，医术高超，今日得见，又幸出手相救，果真是神医高人！"李氏道。

李真果摇摇头，淡淡地："哪里是什么神医高人？我只是一个道人，懂点医道，为众生做一点善事。话说回来，你丈夫姓李，与道爷是本家，算是有缘人吧。"

"玄一，拿纸笔来！"李真果朝门口高声道。

站在门外的大弟子玄一端着墨砚和纸笔进来。李真果在桌边坐下，对李氏说："我给女施主开个方子，回去照着方子拣药。一剂血止，十剂痊愈。"

根据李氏的症状，多因郁逆之气久结，失血过多，元气大伤，以致出现面目昏暗，猝倒不省人事。治疗宜以补气为主，而佐以补血为辅之品。李真果方用的是"固气补血止崩汤"，单方里含人参、白术、熟地、当归、茯苓、甘草、杜仲、山萸肉、远志等十几味药。

此方固气而补血。已去之血可以速生，将脱之血可以尽摄。凡气虚而崩漏者，此验方皆可通治。

李氏回去后，按照李真果的方子，吃了十剂汤药，果然彻底痊愈。气色红润，整个人也恢复了神气。

李氏也信守诺言，每隔五天便带着几名侍从丫鬟，上山为香客施粥。来三清观上香的信众大多是穷苦百姓，得知是李真果让李氏做的善事，纷纷称道，感恩不尽。

妇科杂症是妇女的常见病。无论是富贵者，还是贫穷者，她们往往因难以启齿，而延误了就医，造成严重的后遗症，甚至丢了性命。妇女病成了她们的"难言之隐"。

生活在民间的李真果，深深地了解妇女疾病之苦。他结合中医药，用自己研制的道家秘方，不仅治愈了李氏的血崩症，还治好了许多妇女的各种杂症。他所用的药看似很普通的中草药，价钱也很低廉，但经过他那妙不可言的配伍，竟能收到神奇的疗效。

一天，一对乡下姑嫂来到道观，请李真果给她们看病。小姑子年纪约十八九岁，有些羞涩，对于自己的病情吞吞吐吐，难以启齿。看得旁边的嫂子着急，便给李真果介绍。

原来这小姑子新婚不久，下体常流出黄色黏稠的液体，颜色像浓茶汁一样，臭秽难闻，常伴阴痒难忍。这种状况已持续了两年，痛苦不堪。因为羞于启齿，迟迟没有找郎中看病。

"姑娘阴中有黄物淋漓下降，绵绵不断，所患的是带下症。"李真果道。

带下，始见于《黄帝内经·素问》："任脉为病……女子带下瘕聚。"东汉医圣张仲景《金匮要略》亦谓："妇女之病……因虚，积冷……此皆带下。"

带下因颜色不同，又分为白、黄、赤、青、黑五色病症。此女患的是"黄带症"，又叫带下黄。

"道爷，我家小姑子年纪轻轻，咋得这个病？怕不是中啥邪了？"大嫂问。

"是中邪了。"李真果抚摸着花白胡子道，"不过道爷我说的邪是湿邪。

姑娘新婚房事过劳，久而没有节制，又因房事不洁，加上湿气之侵，热气之逼，脾气之虚，肝气之郁，导致带脉湿盛瘀滞，伤及任督二脉，得这带下病也在所难免了。"

李真果的一席话，说得那小姑子羞红了脸，把头埋得低低的。

"我家小姑子就因为这个见不得、说不得的病，到现在还没见喜呢。我娘盼着抱孙子，急得觉也睡不好，饭也吃不下。道爷，小姑子的病能治好吗？"大嫂焦虑地说。

李真果微微一笑："既然找到道爷了，若治不好，我道爷不是徒有虚名？我给姑娘开个方子，连服四剂，就好了。"

他开的单方叫"易黄汤"，采集自民间验方，含五味药：山药、芡实、黄檗、车前子、白果。

"只有五味药呀？"大嫂拿着处方看了又看，张大了嘴巴，有些惊疑。

"药不在多，在精。关键是有效还是无效。"

"谢谢道爷。"小姑子低声道谢。

"这'易黄汤'不仅可以治黄带，凡有带下症者均可治之，而治黄带功效尤奇。山药、芡实专补任督之虚，又能利水，加白果引入任脉之中，解湿毒，再用黄檗清肾中之火，肾与任脉相通，肾中之火既解，任脉之热自行而退。其病则痊愈。"

"明白了。我们这就回去抓药。"大嫂道。

李真果看了看那大嫂的面色，暗黄中带有青气，下身隐隐有一股臭味，便道："这位大嫂，我看你也患了妇女病，但与姑娘有所不同。所患叫'青带症'。"

大嫂既吃惊又佩服："道爷，您看得太准了。我也是想请道爷给看看病，只是不好意思开口。"

大嫂患的青带症，又叫带下青。症见带下色青，流出绿如绿豆汁一样的黏液，气味臭秽，连绵不断。其因分娩后肝经湿热下注，伤及任、带二脉所致。

李真果用"逍遥散"解此病症。这个验方含茯苓、白芍、甘草、柴胡、栀子、茵陈、陈皮七味药。此方解肝郁之气，则湿热难留。又加茵陈利湿，栀子清热，肝气得清，则青绿之带去之。

大嫂掏出五十文钱，请道爷收下。

李真果摆手道："道爷看病从不收钱，这是规矩。你们都是穷苦人家，把这钱拿回去拣药吧。你小姑子日后有喜，向道爷报个喜，我就高兴了。"

姑嫂二人感激不尽，连连道谢。

她们回去后，按照方子上所开的药，连服半月后，果然病症消除。两月后，小姑子怀孕。一家人特地上道观向道爷报喜。

在长期的医学实践中，李真果十分关心妇女身体健康，深知生活在贫穷山区的妇女看病难，对自身疾病羞于启齿，造成很大的痛苦。李真果以道家医学理论指导自己的医学实践，用医学验方、道家俭方，结合独特的疗法，为她们治病。

在妇科杂症方面，他治疗过白带、青带、黄带、黑带、赤带"五带"疾病，以及血崩、难产等急难症。他用几剂看似普通的草药，或自己独创的"秘药"，很快去除了妇女们的"难言之隐"。

每天上道观找李真果看病的农村妇女越来越多，还有的从几百里外慕名前来求医。

李真果不仅长于妇科，在其他内症方面，尤以疑难杂症奏功奇效。

一个初秋的午后，李真果采药返回道观的途中，经过一个村子，看见一群人在围观一庄稼老汉。那老汉浑身沾满泥点，手舞足蹈，时而哭，时而笑，时而唱歌，时而怒骂。

有人认出李真果，忙上前说："道爷来得正好，我们村的秦大爷又疯了。"

"道爷，求您老救救我爷爷。"一位青年对李真果拱手作揖道，"爷爷平时好端端的，发起病来，哎，就……"

李真果呵呵一笑："小子，别急，我看看。"

说完，他右手疾点老汉身上五大腧穴，只见老汉像被施了法术一般，顿时呆住不动。接着，李真果从怀中掏出一把银针，人们还没有来得及看清楚，秦大爷的面部、头部已插入数根银针。

他又叫青年取纸笔来，一边开方，一边吟唱：

"莫说癫来莫说狂，今朝留下草头方。香圆本是祛痰药，梧桐枝名隆火汤。竹叶木瓜皆有益，荆芥黄菊两无伤。说来件件是仙引，一笑天然寿延长。"

此方正是用了他所唱的香圆、竹叶、木瓜、荆芥、黄菊等七八味药。

李真果告诉青年，这是陈抟老祖传下来的秘方。叫他按方子给爷爷抓药，用水煎服，一剂定癫狂。然后，李真果取出秦大爷头部的银针，又替他解了封穴。

但见秦大爷不哭不闹，像好人一般。他得知李真果在为他治病，激动得连连道谢。

这秦大爷吃了李真果开的药后，果然从此癫狂再无复发。

李真果重视民间单方、验方、道家秘方，治病不拘学派，用药不依方书，以土法奇招应手辄效。他还研制了十七种成药。这些成药包括观音膏、紫金锭、海王膏、济世仙丹、万应膏、哭来笑去散，往往收到意想不到的奇效。又因他为道教龙门派，加上拜师多位高道大德，其精文通武，武医养生之道至臻化境，故而名重一时。

每一次为人治病，他都要劝化病人："行得一分善，便减一分病。德满病自除，善圆道即成。"

为什么注重道德修养、学好行善，就能有利治疗疾病？李真果认为，要想从根本上驱除身体的疾病痛苦，必须从精神上炼养，过一种合乎道德的生活。一个行善的人，心地是清静无为的，摒弃了种种邪恶欲念，光明正大，心中充满正气，自然有利于身体安康。但光有个人道德的实现还不够，他提倡多做好事，多做功德，解人之厄、扶人之危、抑恶扬善，只有身心健康，生命才能得到升华。这是道家生命哲学思想在他身上的体现，并将它传播给民众。

高尚的品德与精深的医术，使李真果在当地老百姓心中有相当高的威望。"神医彭道爷"被广为传颂，他的名声传播到方圆千里之外。

话说八月十五，李氏的丈夫李庆庭师长回到老家安岳县龙台场花沟祭祖。

由于国民党军队在几次战役中连吃败仗，李庆庭所在的王牌师也受到解放军的重创，李庆庭心里憋着一肚子火。这次回家，一来拜祭老祖宗求得保佑；二来与夫人团聚，以解长期分离之苦；三来借此休整，享受一下清静的生活。

当李庆庭返乡途中，一路上，看到家乡的百姓因连年战火，饥不果腹，生存艰难，还有的家破人亡，被迫流离失所。望着一片荒芜的田园，长满松柏的累累高坟，李庆庭心中一阵凄怆，悲从中来。战争没有带来安宁，却给百姓带来了巨大的灾难，还有什么意义？

回到县城后，他得知夫人在三清观烧香时急患血崩，险些送命，幸得彭老道相救，才脱离危险。夫人告诉他，彭道爷是一位高道大德，道法高深，精通医道，且有求必应。许多人慕名远道而来去拜访道爷，求医的、解惑的都有。三清观香火很是旺盛。

李庆庭思忖，我何不去找道爷请教一二，讨个良方对策？同时，也答谢道爷救夫人之恩。

于是，李庆庭祭祖后，坐上一乘白洋布凉篷的滑竿，带上护兵上了山。快到半山腰时，他下了滑竿，独自步行登上了山顶。

此时，道观的钟声响起，回荡在云雾缥缈的山中。

李庆庭步入老君殿，见李真果正在闭目打坐。他便先在老君神像前烧了三炷香，然后，两手抱拳胸前，给李真果施了一礼，恭敬地道："道长，前次夫人在道观烧香疾患血崩之症，幸得道长相救，敝人特地来答谢道长之恩。"

李真果仍闭着双目，淡淡地说："悬壶救命，乃道人之为。不必言谢。"

李庆庭正要说什么，李真果又道："施主有什么疑惑要问老道吧？"

李庆庭不由一惊，果然这老道非寻常之人。

"坐下吧。"

李真果好像预先算到李庆庭会来道观拜访，在他的对面早已备好了一个蒲团。

李庆庭顺从地在蒲团上盘膝而坐，与李真果相对。

"请问道长，庆庭我近来连连出师不利，不知何故？抗日战争时期，我们打仗是为了赶走侵略者，现在抗战胜利了，却要打自己的同胞，还使百姓遭殃，国共内战何时能够结束？请道长指点迷津！"

李真果慢慢睁开了眼睛，那深邃的目光直视着李庆庭，缓缓道："以道佐人主者，不以兵强天下。其事好还。师之所处，荆棘生焉。大军之后，必有凶年。"

李庆庭听得一头雾水。

李真果又道："老子在《道德经》中已经说得很清楚了，用道辅佐君王的人，不靠武力逞强天下。用兵这种事情，很容易得到报应：军队到过的地方土地会荒芜；一场大战之后，必定引起灾荒的发生，不是旱灾就是水灾，或别的什么灾。这也是因果报应。一将成名万骨枯啊。"

李庆庭若有所思，满面愧色。

"老子又说了，物壮则老，是谓不道，不道早已。物类壮大了，就会走向衰老。道以自然为主，以柔弱为用。而战争起于自私、欲望、贪婪，争强好胜，违背道的精神。依靠武力征服夺取天下，而使同胞相残，百姓遭殃，以致荒年凶年不断，这叫作不合乎道。不合乎道就会很快灭亡。"

"道爷言之有理。我也不愿看到战火绵延，生灵涂炭，可我是军人哪！军人就要打仗，就得服从。"李庆庭忧虑地说。他内心人神交战，一脸无奈。

"夫兵者，不祥之器，物或恶之，故有道者不处。老子说，兵器武力是很不祥的，它带来的是血腥的死亡。人们都是讨厌战争的。真正有道的人，不会那么好战。即使万不得已打仗，也要师出有名，师出有道。国家太平，只有停止战争，老百姓才能生活在安宁、平等、自由、和谐的社会环境中。"

李真果的一席话，如醍醐灌顶。李庆庭当即起身，抱拳向李真果施礼："道长一语如棒喝。庆庭我万分有愧。可是，我身为军人，不知该怎么做？道长可有良方？"

李真果呵呵一笑，抚摸着花白胡子，意味深长地说："良方倒有，那要看施主服不服？"

这时，站在一旁的大弟子玄一及时地送上纸笔。李真果挥起羊毫写了两行字。

李庆庭一看，上面写的是："当归十钱，劝君息战；藿香十钱，求国和气；佛手十钱，放下屠刀；远志十钱，淡泊致远；穿山甲十钱，解甲归田。"

他看完陷入沉思，内心人神交战，不由苦笑了一下："道长高见，这良方是好药，只是难熬啊。"

说完，告辞而去。

两个月之后，李庆庭果然解甲归田，与夫人回到老家龙台场花沟隐居，过起了田园生活，还帮助当地的百姓开垦荒芜的农田，与民同乐。

李庆庭有时也上道观来，向李真果虔心问道。

"草药可以解除人身体的疾病，心灵的疾病则需要心药治。最难治的不是身体疾病，而是人心之病，国家之病。"李真果意味深长地道。

他以悲天悯人的胸怀，致力于扶济众生、弘道立德的劝救活动，让许多迷茫的心灵找到安顿之所。

第十章

除邪降恶

在中国的神话里，神仙道士是除邪降恶的正义化身，是道德秩序的象征。道教创始人张道陵，世称张天师，曾拜领太上老君正一盟威符箓，三五镇邪雌雄剑，收服了扰乱一方的青城山八部鬼帅和六大魔王，使百姓获得安宁。

世上真有妖魔鬼怪吗？其实神和魔住在人心里。神代表正义，魔代表邪恶。当人心被邪恶侵入，就会像妖魔鬼怪一样四处作祟。老子说："以道莅天下，其鬼不神。"用道来统治天下，鬼魅就不灵验。所谓"天下无道，妖魔横生；天下有道，鬼魅藏形"。

有邪恶的存在，必有正义的利器。这就是正道。

江湖传说李真果是"捉鬼"的老道。他真的能捉鬼吗？

第一节　道爷"捉鬼"

世上究竟有没有鬼？你可以不信，但有人信了。

在道教产生之前的远古传说时代，人类面临风雷雨电、水火寒热、毒虫猛兽的威胁，以及对死亡的恐惧，这样便产生了万物有灵的自然崇拜、鬼神崇拜，祈求神灵为他们消除灾难、驱鬼除魔。于是人与神灵之间的使者及神灵们的代言人——巫师，便产生了。

巫师，在四川和西南地区一带称为"端公"，担负着驱鬼治病的神职。巫术文化是中国民间的一种原始信仰。百姓有个大灾小难，认为是鬼魂作祟，便要请端公跳神作法"收鬼"。

道教的祈禳、禁咒等仪式，起源于远古的民间巫术。而道教的创立，汲取了传统民间神话思想，将人们原始的对生命的看法升华到哲学的高度——道。作为道师，精通经戒道法、主持斋仪，度人入道，能养生教化，堪为众范。在人们的心目中，又比巫师更具有除恶扬善和超自然的神力。

在安岳县老百姓心目中，李真果就是一个能呼风唤雨、除鬼降魔的"道师"。

李真果真能捉鬼吗？

没有人见过鬼真正的样子，但李真果确实捉过"鬼"。

一个叫三堆石的村庄，住着一家土豪。土豪姓安，叫安怀星。因为他爱财如命，好色变态，又处事狡诈，心狠手辣，村民们私下都叫他"安坏心"。

这一年，安岳农村遭遇大旱，农作物大面积枯死。一家姓牛的佃户交不起租子，安坏心便要牛家用女儿抵租子。

原来安坏心早就看上了牛家的十三岁女儿小花，一直打着坏主意，没找准机会下手。

"老天爷给我送上一块又嫩又香的小鲜肉。"安坏心得意地冷笑。

他硬将小花拉去当了婢女。

小花长得很清秀、稚嫩，那张素素净净的脸蛋，像含苞待放的芍药。弯弯的柳眉下，一双清亮的大眼睛，宛若燕子从秋水塘里掠过。正待发育的胸脯前垂着一根乌黑发亮的辫子。只是看上去很瘦弱，怯怯的。

她穿着粗布的打补丁的衣衫，一双有破洞的布鞋，露出粉嫩的脚趾。

安坏心玩过很多女人，大多是丰腴俗气的女人。他早已厌倦了。而小花这种天然的甚至很土气的黄花闺女，恰恰是他垂涎已久的。

一个残月如钩的夏夜，安坏心悄悄摸进了小花住的柴房。

干了一天繁重家务活的小花，已经累得沉沉睡去。借着窗外苍白的月光，安坏心看见小花躺在草席上，一张好看的脸蛋，像花朵一般静静地睡着。因为天热，那张破破烂烂的被子被她拉得很低，她小而渐渐饱满的胸脯隔着薄薄的衣衫挺立着，像微微隆起的小山丘。安坏心早已看得直流鼻血，闯进草房，猛地扑了上去，压在小花身上一阵乱摸。

睡梦中的小花突然被弄醒，认出爬在自己身上的是东家老爷，顿时尖叫起来。

"老爷！你，你要干什么?!"她吓得浑身哆嗦，极力挣扎。

"不许叫，给我老实点！不然老子把你往死里整！"安坏心喘着粗气，恶狠狠地威胁道，用手死死地掐住小花的脖子。

小花发不出声，眼睁得很大，脸色惨白。她的双脚拼命乱蹬着、挣扎着。

可是，她越反抗，安坏心更兽性大发，朝她一阵拳打脚踢，狠狠地摁住她，像一座黑压压的大山将她压在身下，粗暴地撕掉她的衣衫。

"今天老爷要开开荤，尝尝鲜。"安坏心嘴里嘟囔着，嘴角飘出一丝胜利者的冷笑。这个小丫头是他手中的猎物。

"坏蛋！放开我！你要遭报应，我哥哥饶不了你！"被压在身下的小花哭喊着。

"报应？哈哈……你哥算什么东西？你们全家都是给爷抵债的！"

"救命啊！救救我！"小花颤抖地喊道。

安坏心害怕被自己的老婆听见，连忙捂住小花的嘴，再一次死死掐住她的脖子。

小花的脖子被勒得快要窒息，羞愤的眼泪簌簌流了下来。

安坏心趁机在她身上肆意蹂躏……一个柔弱的女孩与一个禽兽般的男人在这种情况下抗挣，如同以卵击石。小花那张素净、单纯的面庞，此时像月光一样惨白。一切是那么突然，如噩梦一般。

小花记不得被掐晕了几次，等她醒来，只觉遍体疼痛难忍，殷红的鲜血从下身流出……

安坏心气喘吁吁地穿好衣服，恶狠狠地威胁道："从今后你乖乖地从了我，老爷给你好日子过。要是不从，我让你全家给我做牛做马做鬼！"

扔下这句话后，安坏心大摇大摆地离开了。

小花蜷缩在冰凉的草席上，哀伤的眼泪不断地流着……

有一天，小花的哥哥去看她。因为哥哥是放牛娃，大家都叫他牛郎。牛郎不知道妹妹过得好不好，放心不下，便悄悄去安家看望。

柴房里，小花一见哥哥，眼泪一下夺眶而出，抱着哥哥痛哭起来。

"妹妹，你怎么了？谁欺负你？告诉哥哥！"

望着妹妹憔悴消瘦的面容，牛郎有一种不祥的感觉。

"哥，要是我死了，你要替我报仇啊！"小花哽咽道。

"快告诉哥，谁欺负你？是安坏心吗？我去找那个王八蛋算账！"

说着，牛郎捡起地上的一把柴刀，就要冲出去。

"不要！"小花连忙拦住哥哥。想到安坏心家丁众多，哥哥只有去送死。

"你要敢说出去，我就弄死你全家！"小花的耳边回响着安坏心的恐吓，不寒而栗。

"没有，没有谁欺负我。"小花摇头否认，吞吞吐吐地说，"我，我是担心安坏心……万一有一天对我……我听说，安家所有的丫鬟都被老爷欺负过，我怕……"

小花说的是实情，凡是给安坏心当丫鬟的女子无一逃过他的魔爪。只是，小花不敢说出自己被凌辱的事，担心哥哥冲动，会要了哥哥的命。

"我带你走！"牛郎担心妹妹陷入魔窟里，脱不了身。不如现在就带妹妹逃走。

"不行啊。我要逃走了，爹娘怎么办？我们交不起租子啊！"

"我们全家离开这个鬼地方，哥不能让你遭到安坏心欺辱！"

说话间，小花听见外面有响声，忙对哥哥说："哥，你快走，被人发现就坏了！"

"好吧，我改天再来带你走。"

小花叫牛郎从后门离开了。

门外的响动正是安坏心的老婆弄的。她看见一个男子悄悄进了柴房，便尾随过来。正看见小花与哥哥抱头痛哭。她知道那是小花的哥哥，却故意弄点动静，吓吓两人。

小花哥哥走后，她向安坏心告状，诬赖小花勾引野男人。原来这婆娘发现老爷常去找这个新来的丫鬟，心里十分怨恨，想找机会把小花赶走，拔掉这个眼中钉。今晚恰巧看见小花兄妹相聚，便有了坏主意。

自那晚安坏心强暴小花后，小花一直躲着他，睡觉也把柴房的门拴得死死的。安坏心恨得牙痒痒的，也想找机会收拾小花。再则，他怕小花被她哥哥偷偷领走，为了恐吓兄妹俩，他明知老婆说的野男人是小花的哥哥，也就将计就计。

安坏心叫家丁把小花的哥哥吊在门前的一株树上，狠狠地抽打，诬陷小花的哥哥勾引他家的丫鬟。

接着，安坏心又叫人把小花关进后院的一间"冷宫"。这"冷宫"专门惩罚那些不听话的丫鬟。凡被打入"冷宫"的丫鬟受尽折磨后，个个被迫屈服于安坏心的淫威之下。

他命手下把小花的衣裤剥了，绑在柱子上。在众人淫邪的目光下，被剥光衣服的小花哀哀地哭着，不堪的凌辱让她恨不得一头撞死。可是，她的脚手被五花大绑，根本无力挣扎。

安坏心手里拿着一枝"藿麻草"，走到小花身旁。一双绿豆大小的眼珠子在少女美丽的身子上肆无忌惮地乱扫，那张邪恶丑陋的脸堆起淫邪的笑。

小花惊骇而羞愤地闭上了眼睛，眼泪一直流着。

藿麻草是一种田间地头或荒山野岭常见的草本植物，它的毒刺对人体皮肤产生一种刺激，刺痒难忍，引起红肿、烧疼、瘙痒。

当着几个家丁的面，变态的安坏心用"藿麻草"枝干去刺她的下身、胸脯。

"啊——"小花撕心裂肺地惨叫着，凄厉的声音划破鬼魅般的夜空。

"哈哈……"安坏心大笑，然后恶狠狠地说，"看你以后还敢不敢偷人养汉子！"

"我没有偷汉子！他是我哥哥！你放了我哥哥！"小花哭着哀求道。

"放那个野男人？可以！你必须乖乖地从我！不然，老子就弄死他！"

小花想到哥哥因为她而被安坏心吊在树上毒打，心如刀绞。"好，我答应你！只要放了哥哥！"

安坏心见小花顺从了他，目的达到，叫手下放了小花的哥哥。

小花屈从了。

安坏心再一次强暴了这个柔弱的少女。一朵还未开放的鲜花，被罪恶的魔爪彻底捏碎了，蹂躏了。

苍白的月色，映照着小花凄惨的面庞，晶莹的泪珠落在斑驳的血迹上，模糊了一片。

当天午夜，受尽凌辱的小花悬梁自尽了。

牛郎被安坏心的家丁打成重伤，躺在家里无法动弹。当他得知妹妹自尽的消息后，肝肠寸断，悲愤地呼喊：

"可怜的妹妹呀，是安坏心这个狗日的王八蛋害死了你！哥要为你报仇！"

他做了一个梦，梦见妹妹小花哭着对他说：

"哥，我死得好惨，我变鬼也要去找那安坏心算账！你要为我报仇啊！"

说来也怪，小花死后不到十天，每到午夜时分，安家后山上就会发出"哇哇"一阵凄厉的鬼哭声，然后拳头大小的碎石像雨点般地飞向安家屋顶，砸得房瓦噼里啪啦，落了一大片。有的碎瓦片落在屋里，把安家的人打得头破血流。

安坏心被突如其来的鬼哭声和碎石震慑住，吓得魂飞魄散。

从那以后，一到半夜听见鬼哭声，安坏心和他老婆就带着儿女躲在床下，粗气都不敢出。

那些家丁们也吓得钻到床下去睡。

谁都十分清楚，这是小花的冤魂变成活鬼报仇来了。

这样下去不是办法。坐卧不安的安坏心从镇上请了一位当地有名的端公。据说，这位端公能呼风唤雨，召神役鬼。

夜晚，端公头戴黄冠、披红挂绿来到安家，在后院设立坛场。灯烛洞幽，五色旗幡摇曳，阴气森森的神秘气氛中，只见端公手持法器，身形晃动，口中念念有词："天门开张，鬼道消亡……喳！喳！急急如律令。"

然后他又是打卦，又是画符。一会儿跳过去，一会儿跳过来。纸钱漫天飞舞，安坏心和家眷在一旁紧张地看着。

折腾了一个时辰，端公摇动师刀，突然一手在桌上拍击令牌，大吼一声："恶鬼现形来！"

话音刚落，一阵阴风怒号，后山传来恐怖而尖厉的鬼嚎声。接着，密集的碎石飞向安家后院。

"哎哟！"安坏心的头上被石块砸到，痛得大叫，当即吓得屁滚尿流，躲在假山后浑身哆嗦。

这时，碎石如雨点般更加密集，一块碎石差点砸到端公的脑袋，吓得他躲在案桌下，深怕活鬼来抓他入地狱。这端公收了一辈子的鬼，只有这次真碰上了鬼，任凭他那收鬼的师刀和令牌拍烂了也镇不住。

此后每天夜里，鬼嚎声照样传来，一声比一声哀怆，一声比一声凄厉，令人恐惧。那碎石照样飞来，打得安家院子噼里啪啦作响，无法安宁。

安坏心一家吓得心惊胆战，不敢睡觉。

白天，鬼嚎声停止了。安坏心想，看来这端公是个假巫师。于是又去请别的端公收鬼。那些号称"李半仙""黄半仙"的来了后，装神弄鬼一番，也被那恐怖的鬼嚎声和飞来的石块吓得抱头鼠窜。

当地的村民都知道安家闹鬼。大家都认为，小花变成厉鬼找安坏心报仇来了。

安家的亲戚给安坏心介绍，彭家场三清观的彭老道是个奇人高道，治病收鬼，远近闻名。

于是，安坏心跑到方圆百里外的三清观找到李真果。

道教是一种多神崇拜的宗教，追求得道成仙、济世救人。虽然它发源于古代春秋战国的方仙家，其斋醮科仪来源于先秦巫祝之术。但道家与巫师的区别，一个重在道，一个重在术。道是道教的至高信仰，宣扬正气，与邪恶势不两立。

李真果是道士，给人治过许多病，也用道的思想劝救了不少人，但从未干过收鬼的事。

深谙心相术的李真果，一看安坏心猥琐凶恶的面相，就知他不是好人。加上他加油添醋极力美化自己的讲述，李真果从中听出这里必有冤屈。

他想探个究竟，便答应安坏心去安家看看。

李真果来到了安家。

闻讯道爷来到，安家上下七嘴八舌、绘声绘色地给他描述，有的仆人甚至还说他曾经看到过那鬼青面獠牙，穿着白衣飘来荡去，很吓人。

李真果听后，不惊不诧，心中若有所思。

深夜，李真果来到安家后院。站在阴森森的庭院中，听着后山传来的一阵阵鬼嚎声，他镇定自若。

此时，大大小小的碎石突然飞向安家后院，噼里啪啦地落在屋顶、地上。李真果没有躲避，也没有慌乱，镇静地站在庭院中央，观看石头从哪里飞过来。奇怪的是，那些雨点般的碎石从他身边飞落，一块也没有伤到他。

躲在假山后大气不敢出的安坏心看见这情景，惊讶地瞪大眼珠子，暗想：这老道果然道行高深，鬼都不敢惹他。

第二天白天，李真果在安家前院后院详细看了几遍，又到后山那石头飞来的方向察看地形，然后回到安家，在后院的池边枕着石头侧卧而睡。面庞安详，那感觉好像安睡在平静无波的水面上。这是疯癫道人传授他的陈抟老祖的睡仙功。

夜幕降临，安家煮好上等斋饭，去请李真果用晚餐。仆人来到后院，却见池边空无一人。

"完了，老爷，彭老道被鬼抓走了！"仆人慌慌张张报告主子。

安坏心闻听，吓得脸色煞白。安家上下一阵恐慌，有的下人干脆悄悄卷铺盖走了。

半夜，阴风又起，一阵鬼嚎声之后，石头又飞来了。安家老少惊慌失措，跪在地上连连磕头，求菩萨保佑。

奇怪，今晚只飞来了少数石头，那活鬼也很快销声匿迹了。除了村庄里的狗吠声，一片死寂。

过了一会儿，李真果踏着夜色，不快不慢地回到了安家大宅院。

大家惊魂未定地围了上去。李真果说："鬼确实有一个，而且是个女鬼。我与她见了面。"

大家一听，个个吓傻住了。

安坏心一阵骇然，脸色煞白像死人一般。暗道：这丫头果然变成鬼来找我了。

"她，她说了什么话没有？"安坏心嘴唇直打哆嗦，后背感到一股冷森森的阴气袭来，不寒而栗。

"那女鬼要求不高，请老道亲自给她烧纸钱。"李真果平静地说。

安坏心如释重负，擦了擦额头的冷汗，说："这就千万要烦劳道爷烧高香了。纸钱要多少给多少。"

"这纸钱可不一般。"

"她要什么样的纸钱?"

"她要你拿出三百银圆裹在纸钱里，由道爷我去烧化。烧化后，不得有凡人去刨那纸钱灰，不然，她就永远不走了!"

听说要三百元银洋，爱财如命的安坏心心尖都疼了。"道爷，您跟她说用三百铜钱代替行吗?"

"这哪能行? 跟鬼讨价还价?"李真果不满地瞪了他一眼，朝他招了招手。安坏心连忙把脸凑过去。

李真果故意放低声音，神秘地说："女鬼讲，你欠了她一条命债，这三百银圆又算个什么?"

安坏心一听，如遭电击。原来真是小花变成厉鬼找我复仇来了。他朝后山方向拱手道："小花姑娘啊，以前我对不起你，把你害成那样，从今后我天天给你烧香化纸，求你莫要我那宝贝银洋啊!"

李真果突然神色凛然，厉声道："女鬼说，若不照办，她每夜都要出来把你家所有房子打烂，闹得鸡飞狗跳，再把你家老少拉去阴曹地府上刀山、下油锅，还要把你安坏心拉去开膛破肚，下十八层地狱!"

安坏心听得胆战心惊，背脊一股股冷气直窜，猛地打了个寒噤。"好，好，我照办。"他牙齿打颤地说。

午夜时分，李真果安排安家大小躲在屋里，不准随意走动，等候他收鬼的好消息。

没有鬼嚎声，也没有飞来的碎石。这是半个多月来最安静的一夜。

半个时辰后，李真果回来了。

安坏心讨好地又是让座，又是敬茶，急切地连连问："道爷，鬼收了吗？她不会再来了吧？那女鬼到底是不是小花呀？"

李真果按捺住心头的怒火，说："女鬼确实是小花所变。她向我控诉，你是十恶不赦的淫棍、流氓，对她百般折磨，极其心狠手辣。她不堪你这坏蛋的蹂躏，才上吊自杀。她说，她做鬼也不放过你！她要为那些被你强暴的姐妹报仇！"

说到这里，李真果的目光如冷冷的剑芒朝他逼视过来，声音威压地问道："可有此事？"

安坏心大惊失色，跪倒在地，连连磕头："道爷，我错了，我有罪！我求你老人家救救我！您是高道大德，你是救苦救难的活神仙！请您帮我求求情，说说好话！"

李真果神情稍微缓和下来，"如果不是道爷我给那可怜的冤鬼说好话，你还在这里苟延残喘吗？恐怕早就给她捉到十八层地狱下油锅了！"

"谢道爷救命之恩！"

"小花姑娘听了我的话，才勉强答应暂时不找你麻烦。但倘若你再干坏事，她就要让你遭恶报，死无葬身之地！"

"给我一百个胆我也不敢了！"

"安坏心，你听着。"李真果厉声道，"你凌辱、残害民女致死，本罪不可赦。但小花是个善良的姑娘，放你一条狗命。道爷我警告你，你若胆敢再行恶害人，淫邪之心不死，我不收你，老天都会收你！"

"道爷，我发誓，如果我再害人，出门被雷劈死，进山被狼咬死！死无全尸！"安坏心跪在地上，面朝李真果发毒誓。

然后，他又对着后山方向磕头道："小花大仙，我从今后把你供在神龛上，像敬祖宗一样敬你、拜你，求你不要再找我麻烦了！"

李真果蔑视地看了他一眼，拂袖而去。

自此以后，安家后院再也没有闹鬼了。安坏心也收敛了他的恶行，乡里四邻也得到了安宁。

彭老道收鬼的事迅速传开了，连方圆几百里外的人们也都知道了。大家绘声绘色地渲染着李真果收鬼的奇事，在这个本身就具有神秘色彩的老道身上，又重重地抹上了一层神秘色彩。

"师父，您是怎么捉到女鬼的?"

"那女鬼怎么给收服的?"

"鬼长什么样子? 是不是青面獠牙，长舌头，白衣服，像僵尸?"

道观里，几位弟子围着李真果七嘴八舌，好奇地问道。

李真果摇摇头，"世上哪有什么鬼? 有鬼也是活人装的。如果真有鬼的话，这安坏心才是一个恶鬼。一切鬼魔住在人心里。有的人专门害人，人就变成了魔鬼。"

原来，那天晚上，他看到打在安家的石头都是山上的普通石块，料到有人装鬼。于是他去石头飞来的方向察看地形，心中便有了底。

第二天晚上，李真果提前来到"鬼"出没的后山，在树丛中隐蔽起来。

暗黑凄迷的午夜，下着细雨，风刮得树林哗哗作响。一声凄厉如泣的长啸划破夜空，令人不寒而悚。天雨栗，鬼夜哭，山中的野狼也开始了嚎叫，仿佛在配合这哀恸的鬼啸。

这时，草丛里传来一阵窸窸窣窣的声音，"鬼"来了。藏在林丛中的李真果那一对深陷的眼睛，精光一射，借着绿荧荧的夜光，他看到那"鬼"披着散乱的长发，穿着破烂的白衣，在树林里飘来荡去。"鬼"的脸惨白得吓人，看上去十分狰狞。

李真果从那鬼的身形上判断，是一个男的，而且是年轻的"鬼"。他不动声色地藏在树后，看看究竟。

"鬼"站在山坡上，朝着安家后院的方向，双手合拢嘴边，发出恐怖的鬼嚎声。阴风四起，冷雨里鬼哭狼嗥，天愁神怨，闻之悲惨而令人凄然落泪。

一阵哭嚎声后，"鬼"进入旁边的乱石堆里。躲在暗处的李真果眼见乱石嶙峋，似乎透着森森鬼气。

"鬼"突然抄起什么东西，一块块碎石如雨点般砸向安家屋顶。这时，李真果突然从草丛中一跃而出，身形闪动，双腿连连抄起，石头砰砰作响，从半空中纷纷落下。那"鬼"大惊之下，还没有回过神来，就被一个大扫腿拌倒在地。

李真果用威压的声音喝问道："你是何人？为何装鬼吓人？如不从实讲来，休怪我彭老道拳脚不长眼！"

彭老道，这个名字在三堆石方圆千百里谁人不知，谁人不晓？对于老百姓来说，哪个不认得他们心中敬仰的"活神仙"？这装鬼的人认出眼前白衣飘飘长须花白的道人，正是彭老道，便翻身跪在地上，向道爷哭诉妹妹小花被安坏心凌辱害死，自己又被安坏心毒打的的遭遇。他要为妹妹报仇，但又苦于势单力薄对付不了称霸一方的安坏心，才装鬼去吓安坏心，打他家的房子，让他全家不得安宁，吓死安坏心。

原来，这装鬼的是小花哥哥牛郎。李真果听着牛郎的哭诉，不禁想起许多年前被恶霸凌辱而死的未婚妻紫竹。小花与紫竹的悲惨遭遇是那么相似，怒火腾地在他胸中燃烧。漆黑的夜里，他那深陷的眼睛射出烈焰一般的光，拳头紧紧地攥住。

李真果完全理解牛郎为妹妹报仇的心情。当年他也是为了给紫竹报仇，闯进恶霸的宅院，却被恶霸毒打。三年后，他练成武功，终于手刃了恶霸，报了血海深仇。

只是，此时的李真果作为一个修为高深的道人，不能去杀人，但是，他要用"道剑"让恶人得到惩治。道剑是用剑的最高境界，化有形于无形之中，用道剑杀人，未必人头落地，却可以杀灭一个人的精神，杀掉他的恶念，使他畏惧和害怕，神灭了，人心中的坏因子就自行丧亡。这是吕祖剑法的至境。

他告诉牛郎："你的遭遇，老道很同情。装鬼不是不可，只是这乡里四邻也跟着日夜不得安宁。日子一久，万一安坏心识破了装鬼的事，你命也没了。"

"我不怕死，我要为妹妹报仇！吓死狗日的安坏心！"

"命没了，你如何报仇？举头三尺有神明。安坏心做了恶事，自会遭到恶报。相信老道。"

牛郎望着李真果，激动的情绪开始平复。

"老道给你想个办法，让安坏心赔你些银洋，你到外乡去买田置业，安个小家吧！"

"是，是真的吗，道爷?"牛郎犹豫地问道，"可是，安坏心是出了名的爱财如命，他不会拿银子出来的。"

"老道自有办法。你只要于明晚午夜时分，到后山我送'鬼'的地方，刨开纸钱取出银钱就是了。"

于是，牛郎听了老道的话，第二天午夜来到那地方，果然从纸钱灰烬里取到了一堆银圆。

当夜，牛郎带着银元，离开了三堆石。从此，每天半夜的闹鬼也消停了。

这便是李真果前面演的那出"收鬼"的好戏。

从那以后，安坏心被李真果的"道行"震慑住，害怕遭到报应，也不敢为非作歹了。

俗话说，江山易改本性难移。过了一段时间，安坏心见什么事也没有，色胆又起。

一天黄昏，他在村头看见一个从外乡流落到此地的女子。这女子十七八岁，虽然饿得面黄肌瘦，却有几分姿色。他不由起了淫邪之心。

这一次，他不敢像以往那样明目张胆。为了掩人耳目，他骗女子说，山上有一座尼姑庵，他带她去那里暂时住下，还有粥喝。

女子信了他的话，被他骗上了山。

那天，天空黑云笼罩，眼看暴雨就要来临。安坏心见山上四下无人，趁女子不备，将女子摁倒在草丛里，强暴了她。

女子羞愤难堪，纵身跳下了山崖。

此时，一道雪亮的闪电划过，焦雷炸响。暴雨倾盆而下。安坏心吓得心惊胆战。

"如果我再害人，出门被雷劈死，进山被狼咬死！死无全尸！"他想起自己在彭老道面前发下的毒誓，不由打了一个寒噤。

电闪雷鸣，安坏心躲在岩石背后，瑟瑟发抖。"老天爷，千万不要劈了我！"

过了一会儿，夜色降临。雷声住了，雨停了。安坏心松了一大口气，从岩石后走出来，准备下山。

这时，他忽然嗅到身后有一种冷森的气息。回过头去一看，漆黑的草丛中闪烁着阴森森的绿光，是一双狼的眼睛发出的异光。安坏心不禁骇然，拔腿便跑。

还没有跑出一丈之外，一匹灰狼突然从草丛中无声无息地蹿出，挡在他的面前。安坏心吓得双腿发软。

借着夜光，他朝狼看去，却见它硕大的体型，有着银灰色的毛发，张着雪白的透着寒气的牙齿，一双冰冷可怕的眼眸死死盯着他，那眼神很愤怒，似乎就要把他生吞活剥。

安坏心触目心惊，掉头往回跑。灰狼在后面不紧不慢地追着，与他始终保持着一种距离，好像并不急于抓住猎物。它没有一声嚎叫，甚至没有一丝气息，却让安坏心感到一种巨大的恐怖，嗅到了死亡的气息。

他双腿筛糠一般哆嗦，在漆黑的山路上踉踉跄跄地奔跑。很快，他被惊吓得跑不动了，栽倒在地上。那灰狼嗖嗖飞奔上前，以胜利者的姿态，居高临下地俯视着他，那冷森而愤怒的眼神发出贪婪的绿光，血红的舌头伸得很长，像阴曹地府的判官就要索命一般。

安坏心吓得灵魂出窍，魂飞魄散，绝望地闭上了眼睛，昏死过去。

灰狼猛地扑上去，张开利齿，咬断了他的喉咙。一股鲜血喷了出来，射向空中，洒在草丛里。灰狼从容地撕咬着它的美味，黑夜的空气里顿时弥漫着一股浓膻的血腥味。

安坏心死在了狼的嘴里。他的老婆闻讯后，从此一病不起。

幸运的是，那个跳崖的女子被上山砍柴的男子发现后，救走了。

第二天，三堆石的人们都在谈论安坏心被狼咬死的事，大家都觉得安坏心罪有应得，遭到报应。人人心里都放下了一块石头，不用担心安坏心再出来害人了。

"这是狼在替天行道，为百姓行善。害人者害他自害。此人不但不行善积德、洗心革面，还继续行凶作恶，干尽惨无人道的事，所以报应来得快。用佛家观点来说，这叫速报。他会进畜生道、饿鬼道的。"李真果对大家讲道。

深受儒释道思想影响的李真果，深刻地体会到，在对待善恶报应的态度方面，道教、佛教和儒家是相互融合而一致的，尽管三者又凸显不同之处。

道教是多神崇拜的宗教。"天报"与"报应"息息相关。"天报"是神灵和信仰所主导的各种结果。道教认为，行善积德的人会得到上天的好报。相反，施恶的人会遭到上天的惩戒，自食恶果。因此，民间的老百姓信奉天，把天作为自然界最大的主宰者。他们相信，十恶不赦、品行扭曲、道德败坏的人，会遭到上天安排的报应、天谴。这就是"天道"。

佛教同道教一样有善恶报应说，善因得善果，恶因得恶果。众生行善则得善报，行恶则得恶报。佛教因果报应有三种：现报、生报、速报。它强调业报轮回。今生修善德，可来生升天界。今生造恶业，来生堕入地狱。所以，劝人诸恶莫作，众善奉行，止恶行善是摆脱轮回地狱的出路。

儒家承认善恶报应，但更主张积极的现世现报。对于作恶多端的人，即使现在还无法遭到惩戒，但这辈子终会遭到恶报。强调顺应天命，惩恶扬善。所以，俗语说"不是不报，时候未到"，便是儒家善恶报应观的体现。

李真果以儒释道的善恶报应观，用这种民间最原始但又很朴素的信仰与方式，向当地的老百姓"现身说法"。大家对这位高道大德更加肃然起敬。

"道爷捉鬼，钟馗在世。"这是人们对除恶扬善的李真果的美誉。

第二节 "捣鬼" 仙娘

李真果是道士，不是巫师。

在民间，道教与巫术是很难区别的。古老巫术中的巫技、巫法、巫舞、巫觋的祭神仪式与法器，仍在为道教所运用和发展。道教称为法术。法术是道家修炼的一种古老而神秘的仪式，包括斋醮、步罡、手诀、符箓、咒语、练气等内容，这些都是从巫术而来。

因此，道士和巫师有时很容易混淆。

对于这个问题，李真果觉得需要向世人讲清楚。巫术，在中国文化的起源里，绕不开这个古老而神秘的信仰。《周易》这部我国最早的文化典籍之一的占筮书，便源于巫术。古代先民由于对自然难题无解，相信万物有灵和鬼神的存在，于是出现沟通人神之间的巫师。"仰观于天，俯察于地"的伏羲从八卦中找到宇宙生成的力量，而成为神话传说中第一位巫师。作为中华民族的始祖黄帝最早也是一位巫祠首领，或叫巫师。

"道教和巫术既有千丝万缕的联系，但又有本质区别。"李真果强调说。

道教源于原始巫术，它将民间巫术、方术、鬼神祭祀、民俗信仰等加以综合和发展，杂取道家、儒家、墨家、阴阳家、五行家等诸多学派，并奉老子《道德经》为经典，以道的信仰为核心，以正气为道，追求道法自然、天人合一的和谐境界，逐步发展为具有民众文化特色的宗教，而逐渐与巫分离。

巫术则在后世蜕变为那些术士、算命人、风水先生等的一种谋生手段。一些对巫术只知皮毛的所谓"巫师"，利用巫术对人们来说是了解和预测吉凶祸福的一种精神安慰，以装神弄鬼、捉妖治蛊、呼风唤雨、招魂送亡等神秘方式，骗取百姓钱财。

李真果反对歪门邪道，装神弄鬼。

近代四川民间把男性巫师称为"端公"，称女性巫师为仙姐、巫婆、神婆、仙娘。

三堆石附近的山村，有一个叫"王仙娘"的巫婆，四五十岁。她自称是从天界下凡的九天玄女，化身王姓仙娘，负有神圣差遣、驱魔逐鬼的职责。四邻的农民都迷信她，说她可以下到幽冥界，"走阴间"，与死去的人对话，还可以"观花"，即"照水碗"，画符驱鬼，看风水算八字，问吉凶祸福，十分灵验，总之神通广大，法力无边。

王仙娘住在山腰上，她的大门上挂着一个红木牌，上面写着"王仙娘"的法号。贫穷而无知的乡民，因为家中遇事不顺，或生病，或亲人突然死亡，便认为是妖魔作祟，都要请王仙娘降鬼。

王仙娘的"生意"特别好。这家请她"祛邪"，那家请她"送鬼"，忙得不亦乐乎。做完法事后，她便腰揣钱物，手提大红公鸡，满载而去。

李真果听人说起过这位神通广大的"王仙娘"，也暗中观察过她，心里早已有数。

一个微寒的清晨，三堆石镇紧邻的乡下传来哀恸的哭声，打破了宁静的乡村。原来有个妇女难产而死。

死者的丈夫姓刘，是个老实巴交的篾匠。结婚第二年，媳妇便有了身孕。却没想到生孩子时，难产而死，一夜之间两条人命便没了。刘篾匠万分悲痛，认为妻子是被鬼害死的，于是上山请王仙娘收鬼。

王仙娘煞有介事地对他说："阴曹地府有二十四种鬼，无名厉鬼、牛头马面、黑白无常鬼、夜叉、伧鬼、疫鬼、才鬼，还有饿死鬼、落尸鬼、勾魂鬼、吊死鬼、难产鬼……它们各有各的任务。"

她凑近刘篾匠，故作神秘地说："你老婆遇到难产鬼了！"

"啥是难产鬼？"

"这难产鬼是个女鬼，前生是人，生孩子时难产死了，到了地府后，判官叫她做了难产鬼。以后哪里有年轻媳妇生孩子，这鬼就要去找她做替身。"

刘篾匠一阵骇异。

"王仙娘，请你一定要把可恶的女鬼收了。我媳妇死得好痛苦啊，还有我那未出生的娃，千万不能让他们母子俩下地狱啊，也别让恶鬼再去害别人了。"

刘篾匠掏出编竹篾篮子攒下的五两银子，一起交给王仙娘。

王仙娘看了一眼，似乎嫌少，又说："要收这个难产鬼，会大伤我的元气。你还是找别人吧。"

"仙娘，我就信你。"刘篾匠急道，"我实在拿不出钱来，还要准备棺材钱……我家还有两只大公鸡，都送给仙娘补身子。"

"好吧。我仙娘也不是贪财的人，你媳妇也很可怜，我就舍命到阴间走一趟。"王仙娘假惺惺地说。

晚上，王仙娘带着"司刀""令牌""桃木宝剑"一套行头，朝山下而去，直奔刘家。

村民们闻听王仙娘要"走阴"，都很好奇，纷纷出门前去看热闹。

夜色里，刘家草屋院子燃起了篝火，笼罩着神秘的氛围。王仙娘先到草屋前后装模作样逛了一遍，然后回来神秘兮兮地对围观的村民们说："刘家媳妇被难产鬼找上了。此鬼道行不浅哪。"

说话间，她猛然看见李真果来了，又惊又喜。惊的是担心道爷拆穿自己的"法术"，喜的是连大名鼎鼎的道爷都来看她作法，更增加了她的人气。

村民们见到道爷，纷纷让出通道来。

"啥是难产鬼?"有村民问王仙娘。

"这难产鬼是个女鬼，前生是人，生孩子时难产死了，到了地府后，判官叫她做了难产鬼。以后哪里有年轻媳妇生孩子，这鬼就要去找她做替身，自己才好投生。"王仙娘见李真果在场，便开始卖弄起来。

刘家人和村民闻之骇然。李真果不动声色。

只见，王仙娘走到院子中央的香桌边，焚上一炷香蜡，点上几张纸钱。随即取清水一碗，燃香一炷。她盘腿坐在方凳上，执香于清水上作画符状，口中念念有词。站在暗中的李真果仔细听来，她嘴里念着无非是"天灵灵、地灵灵，太上老君显神灵"之类的口诀，还有什么"阎罗殿里一女鬼，天杀地杀见鬼就杀，急急如律令"等，词句粗鄙不文。

一会儿，香灰燃尽，抖落在一碗清水中。王仙娘察看其形状，然后半闭上眼睛，嘴里喃喃自语，声音抑扬有致，念上一段她自己才能听懂的咒语，词句更加粗鄙。

李真果不动声色，冷眼旁观。

俄顷，王仙娘全身大抖，汗出如浆，抖动越来越厉害，最后连板凳都坐不住，扑通一声掉下地来。周围的人惊骇得张大了嘴巴，大气不敢出。

借着篝火的映照，李真果见王仙娘昏迷过去，口吐白沫，面色青紫，好像真下到阴间去了。他暗暗摇头，继续看她如何演戏。

过了一会儿，王仙娘"醒"了过来，好像伤了元气一般，有气无力地说："我已经把那难产鬼捉到了。"

刘箧匠赶紧端上一碗煮好的荷包蛋。王仙娘几口吞下荷包蛋，抹抹嘴巴说："哎哟，那女鬼太厉害了。我问她是用什么方法找替身害人的？女鬼本不愿告诉我，我就用司刀砍她，把太上老君收鬼的令牌给她看。她吓坏了，就对我说了一个秘密。"

"是，是什么？"刘箧匠颤抖地问。

"阴曹地府的难产鬼可多了。它们的喉咙里都有一根红血丝，名叫'血饵'。如果看上哪个年轻产妇，就把红血丝塞到产妇的肚子里，绑住胎儿。临产的时候，胎儿就生不出来，死在腹中。然后又暗中抖动红血丝，让产妇疼痛难忍，三五下也就没命了。这难产鬼找到替身后，就投生去了。"

听王仙娘一说，刘箧匠倒抽一口凉气。那些家中有孕妇的村民吓得心惊胆战。

"好在我王仙娘法力高，一把桃木宝剑就把鬼镇住了。现在我要到阴曹地府收鬼了。"

说着，王仙娘照例又是烧纸钱，又是念口诀，然后在"桃木宝剑"上插上一张长条的白纸，开始上蹿下跳犹如神灵附体。只见她面色由黧黑转为青绿，有时眼光如同痴迷，有时眼内闪露凶光，嘴里似有獠牙外露，表情十分狰狞恐怖。

大家屏息凝神，紧张地看着王仙娘施展法术。

突然，王仙娘惨叫一声："吾神来也！"立刻双眼半闭，一动不动。

村民们一阵骇异。

李真果依旧不动声色地旁观。

刘篾匠醒过神来，连忙递给王仙娘一只准备好的大红公鸡。只见王仙娘抄起司刀，寒光一闪，那大公鸡的头顷刻便被砍了下来，鲜红的鸡血喷溅一地。

"大鬼小鬼听令，我王仙娘来也！"王仙娘又大叫一声。

到了"阴曹地府"，王仙娘就和"鬼神"打起交道来了。她一下变成了死者家人的祖宗或死去的产妇，厉声指责这个是不孝的后代，那个是不仁的孙子，前世作孽，今生报应；一下又变成了地狱的判官小鬼，要勾这个的魂，索那个的命。吓得死者的全家老小和在场的村民跪在地上连连磕头，直打哆嗦。

李真果站在一旁，冷眼看着，也不和人交谈。

紧接着，王仙娘端起桌上的水碗喝上一大口，"噗"的一声，向"桃木宝剑"上的白纸喷去。然后将白纸展示给众人，只见那原来空无一物的白纸上隐约出现一个披头散发的女鬼脸。

"这就是那个难产鬼。"王仙娘得意地说。

大家惊讶地啧啧称奇，更加信服王仙娘的"法术"。

王仙娘真有如此"法力"，能够口吐符水让鬼现形？这里的端倪只有李真果看得出来。因为这碗清水溶进黑色的香灰后，再用口喷到纸上，就有了污渍。至于为什么会显鬼脸？方法更简单。王仙娘事先用米汤在纸上画好图形，趁人不注意时，将一种特制药水含在口中，与水混合一喷，经过化学反应图案便显现出来。这一切都逃不过李真果的火眼金睛，但他仍然没有揭穿她。

这时，刘篾匠愤怒地上前，把现形鬼脸的白纸一把撕烂，狠狠用脚踩了几下。他悲怆地号啕痛哭："都是这恶鬼害死了我的媳妇和未出生的孩子啊！千刀万剐的害人精！"

法事完毕，刘篾匠送给王仙娘两只大红公鸡，一袋小米，感谢王仙娘收了鬼，替媳妇报了仇。

这王仙娘先前就收了刘篾匠五两银子，现在腰揣钱物，自然十分满意，提着大红公鸡准备打道回府。

"慢着。"李真果威压的声音从她身后传来。

王仙娘心头一凛，回过头去，暗想这道爷不会捣乱吧？

李真果冲她一笑，给她递上背篓，说："把公鸡装进背篓带走吧。"

王仙娘松了一口气，连声道谢。

"这黑咕隆咚的晚上，不好走，道爷我送你一程。"

王仙娘心头窃喜，连道爷都亲自送我，可见我的道行无人敢小觑！不由一阵得意。

漆黑的夜色里，李真果把王仙娘送到村口，指着远处一棵阴森的大树，问道：

"你看见那边垭口的黄桷树了吗？"

"看见了。怎么了？"

李真果用神秘的口吻道："那棵树上才吊死了一个人，几天前还闹过'吊死鬼'抓活人的事。这'吊死鬼'，想必你'走阴'时在那个阴曹地府见过的。"

王仙娘一听说"吊死鬼"，心里顿时骇然。此时，一阵阴风吹起，树影摇曳，好像鬼影幢幢，更有一种恐怖之感。

李真果又道："道爷我呢，在做法事的时候，也见过这个'吊死鬼'。他跟我说，他是被神婆蛊惑而吊死的，想早日投生，便用爹娘在阳间寄给他的刀头、冥钱，买通了判官，放他回到阳间找替身。你经过那棵树时，要小心一些。我就不送你了。"

王仙娘久闻李真果道行高深，更加相信道爷说的此事，不由双腿发软，背脊嗖嗖发凉，打了一个寒噤。"阴曹地府"的吊死鬼她倒没有见过，可那寺庙里泥塑的恐怖的长舌头吊死鬼，倒是很瘆人。她的脑海里浮现出吊死鬼的模样，一阵阵头皮发麻。

"我，我就是收鬼的。鬼怕我，我怕啥？"她嘴里硬着，心头直发虚。

"那就好。那吊死鬼急着投生，还是小心点好。"

李真果呵呵笑着，很快隐没在山村夜色里。

王仙娘见李真果一走，一下慌了神。四周静悄悄的，如墨的山村被黑夜笼罩。她深一脚浅一脚，沿着坑坑洼洼的小路提心吊胆地走着。

寂静的山村黑咕隆咚，没有一星灯火。路边的坟地闪着磷火的绿光，像是鬼火一般。一丛丛幽深的竹林，随着阴风刮起，好像会跳出一个什么鬼似的。

走着，走着，王仙娘仿佛听见后面有窸窸窣窣的脚步声跟着来了。好像一只僵尸的长臂正朝她伸来，巨大的恐惧揪住她的胸口，王仙娘的心咚咚乱跳，暗道："莫非我真碰上道爷说的那个吊死鬼？千万别来找我啊！"

她停下脚步仔细倾听，又什么声音也没有了，只有背篓里大公鸡咯咯地乱叫。

八成是道爷吓唬我的。她想着，便壮起胆，又开步往前走。

刚走几步，后面的脚步声又跟上来了，王仙娘不由毛骨悚然，头皮发麻。她走快点，那脚步声也跟得快点。她走慢点，那脚步声也慢下来。山路边漆黑的树丛摇来晃去，仿佛鬼影飘忽。她的心提到嗓子眼了。平日帮人家收鬼确实是在装神弄鬼，没想到今天真碰上鬼了。

王仙娘转念一想：何不把端公师父传的那套驱鬼的法术搬出来试试？

于是，她慌忙从口袋里摸出了"司刀令牌"，停住脚，口中念念有词，厉声叫道："吾神来也，大鬼小鬼还不快去！呀呀呸，急急如律令！"那脚步声果然没有了，就连背篓里的大公鸡也不叫了。

王仙娘也暗自惊奇，以往自己帮人收鬼驱魔，那都是糊弄人的。今天看来，我还真有本事驱鬼呢！回去一定要把这两只大公鸡孝敬给师父。

可没有想到，她一起步，那脚步声又跟上来了。"看来，师父教的法宝也不灵了。"

转眼已到了垭口，暗黑中，王仙娘看见那棵黄桷树真像吊着一个死鬼，随着风飘来荡去。她身上的冷汗嗖地一下出来了。

王仙娘不敢回头，只觉身后鬼影晃动，背脊阵阵发冷。那黑影越来越近，好像已经伸出巨大的魔掌，拿着绳子就要把她吊起来。她仿佛看见那吊死鬼的青面獠牙，正吐着长长的、血红的舌头，即将撕掉她的肉，剥掉她的皮。

她不寒而栗，整个人哆嗦起来，吓得腿脚发软，想跑却跑不动了。

"救命，救命啊，鬼……鬼……吊死鬼来了。"王仙娘颤抖地惊呼。

由于巨大的恐惧，她的喊声只在喉咙里打转，发出的声音小得可怜。这一带多是一些冷垭口、冷坡岭，乱坟多，人烟稀少。任凭她喊破喉咙，也没有人听到呼救声。

王仙娘一边"呜呜"地呼救，一边拔起发软的双腿开跑。可她总觉得吊死鬼从后面紧追不舍，还能听见噼噼啪啪的脚步声。这里离住在半山腰上的家还有五六里山路。她惊恐万分地没命奔跑，累得上气不接下气，不时还被脚下的什么东西绊倒。

背篓里的两只大公鸡惊吓得扑腾扑腾地飞了出去，逃之夭夭。王仙娘顾不得抓鸡，战战兢兢爬起来，又继续往山上逃命，好不容易终于到了自己的家门前。

她双手发抖地敲门，嘴里不停地叫嚷："鬼，鬼……"便昏倒在地。

王仙娘的儿子听到动静，急忙穿好衣服出来开门。他见母亲背着空背篓栽倒在门前，大吃一惊，急忙把母亲抱进屋里。全家人都惊醒了，给王仙娘又是掐人中，又灌姜汤，一阵忙活后，王仙娘就像从鬼门关去了一趟，有气无力地苏醒过来，口里依然不停地叫喊："鬼，鬼，吊死鬼追……追来了！"

"哪有鬼呀？"儿子问。

王仙娘用手惊恐地指着门外。

儿子、媳妇点着煤油灯出门去看个究竟，什么鬼影子都没有。"娘是不是中邪了？"儿子对媳妇说。

"不会吧，娘就是专门收鬼驱邪的。"

媳妇说着，刚一转身，脚下被一根绳子差点绊倒。他们这才发现，王仙娘的背篓底下，拴了一根两三丈长的粗麻绳，麻绳的另一端套了一截竹片。

全家人都明白了：有人故意捣的鬼。

第二天，王仙娘彻底清醒了。她恍然明白这是彭老道在捣鬼，想不到，我这个专门收鬼的仙娘，却被一个老道收拾了。她越想越气，破口大骂：

"你这个臭老道，老不死的，故意整老娘！我要让阴间的恶鬼把你这个老东西抓去下地狱！"

原来，李真果趁"送"王仙娘时，把那事先准备好套有竹片的绳子拴在她的背篓底。王仙娘上了一段山坡，竹片被抖落在地，随着绳子的牵引，竹片在地上碰得噼啪作响。走得越快，响声越大。加上王仙娘被李真果的"鬼话"吓住，真以为是鬼的脚步声。

王仙娘做了一辈子装神弄鬼的法事，从来都是自己去吓唬别人，却没有想到，这次反被老道给吓倒。

彭老道"捣鬼"，揭穿了王仙娘的骗术。不到几天，王仙娘怕鬼的笑话很快传遍了三堆石。真相大白，那些以前迷信王仙娘的人，从此不再请她收鬼了。

村民们对李真果高深莫测的"道行"佩服得五体投地。

"你们不要迷信我。'道高一尺魔高一丈。'"李真果对大家说。

一位读书人迷惑地问："这是什么意思呀？道爷不是常讲大道至高无上，怎么魔比道还要高呢？"

"问得好。"李真果微微一笑，"道是正气，魔或鬼是邪气。宇宙中任何物质、精神都是相对存在的。有正气，就有邪气。正气代表神，邪气代表魔。这是两种相对的力量。光明的力量和黑暗的力量。两种正负力量相互缠斗，相互对立。"

"为什么道高一尺，魔高一丈？"他反问道，"因为人心里住着一个神，也住一个魔。当人受到外界的诱惑，心里产生迷障、邪念，魔就出来作怪，进行干扰。比如有的人掌握了一些所谓法术，就用邪术去骗人，做坏事，控制他人的精神。"

"但是，把魔控制住的，只有道。"李真果话锋一转，"哪怕一个人魔力有多高，能迷惑多少人，只能得逞一时，最终会被正气压倒，逃不过破灭的下场。用一尺的道就能抵消一丈的魔，道才是最强大的。无论魔强大与否，道这一尺必须压在魔这一丈之上，所谓邪不胜正，邪恶终究被正义战胜，光明取代黑暗。老道不过是以道制邪而已。"

"道爷真乃高道！"读书人由衷地赞叹。

在民间，尤其在偏远贫困的农村，人们长期以来对"鬼怪巫术"达到了迷信程度。李真果"现身说法"，让大家对"鬼魔"与巫术开始了重新认识，不再被迷惑。

第十一章

修道者

道是什么？两千多年前，老子提出了"道"的概念。在他心中，道是一切之初，是宇宙万物的本源和总规律。在一定意义上，道又是"道路"，并非指人类行走的道路。此道是一切之道。上至宇宙运行之道，下至万物所行之道。

道人为什么要修道？李真果认为，道人以道为基石。道家修道，提倡修德。修德，就是修心、修性、修念。道人以道德传世，积德三千方能成其大道。修道是为了体悟"道"的精神和品行，遵循道法自然的规律，无为而无不为，积善行德，将精神和肉体提升到与道合真的境界，并且用道度化这个世界，匡正人心，使社会和谐、安宁。

小修在深山，大修在人间。时光翻开新的一页，新中国成立。李真果以一位爱国道士的身份，投入到修路的行列之中。他在修路的过程中，也在修道。

第一节　报名修路

夜深沉，万籁俱寂。李真果站在山顶，仰望广袤而清澈透明的天空。这位从清朝末年走来的道人，一直把目光投向饱受苦难的大地。

三清观所在的这座并不算巍峨的山岗，却是一片绝佳的地势。郁郁葱葱的山峰罗列相拱，一条碧绿的河流奔来眼底。这里终年缥缈不定的山岚雾气，更使它气象万千。

常常，李真果默然地站在这里，感悟着宇宙星起星落、日落月升的无穷变化。

这天晚上，灿烂的银河悬挂于大地之上，深邃而广袤的夜空繁星点点。忽然，李真果看到了一个奇异的景象，在西方的天际，五颗又大又明亮的星星由西向东排成一条直线，犹如五颗珍珠串成的珠串，在无边无际的苍穹中闪烁，美丽而神奇。

"五星连珠！"李真果不由发出惊叹。

五星连珠，也叫"五星聚"，就是五颗从西方到东方顺序排列依次是水星、金星、火星、土星、木星。这五大行星同时出现在天空的一方，由高到低，连成一线。

望着五星闪烁的夜空，李真果暗道："如今天呈异象，五星汇聚于东方，看来要改天换地了。"

他预感到，一场巨变即将在中国的大地上发生，天翻地覆，日月更新。他的心里隐隐有一种兴奋和期盼。

时光进入 1949 年，新中国成立，开辟了中国历史的新纪元，结束了近代百余年的屈辱史，结束了千百年来由封建统治者垄断政权的局面，半殖民地的中国，终于成为一个真正独立自主的国家，人民大众成为国家的主人。

"苦难终于过去了！"李真果感慨万千。饱受外敌欺凌的中华民族，扬眉吐气了。

作为一个道士，一个修道者，爱国济世是李真果一贯的精神与情怀。

《太平经》中谓"修道者当助国得天心"。道教发源于先秦道家思想，先秦道家崇尚黄帝本身就是一种爱国精神。黄帝作为人文始祖，千百年来成为中华民族血脉和精神的绵延。

张道陵创立道教之初，尊老子为道祖，便把"佐国扶命，养育群生"作为最高的目标。"老君曰：吾汉安元年，以道授陵，立为系天师之位，佐国扶命。"自此，后世的人们都尊崇黄老之道。助国救民，寄托着道家的修道理想，爱国与爱民实际是道家以道用世的体现。

1950 年，李真果年届七十岁。

12 月的冬天，很寒冷的天气。天空飞舞着雪花。

安岳县人民政府门前，悬挂着巨大的红色横幅："为新中国建设人人出力，欢迎加入成渝铁路建设大军！"

五星红旗在广场上随风飘扬。

广场上，搭着一个大棚子，这是川北民工队招工组报名处。十几位招工组的同志正在接待前来报名的人。然而，报名的人并不多，稀稀落落的几个。因为当时安岳县政府响应党的号召，在全县开展声势浩大的减租退押、清匪反霸群众运动，农民热情高涨，积极参与，因此前去报名修建铁路的人很少。

修建铁路需要大量的民工，招工组把条件降到最低，凡是政治上没有什么问题、身体健壮的人都可以参加，没有年龄限制。

这天上午，招工报名登记处前，一名长须如雪、身穿青色道袍的老者，在纷飞的雪花中飘然而来。只见他一头银发高挽成道髻，刀刻般的面容遍布红光，一双深陷的眼眸如深邃的星空，神态飘逸，腰间挂着一只酒葫芦。他一到来，报名的群众立觉其有一种仙风道骨卓尔不群的气质，似鹤立鸡群。

他就是李真果。

这老道不在山上念经，来这里干什么？招工组的陈组长上下打量着他这身打扮，狐疑地看着他。

李真果看穿了他的心思，并不介意地呵呵一笑："同志，我来报名。"

"报名？"陈干事的眼镜差点掉下来。

在场招工组的同志闻听，都感到不可思议。八成是一个疯癫老道！

"快走吧，老人家。我们招收的是民工，别影响我们工作。"陈组长对他说，想把李真果打发走。

李真果手指了指头顶上。陈组长抬头看去，大红横幅上写着"为新中国建设人人出力"。

陈组长扶了扶眼镜，语塞。

"您一个出家人为什么来参加修铁路？"招工组的另一位同志好奇地问道。

他问出了大家心头的疑问。

作为一个出家的道士，李真果为什么报名参加修建铁路？这里有一个历史背景。新中国成立初期，由于常年战乱和天灾，人民饱受生活困苦，便寄托于鬼神之说寻求当下安慰，以趋福避祸。加之漫长的封建社会，封建统治者利用鬼神之说，禁锢人们的思想，导致民间迷信活动日渐盛行。为了巩固新生政权，党倡导科学思想和精神启发民智，教育群众，帮助人们破除封建迷信束缚，在全国尤其农村开展了破除封建迷信运动，许多寺庙殿堂征收来做了乡、村的办公地点、学校和粮站仓库等，并动员一些出家的僧道还俗，回家务田。

由于封建迷信又常与民间信仰混淆在一起，许多人误以为宗教信仰也是封建迷信。以前在人们心中崇拜的僧道，其地位一落千丈。

李真果耐心地向人们解释："封建迷信和宗教信仰是一步之遥。过了，就是迷信。宗教不是迷信。佛道是讲理、讲法、讲道，劝救众生在生活中提高道德修养，提倡树立慈悲心，多做善事好事。盲目地烧香拜佛、叩神敬鬼，而不明佛理和道法，才是迷信。"

三清观还是被征用了。

李真果再也不能像往常一样在道观练功修行了。他想，老子说："曲则全，枉则直，洼则盈，敝则新……"一个人受得住委屈，才能保全自己。经得起冤屈，事理才能得到伸直，低洼反能盈满，凋敝反而新生。老子的辩证思想，与儒家所言"大丈夫能伸能屈"，都是教人能承受委屈。现在大家不能理解我，但我理解。

李真果理解党的政策。眼下有此机会，何不报名当修路民工？能为国家建设出力，也是道人的己任。既可以全身远祸，更能让世人明白宗教人士是爱国爱党的。他相信，真正的修行在民间。

于是，李真果来到了这里。

陈组长打量着这位长须如雪的古怪老道，仍然感到不解："道长，为什么来报名？"

李真果微微一笑："道人也爱国啊。"

陈组长想了想，我们招工条件也没有年龄、职业限制。只好拿起笔，问道："姓名、年龄、文化程度、职业？"

李真果答道："我本名李真果，后为养父母收养，改名为彭泽风，男，71岁。"

他又补充道："虚岁。念过私塾，出家学道修行，四川省安岳县李家区观音场响坛子村人……"一口气说了一长串。

陈组长看了看他满头银发，清瘦的面容，又摇了摇头。暗想，修铁路可是青壮年干的劳力活，这老道一大把年纪还来当修路民工，能吃得消吗？

"老人家，修铁路不是在宫观里打坐念经那么悠闲的哟！这可是很艰苦繁重的，需要很强的劳力，还要有健壮的身板。您年纪这么大，哪里吃得消？我劝您还是回去吧。"

李真果料道他会这么说，微笑道："同志，请放心，老道身子骨壮得很！刚才是同你开玩笑的，其实我这岁数正当青壮年，才三十四岁嘛！"

陈组长一听，心想你这老道疯言疯语，头发和胡子都白了，开什么玩笑！可他仔细打量，老道虽然年至古稀，偏清瘦了一点，看上去却比实际年龄年轻很多，仙鹤般雪白的头发和长须，儿童般红润的面色，神采奕奕。真正是鹤发童颜，仙风道骨。他有些迷惑，犹豫着迟迟没有下笔登记。

李真果见他拿不定主意，便说："同志，你要是认为我老了，没有体力，不如我们来扳手腕比试如何？你赢了，我立刻就走。但我赢了，你就要录用老道。"

陈组长是一位退伍军人，轻视地瞥了他一眼，暗道，这个瘦瘦的老道，像根灯草似的，还想跟我比试？比就比，谁怕谁？随便赢你。也好把你打发走。

"来吧。"

他挽起衣袖就同李真果扳起手腕来。因为来报名的人很少，招工组的人都围过来观看。

双方隔着桌子相对而坐，右手伸出来。胳膊放在肘子上，握住对方右手。陈组长一副志在必得的样子，好似还没有比已经分出胜负。李真果依然面带微笑。

随着有人一声令下："开始！"陈组长本以为自己可以毫不费力地扳倒老道，谁知李真果的手腕纹丝不动。

陈组长为之惊骇，也不甘示弱，咬紧牙关，用尽了全身的力气，猛地一用力，想把对方的手压下去，可是，李真果依然纹丝不动，神情悠然。陈组长的脸涨得通红。

只见李真果微微一笑。陈组长感觉对方那有力的大手，像铁臂一样朝自己压过来，顿时手腕发软，一瞬间就被压在了桌面上。

这一局：老道赢。

陈组长满脸愧色，但心里并不服气，我不过是轻敌罢了。在部队时，没有谁扳手腕能赢过我。我就不信，连一个老人都扳不过？

"你用两只手试试。你赢了，也算。"李真果微笑道。

陈组长心想，也好，两只手就更容易扳倒你这老道了。于是他两手十指交叉，抱住李真果的右腕，憋住呼吸，使出全力往外扳。可是，李真果的手腕依然纹丝不动。

紧张的空气顿时凝结起来，大家都屏息观看着。

双方僵持着，陈组长感到对方的手腕像铁臂一般被钉在了桌子上，任凭他怎么用力都无法撼动。他的脸又涨了个通红，脖子上爆出了一根根青筋。

"组长加油，加油！"大家给他鼓劲。

眼见陈组长的手腕就要被压下去，李真果高声道："站起来，站着扳。"

站着扳，也许还有机会。陈组长不甘颜面扫地，孤注一掷，屁股离开了凳子，整个身子都伏在对方手上往下压，这就好像一块巨石压在了一株草上。然而，李真果的手腕没有丝毫移动，反而自己的手被压了下去。

这时，李真果突然高扬一声："起！"只见他站起身，长臂前探，右手抓住对方的背心，如老鹰抓小鸡般，将体重一百五六十斤的陈组长轻松提了起来。

在场人的人看得目瞪口呆。

随着，他伸直右臂像吊车一样，一转身又将对方提着旋转了一圈，然后轻轻放下，脸不红气不喘。

大家都愣住了，鸦雀无声。过了几秒钟，才醒过神来，爆发出雷鸣般的掌声："老人家好功夫！"

陈组长满面羞愧，却也心服口服，跷起拇指连声道："好手劲，好功夫！"

他给李真果报名登记了。

这是 1950 年 12 月 15 日。李真果作为一名爱国的宗教人士，以特殊身份参加了川北铁路民工队。

红日升起。漫天雪花飞舞，大地一片银白，红妆素裹，天地似乎在用一个特殊的方式，迎接他的到来。

第二节　神奇老道

白雪皑皑的冬天，川北两河口王儿溪。远处崇山峻岭披上了一层厚厚的银装。这是巍峨的大巴山。鹅毛大雪随着凛冽的北风吹过来，呼啸着。几棵树斜歪着，被雪压折下来。

山崖上、山脚下，一片白茫茫的工地上，红旗飘飘。几百名民工冒着风雪，正在紧张忙碌地干活。修铁路十分的艰苦，更何况这种严寒的天气。但大伙干劲冲天，有的挥着铁锹，铲着冰冷坚硬的冻土；有的三五个人抬着长而重的枕木，吆喝着，在乱石嶙峋凹凸不平的雪地上吃力走着；有的推着运土车，从山上到山下来来回回。

李真果在这群修铁路的民工队中。他那一袭道士装束，加之一头银发和如雪的长须，十分打眼。特别的是，大家都穿着厚厚的棉袄，他竟一身单薄的青色道衫，满面红光。雪花狂乱地扑落在他的身上，倏忽便被他身上的热气给蒸发了，消散了。

队长考虑他岁数大，安排他在放炮组打炮眼。那时还没有先进的动力机械，全都是手工作业。靠一根钢钎一把锤，打眼放炮，开山平坡。

山上的岩石坚硬无比。别人都是合伙扶一根炮钎，李真果却是一个人掌一根钎子，而且只用一只手。只见他一只手扶着钎子，一只手抡起大锤，呼呼生风，铿锵有力。一锤下去，就是一个深眼。随着他发力越来越重，炮眼越打越深，又快，又准，又多。在旁的那些民工都看呆了。

李真果教民工"四两拨千斤"的运力法，放炮组的民工很快掌握了要领，技术越来越好。山崖上，"嗨哟！嗨哟！"的号子一声高过一声。

"老道太厉害了！"

"彭老道的功夫可神了。我听老辈讲，抗战的时候，他一个人打擂台，打败了十几个小日本高手。全国都有名，可威风啦！"同乡袁克勤说。

大伙对这位神秘的老道越来越好奇。

工间休息，李真果独自坐在工棚里闭目打坐。袁克勤是个比较顽皮的年轻人，爱捉弄人。他见老道闭着眼睛养神，心念一动，朝身旁大声说话的民工"嘘"了一声，然后蹑手蹑脚地溜到李真果的身后，想拔掉老道发髻上的簪子。谁知手刚要摸到发髻，老道竟闭着眼连头也没有回，反手一挡，袁克勤大惊，手腕已被轻轻拨开。

李真果嘴里念道："莫跩翻儿嘞！（四川方言，作弄的意思）"

袁克勤又换另一只手去抽簪子，又被拨开，好像老道的后脑勺长了眼睛。袁克勤向旁边的三个民工使个眼色，三个民工心领神会，悄悄围过来，他们四个人，前后左右一齐伸手去拔老道头上的簪子。只见李真果竟不闪不避，闭着眼睛，两手快如闪电般地左右前后一晃，犹如化成千手千影，几乎在同一时间，四个人的手腕被挡了开去。他还并没有发力，若发力，他们的手腕必会震得发麻。

袁克勤和几个民工佩服不已，求着老道教他们功夫。

"大伙还是赶紧干活吧，把铁路尽快建起来，这也是功夫。以后我们有缘，再说吧。"

说完，李真果起身朝工棚外一掠而去。

开年的春天，李真果和民工队参与了仁公滩路段抢修。

这路段刚铺好路基，却突然遭遇塌方，被山上岩土体掩埋而致大面积沉陷。

为了力保成渝铁路顺利建成通车，民工队长给大伙下达任务，每个民工每天要挖七立方米的"神仙土"。什么是神仙土？一种挖土的方法，在没有挖土机的时候，用人工挖土。它只在高差比较大的情况下，为了省力，只挖底下部分；下面挖空了后，在此土方两边分别挖一条槽，深几十厘米；再到土方上面挖一条深一米多的槽子，这样一来这块土方相对独立了。然后几人到土方上面用几根杉木撬动土方，使土方塌方，有时可垮塌几十方！这样就可以达到省力的目的，但这是一种非常危险的挖土方法。

"完成任务的奖励鸡蛋三个、草鞋一双！"队长大声宣布。

听说有鸡蛋吃，有鞋穿，民工们来劲地齐声回答："保证完成任务！"

这天下午，四号组的民工正在河滩地段挖"神仙土"，干得十分起劲。李真果从他们身边经过，似乎感觉到什么，突然停住，默默地看了一会儿，然后便离开了。

"彭老道今儿咋这么悠闲？年纪大了，莫不是累不下了吧？"一个民工直起身，抬头望了一眼李真果的背影，对旁边的袁克勤说。

"赶紧干活吧，废话这么多。完不成任务，鸡蛋壳都吃不到！"袁克勤一边挖土，一边说。

半个时辰后，几个民工已经从下面挖空了五米多深，快要完成任务。这时，李真果不知从哪里弄来一大包花生米和一葫芦酒，远远就向大家喊：

"小伙子们，快过来哟，老道请客，请你们吃花生下烧酒！"

大家一听，有花生吃有烧酒喝，不禁咽口水。

"我们还有一会儿就干完了，等会儿喝酒吧，老道！"民工组长大声道。

"别磨磨唧唧了，快停下，快停下！来不及了！"

说着，李真果在草坪上坐下，把一包花生米摊开来，打开葫芦塞子，一股浓浓的酒香飘了过来。

"我把酒喝光了，你们莫嘴馋啊！"他悠悠地扔过去一句话。

袁克勤舔了舔舌头，扔下锄头，对组长说："喝了酒再干活，我酒虫子都跑出来了。"

他带头跑了过去。几个民工也扔下锄头、扁担的，一窝蜂跟着跑过去。

民工组长也只好停下活路。

大伙围成一团坐在那草坪上吆五喝六地划拳喝酒，一拳还没有划完，只听一声巨响，刚才还在挖土的工地上，五米多高的泥层轰然坍塌。人人一阵骇然，连酒都忘了往肚子里吞。如果不是彭老道叫他们过来喝酒，都会被坍塌的泥层掩埋，几条人命难保！

真是惊险万状！袁克勤突然醒悟彭老道招待大伙喝酒的真正用意。

"您老早就料到要塌方，对不？"袁克勤对李真果说。

李真果将了将雪白的长髯，不置可否，微微一笑道："祸兮福兮。祸躲过去了，就是福。"

"您老咋知道要塌方呢？"作为同乡，袁克勤十分了解李真果的"道行"，他相信老道有"未卜先知"的本事。

李真果又呵呵一笑，打起太极："老道又不是神仙，哪能掐指会算？不过是巧合罢了。"

不管是预先料到，还是一种巧合，大伙对他感激万分。若不然，他们都奔赴黄泉去了。

原来，李真果先前从他们挖土的工地经过，发现这种从下而上掏空的作业非常危险。加上又地处河滩地段，泥层松软，他的心里顿时掠过一丝不祥之兆。暗想，半个时辰后，这里必会坍塌。

他想阻止，又担心民工们不信，还可能因为自己的身份敏感，容易被人误为"散播封建迷信"，于是便想出来请大伙喝酒的办法，才避免了这场人祸。

过后，工地上又发生了几次土、石塌方，也多因李真果预先叫民工离开，而避免了伤亡事故的发生。

大伙对这位工地上的老道，既感激万分，又更多了几分神秘感。

"这老道不会是故弄玄虚吧？"民工队长将信将疑。

午夜，一轮明月悬挂在广袤的天际，投射出一片清澈的光芒。长排相连的工棚静悄悄的，四围一片静谧。

民工队长起来巡夜，刚转过三号工棚，忽然发现四号工棚背后的草坪上高高地立着一座"塔"。这里哪有什么塔？奇了怪了。他顿时警觉起来，悄悄绕了过去。他藏在黑暗中，借着清朗的月光朝那里望去：原来这"塔"不是塔，是用工地上挑土的簸箕垒成的一个簸塔。每个簸箕都是口部朝下，上重下轻地立着。底部有十多个簸箕，一层比一层小，一共垒了十多层，一丈多高，顶上一层只有一个簸箕。夜色里，"簸塔"犹如擎天一柱，直插云霄，在地上投下长长的影子。

他隐隐约约看到"塔顶"上好像有一团白影，心想：莫不是我眼睛花了？他甩了甩头，再走近一看，竟是一个人坐在那上面！民工队长不敢相信自己眼睛所看到的。他惊呆了。

这个人不是别人，正是民工们崇拜的"彭老道"。只见李真果在这簸箕砌成的"塔顶"上闭目合掌，盘腿而坐。清澈如水的月色下，他身穿一袭白衣道袍，端坐"塔顶"一动不动，好像打坐入定的仙人。他身后，如墨的山岭弥散着一缕缕缥缥缈缈的雾气，恍若仙境一般。

"彭老道疯了吗？大半夜坐在这么高的簸箕上干啥？"民工队长大惑不解。

队长决定看个究竟，暂不惊动老道。

过了一会儿，忽见李真果那高挽的发髻自然地披散下来，一头雪白的银发如瀑布一般飞流直下。然后，他抬手在脑后一晃，瀑布般的银发又迅疾聚集起来，合拢成一根长长的辫子，垂在腰间。

民工队长瞪大眼睛，屏住呼吸，像看一部仙幻功夫片。

慢慢地，李真果双臂缓缓伸展，向上举起，那一束银白的辫子随之渐渐抬起，不一会儿便像一根长鞭，笔直地立在头顶上，俨然如"塔"顶上的塔尖。那银色的长长辫子，宛若一支银色的长剑，直插云霄，在月光下发出寒光闪闪的"剑芒"。

站在黑暗中的民工队长看得呆住了，好半天没有醒过神来。这情景前所未见，闻所未闻。

彭老道是一个奇人啊！当世竟有如此绝顶功夫！他不由惊骇地在心里叹道。

第二天，这件事在工地上传开了。大伙都围着李真果，七嘴八舌地问这问那，央求他讲讲这些功夫是怎么练成的，有什么秘诀。

"秘诀就两个字'修炼'。"李真果呵呵一笑道，便什么都不说了。

民工们似懂非懂，觉得李真果高深莫测，像一团谜。

接下来发生的事，更让大伙惊奇和敬佩。

一天下午，十几个民工在一个一丈多高的石崖上"刷边坡"。因为路基宽度不够，要用钢钎二锤打去坡边的崖石，这就叫"刷边坡"。这也是一项危险的作业。

民工何国绍来自安岳县的一个农村，与同乡彭乐模一起刷边坡。

何国绍长得五大三粗，胆子大，负责挥铁锤，彭乐模既瘦小又胆小，就让他掌握钢钎。

"勺子，你，你看准砸哦！"彭乐模掌着钢钎，紧张地提醒何国绍。"勺子"是彭乐模给他取的绰号。

"瞧你那熊样！有出息莫得？"何国绍哈哈大笑，奚落道。他朝手心"呸"的一声，吐了一口唾沫，"小子，掌好，我这一勺子要砸下来了。"

说着，何国绍高高抢起那把足有十来斤的大锤，举过头顶。彭乐模眼看一锤就要砸下来，吓得赶紧闭上眼睛。

砰的一声，彭乐模只感到双手发麻，骇然地睁开眼睛，何国绍的铁锤稳准狠地砸在了钢钎上，刷下来的石头毫不犹豫地砸向两腿，滚落到石崖下。

"我的妈呀，吓死仙人板板了！你这一勺子可别把我扫下去哦。"彭乐模嚷道，吓得脸色发白，手直哆嗦。

"胆小鬼，我这'铁勺子'准得很，从来没失手过！"何绍国晃晃他手中的大锤，对彭乐模说。

"掌好，手莫抖！"

彭乐模望着何绍国高高举起的大锤，就要砸下来，不由产生一种巨大的恐惧，掌着钢钎的双手突然哆嗦。就在这一瞬间，何绍国的大锤正好落下，一锤打滑，将彭乐模扫下崖去。刹那间，彭乐模随着飞石滚落到崖下。

一切来得那么突然，何国绍始料不及，整个人吓蒙了。

"出事了！"工友们丢下铁锤、钢钎，下到崖底把彭乐模抬上来。彭乐模的头部颅骨跌破，痛得昏死过去。万幸的是，这石崖只有一丈多深，保住了一条命。

众人将彭乐模抬回工棚。由于这里崇山峻岭，离县医院很远，交通不便，无法将受伤的彭乐模送到医院救治，大家都很着急。

这时，何国绍想到了李真果，跑到另一个工地上把李真果请来。

李真果赶来，查看了彭乐模的伤情。脑部受到震荡，颅骨受损。

"老道，他伤得严重不？"何国绍焦急地问。

"人跌到崖下去了，还能不严重吗？"

何国绍听李真果这一说，紧张万分。想到是自己的一锤把彭乐模扫下崖去的，若这小子有个三长两短，怎么办？

"没事，老道有办法。"李真果用轻松的语气安慰他。

他吩咐何国绍拿碗来，然后盛上一小杯清水。他又从怀中摸出一截小拇指大、一寸多长，泥黄色像石头一样的东西在碗里磨了几十转。渐渐，一小杯清水变成了泥黄色的药浆。

接着，李真果用这药浆涂抹在彭乐模的伤处。然后，只见他两指并拢，在彭乐模的风池、风府、百会、太阳穴处，上下左右，快如闪电般地连点了十几下。紧接着，指如疾风在他身上，从胸前到左右两腋，到大腿，又连点了几十下。

一般人是看不出来的，这是内家拳中的点穴术："指下点上取百会，指左点右太阳穴。"而李真果又运用了太极拳法"无极生太极，太极生两仪"的原理，两仪点穴，从人体的胸前到左右两腋，到全身，打通受阻穴位，调节气血，这样就能使人迅速通经脉，舒筋骨。实际上，他的点穴术是将所有的内家拳融合在一起的治病之法，"武道结合"的点穴功夫，达到了相当精深的境界。

慢慢地，昏迷中的彭乐模感到气血在身体里运行，一股热气突然冲上脑门，好像一只手托着他，从深渊里浮了起来。他苏醒了过来。而他头部被涂抹药水的伤处有一种清凉的感觉，疼痛减轻了许多。

何国绍与大伙都松了一口气。

李真果将这一小截石头样的东西交给彭乐模，让他每日磨水涂抹。

彭乐模按照李真果的吩咐每天涂抹伤处，十多天后，竟奇迹般地完全康复了。

"道爷，您真是神人哪！太厉害了！"

大家对李真果的功夫惊叹不已。有的对他的"点穴术"着迷，有的对他那石头一样的药好奇。

李真果呵呵一笑："哪里是什么神人？我就是一个下山的出家老头儿。"

"道爷，这石头一样的东西是啥药啊？"彭乐模实在好奇，打破砂锅问到底。

"你说它是石头就是石头。"李真果打起了太极。

李真果说的倒是没错。这个东西的确是石头，只不过它不是普通的石头，而是一种矿物。他用这种矿物炼制成丹药，是治外伤和内伤的奇药。

李真果曾得到全真龙门派王复阳仙师疯癫老道所授"玄门四大丹"的外丹之术，道门丹家秘方，又加上他多年的实践和研制，炼冶了针对不同病症的多种丹药，可治内科疾病一百六十多种、妇科疾病二十余种、外科疾病二十多种，往往都会收到意想不到的奇效。

他没有讲出这块"石头"的来历，原因是不愿意大伙把道人"炼丹"误会成搞"迷信"。

在民工们的心目中，李真果是一个谜。

谜一样的李真果，总是以出其不意的"医术神技"而令人称奇，一块石头，一根青草，一碗水，都能"点石成金"，化草木为神奇。甚至有时连药都不用，就能达到治病的功效。

有一次，一名重庆民工刚来工地没几天，便病倒了，周身疼痛，卧床不起，吃什么药都不起作用。他是个"山城棒棒儿"，大伙叫他"棒棒儿"。

时在冬天，天气很寒冷。

李真果闻讯来看他，见他病得不轻，就对他说："老道给你治治如何？"

棒棒儿初来乍到，对李真果不了解，见他一身道士打扮，加上家乡正在搞反封建迷信的运动，觉得道士都是搞装神弄鬼的那一套，便摇头拒绝。

李真果也不勉强他，便也摇了摇头。

几天后，这民工病情越来越严重，浑身发冷、疼痛，盖着厚厚的两床棉被，床边烧着炭火，也冷得发抖。面色苍白，极度虚弱，全身直冒虚汗。队上的医生给他打针吃药，也无济于事。

民工队长与大伙都很着急，劝他请老道治病试试。棒棒儿不堪病痛折磨，终于点头答应。

李真果来到他的床边，道："小伙子，老道我不给你开处方，也不给你吃药，但我的办法一般人忍受不了。你能忍住吗？"

棒棒儿暗想：我啥苦没挨过？只要能治好病，让我上刀山下油锅都能忍！于是他把哀求的目光投向李真果，连连点头。

李真果叫人在坝子上用三四张竹席围成一个一米多高的圆筒，然后叫小伙子在席筒中赤身裸体地站着。本来就冷得发抖的病人，在这三九严寒的大冷天光着身子站着，整个人像筛糠一样瑟瑟发抖，牙齿直打颤，脸色冻得发乌。

大伙站在旁边看，谁都不知道这道爷要干什么。

李真果叫人打来一盆盆冷水。病人一看到冷水，全身就打了个寒颤。道爷要干啥？还来不及细想，只见李真果端起一盆冷水从席筒顶上泼向他。

病人突然被冰凉刺骨的冷水刺激，不由惨叫起来："我的妈呀！冷死我了！"

大伙也不寒而栗。

紧接着，李真果将一盆又一盆的冷水泼向棒棒儿。站在旁边看的人穿着棉衣都冻得受不了，更何况冰冷的水浇在光光的身上。

"道爷，我受不了了，受不了！我要冷……冷死了！不要再淋了！求你了！"棒棒儿哆嗦地大叫着，哀求李真果住手。

"道爷，不会出人命吧？快停下来！"民工队长见棒棒儿已经快要不行，便叫李真果停住。

李真果像没有听见一样，继续泼水。"快，打水来！快点！"他威压的声音使人感到一种威严，大伙不由自主地打来一盆盆冷水。

不多时，只见席筒里热气腾腾，好像蒸笼一样，蒸汽弥漫开来。李真果单手托起盆子，水泼得愈来愈快，像倾盆大雨一般淋向病人，很快热气蒸腾，像在蒸笼一般。棒棒儿此时早已大汗淋漓，渐渐不再大声喊叫了。

过了一会儿，李真果终于歇手，叫棒棒儿穿好衣服出来。棒棒儿从席筒里走出来，大家一看，不由大吃一惊。病人面色红润，额头汗水直淌，十分精神，像没病一样。

"棒棒儿，咋样了？"工友问。

棒棒儿嘿嘿地傻笑着："好啦！一点都不冷，浑身发热着呢！"

"全身还痛吗？"

"不痛了。"

"道爷！"棒棒儿转向李真果，就要跪下去。李真果见状，单手轻轻托起他的胳膊，制止了他。

"我棒棒儿有眼不识泰山！感谢道爷救命之恩！"棒棒儿感激地说。

"谢什么？今后多干活，多做好事！"李真果意味深长地道。

大伙对李真果用冷水治病的奇特方法，既感到不可思议，又佩服万分。

其实，对于道医家来说不足为奇。唐代的著名道士、医药学家，被称为"药圣"的孙思邈在他的著书中说："斯之一发体是神秘，详其辞采，不迈人情，故不可得而推晓也。但按法施行，功效出于意表。"孙思邈认为，这种道家特有的疗法，好像很神秘，不近人情不可理解，但确实又有出人意表的功效。

晋代葛洪说："古之初为道者，莫不兼修艺术，以救近祸也。"古代的道学家如葛洪、孙思邈、陶弘景等，都是医道兼修的大家。颇有建树，而行游在民间、出入宫观的布衣道人李真果，虽然不及葛洪等有名，却因有着一身神奇的医术和绝世武功而令世人惊叹。

无论在哪里，李真果以道家特有的方式，以自身高深的道医功夫，无私地为人疗疾，实践着他悬壶济世的宏愿。

一年多后，李真果从铁路民工队又回到了老家。

第十二章

八十一难

成道或成功总是以一切苦难为代价的。唐僧西天取经，历经九九八十一难，才取得"真经"。

生与死相伴，喜与悲相随，福与祸相依。人的这一生中注定要经历起落顺逆，忍受诸多痛苦，甚至不可预知的劫难。深谙老子对生命辩证之道的李真果，对于人生的劫难是从容而淡定的。

"盖闻善摄生者，陆行不遇兕虎，入军不被甲兵。兕无所投其角，虎无所措其爪，兵无所容其刃。夫何故也？以其无死地焉。"老子说，善于养护生命、品德高尚的人，在陆地上行走，不会遇到凶恶的犀牛和猛虎。进入战阵，也不会受到武器的伤害。犀牛用不上它的角，老虎用不上它的爪，兵器用不上它锋利的刃。这是什么缘故呢？因为他们身上没有可以致死的地方啊。

李真果相信，有德的人行走在大道上，任何危险和威胁都伤害不了他。

人生中的磨难，是对一切杰出的人的考验。更何况一个修道者。

第一节　批斗会

一个沉寂而漆黑的午夜，李真果站在山顶，默默地望着斗转星移的夜空，忧心忡忡。

此刻，黯淡的寒星正在坠落，一片阴翳飘来，遮住了月亮的光芒。

一个动乱的年代，又要来临了。李真果发出了一声沉重的叹息。

1966 年 8 月，史无前例的"文化大革命"爆发。整个中国面临一场旷古未有的文化浩劫，开始了大规模的反"封、资、修"、破"四旧"运动，批判、砸烂一切旧思想、旧文化、旧风俗、旧习惯，农村也随着政治风潮而更加动荡不安。

儒教、道教和佛教是中华传统文化的三大主干，构成中华文明的重要思想，无论是儒家的有为，修身齐家治国平天下，提倡积极的入世精神，还是道家的无为，主张道法自然，天人合一，以及佛家的因果善恶，强调出世精神，都对中国人的精神品格、道德观念和行为准则产生了重要影响。

然而，这三大存在于中华大地的传统文化，在"文革"中无可避免地遭到冲击。大破"四旧"之风很快蔓延到了寺庙宫观。各地百年、千年古刹丛林，乃至乡间淳朴的寺院宫观和文物或拆或毁，视为"搞封建迷信"的道士、僧人被驱赶，被批斗，佛道胜地、孔庙等遭受了灭顶之灾。

李真果作为"牛鬼蛇神"，更难逃一劫。

三堆石是安岳县云峰公社一个贫穷闭塞的小村庄，仿佛没有被战火硝烟打扰过。"文革"的浩劫，打破了这个宁静的乡村。一夜之间，在"革命"的催化下，人们集体投入到一场声势浩大的运动之中，人性被扭曲，演变成充满暴力、血腥的斗争。这个昔日山清水秀的山村再也无法平静了。

村里有个人叫樊新飞，这人平时胡作非为，心肠歹毒，手段残忍，是个头上长疮脚底流脓的坏家伙，大伙都叫他"烂心肺"。"文革"开始后，他削尖脑袋靠批斗"地富反坏右"，当上了公社造反派头头，更是耀武扬威，气焰嚣张不可一世。

一天午后，烂心肺带上十几个手下，戴着印有"造反派"字样的红袖章，冲上山来，杀气腾腾地闯进三清观，对着殿里的神像就是一顿乱砸。

"哗啦啦"，老君、张天师、元始天尊、灵宝天尊等从神龛上轰然倒下，尘灰飞扬。

李真果恰巧不在观里，到山下给人看病去了。只有几个弟子在。

烂心肺强迫几个年轻道士脱下道服，换上破旧的中山装，集体站在山门前接受批判。

道士们被逼迫手里扯着"封建烂书，尽放狗屁"的自辱门楣的标语，并跪在地上。烂心肺还在地上撒满玻璃渣，令他们痛苦万分，个个的膝盖都被刺破了，鲜血直淌。他们身后的殿门贴上了封条，并贴满了"横扫牛鬼蛇神"之类的横幅标语。

烂心肺还叫人把道观里的各类经书典籍尽数搬到外面场子上，点上一把火，瞬间火光熊熊，烈焰飞蹿，天空飘着一缕缕青色的烟灰。

被李真果视为宝贝的老祖宗的典籍，刹那间灰飞烟灭。道士们心痛不已，若师父看见不知如何痛彻心扉！

"彭老道躲哪儿去了？"烂心肺冲着道士们厉声问道。

"不知道。"

"哼！"烂心肺冷笑一声，"不说是吧？全部拉去游街，赶下山去，不准再回来搞封建迷信！"

就这样，三清观留守的几名道士被拉去游街示众，赶下了山。

此时，李真果正在一户农家给人看病。

原来，今天一大早，李真果练拳回来，从道观老君殿经过，忽然听见一位妇女正在向神龛上供奉的老君神像哭诉。他仔细一听，妇女说自己的儿子病得很重，快要死了，求老君救救她的儿子。李真果便对妇女说，老道去看看。

那时候，道家、中医已经属于批斗对象，看病是一件危险的事。妇女见老道冒险给儿子看病，自然感激万分。李真果便随妇女下山去了。

农妇的儿子背上长了一个很大的肿瘤。农妇哀叹，乡卫生所的医生都说已经恶变，无法医治，最迟活不到一个月了。

李真果查看了病人背上的包块后，对农妇说："这包块可以化掉。一个月之内，你儿子就是好人了。"

农妇又惊又喜，但又半信半疑。

李真果给病人施针。这是他根据跟几位师父所学的灸法而自创的一套"八卦天罡针法"。针法是围绕圆形的包块，如八卦图，在其四方及中间进针，中间的那针以五行针，代表后天十二天罡，也即人体十二穴位。旁边的四针，每针三个方向，代表十二地支。十二地支又应对十二辟卦。辟，就是开辟，以乾坤两卦开辟天地万物所有气脉，称为十二辟卦。

天罡，星名，是北斗七星的斗柄。道教称北斗丛星中有三十六个天罡星，每个天罡星各有一神，一共有三十六位神将。天有天罡星，主宰生死，掌握阴阳，造化生命。人有天罡穴，与天罡星内外融合于血脉中，内外一气。

李真果的"八卦天罡针法"，依据道家"天人合一"的理论，以天体运化为本源，气化为根基，盛微为核心，针法与内功并重，根据太极平衡原理，启动其后天玄气，打通十二经络，与上下阴阳相应的穴位。整套针法犹如开合有序、布局精妙的森严八卦阵，患者的脏腑、肢体病变，或是功能性疾病和器质性病变，都在他长期治病的实践中得到有效验证。

李真果在病人身上去针后，用火罐取出污血，再贴上自制的膏药。然后又给病人开了一副草药。

"没事了。这娃儿很快会好起来的。"他微笑地对农妇说。

农妇感激得落下泪来，拿出攒下的全部钱答谢李真果。他坚决不收。

在李真果大半辈子的修道生涯里，看病从不收穷人的钱。这是他立下的规矩，从未破例。

李真果看完病后，回到道观，却看到了一片狼藉的惨象。

这座几百年的古刹，一夜之间遭到了洗劫。精美的神像被造反派砸得七零八落，玉皇大帝、观音大士、张天师，还有太上老君、陈抟老祖像横躺在地上，身首异处。供器、文物、石碑……也被砸个稀巴烂。

往日庄严的殿宇楼观百孔千疮，灰烬中散落着残缺的经书的碎片。多年来他收藏的记载人类文化成果的浩瀚典籍、壁画，竟在造反派"横扫一切"的革命行动中变成一堆灰烬！李真果痛彻心扉！

道观里不见一个道士，他的弟子们全都被赶走了。纵然李真果修行已达处变不惊的境地，但仍然无法做到无动于衷！

他面无表情地环顾着被洗劫一空的道观，心却淌着鲜血。慢慢地，他弯下身，触摸着那些神像的断臂，仿佛自己的手臂也被重器狠狠地砸断了，锥心般地疼痛。

"疯了……他们疯了……人心坏了……"他喃喃自语。

他难过得心里流着泪，默默将那些残缺的神像收拾起来，然后藏到道观后面黄桷树背后的一个山洞。那是他修炼的地方。

安顿好这些残缺的神像后，他又用树叶将洞口仔细遮蔽起来，这才放心了。

李真果望着被贴上封条的道观，痛心疾首。他们封掉的、砸烂的，是几千年的文化，祖先留下的宝贵遗产啊！

山中一片死寂。清玄的钟声再也听不见了！神像被砸毁了，经书被焚烧了，文物被破坏了，道士们被迫下山了……此刻，他似乎听到世界毁灭的声音。

李真果的心猛然大痛，忍了又忍的眼泪终于流了下来。

他哀痛的不是个人的劫难，而是整个国家的劫难，社会的动乱。他感到这是一个注定的劫数。道统生天地万物，含阴阳造化之机。如白昼与暗夜之分，自然之理。故此，有人入道，有人入魔。当魔行于世，人间劫数难逃！

灾难，是对一个修行者的考验，又何尝不是对一个国家的考验？他坚信，不管有多大的灾难，一切都会过去。

道观，回不去了。李真果在山上搭了一间茅屋暂时安身。

其实，李真果完全可以离开这里，到别处避祸。但是，他没有走。要来的，终会来，躲是躲不掉的。

他在茅屋里照常打坐修炼，从容地等待即将来临的劫难。

几天后，公社造反派头目烂心肺带着一伙人来到山上，把李真果从茅屋里揪出来。

原来烂心肺为了往上爬，显示自己"横扫牛鬼蛇神"的决心，他要拿李真果开刀。因为李真果在当地是很有影响的"牛鬼蛇神"，群众都很"迷信"他。如果拿下李真果，他就立了一大功，可以借此机会到县城革委会当官。

烂心肺要给李真果开一个声势浩大的批斗会。

他叫人把李真果五花大绑起来，戴上高帽子。这高帽子用硬纸板卷成，又用白纸糊在外面，高达一米多，上书"罪大恶极的牛鬼蛇神"大字。

手下拿来一块硬纸板做的牌子要给李真果挂到脖子上去。

"换过！用道观门上那块匾。"烂心肺皱着眉头命令道。

几个手下跑到道观摘下门上的匾，气喘吁吁地抬了过来。烂心肺命他们把匾砸成两半，给李真果戴上。

"住手！那是老祖宗的文化呀，你们不能破坏！"一直保持沉默的李真果忍无可忍地呵斥道。

烂心肺上前狠狠朝李真果踹了几脚，大骂："老子就是要革文化的命！老不死的东西，你敢反对革命，宣扬封建迷信，就叫你灭亡！革命造反派们，给我狠狠打！"

"打倒牛鬼蛇神！"

随着烂心肺一声喊，十几个造反派一拥而上，对李真果拳打脚踢，一阵围攻。这位一身功夫的高道并没有还手。如果他一出手，眼前几十个人都不是他的对手，尽管他被五花大绑。而他一旦发力，身上的绳子立刻就会断。

"把牛鬼蛇神带到公社批斗！"烂心肺叫嚷道。

李真果被一群人拉下了山。他胸口挂的足有二十公斤重的黑木板，正是道观门上的那块砸成半截的匾。匾上古书"道法自然"几个烫金大字，被涂改成"牛鬼蛇神"四个字。挂在脖子上的绳子，烂心肺叫人换成铁丝。生冷而硬的铁丝吊着沉重的牌子挂在李真果的脖子上，若是一般人早已被勒出一道道血痕，疼痛难忍。但李真果的脖子竟一点勒痕也没有。他的脸上并无痛苦的表情，好像他脖子上挂的是纸做的绳子和牌子。

烂心肺知道李真果的功夫，见状也不禁骇然。他暗自庆幸事先把彭老道五花大绑了，不然，老道一出手，恐怕自己命都不保了。

沿路走去，引来了许多群众围观尾随。

见到已九十高龄、满头白发的彭老道被人五花大绑着，还挂着牌子，戴着高帽子，许多群众很同情李真果，却不敢替他说话。但也有一些被煽动的群众往他身上吐唾沫、扔鸡蛋、丢牛粪。

李真果却面目淡然，一点不介意。

长达四个小时的游街示众后，已是夜晚。公社的大院里，灯火通明，人头攒动。

县革委会的主任、公社的书记、大队书记等表情严肃地坐在台上。烂心肺作为公社造反派头头手拿红宝书，领头和大家一起读了一段毛主席语录，讲完批斗会的开场白后，就高声大叫："把彭老道押上来！"

顿时会场上"揪出牛鬼蛇神！""打倒封建迷信大头目彭泽风！""打倒一贯道"的口号此起彼伏，响彻在乡村沸腾的夜空。

李真果被两个戴红袖套的造反派反扭着双手，推搡到台上。他的身后是一棵巨大的黄桷树，浓荫覆盖。

这时，李真果的大弟子玄一和两个弟子悄悄躲在人群中，他们看见师父戴着高帽子，胸前挂着牌子，被五花大绑站在台上，禁不住一阵揪心地疼痛，眼泪无声地流了下来。

"彭泽风，低下头来！老实交代你装神弄鬼，搞封建迷信的罪行！抗拒从严，坦白从宽！"烂心肺大声咆哮。

李真果昂首挺胸，紧闭双眼，笔直地站在那里，默然不语，像进入了浑然相忘的修炼境界。

烂心肺心里冷笑：彭老道，我看你还能强作镇静几时！

他走到台前，慷慨激昂地检举揭发李真果作为"一贯道"封建分子，气焰如何嚣张，如何装神弄鬼、借医行骗，大搞封建迷信活动，欺骗愚昧无知的群众等，添油加醋，说得口沫横飞。

台下有人高喊："打倒牛鬼蛇神！""坚决与封建分子作斗争！"

于是，台下社员们跟着振臂高呼，一片愤怒的海洋。会场骚动起来，有人骂李真果，有人向他吐唾沫，还有人冲上台打他、踢他。雷雨般的批斗一拨又一拨，人们完全失去了理智。

李真果仍然一声不吭，一动不动。

玄一和两位师弟看着师父受此凌辱，脑海的血液疯狂地沸腾。凭着他们跟师父所学的功夫，要把师父从人堆里救出来不是问题。

就在他们就要冲上台的瞬间，李真果突然睁开了眼睛，眼眸里射出的炯炯寒光，让几个弟子一怔。李真果朝他们摆了摆头，示意弟子们不要冲动，赶快离开。

玄一和两名师弟心如刀绞，但又不能违背师父的意愿，只好痛苦地离开了现场。

"彭泽风，你认罪吗？"烂心肺得意地问李真果。

李真果见弟子们已经离开，放下心来，便又闭上双眼，睬都不睬烂心肺一眼。

烂心肺恼羞成怒，使劲按他的头，逼他低头认罪。可是任凭烂心肺拳脚相加，李真果的头仍然高扬着。

烂心肺顿时火冒三丈，眼中露出一股杀气，喊道："妈的，你硬，总没有钢钎硬。来人！给我用钢钎使劲地打！"

一声令下，下边的喽罗们就像凶神恶煞一般，立即操起钢钎跳上台来，朝李真果拦腰一扫。钢钎的矛头像红缨枪，长而坚硬无比的钢管替代了木棍，显然它的威力和杀气远远超过红缨枪。

肉体之躯，谁能经得住这几根尖锐的"冷兵器"扫来？不是半死，也会打断几匹肋巴骨。

李真果心中又惊又怒，这伙人竟如此残暴，视人命为草芥！危急之中，他不躲不闪，索性呆呆地站着，却暗运真气护体。在这一刹那间，当三四根钢钎与他的身体碰击，他的内力突然激发出来，真气鼓荡，借力打力。喽罗们只觉手臂被李真果的身体震得发麻，吭当几声，他们手中的钢钎落地。而李真果身上五花大绑的绳子像被剪断了一般，一根根散落下来。

先前李真果处在惊险万状、生死一线之际，突然情势逆转，在场的人都为之骇然。那坐在台上的县革委会主任的脸色顿时变得煞白。

烂心肺见状，知道李真果功夫很厉害，却更加气急败坏，杀气腾腾吼道："老妖道竟敢耍妖术，反抗革命造反派，用钢钎戳死他！"

喽罗们回过神来，捡起掉在地上的钢钎，寒光闪闪的矛头对准李真果，朝他齐刺过来，竟欲置他于死地。

李真果知道，纵有金罩体铁布衫之功，也无法抵挡如此穿肠破肚的锐器！他唯一的办法就是逃。

但是，李真果没有逃。他就站在那里，生死已置度外。

就在这时，突然，天穹上好像裂开了一条缝，一道雪亮的闪电划破了漆黑的夜空，随即，只听轰的一声，暴烈的炸雷从天而降，似乎要把整个混乱的世界震碎。一道道闪电像银蛇般在云端里吐着愤怒的长舌，狂暴的雷声不断发出轰鸣，接着倾盆大雨哗啦啦地下了起来，狂风像鞭子一样从天空凶猛地抽打下来，抽打着大地，抽打着扭曲的人的头脸和周身。黄桷树枝被狂风吹得左右摇摆，呼啦作响。

会场顿时大乱，院子里的人都忙着躲雷雨，便一哄而散了。革委会主任在公社书记、大队书记的护送下，也慌慌忙忙地跑掉了。烂心肺被雷电吓得直哆嗦，顾不上李真果，像只落汤鸡也跟着逃之夭夭。批斗会就这样草草结束。

李真果站在暴雨中，微微一笑，从容地离开了。

第二天，有个农民发现批斗台后边的那棵黄桷树，被撕掉了一大块树皮。那块树皮原是被雷击劈开的，但他误以为是造反派用钢钎打彭老道时，彭老道用法术隐身，让黄桷树替他挨打，把树皮打掉了一大块。

"不得了，彭老道施法了，黄桷树替他挨打，才躲过造反派的钢钎！"

这话一传十，十传百，"黄桷树替彭老大挨打"被人们绘声绘色地渲染，成了神奇的传说，远近的人都知道。

玄一和几个弟子知道师父脱险后，悄悄去看望李真果。

"师父，您老真是神人哪！神明都要保护您！"玄一崇拜地赞叹道。

"是啊，如果不是突然电闪雷鸣，那些的人钢钎就要刺进您老人家的身体，恐怕我们都见不到师父了。"一个弟子心有余悸地说。

"师父，您真的施了法术让黄桷树替您挨打？"又一个弟子问道。

李真果将了将雪白的长须，呵呵一笑道："你们的师父不是什么神人，也没有施什么法术。老子说，盖闻善摄生者，陆行不遇兕虎，入军不被甲兵。兕无所投其角，虎无所措其爪，兵无所容其刃。夫何故也？以其无死地焉。"

他又进一步解释："老子说，善于养护生命、品德高尚的人，在陆地上行走，不会遇到凶恶的犀牛和猛虎。进入战阵，也不会受到武器的伤害。犀牛用不上它的角，老虎用不上它的爪，兵器用不上它锋利的刃。这是什么缘故呢？因为他们身上没有可以致死的地方啊。"

见弟子有些迷惑，他又说："这句话的意思是，有德的人行走在大道上，任何危险和威胁都伤害不了他。老道心性含天恩地威，正直令鬼神服从！"

"弟子明白！"几位弟子齐声答道。

他注视着弟子，意味深长地说："你们要记住，无论在哪里，都要做一个有德的人。要多做好事，不要整人害人，干丧尽天良的恶事。受委屈了，也不要怨天，不要怨地，修行的人要经得起各种磨难。人在做，天在看。"

"师父放心！"

弟子们带着李真果的教谕，下山去了。

第二节　风波又起

批斗会后，许多好心的乡民劝李真果到别处躲一躲。他们担心烂心肺不会善罢甘休，加害老道。

老子说，民不畏死，奈何以死惧之？我一介草民，一个出家的老道，早已不惧生死，再用死来威胁我，那是没有意义的，李真果在心里想，便笑呵呵地对乡民说：

"莫事，莫担心。老道死不了。"

李真果没有躲避，住在山上自搭的一个草棚里，一面研读医药学典籍，一面坚持为百姓治病。

在那个疯狂而失去理性的年代里，由于李真果本身是从封建王朝没落时代过来的人，又是吃斋念经的出家人，加之又被涂抹上一层神秘的色彩，无疑被认定为"牛鬼蛇神"，属于打击、专政的对象。

但是，上门求医的老百姓对李真果的医术十分信服。他们只有一个朴素的愿望，只要把病治好，不管老道是什么样的人物。

每天，从邻乡、邻县上山来寻访李真果，求医问药的男女老少络绎不绝。

李真果从不拒绝。他的望诊技术出神入化，朝病人一望，便能准确判断病人的病灶和严重程度，已达到"望而知之谓之神"的境界。

他治愈的病人无以计数，却从不收分文。那些求医者为感恩，又见道爷爷年事已高，过得很清苦，便送他一些挂面、鸡蛋、大白菜之类的东西。李真果不收，他们就不让他知道，悄悄把东西放在李真果的灶房就走了。

李真果见堆了这么多吃的，自己只留下一些，其余的全还给了那些乡民，甚至送给了被批斗的地主。

造反派头头烂心肺早就想"医治"李真果了。自从雷击黄桷树后，他对这位老道的"法术"有所畏惧和忌惮。如今，见许多乡民去找李真果治病，觉得这是一个机会。于是，他想出一计，在公社院墙贴出告示，规定禁止"封建分子彭老道"给群众看病，群众也不得去找老道，否则，一律按与封建分子勾连论处。

一夜之间，李真果悬壶济世被禁止了。

但是老百姓不吃这一套，根本不遵守造反派的这个"规定"，宁愿"上当受骗"，也要到彭老道那里求医问药。每天从早到晚，上山的人接踵而至。

李真果狠下心，关上了柴门。他不愿看到因为治病而连累乡民。

乡民们便一直敲着他的门，哭着哀求道爷爷看病，有的甚至跪在门口不起。从清晨到黄昏，从日出到日落，再到月上柳梢。

李真果在里屋闭目打坐，大人叫门的哀求声，小孩子哭闹的声音不绝于耳。他的内心人神交战：如果不给乡民治病，于心何忍？如果给乡民治病，自己遭受迫害倒不要紧，倘若给他们带来灾祸，自己会更加难受。

他想出一个妙计。

"闹什么闹？哭丧啊！你们有病啊！赶快走！"他冲着门外高声骂道。

那越来越粗鲁、野蛮的骂声，与往日那个风趣、有礼的老道判若两人。

他的骂声一停，门外又立即发出哀求声："我们就是有病，道爷，您给看个病吧！"

"道爷爷，您大慈大悲，行行好，我儿子病得快要死了，求您老人家救救他吧！

"我们一辈子忘不了您老人家的大恩大德！我们给您磕头了！"

求医的人大多数是妇女，有的从几百里外寻访而来。

里屋的李真果叹了口气，又冲着紧闭的柴门大骂："你这个难缠的婆娘，硬要把道爷害死吗？哭什么哭？哭个鬼啊！你儿子到底哪里不舒服，快点讲嘛！"

门外的妇女没有回过神来，旁边的人提醒她："道爷在问病呢！"

妇女一听，猛然醒悟道爷在问病处方了。她惊喜万分，一一向道爷讲述儿子的病情。

李真果弄清楚病情后，便开了一张处方，从门缝里丢出去。妇女拿到药方后，如获至宝，欢天喜地下山给儿子拣中草药去了。

接着，他如法炮制，一边用骂人的方式问病，一边给病人开药方。

这些求医的村民拿着方子，回家拣药后，最快的两天，最慢的十天半月，病全治愈了。

那位给儿子求医的妇女逢人就说："多亏道爷的方子，救了我儿子一命。道爷是神医哪！"

求医的人回去以后，彭老道大吵大闹骂粗话看病的事很快在百里之外传开了。但是，传言经过人们绘声绘色的加工后，漏掉了问病处方这个关节，而变成了彭老道骂人治病的传说。

有的说："彭老道的骂声就是良药！""道爷有仙气，他的脏话能除病驱邪！"

还有的人说："只要能挨上道爷一顿骂，病就好了！"

传言越传越广，越传越神。

于是，有不少病人闻听后，从几十里外赶来，干脆就是来接受道爷的谩骂的。甚至还有的人被骂了回去以后，病果然好了。于是逢人便讲自己的病是被道爷骂好的。

李真果骂人治病的事传到烂心肺的耳朵里，烂心肺不由冷笑道："老子正找不到理由下手，你彭老道道行再高，今天也栽在我的手上了！"

这天早上，李真果到镇上去买瓦罐。刚走到街上，看到街上贴满了大标语："揪出牛鬼蛇神彭老道！""戳穿老妖道欺骗革命群众的阴谋诡计！""破除封建迷信！"

李真果心里清楚，自己骂人治病的事被发现了。他早已预料到，一场更大的灾难即将来临。只是迟早而已。

　　在人们异样、复杂的目光中，李真果举着葫芦，一边乐颠颠地喝着酒，一边从容地从街上经过。脸上波澜不惊。

　　李真果回到山上的草屋，看见门前等候看病的人已经排成一长串。他为难地劝说："老道是牛鬼蛇神，你们不要受我的骗了！免得受连累，快回去吧！"

　　可是，无论他怎么劝说，那些求医的乡民哪里肯听。"道爷，我们不管你是啥牛鬼蛇神，我们就知道，你是大善人，是大神医！我们信你！"

　　还有几个妇女带着自己生病的孩子跪在地上哭哭啼啼地哀求："道爷爷，行行好，您老人家不给我们看病，我们就不起来！"

　　"您老尽管骂吧，我们愿意挨骂！"

　　李真果摇摇头，拿他们没有办法，无奈只好像先前一样，一边用粗话大骂这些看病的人把他往火坑里推，一边又巧妙地问病处方。

　　就在这天晚上，烂心肺带着一伙喽啰把李真果从草屋里押走。

　　吸取上次开批斗会的教训，为了防止李真果挣断绳索，烂心肺叫人拿来抗断力很强的粗麻绳将老道五花大绑，还不放心，又亲自赤膊上阵。他拿了一根又粗又长的麻绳，从李真果的颈后勒过，再从其手臂下绕过来，在他的胳膊上迅速缠绕几圈，然后将绳头交叉一系，用膝盖顶着他的脊背，猛力系紧绳索，李真果的双臂便被紧捆在背后，被绑得比临刑前的死囚犯还要严实。这种捆绑十分残酷，若是绳子绕得低于其肘部，且系得较松，被捆者尚能忍受，若绳子绕得高，再勒得紧，使其双臂几乎并拢在后背，被捆者就会痛得惨叫倒下。凡是被这样捆过的人，松绑后胳膊要痛上好多天，连端饭碗都困难。

　　李真果没有做任何反抗，任凭烂心肺左绑右勒。他只是暗运内功，抵消绳索被勒紧的痛苦。

　　"老妖道，把你的妖法使出来吧！如果你今晚能挣断这绳子，我樊字倒着写！"烂心肺轻蔑地叫嚣。

李真果倒是没有什么妖法，但凭他一身功夫绝技，别说这几根绳子，便是用铁条绑着，只要他运功发力，统统都会断掉。这是许多人目睹过的。

不知天高地厚，这几根绳子也难得倒我老道？李真果在心里冷笑，连看也不看他一眼。

几个持枪的造反派喽啰把李真果押进公社批斗会场。

灯火通明的会场骚动了。当社员们看见满头银发的李真果被五花大绑着推到台上，都齐刷刷地站了起来，用同情和担忧的目光望着他们心目中的"神医"道爷爷。有的妇女还偷偷地擦眼泪。

大家七嘴八舌地低声议论：

"道爷爷又犯哪一条了？"

"听说烂心肺知道了道爷爷骂人治病的事，要整道爷呢！"

"我还听说，昨天道爷把病人送他的挂面送了一把给挨斗的地主，又被烂心肺知道了。"

"他还送了那么多给贫下中农，为什么就没有看到呢？"

一个叫朱二的小伙子提高了声音，故意让台上的烂心肺听见："这么大岁数的老人家，都快入土了，就饶了他吧！莫造孽，遭报应！"

烂心肺见群众同情李真果，立即跳到主席台的讲话桌上，拿着大喇叭大声喊道："社员同志们，彭泽风是死不悔改的牛鬼蛇神，公然违抗规定，用妖术欺骗群众，大搞封建迷信！还与地主分子勾结来往！"

说完，他振臂领呼："打倒牛鬼蛇神彭妖道！""打倒一贯道彭泽风！""揪出地富反坏右同伙彭妖道！"

可是任凭烂心肺喊得声嘶力竭，台下的社员们只有几个稀稀落落地举起手臂，无精打采地应付地跟着喊了几句。

烂心肺被群众的态度激怒了，一声令下："把高凳子抬上来！"

几个手下立即抬来早已准备好的长条高板凳，然后放在台上的一张方桌上。

"把彭妖道抬上去跪下认罪！"烂心肺又命令道。

几个手下一哄而上，左右挟住李真果的两腋，要把他架到两米多高的凳子上。

李真果就是不跪，一动不动地站在那里。无论这些五大三粗的喽啰怎么推搡他，又打又踢，他纹丝不动。

烂心肺气急败坏，咆哮道："彭妖道死不认罪，我们要采取革命行动，镇压他的反动气焰！"

于是他命令手下用钢钎压在李真果的膝盖弯，强迫他跪下。一个手下拿着一根三尺多长的钢钎，猛地朝李真果膝盖弯一击，想把他击倒跪下。

台下的人吓得惊呼起来。

只见李真果仿佛只是被一个钝器轻碰了一下，膝盖一点也没有弯下去，整个人如松一般站着。更令人目瞪口呆的是，那民兵手上挥舞的钢钎竟像柳树枝一样，软绵绵地被弯成了弓形。

手下怔怔地看着手上弯曲的钢钎，又望望气定神闲、神态自若的李真果，突然像见到鬼似的，丢下钢钎慌忙跳下台去。

鸦雀无声的会场，突然爆发出一阵掌声。

烂心肺见此情形，朝台下鼓掌的社员大声咆哮："谁敢鼓掌，谁就是彭妖道的同伙！"

他指着先前大声替李真果求情的社员，命令手下："把那个带头鼓掌的反动分子朱二抓上来，一起批斗！"

几个手下推搡着把朱二抓到台上来，狠狠地一脚朝他踹去。

"住手！"李真果威压的声音响起，令全场震慑。

他用冷峻如刀的目光逼视着烂心肺，一字一顿地说："放开他，老道可以跪！"

烂心肺正愁拿李真果没有办法，听他这一说，不由得意地冷笑，好啊，看我怎么收拾你这个老妖道！

烂心肺叫人放了被抓的朱二，对李真果阴冷地说："你不是会妖术吗？把钢钎掰直，我就饶你不跪高板凳，就跪台子上！"说完让人松绑。

李真果一语不发，捡起台上的钢钎，横放在肚子上。只见他深吸了一口气，运足全身真气，此时的他内力早已达到随念所发的地步，真气鼓荡，内力顿时激出。他把肚皮对着弓背，一掰，刹那间，又成了一根笔挺的钢钎。

社员群众目睹李真果的真功夫，不由连声叫好。

烂心肺没想到李真果有如此神功，不由心里发怵。

李真果把钢钎往地上一摔，面朝台下的群众，从容地跪在台口边。

烂心肺恶狠狠地下令："捆起来，压钢钎！对牛鬼蛇神绝不手下留情！"

两个手下将钢钎压在李真果的膝盖弯，并在两端用脚狠狠踩压。纵使李真果有绝顶功夫，也无法使出力来抗击。他痛得额头汗珠长淌，若不是习武之躯，恐怕早已倒在地上。

"你们这样灭绝人性，会遭报应天谴！"李真果大声骂道。

他眼眶深陷，冰冷如刀的眼神直刺烂心肺，令那造反派头目不寒而栗。

烂心肺定了定神，手拿大喇叭，把一只穿大皮鞋的脚重重地踏在李真果跪着的腿上，厉声问道："彭妖道，你为什么公然违抗规定，用封建邪术欺骗广大革命群众？"

众造反派挥着戴红袖章的手臂，一齐呐喊："老实交代，打倒牛鬼蛇神！打倒反动一贯道！"

他们的眼中喷出阶级仇恨的怒火，仿佛李真果不交代，就要把他烧死在怒火之中。

李真果十分镇定，慢腾腾地答道："群众找我看病，我骂也骂不走，怎么是我欺骗呢？再说，你们造反派不信神，怎么今天又说我用邪术欺骗群众？这说明你们也相信真有什么邪术了？"

烂心肺被李真果问住，一时语塞，却更加火冒三丈。他一把揪住李真果的银发，令其把头抬起，咆哮道："放屁！还敢狡辩？你骂人念咒，装神弄鬼，用邪术欺骗群众！"

"我是骂人了，但没有念咒。群众找我老道看病，我叫他们回去抓点草草药，又哪里来的邪术？话说回来，掐诀念咒是道士的一种斋醮仪式，是宗教文化。国家宪法也尊重宗教信仰自由。"

一席话，令烂心肺瞠目结舌，哑口无言。他正要发作，一个造反派跳到台前，指着李真果大声喝问："老妖道，老实交代，你昨天为啥送挂面给地主？居心何在？"

烂心肺接过话，面朝台下群众，扯着嗓子声嘶力竭地喊："大伙擦亮眼睛，看清这个老妖道的嘴脸！彭泽风拉拢地富反坏右，用封建邪术欺骗群众，企图推翻'新生红色政权'，破坏文化大革命，罪恶目的昭……昭然……"

他突然卡壳，想不出那个词语，终于憋出一句："昭然……揭盖！"

下面有人发出哄笑，社员们也跟着发出一阵哄笑。

烂心肺愤怒地大吼："笑什么笑？这是批斗会，严肃点！"

站在他旁边的批斗会主持者小声提醒他："昭然若揭！"

烂心肺很尴尬，把袖子一挥："反正一码事！"

批斗会主持者立即领呼："坦白从宽，抗拒从严！"

这时，台下一个长相丑陋的胖女人走到台前，声音尖厉地朝李真果破口大骂："死妖道！臭妖道！打死你活该！"

她带头朝李真果吐口水，扭耳朵，扔西红柿。那血红的西红柿汁溅在他灰白的道袍上，像流淌的鲜血，令人触目心惊。

这个女人是烂心肺的老婆。

一些造反派也跟着她朝李真果吐口水、扔鸡蛋、洒石灰粉。

李真果昂起头，表情依然镇定从容。突然，他仰天大笑，高声吟道："恶人害贤者，犹仰天而唾；唾不至天，还从己堕。逆风扬尘，尘不至彼，还坌己身。贤不可毁，祸必灭己。"

那高扬的声音在会场绕了几转，穿过夜空，飘向如墨的山岭，回声震荡在每个人的心头。

烂心肺心头骇异，被李真果突如其来的言行震慑住了。他不知道李真果念的是什么经，只觉毛骨悚然。

李真果所吟之句出自佛教经典《四十二章经》中的一段话，大意是：

佛说，恶人害贤人，如同仰面向天唾口沫，口沫落下来反而会污染了自己的身体；又如同在逆风中以灰尘涂撒他人，灰尘涂撒不到他人身上，风吹过来灰尘反而会涂撒到自己身上。贤人害不了，害人者必将害己。

在场的人没有谁能听懂，烂心肺自然更听不懂，他被李真果的态度激怒了，暴跳如雷地咆哮道："老妖道十恶不赦，顽固抵抗革命批判，继续耍花招蒙蔽革命群众，我们要高举革命拳头棍棒，把他打翻在地，再踏上一只脚！"

烂心肺带头挥舞棍棒朝李真果打去，其他几个造反派也跑到台上围攻李真果，拳头、棍棒雨点般地落在他的身上。李真果被紧紧地捆着，加上钢钎压着他的腿，动弹不得。不到几分钟，这位九十高龄的老道就倒在地上不动了。

烂心肺还不解恨，在他身上又踏上了一只穿大皮鞋的脚，强迫他写悔过书，承认罪行。

李真果朝地上吐了一口带血污的唾沫，摇了摇头，对一伙造反派劝说道："诸恶莫作，众善奉行。赶快停止恶行吧，不然会遭恶报！"

烂心肺一听，心里发悚，更加百般折磨他，侮辱他，还拿来颜料，在他脸上涂鬼脸，一半红，一半白。又叫人拿来一把推剪，把他的道士头剃成"鬼剃头"。李真果一头银发和雪白的长胡子纷纷落地。

在场的群众同情地看着，又不敢抗议。有的妇女暗暗流下了眼泪。

烂心肺见李真果还不认罪，又接着用棍棒狠命抽打，往死里打。李真果的牙齿被颗颗打落，鲜血直淌。手也被打断了，痛得他汗珠大颗大颗地往下掉。

"老妖道，赶快认罪，饶你不死！"烂心肺停下来，气喘吁吁地厉声道。

李真果忍着剧痛，缓缓抬起头，凌厉如刀般的眼神直射烂心肺扭曲的脸，骂道："有罪的是你们这些畜生不如的东西！没有人性，丧尽天良！"

烂心肺见李真果还如此顽抗，气急败坏，大骂道："你敢污蔑革命造反派，去死吧！"

他抄起一根钢钎，杀气腾腾地从李真果的左胸后刺进，又从左前胸抽出。

"啊——"台下一片惊呼声。

李真果抬起苍白如纸的脸，盯了一眼烂心肺，昏死过去。

就是这一眼，那锋利无比的眼神像一把冰冷的匕首，穿透烂心肺的心脏，烂心肺打了一个寒噤，全身颤栗。

这时，场内群众不约而同地高喊："要文斗，不要武斗！""道爷是好人，不要滥杀好人！""道爷不是妖道，他没有骗我们！"

群情激愤，呼声如雷贯耳，此起彼状。人们举着扁担、锄头，朝台上聚拢过来。

烂心肺见势不妙，又见李真果昏死在地，怕出人命，惹犯众怒，才草草收场，灰溜溜地下台了。

造反派们作鸟兽散后，朱二和几个大胆的青年农民不顾戴上"保皇狗""反革命"的政治帽子，跑上台解开了彭老道身上的绳索。见他浑身是血，呼吸微弱，情况危重，就七手八脚地把他抬起来，离开了批斗会场。

群众也慢慢地散了。

漆黑的夜色中，几个青年农民抬着李真果上了山。一路上，李真果被钢钎刺穿的胸口鲜血直流，全身血肉模糊，整个人一直处在昏死状态中。他们都认为道爷爷活不过来了，叹息着，便把道爷放在他家门口走了。

痛苦而漫长的黑夜过去，黎明悄悄来临。

天快亮了，李真果才慢慢苏醒过来。他的胸前已被鲜血染红了一大片，撕心裂肺的巨痛，失血过多，令他又差点晕过去。他急运真气护体，咬着牙，一点一点地往前爬，好不容易才爬到屋里。

他吃力地闩好门，盘膝坐在那块做床的木板上。此时，由于失血过多，他的元阳真气快要耗尽，体内经脉逆行，没有丝毫力气。他忍着剧痛，艰难地取下挂在墙边的一只酒葫芦，抱着葫芦咕噜咕噜地喝着，秘酿的醇香、清澈的酒液顺着他的喉咙下去，慢慢地，体内的暖气渐渐地升起，化成一股乳白色的热流游走全身。尽管脸色依然苍白如纸，但他开始恢复了一点体力。

李真果又从怀中取出一颗秘制的毒龙还魂丹，吞了下去。这颗丹对外伤失血、止痛颇有奇效。

似乎觉得好了一点，他便屏息聚气，默运"无为玄功"大法。慢慢地，一股天一之气从头顶灌入，体内热流涌动，丹田真气勃发而出，朝掌心汇聚，渐渐聚拢指尖。只见他手指快如闪电地在胸口连点了数十下，封住十二经脉上的井、俞、经、合等五个俞穴，血流止住了，经脉不再混乱倒走，气息也逐渐调匀。

然后，他静静地运功。

当地的乡民担心着道爷爷的安危，想去关照他，白天不敢去，怕受牵连，只得晚上去看望他。但是，任凭他们怎么喊，李真果怎么也不答应。草屋里寂静无声。

一天、两天、五天……十天过去了，屋里没有任何动静。

大家都认为道爷爷死了。

朱二放心不下，便把窗户纸轻轻拨开，往里看个究竟。一看，不禁惊喜万般，却又不敢置信，道爷爷竟在打水煮饭了。他伤势那么重，换成平常人早已气绝身亡。难道道爷爷真不是凡人？真是什么神什么仙？

李真果打开了门，请他们进屋坐。

大伙见道爷爷已经换上干净的道袍，那一头银白的头发虽然被剃成了"鬼剃头"，但不可思议的是，脑袋上的发型竟显现的是一副黑白分明的太极图。

"你们冒死把老道抬回来，老道谢了！"李真果拱手道。

"道爷爷，您救治好那么多人，我们还没谢您呢。快别折煞我们了！"大伙忙说。

朱二难过地说："道爷爷，如果您不是救我，凭您的功夫，烂心肺那帮人根本伤害不到您。朱二连累您了！"

"什么连累不连累？这是劫数。不说了。"李真果坐下道。

朱二好奇地问道："我们还以为您老上西天去了，道爷爷，您是怎么好的？吃了什么药吗？"

李真果呵呵一笑："那些坏人要想整死我，没那么容易！我有我的办法，我有我的灵丹妙药。"

李真果又打起了太极。

其实，李真果之所以能奇迹般地活过来，凭的是他深厚惊人的内功，以及他那神奇独特的道医术和秘制丹药。但更重要的是，凭他的精神意志挺了过来。

又有人问他："那些狼心狗肺的人下毒手整您，您老不怕死吗？您怎么还笑得出来？"

李真果又微微一笑："死是什么？我早忘掉了。世上的人最害怕的一件事，就是死。我连死都忘了，还有什么可怕的？"

他又进一步解释道："老子说，吾所以有大患者，为吾有身。及吾无身，吾有何患？什么意思呢？我们之所以会有忧患，是因为我们有自我的存在。如果我们忘掉了自我，还有什么忧患与畏惧？"

看着村民似懂非懂的表情，他理解地微笑。

"道爷，他们那样凶狠残暴，您老一身功夫，为什么不还手呢？"有人不解地问。

李真果摇了摇头，悲伤地回答："我连蚂蚁都不伤害，怎么能够还手呢？这也是我的劫数啊！"

村民闻言，个个都感到伤心，又为他愤愤不平。

李真果的脸上又露出招牌式的微笑，又道："老子又说，夫天道无亲，恒与善人。天道是最公平的，它永远帮助有德的好人，与人为善，自有善报；与人为恶，必遭恶报。"

老子说，老子又说……已经成了李真果的口头禅。

李真果的灵丹妙药就是老子。

老子如一束光芒，照耀着他毫无畏惧、逍遥自在地行走在大道上。尽管这条道荆棘遍生、曲折无已，甚至面临一个又一个的劫难。

但他坚信，一切灾难都会过去。

第三节　因果报应

在人性泯灭的混乱年代，人与人之间的争斗往往以小人得势而告终。这是因为，小人鲜有道德禁忌，为了达到自己的目的，不择手段，用尽浑身招数作恶。最后的结果是，好人遭到迫害。

烂心肺批斗李真果后，因他"造反有功"，经县革委会批准，成立云峰公社造反司令部，并任命樊新飞（烂心肺）为造反司令部司令。

烂心肺的女人名叫胡豆豆，也就是批斗李真果时最起劲的那个丑陋的胖女人。她大约五十岁，样子随着年龄的增长越长越难看。虽然身材又矮又胖，可那张脸像扁豆一般扁平，总是铁青着脸色，从不会笑。眼角还拉起了鱼尾纹。两个眼球突出，像一对死鱼眼睛。骂起人来，目露凶光，满脸横肉一抖一抖的。她的颈部喉结比男人还要大，那副尊容惨不忍睹，村里的男人都不愿看她一眼，私下议论说："胡豆豆干吗用屁股挡住脸？小时候一定被猪亲过吧？"

这烂心肺之所以娶她，完全因为她有个在县革委会当大官的小舅子。

自从胡豆豆丈夫当上公社造反司令部的司令以后，她跟着她的男人，也当起了造反派。群众当面都称呼她为"司令夫人"，私下却叫她"死母猪"。在每次召开批斗会批斗"走资派""牛鬼蛇神"时，她和丈夫烂心肺都是赤膊上阵，大出风头。有几个"地富反坏右"被整死，还有的不堪凌辱而自杀。李真果也被他们百般折磨，九死一生。

善因必有善果，恶因必得恶果。一个人坏事做绝，就像影子跟着身体一样，走到哪里，报应就会跟到哪里。李真果对此了然于胸。

果然，现报来了。

正当这两口子日益得势、为所欲为的时候，那位"司令夫人"竟得了一种奇怪的妇科病。她的下身像着火般火烧火燎，红肿起红疹，奇痒无比。每晚，那痒奇和钻心的疼痛，让她痛苦不堪，在床上翻来滚去。

她上县城医院去看病，医生诊断是感染了某种性传染疾病，生殖器疱疹。"司令夫人"一听，吓得魂飞魄散。这事若是被男人知道了，可是要命的。

原来胡豆豆曾跟一位县上的造反派有过"一夜情"。像她这么又老又丑的女人，哪个男人看得上？偏偏这个造反派有恋母情结，对丑女人有变态的偏好，于是就跟胡豆豆上了床。

胡豆豆当然不敢说，瞒着丈夫，谎称患了妇科炎症，偷偷摸摸地上各种小医院、大医院诊治。然而，打针吃药，什么办法都用尽了，不但不见好转，相反还更加严重。

束手无策、痛苦不堪，又不敢向外人道的"司令夫人"想到了一个人：李真果。

她知道彭老道能治诸般疑难怪病，但有所忌惮。一是因为彭老道是"牛鬼蛇神"，恐落下话柄；二是因为每次在批斗彭老道时，她总是带头恶整，无所不用其极，一个十足的母夜叉。

"我要是找彭老道治病，他绝对拒绝，肯定还会臭骂我一顿。""司令夫人"暗道。这是她不敢去找李真果治病的主要原因。

眼下，怪病折磨得她生不如死，这"司令夫人"只好厚着脸皮上门求医。"不管怎么样，求也要去找他治。保命要紧。"

晚上，她悄悄提上一大篮鸡蛋、大米和酒什么的，独自上山去见李真果。

李真果一见"司令夫人"，心里已有几分了然。

"怎么，司令夫人也来找我这个牛鬼蛇神看病？"李真果嘲讽地说。

他又看了她一眼，冷冷地："司令夫人有什么难言之隐吧？"

司令夫人一惊，这老道真神了！是如何看出来的？她的脸顿时通红，硬着头皮说了自己那羞于启齿的病情。

"道爷，您老一定要救救我！"

"你们造反派不是批斗我老道搞歪门邪道，用邪术欺骗群众吗？真是奇怪了，司令夫人也愿意上当受骗?"李真果讽刺挖苦道。

"我……"司令夫人一时被堵得哑口无言，不得不放下架子认错道，"道爷，我知道您医术高明，有真本事，您……您不是牛鬼蛇神！我有得罪您、伤害您的地方，请您大人大量，不跟我胡豆豆计较！"

这位嚣张跋扈的"司令夫人"完全没了批斗会上的威风。

李真果鼻子里轻哼了一声，冷冷地说:"你的病是你自作自受，老道不治！"

"司令夫人"一听，急了，哀求道:"道爷，您心肠好，您总不能见死不救吧? 求求您了！我难受死了！好痛苦！我、我一定回去跟我那口子说，保证不再批斗您老人家了！请您救救我吧！"

李真果一听她这话，不由怒斥道:"救你? 你们两口子把那些被批斗的人朝死里整，他们都是好人，却被你们凌辱、迫害而上吊自杀。你们想过这些人的生命吗? 谁来救他们? 你们是历史的罪人，早晚会遭到审判的！"

"司令夫人"被李真果一番训斥，心里极为不舒服，暗暗骂道:这些人是反革命，是地富反坏右，就是该死，死有余辜！你个老妖道替他们说话，还敢骂老娘，简直找死！

若在平时，"司令夫人"早就破口大骂甚至大打出手了，但今天为了治病，她忍住了这口"恶气"。

"老道骂得好，他们的死，我也难过，我也后悔……可没想到他们那么不经整，就……就死了。"司令夫人平日又高又粗的嗓门，这时听起来像蚊子声音一样。

"哼！你还没有想到你今天也有报应吧?"李真果讥讽道，"业有三报:一曰现报，二曰生报，三曰后报。恶有恶报，你坏事做绝，致人死命，结果是得了难言怪病。这是现世现报！"

"是是，我遭报应了！"司令夫人连连称是，心里却恶狠狠地骂道:死老道，臭老道，敢咒骂老娘，等老娘病好了，看我咋整治你这个老不死的东西！

"你们整了多少人，害了多少人? 人在做，天在看。这是上天对恶人的惩罚。你走吧，我老道不会给你这个坏心肠的女人治病！”

说完，李真果背转身，盘腿席地，闭目打坐起来。

"司令夫人"见李真果竟然下逐客令，还骂她是恶婆娘，直气得全身颤抖，脸上的横肉一扯一扯的，看上去狰狞丑陋。她终于忍不住破口大骂：

"你个臭老道，装神弄鬼，老不死的东西，我男人都没说我是恶婆娘，您敢骂老娘？反了你！你等着，等我男人来找你这个臭妖道算账！"

她气势汹汹地骂完，不解恨，又朝打坐的李真果恶狠狠地踢了一脚，转身摔门而出。

"慢着，把你那些不干净的东西拿走！"李真果闭着眼睛，用威压的声音说。

"司令夫人"才想起自己送来讨好老道的东西，慌忙提起篮子，又气又怒地离开了。

返回的路上，"司令夫人"被道爷训斥了一番，怒火攻心，身体更加奇痒难受。

夜色里，她跌跌撞撞地跑回家，向丈夫告"枕头状"，说老道如何如何地坏，不但不给她治病，还大骂她是坏女人。烂心肺一听，顿时怒气冲天，那双凶恶的眼睛好像要把人吃了一样。

"老妖道，老子没有把你整死，算你命大，你竟敢骂我婆娘，在造反司令头上拉屎，我倒看看你有九条命不成？"他咬牙切齿地骂道。

当天晚上，"造反司令"烂心肺纠集大批人马，点上火把，要将三堆石团团围住，活捉彭老道。

当这两口子正在调兵遣将的时候，那个叫朱二的小伙子闻听烂心肺要抓道爷来批斗，心里不由咯噔一下：如果道爷被抓，这次恐怕凶多吉少。我在批斗会上被道爷冒死救下，这大恩还没有报，说什么也不能让道爷再遭危险。

朱二悄悄抄近路上山，敲开了李真果的房门。

"道爷爷，快走！烂心肺带人来抓您了！"朱二急促地说。

"我早料到了。"李真果平静地说。

话音刚落，寂静的山上响起了嘈杂的人声，火光冲天。显然，烂心肺带的人马已经到了。

情势危急，朱二万分着急："道爷，怎么办？"

"我有办法。"李真果从容地说。

他将房门关上，把一块壁板取下，现出一个小门。朱二一见，惊喜万分。

李真果带着朱二侧身出去后，又将壁板还原。原来这是一个通向山洞的暗道。他和朱二从暗道走了。

甫一离开，烂心肺带领大队人马已来到李真果的门前。"包围屋子！"烂心肺一声令下，喽啰们立刻将房屋前后围得水泄不通，便是鸟雀也插翅难飞。

"司令夫人"也亲自带病出征，命人前去叫门。她恨不得将李真果抓出来立即处死，以解心头之恨。

急促的砰砰敲门声、乒乒乓乓的踢门声一阵乱响之后，屋里没有任何动静。

这老不死的妖道八成怕了，躲在屋里不敢出来，司令夫人心想，高声大叫："快给我把门砸烂！揪出老妖道！"

咣当一声，门被砸开了。司令夫人和她男人烂心肺率先冲进去，用手电筒四下一照，哪有彭老道的身影？这两口子还不死心，又命人翻箱倒柜，把屋里所有的角落搜了个遍，也没有找到彭老道。

"司令夫人"气得三尸神暴跳，脸青面黑。她的病又加剧了，痒得难以控制，不由大叫一声"哎哟！"竟直挺挺地倒在地上。谁知这一倒，脑袋跌倒在李真果磨剑的石头上，一下子昏死过去。

烂心肺见女人受伤昏迷，暗想会不会是彭老道施了什么法术？不由骇然，赶紧下令撤围收兵。他抱起女人，突然发现石头下压着一张纸，忙展开看，见是一副药方。

药方下面有留言，用毛笔字写的："好人坏人都是病人，好方良方可治百病。倘若心恶不除，纵有妙方也性命难保。"

落款："彭老道，李真果是也。"

这老妖道难道早料到我女人会栽倒在这石头上，特意留下的处方？难道他真有什么妖术？烂心肺心里直发怵，揣起药方，让手下抬起昏迷的女人，下山去了。

李真果确实料到"司令夫人"会带着她男人去抓他。道人以善心妙术为神责，众生一视同仁。尽管"司令夫人"和她男人害了那么多人，但不能见死不救。于是，他事先开了一副治疗"司令夫人"怪病的秘方，压在石头底下。

至于"司令夫人"是碰巧栽倒在石头上，还是道爷料到有此一伤，就不得而知了。或许是天意。

"司令夫人"被送到县医院抢救，总算保住了命。但是，她身体的怪病无法治疗，医生束手无策。

无奈，烂心肺就按李真果留下的处方抓药。谁知，女人吃了五服药后，竟奇迹般地好转了。一个月后，身体完全康复。

俗话说，好了伤疤忘了疼。这"司令夫人"又开始神气活现、耀武扬威了。每次公社召开批斗会，她和他男人一唱一和，继续恶整"地富反坏右分子"。

由于李真果的药方治好了烂心肺女人的病，加上烂心肺对李真果已经心有畏惧，这两口子便没有再去抓老道了。

李真果又回到住的草屋了。

真是应了那句俗语：人算不如天算。"司令夫人"万万没有想到，烂心肺从医院里打听到女人跟县革委会造反派一名头目发生过关系，女人这个怪病便是感染性病所致。

烂心肺一听，肺都气炸了，恨不得杀了那个王八蛋。当然，他并不敢找县革委会的这位头头麻烦，但决不允许女人给他戴上绿帽子。从那以后，烂心肺一回家，就对女人拳打脚踢，百般折磨。还当着女人的面，带别的女人回家胡搞。

"司令夫人"受到刺激，疯了。后来，便失踪了。

村民私下议论：

"这就是干坏事整人的下场！"

"还是道爷说的好，恶人有恶报。"

"像她那种坏女人，两口子差点把道爷整死，道爷还给她治好了病，道爷真是好人哪！好人有好报！"

或许真是应了佛家所言的因果报应。

说来很巧，"造反司令"烂心肺也得了一种怪病，浑身长了许多疙瘩，不红不肿，就是奇痒无比，难以忍受。他以为是他那该死的疯女人给他传染上的，便照着道爷开的方子去抓药。但吃了后，一点效果也没有。

烂心肺便上县城医院去看，检查不出病因，治不好。他又找了名医，甚至找了江湖郎中，都没有办法。而烂心肺的病情一天天加重，坐卧不宁，更没心思去搞批斗了。

他想，我这怪病只有彭老道能医好，可我去找他，肯定碰一鼻子灰，自找没趣。

但为了治病，他只好学他老婆一样厚着脸皮上门求医。

一个很寒冷的清晨，凌厉的寒风从山上呼啸而来，扫过田野村庄。屋顶、地上铺上了一层薄薄的寒霜，整个山村一片苍白。

烂心肺穿着厚厚的军大衣仍冷得刺骨，直打哆嗦。更要命的是浑身痒得难受无比，直想在地上打滚。他的脸上因为痒也被抓出一条条血痕。他没有让手下陪同，这种事知道的人越少越好，何况他是去找"牛鬼蛇神"看病。若是被人举报，他这个"造反司令"的帽子都不保。

他一个人冒着寒风偷偷摸摸地上山了。

快到李真果所住的草屋不远，他吃惊地看见老道在水井边正光着身子淋浴。老道提着木桶，冰冷刺骨的井水从头顶淋下，却见一股白色的热气从老人赤裸的身上散发开来，在身体周围袅绕、升腾。烂心肺看得呆住了。一个年届九十的老头已是风中残烛，还曾几经摧残，九死一生，竟在凛冽的大冷天用井水洗澡！这老道到底是什么人？烂心肺一阵骇然。

寒风呼呼地咆哮着，山上的树叶纷纷而落。光秃秃的树木像秃顶的老人，在肃杀的风中摇晃。一条条枯瘦的树枝就像一条条皮鞭在空中抽打。烂心肺不禁打了寒噤。他的脑海中浮现出老道被批斗时的情景。

"造反司令，老道在洗澡，有啥好看的？"

李真果冲他嚷道，烂心肺这才醒过神来。见老道已经发觉了自己，只好走上前，恭恭敬敬地鞠了一躬。

"今天风从哪里刮来？造反司令你这是在拜牛鬼蛇神吗？老道受不起！"李真果一边在身上浇水，一边讽刺道。

烂心肺只得说："彭道爷，我，我得了病，来向您老人家求点药。过去我害了您，遭了报应。我向您老赔罪！您大人大量，行行方便吧！"

李真果板着一副面孔，冷冷道："早知今日何必当初。你害人整人的时候，手段如此凶狠残暴，就没想到你有一天会遭报应天谴吗？既然'瘟神'找上你了，就自作自受吧！造恶业，遭恶报。这不是我说的，是老天爷说的！"

说完，他不再理睬烂心肺，提桶从二十米深的井里汲水而出。只见他单手提上一桶足有八公斤重的水，举过头顶，然后猛地兜头盖脑冲下，冷浸刺骨的白花花水珠四下飞溅。

烂心肺看着不寒而栗。他四顾无人，慌忙跪倒在地，朝李真果连连磕头，哀求道："彭道爷，道爷爷，我樊新飞今后再不害人整人了，求您老人家给我开开药吧！"

李真果冷笑了一下，鄙视地骂道："狗改不了吃屎！"

他一双眼睛如剑芒般逼视烂心肺，穿透这个坏人的内心。烂心肺并不是诚心认罪忏悔，不过是权宜之策，为了自己的病罢了。一旦治好，又会为非作歹祸害他人。

"我真的改！我如果再害人，天打雷劈！暴病而死，断子绝孙！"烂心肺慌忙发下毒誓。

李真果沉默了片刻，说："哪里病？"

烂心肺见老道终于肯为他看病，不由大喜，慌忙说："我周身和手脚都痒得厉害，不红不肿不痛，就是难受死了！吃药打针都不行！"

李真果慢吞吞地说："这几天没有打人了？你手脚发痒，多打些人就不痒了！"

烂心肺被李真果挖苦得脸红脖子粗，不敢接腔。

"等着。"

李真果穿上衣服，身形极快地朝树丛后掠去。烂心肺望着转眼间消失得无影无踪的老道，暗想这老妖道还真会妖术？

过了好一阵，才见李真果用莲叶包了一大把黑乎乎的湿灰浆，对烂心肺说："拿回去兑上菜油，抹在身上，你哪里痒就抹在哪里！"

烂心肺闻到一股骚臭无比的味道，又不敢捂着鼻子，也不敢问是什么，只得道谢，拿回家去按道爷所讲的方法如法炮制。

回到家后，烂心肺浑身痒得难受，心想管它什么东西，死马当活马医。他当即脱光衣服，在脸上和周身一顿乱抹，顿时全身上下抹满了黑灰浆。寒风呼呼地拍打着窗户，他冷得全身哆嗦，牙齿打颤。那股从黑灰浆里散发出的骚味，让他直打干呕。

这时，有个造反派小头目来找他商量事情，突然闯进屋来，看见"造反司令"赤身裸体，满身黑印，活像一个从深山老林跑出来的黑狗熊。小头目大吃一惊，一阵骇然，认为烂心肺跟他老婆一样疯了，"妈呀！"大叫一声，跑出门大喊大嚷起来，"造反司令疯了！樊新飞疯了！"

小头目一吼，惊动了周围的群众，都跑到烂心肺家里看稀奇。

砰的一声，烂心肺把门狠狠地关上，从里面大骂道："看什么看？老子又不是动物园的野兽！滚！"

有不怕事的小屁孩好奇地捅开窗户缝隙，看见烂心肺全身黑乎乎的，就对看热闹的大人说："造反司令像一只好可怕的黑狗熊！"

村民们暗暗发笑。

说来也怪，这黑乎乎的灰浆一样的东西还真见效。几天之后，烂心肺的身上就不痒了，脸上的抓痕也消失了。他不得不佩服老道的奇门异术。

有一天，他在镇上碰见李真果经过，便上前假意感谢道爷治好了他的病，问李真果这黑灰浆是什么药，效果这么好。

"一泡尿，一把灰。"李真果淡淡地说。

什么？烂心肺大吃一惊，忍不住一阵恶心，连连呕吐。难怪他当时闻到一股尿骚味。他一肚子鬼火直冒，又不敢发作，心里恨得牙痒痒，尴尬万分。

看到李真果的身影远去，他才冲口骂道："臭老道，竟敢在老子头上撒尿，耍弄我！看我不整死你！"

原来，尿能活血，火灰含碱，有止痒作用，调上菜油可以清热、润皮肤。李真果用简单的"怪方"——一把尿泡灰就治好了烂心肺的怪病。

当有人悄悄问老道为什么想到用尿泡灰治病的办法，李真果呵呵一笑道："坏人得怪病，我这叫怪病怪医！"

朱二愤愤不平地说："道爷爷，烂心肺那两口子把您老往死里整，对这种坏人就不应该给他治病，让他去死吧，免得再害人！"

李真果摇了摇头，说："多做善事，多积德吧。行善积德是道人修道的目标，也是每一个人应该去做的事。"

村民们知道李真果又开始"教化"了，虽然似懂非懂，但大伙非常愿意听道爷讲道，总会受到教益。

"什么是善呢？"李真果解释说，"一切不违背自然规律和社会发展的行为，尊崇天地的德行，利益众生，就是善。反之违背天道、危害他人利益和生命的各种行为，就是恶。善恶自有因果之报。《周易》说，'积善之家必有余庆。积不善之家必有余殃。'《太上感应篇》说，'祸福无门，惟人自召；善恶之报，如影随形。'善恶就像影子一样跟着身体，你走到哪里，善恶之报就跟着你。"

"是啊，有道理！这不是报应到烂心肺两口子身上了！"朱二等人感叹道。

"回到刚才的话题。朱二，你问得好。像'造反司令'这样的坏人，我为什么还给他治病？"李真果决定深入讲下去。

"老子说，'善者，吾善之。不善者，吾亦善之，德善矣。'这句话是什么意思呢？他说，善良的人，我善待他们；不善良的人，我还是善待他们。这就得到真善了。这不是助纣为虐，而是以德报怨，去感化他，让不善良的人看到善，学会善良，不再去害人。烂心肺的女人疯了，他自己又得怪病，也受到了老天的惩罚。"

"可是，万一烂心肺还继续害您老人家呢？"朱二担忧地说。

李真果微微一笑，平静地说："要来的，会来。道爷就这一条命，他有本事就来拿吧！"

他沉思片刻，又意味深长地说："学好得好，做好得好，想好不得好。"

朱二挠挠圆脑袋，有些茫然，问道："道爷，为什么是想好不得好？"

朱二毕竟只是初中文化的农民，哪里能理解李真果这句话的深刻道理？

李真果微微一笑，也不作解释。

窗外下起了雪，寒风吹打着门，屋前一株梅花的幽香却挡不住地飘了进来。严冬正在来临。李真果顽强的生命像那一剪梅，抗拒着风刀霜剑的严寒。

第四节　道爷神隐

浓雾深锁，笼罩着这个已经无法平静的山村，浓得化也化不开。

磨难就像这眼前的浓雾一样没有散去，反而如影随形。它继续考验着这个受尽摧残的老人，不知什么时候才是尽头。

李真果治好了"造反司令"烂心肺的怪病，可是这个家伙因为那"一泡尿"而怀恨在心。烂心肺认为老道耍弄了自己，他要出这口恶气。

每一次开批斗会，不论是批判"海瑞罢官""二月逆流"，还是"四清运动""批判林彪反党集团"，乃至就是批判公社的"走资派"，烂心肺都要把李真果揪出来狠狠陪斗。

每一场批斗下来，李真果总是遍体鳞伤，血迹斑斑。他清瘦的面容看上去苍白如纸，身体愈加枯瘦如柴，那双深陷的眼睛日渐失去了神光，整个人消瘦憔悴。纵然神功盖世，这血肉之躯哪能经受百般折磨？

一个风雨交加的夜晚，李真果被烂心肺等一伙造反派打得浑身是血，奄奄一息。烂心肺强逼李真果爬着回去。大雨瓢泼，狂风猛烈地刮着，仿佛鞭子抽打在道爷的身上。老人咬着牙，一步一步，拖着斑斑血迹，爬行在崎岖的山路上。

狂风暴雨中，漆黑一片的夜里，李真果艰难地爬行，身上流淌的鲜血染红了身后的雨水。他终于从十多里外爬回了草屋。从夜晚一直爬到天明！

第二天一早，朱二等村民去看他，见道爷昏倒在门边，衣衫被雨淋得湿透，浑身满是血迹，惨不忍睹。大伙眼中噙泪，暗骂烂心肺惨无人道。

大伙小心地将李真果抬回屋里，让他躺在床上，然后又给他灌了红糖姜水，道爷才慢慢苏醒过来。

血气方刚的朱二气愤地说："道爷当初真不该救烂心肺这个丧尽天良的坏蛋！他反过来把您害得这么惨！他就是一个头上长疮脚底流脓坏透顶的大坏蛋！"

李真果摇了摇头，虚弱地说："出家人以度化众生为己任，怎能见死不救？我救他，他没有成佛，没有变成好人，那是他的恶还在作祟。如果我死了，是我的劫数。但道爷要感谢各位搭救，我李真果不会忘记你们！你们回去吧，不要为老道受连累！"

"道爷保重！"

几个村民叹息着回去了。

李真果的大弟子玄一，化名隐居在离此几百里外的遂宁县大安乡，一

417

个偏僻的山村。

或许是一种心灵感应，近日，他的心头总是不安，有一种不祥之兆。不知道师父可好？如果不是当初师父叫他们几个弟子离开安岳，恐怕他们无法逃脱被批斗的命运。

玄一经过打听，闻讯师父遭受折磨，性命堪忧，心为之大痛。于是，他星夜兼程，赶去三堆石看望师父。

玄一见到师父正默默坐在草席上，形容枯槁，目光失神地望着窗外，似乎很绝望。他心中一阵难过，忙上前跪地道："师父，那些恶人把您害得这样惨，弟子来迟了！"

李真果见到自己的徒儿，如见到了亲人，一阵心酸。想到自己受尽各种凌辱与折磨，心中如油锅翻腾。可是，这些苦只能自己独自咽下！

"唉！"他沉重地叹了口气，那双失神的眼睛掠过一抹深深的悲伤，但很快又消失了。

在玄一的印象中，自己跟随了师父几十年，从未见他叹气过。若非经历了非人的煎熬和折磨，一向波澜不惊、淡定从容的老人不会这么悲观。

"师父，您受苦了！"玄一心痛地说，眼中流下了泪水。

"掉什么眼泪？你是出家人，怎么也还俗了？"

李真果责备自己的弟子，心里却在流泪。从"文化大革命"开始席卷农村以来，一夜之间，他就变成了"牛鬼蛇神"，成日接受暴风骤雨般的批斗、游街，被罚跪、挨打，被吐口水、咒骂，戴铁链，关黑屋子，钢钎穿胸……身心受尽摧残。这一切对这位修行的道人来说，并不算什么，他早已忘掉了"自身"，个人的生死早已置之度外。

李真果想不通的是，许多正直勤劳的人、许多知识分子……也成了"地富反坏右""走资派"，成了批斗的"阶级敌人"。寺庙、宫观等胜地被毁，文物被砸，几千年的文化遭受着前所未有的浩劫。而所有的人，无论是被动的还是主动的都被裹挟其中，血腥、暴力、破坏……这是对"道"的违背，逆天啊！李真果痛彻心扉！

他无法预知国家的这场灾难什么时候结束，但是，他知道这将是一个漫长的过程。

这不仅仅是个人的命运，这是整个国家在遭难哪！他心里的苦自然不能跟弟子讲，只能独自默默承受。

"师父，您怎么哭了？"玄一望着师父眼角流下的一行老泪，心疼地唤道。他觉得师父必是受了太多的折磨，才如此伤心。

玄一无法了解，他的师父不是为自己哭，而是为这个正在蒙受巨大灾难的国家流泪！

"师父，您赶快离开这里，不然，您就会被那伙人折磨死的！"玄一恳求道。

李真果摇摇头，苦笑一下："离开？到哪里去？我们这种身份，走到别的地方不是同样挨批斗？"

"师父，您到我那里去吧！我照顾您老！"

李真果又摇了摇头，慈爱地说："好弟子，你的心意师父明白。但是我老道是出了名的'牛鬼蛇神'，连你也会受牵连！师父宁可死，也不愿我的徒儿受害！"

"弟子不怕！我……"

"别说了！"李真果打断玄一，态度坚决。他闭上了眼睛，不再说话，继续打起坐来。

玄一了解，师父一旦决定的事是不会改变的。但是，想到九十多岁的师父遭受如此折磨，他怎忍心看着老人被摧残而死？三十多年前，少年的他流浪街头，被狂犬咬伤，差点因狂犬病死去。若不是幸遇见师父收养，还治好了他的病，他如今已不在人世了。

必须想办法救出师父。玄一沉思起来。他突然灵光一现，有了！他对师父说："师父，您何不装病？只要您卧病不起，他们再怎么也不会把您拉去批斗的。共产党讲的是人道主义！"

李真果慢慢睁开眼睛，说："共产党讲人道主义，我是很相信的。共产党为人民谋幸福，尊重宗教人士，我也是坚信的。但像烂心肺那样的一伙造反派以前是打砸抢分子，如今他们利用'革命'造反，泯灭人性，根本不按共产党的思想去办。现在是他们造反派的天下呀！"

玄一见师父没有明白自己的意图，便悄悄道："师父，弟子有一个大胆的想法。"

"说吧！"

"这一次，师父必须死！"

李真果没想到玄一竟说出如此大不敬的话，正要责备，玄一慌忙说："师父切勿动怒，听弟子细讲。"

恐隔墙有耳，玄一凑上去俯在李真果的耳边说了一阵悄悄话。李真果听完，不由哈哈一笑，赞赏道："妙计！想不到我的徒儿也能运用老子'无中生有，有中还无'之道！我们就叫它'阴阳大挪移'？好玩！"

李真果老顽童的心性又被激发出来了。受到师父赞赏，玄一高兴地憨笑着。

师徒俩商量好后，约定第二天依计行事。于是，玄一便告别师父，连夜匆匆离开了三堆石。

这师徒如此神秘到底商量的何事？玄一究竟想出什么办法能让李真果点头？

第二天公社又召开批斗会。

不出所料，一大清早，烂心肺带着一伙造反派上门来了。

"砰砰！"他们踢开门进屋一看，李真果躺在草席上，被剃成的"鬼剃头"已经长出的银发散乱地披在瘦削的肩上。他脸色惨白，捂着胸口不停地咳嗽，嘴里痛苦地呻吟着。

"给老子起来！接受革命群众批判！"烂心肺上前狠狠地朝李真果踢了一脚。

"咳咳！"半晌，李真果启动嘴唇，用微弱的声音道："我患了肺结核，要……要传染人的。离我远点。"

烂心肺一听，一阵骇然，慌忙捂住鼻子，生怕传染自己，躲得远远的，嘴里却大骂道："老不死的东西，装起病来了！"

他命手下去拉李真果起来。几个手下不敢违抗命令，上前去拉李真果，却怎么也拉不动。他们也怕传染上，就对烂心肺说：

"老妖道真病了，如果把司令的革命身体传染了，哪有革命力量带领我们搞批斗呀？"

烂心肺早就想躲开这个"瘟神"地方，趁此下台阶，下令收兵。"老妖道，今天放过你！如果发现你装病躲批斗，那就是你自绝于人民！"他丢下这句话，骂骂咧咧地走了。

等烂心肺一伙离开后，李真果翻身而起，嘴角掠过一丝轻蔑的嘲讽："秋后的蚂蚱能蹦几时？"

话说当晚，玄一辞别师父后，便顺道去找了他的师兄、师弟，把他与师父商量的事情一一告诉大家，约定第二天晚上前务必赶到三堆石看望"病危"的师父。

"到后，晚上另有任务。"玄一神秘地说。

交代完毕，众人又立刻分头去串联其他的道友们。

第二天下午，暮色黯淡，血红的残阳挂在山岗，正在缓缓地坠落。薄雾轻起，荒芜的田野笼罩在一片模糊的血色中，令人悲凉。

李真果的徒弟陆陆续续从各路奔来三堆石，穿过残照中的村庄，径直上山去看望师父。另一边，玄一和几个师弟抬着一口棺材从小路走来。

村里的乡民们看见一下来了这么多人，还抬着棺材，不知出了什么事。这些人虽然没有穿着道服，头发却挽着道髻，一看便知是出家人。而且大多数曾经都住在三清观修道，大伙一眼就认出了他们是李真果的弟子们。

好奇的乡民和小屁孩便悄悄跟在后面去看个究竟。

弟子们来到草屋，见李真果奄奄一息地睡在草席上，像快死了的样子。虽然他们心中有数，但知道师父受尽折磨和摧残，如今又以这样特殊的方式，去见久别重逢的师父，都不由肝肠寸断，一齐跪倒在地，哽咽地唤道："师父！""道爷爷！"

悄悄趴在窗户上偷看的几个村里年轻人也忍不住动容。朱二和一些赶来的邻里大伯大嫂一起进屋看望。

众人焦灼地唤道："道爷爷，您醒醒！快醒醒！"

但任凭大家怎么呼唤，李真果依旧闭着眼睛，一动不动。众弟子心照不宣。

"道爷爷会不会死了？"有村民说。

朱二上前，用手探了探老道的鼻息，没有一丝气息，不由大惊："道爷爷，他老人家怕是……走了！"

"不会吧？"有人不信。

"我来看看。"默然站在旁边的玄一突然开口道。

玄一伸手在李真果的手腕把了把脉，又将耳朵伏在老道的胸口仔细倾听了一会儿。朱二神色凝重，摇了摇头。

众弟子心领神会，拜跪哭喊："师父！"

过了一会儿，玄一起身点燃一炷香，从怀中掏出一支箫，神情肃穆地吹起了全真道乐中的《步虚韵》。袅袅氤氲的降真香中，箫声凄婉悲切，古朴凝肃。渐渐，音律清远缥缈，飘向了广袤的天宇，宛若仙真步行虚空。

众弟子开始诵唱："大道师玄寂，升仙友无英。弟子度灵符，太乙捧洞章。""一念升太清，默念观太无。功德九幽下，旋旋生紫虚。"

诵唱声压得很低，但在这万籁俱寂的山中，伴着凄切肃穆的箫声，显得格外悲怨。

朱二和在场的村民虽然听不懂唱的什么，都不禁悲恸万分，却不敢大声痛哭，怕惊动造反派，只有默默地掉眼泪。

村民们心目中的道爷一生清寒，乐善好施，平生以老子无为之道修行，以劝救济世为己任，做了很多好事。他精通医术，用独特的道家医术为人治病，却在晚年被戴上"牛鬼蛇神"的帽子，受尽折磨。朴实的村民不知道政治为何物，也不知道为什么一个大善人，一夜之间就变成了"坏人"？他们对李真果的遭遇十分同情，却又无奈。如今，目睹道爷被摧残而死，也只有唏嘘叹息，暗自悲泣。

诵唱完毕，玄一转身朝在场的村民拱手施礼道："感谢各位对道爷的敬爱。道爷已经安详地去了他要去的地方。现已深夜，道爷身份特殊，恐怕给各位带来不便，请回吧！"

众人听他这么说，眼见时间很晚，便各自回家去了。

临走，朱二突然转身，"扑通"地一声，面向道爷跪了下去，连磕了三个响头，才离开了。

等众人离去，李真果便从草席上一跃而起，他朝着窗外村民远去的方向，含泪望了一眼，说："老道若真去了，也值得了。"

玄一对师父赞叹道："师父，您老的'龙眠卧波功'太了不起了！弟子先前给师父听息，足有十多分钟，竟感受不到师父一丝气息。"

"不然，朱二试探师父鼻息时，若师父还有一丝呼吸，不就演不成戏了？"另一个弟子说。

李真果抱拳道："这是我的师父、你们的祖师爷王复阳仙师所授之功法！"

原来李真果在众人到来之前，便已"睡"去了。他用的是他的师父丹鼎仙师疯癫老道所授的锁鼻胎息术与蛰龙法，并自创"龙眠卧功"，可以睡到十天半月不醒，且能闭息很长时间。整个人宛若龙卧在平静的水面上，不见一丝涟漪，因为他连呼吸都不存在了。这是已达大成境界的丹道内功。

"装死"，这就是玄一跟师父所献的计策，让师父先装病，后装死，以此掩人耳目，躲避批斗。只有李真果"死"了，他们才会罢手。

玄一对师父征询道："师父，事不迟疑，我们依计行事吧？"

李真果点点头，对众弟子说："有劳徒儿们了！你们保重！"

玄一立即分派四个身强力壮的徒弟护送师父去放有滑竿的地方，抬送师父到另一地方隐匿起来。其余的人找来师父屋里的锄头，并抬上那口准备好的棺材，朝屋后的山岗而去。

时至午夜，趁着朗朗的星光和夜色，一行人来到了离此不远的罗盘石坡上，选择了一块地势绝佳的地方，立即动手垒坟。他们挖的挖土，砌的砌砖，不到一个时辰，一座新冢就垒好了。

玄一事先准备好了笔墨和一块当墓碑的木板，在上面写下"彭泽风（真名李真果）之墓。"几个字，立在坟前。然后，其余的师弟们点上香，朝天空抛洒纸钱。

一切完毕后，远处传来了鸡鸣声。眼看天色即将破晓，他们一行人才匆忙离去。

一大清早，烂心肺已经听到风声，彭老道死了。他不相信，怀疑有诈，便带人赶到山上去查看。

一伙人来到李真果的家里，一看屋里空空荡荡，连人影都不见了。烂心肺找来一个山民询问，山民告诉他："昨天傍晚来了好多道人，他们听说彭老道快要死了，就赶了过来。附近一些人还看到他断气了。那些道人就连夜把老道埋了。"

烂心肺开始相信李真果死了。但不放心，又带着人去查看埋葬的地方。

这伙人顺着纸钱抛洒的山路走去。到了罗盘石坡上，果然看见一座新坟垒得高高的，再走近一看，坟前立着的一块木碑上，写着"彭泽风（真名李真果）之墓"几个字，烂心肺这才确信老道已死。

"哈哈哈！"烂心肺狂笑起来，那毛骨悚然的笑声，引来了一群乌鸦。只听"哑哑"的几声大叫，一片黑影从他的头顶飞过，吓了他一大跳。

"真他妈晦气！清早八晨就碰到老鸹！"他怒气冲天地骂道，又朝新坟狠狠地踢了几脚。

彭老道的死，终于解了烂心肺的心头之恨，也消除了他内心的恐惧。他把自己曾患的怪病和女人的失心疯归罪于老道，认为是老道施了"妖术"所致。对于这个作恶多端的"造反司令"来说，"老妖道"一天不死，他就一天不安宁。

如今，他可以高枕无忧了。烂心肺狂笑起来。

这位"造反司令"做梦也没有想到，噩梦正在向他悄悄逼近。

两年之后，正当"农业学大寨"的高潮，掀起了"治土改土"的群众运动。公社决定在罗盘石坡搞改土的试点，李真果的坟墓也在挖掉之列。

与此同时，公社成立了"改土指挥部"。野心很大的烂心肺想当指挥部的负责人，到县上"走后门"，却因为当大官的小舅子"贪污公款"被检举揭发，蹲了监狱。"靠山"一倒，烂心肺的黄粱梦也破灭了。

一气之下，烂心肺的心脏病发作，躺在了床上。

不久，"土改指挥部"新任的指挥长一声令下：动土挖坟！罗盘石坡上，众人一起动手掘开了李真果的"坟墓"。令人吃惊的是，坟墓里的棺材是空的，不见一点尸骨。

"难道彭老道没有死?"有人说。

"不会! 我亲眼看见他死了!"

"我也看见他断气了!"

许多人证明彭老道早已死去。但是，为什么棺材里没有尸骨?

"我知道，道爷爷已成神仙走了!"朱二说。

大伙开始相信，老道已羽化飞升，成神仙走了，留下一座空坟。

卧病在床的烂心肺闻听此事，不由骇然，暗道："难道老道真成神仙了? 我以前那样整他，还害死了几个批斗对象，他会不会施法害我?"

他想起自己曾跪在李真果面前发下的毒誓："我如果再害人，天打雷劈! 暴病而死，断子绝孙!"

烂心肺惶惶不可终日。他害怕真的应验在自己身上了!

事实上已经应验。女人发疯出走之前，没有为他生下一子半女。女人发疯后，一直下落不明。而他后来患上了心脏病，更不可能生育，算得上是"断子绝孙"。

烂心肺并不知道，他的恶梦远远没有结束。

三年后，1976 年。"四人帮"倒台，"文化大革命"结束，这场巨大的灾难终于过去。

公社解散了"造反司令部"，这个靠造反起家的"造反司令"也"寿终正寝"——

就在这一年，烂心肺因气急攻心，突发心脏病死亡。

乡民们拍手称快，许多人放起了鞭炮。有人说："道爷爷说过，一个作恶多端的人是要遭天谴得恶报的！"

朴素的乡民认为，害人整人的烂心肺终于遭到了报应！

那场给中华民族带来严重灾难的政治运动得以终结，而被裹挟其中的农民们，在举国庆祝粉碎"四人帮"的喜悦中，也彻底醒悟了过来。

乡民们开始怀念他们心目中爱戴的道爷爷，如果他不是被造反派折磨而死，老道也许还活在世上？也许跟他们一样为灾难的过去而欢天喜地？

"太可惜了！道爷爷没有看到这一天！"朱二悲伤地叹息道。

自李真果的弟子们用"装死"的办法将道爷悄悄转移到别的地方隐匿后，几年的时间里，朱二和乡民们再没有看到他。大家都认定老道在那天晚上已经仙逝了。

到底李真果"神隐"在什么地方？他还活着吗？这个谜很快就会揭晓。

第十三章

师徒奇缘

雾霾散尽的中国大地上，开始书写春天的故事。

阳光破空而至，严寒被大地化解。随着春天的苏醒，"复活"过来的李真果，他的故事中又多了一个重要的人。

他的名字对于改革开放后的中国人来说，并不陌生。因为一提起那个家喻户晓的"洁尔阴"广告词："难言之隐，一洗了之"，你就知道他是谁。

他正是改革开放第一个十年催生和成长起来的第一批中国民营企业家之一、中国药界的领军人物、恩威创始人——薛永新。当年，他是怀揣二十元独闯成都的贫苦农家子、一无所有的草根，却一手缔造高科技跨国集团制药王国，成功用老子思想治理企业。

《礼记》有一句话："经师易得，人师难求。"老师有两种，一种是经师，一种是人师。在人的一生中，我们都有过传播知识的老师，但"人师难求"。人师用自己的品性、德行、言语、思想影响学生，可遇不可求。

薛永新幸运地遇见李真果这位人师，结下不解之缘，自此接触到博大精深的老子思想，找到了人生大道的真谛。李真果成为影响他一生最重要的人。

第一节　缘　生

或许，我们无法解释生命中奇妙的相遇，但佛家给了一个最圆融而智慧的答案，所有的相遇都是命定的缘。无论你辗转跋涉，以怎样的形式完成一次相逢，在这之前，你们彼此抵达过对方的灵魂。所以，不论你走到哪里，千折百回之后，都会回到原点，等到相遇的这一天。缘起缘生，这个出现在生命中的人，不是偶然，而是你的必然。

这个人，可能是你一生中最浓重的印记，即使岁月褪了色也依然无法磨灭而深深牵动的回忆。这个人，可能丰富和改变了你的人生。

这个人，可能就是你一生难求的人师。

不是所有的人都能幸运地遇见这个影响你一生的人。但必然有的人，注定相逢这样的奇缘。道家把它称为"神意"。

我们故事中的另一个主角就要登场，他与李真果究竟是怎样的奇缘呢？

1980年，春节前夕。

浓浓的夜色中，一列由云南开往成都的火车上，一个穿着土气的深色棉衣、一眼便看出是农民的青年，默默坐在车窗边。他看上去二十七八岁，那扑满尘土的脸就写着"农村"二字。

车厢里，几个穿着皱巴巴棉袄挤在一起回家过年的农民工，在兴奋地玩着扑克牌。在这群人中，这个青年显出一种卓然不群的特质。虽然他的脸上扑满尘土，但掩饰不住那清俊出尘的面容，尊贵、饱满、丰富，庄严的宝相中，又有一种农村人的憨厚、朴实、善良。他高而宽广、丰润的前额，好像有无尽的宝藏永远也开发不完。一双眼睛虽小，却黑白分明。凝眸时神光内敛，好像深邃而波澜不兴的海子，透出一种清澈的、韬光养晦的智慧。

偶尔，他眼睛神光外射，好似从漆黑的星夜发出的一束光芒，似乎人世中任何的风云变幻与沧桑，都不会让他的生命黯淡。他的眼神是坚定的，有着与他年龄不相符的从容。

他不是高大伟岸的身型，身材却恰到好处，即使穿着厚厚的棉衣，依然透出他健壮的线条。整个人浑身散发一种浩然之气，似乎有足够的力量和胸怀容纳世间的千山万壑，恩怨情仇。

他默默地坐在那里，深锁的目光投向窗外，却好像什么也没有看见。

几个农民工喧哗的声音，对于他，也似乎充耳不闻。

这个看上去穿着朴实，甚至有点钝讷的农民青年，好像与那些农民工没有多大的差别，但当你仔细打量，你就会发现他是那么与众不同。

此时的他，已经坐在车窗边一天一夜了，不眠不休。饿了，只是随便吃点带的干粮，便又默然地坐在那里，一动不动，几乎很少跟别人说话。

他的神情似乎很焦灼、忧虑。他到底有什么心事呢？这个青年究竟是谁？

他就是薛永新。

我们先做一个前情回溯，让故事回到出发的地方——

1952 年，草长莺飞的三月。

一个异常安静的黎明。四川潼南县（今属重庆）崇龛古镇似乎还在沉睡中，偶尔闻听几声破晓的鸡鸣。

对于住在古镇旁边的薛家来说，这是一个绝非一般意义的清晨。

远处黛青色的山麓，静静矗立着一座道观。传说，这座名叫灵山观的道观是北宋理学先师、道教学者陈抟老祖修炼的地方。

潼南崇龛，是陈抟老祖的故里。

李真果的师父丹鼎仙师王复阳（亦即疯癫老道）传授李真果的睡仙功，正是陈抟老祖的功法。

或许，命运的机缘，早已埋下了伏笔。

此时，一个老人正在道观的神龛前默默祈祷。他姓薛，村民称他"薛爷爷"。

因为当时农村也开始了"反封资修"群众运动，道观的道士都被劝回务农了。天还未明，信奉佛道的薛爷爷便悄悄地来到这里，为即将出生的孙子祈祷。

就在这时，天空突然雷鸣闪电，毫无预兆。紧接着，暴雨倾盆而下。薛爷爷的眼里掠过一抹深深的担忧。

过了一会儿，雷声远去，雨停了。一个奇异的景象出现在薛大爷的眼前，彩虹横空，紫气从灵山观背后升起，缭绕在葱茏的古树间。一只白鹤振翅飞过。

而此刻的薛家宅院，一声洪亮的婴儿的啼声，打破了村庄的宁静。

从道观回来的薛爷爷，抱着刚出生的孙子，喜泪纵横。通晓陈抟老祖心相术的薛爷爷仔细端详小孙子。这孩子面若满月，前额宽广，隐隐然有大器之相。一双眼睛虽然不大，却黑白分明，像深邃而明亮的星子。日后一定聪明睿智，拔萃超群。薛爷爷越看越爱，喜上眉梢。

他给孙子取名：薛永新。

"永"是薛家的排行。在中国文字的传统意象里，"永"含有"长远""长久"的寓意，"新"则是"更新""崭新"的意思。1952年，恰逢新中国成立的第三年，薛爷爷希望孙子将来不再像父辈那样过苦日子，用智慧和勤劳创造崭新的生活，永永远远，长长久久。

然而，薛永新出生后，薛家的灾难也来临了。那一年，潼南与中国各地的农村一样，掀起了清匪反霸减租退押的热潮，向地主阶级展开第一场斗争。一夜之间，曾经当过"保长"的薛爷爷被划成了"富农分子"。

薛永新的父亲和爷爷，常常被拉去游街、批斗。幼小的薛永新，不知道发生了什么事。

有一年，6岁的薛永新刚刚上学。也不知为什么，放学后，他总要绕道去灵山观看一看。他很喜欢道观里的神像，爷爷曾经告诉他，那白头发、白胡子、骑着青牛的，是太上老君，那半卧半睡的仙翁，是陈抟老祖，还有那慈眉善目、庄严宝相的是观世音菩萨……他默默地祈祷，请神仙菩萨保佑爷爷和父亲不再受苦。

这一天下午，他放学后，又来到灵山观。眼前的一切让他震惊万分，那些慈眉善目的神像被人砸得七零八落，他特别喜爱的观世音、太上老君、元始天尊、张天师、陈抟老祖倒在了地上。

薛永新心痛万分，掉下了眼泪，暗道："我要保护菩萨神仙，把它们藏起来。"

可是，这五尊超过自己身高、重若千斤的神像怎么才能搬动呢？这把小小的薛永新难住了。

这时，薛爷爷见孙子久久未归，便找到山上了。他估计永新在道观里，走进去一看，见孙子用绳子拉着倒地的神像正吃力地往外挪移。薛爷爷为之一怔，难道这孩子与佛道有缘？他心里说不清楚是喜还是忧，是祸还是福。

在爷爷的帮助下，薛永新终于把五尊神像藏进了道观背后的山洞里，又用树叶将洞口仔细遮蔽起来，这才放心地随爷爷回家了。

1966 年，"文化大革命"浩劫席卷中国大地。潼南崇龛这个偏僻的乡村也不可避免地受到震荡。

当年薛爷爷帮孙子藏神像的事，不知被谁举报了。七十高龄的薛爷爷被公社"革命造反派"拉去批斗。风雨之夜，薛爷爷满身血迹地爬着回来，昏倒在门口。

薛永新望着昏迷的爷爷，既悲愤又心痛。他与爷爷的感情非常深厚，他不理解，那些"造反派"为什么对一个善良的老人下毒手？他又为自己不能保护爷爷和家人而难过。

苏醒后的薛爷爷，第一句话就是叫薛永新离开家里，他不愿看到孙子受到连累。

"到外面去闯吧。听爷爷的话。"

"仰天大笑出门去，我辈岂是蓬蒿人。"薛永新擦掉眼泪，依依不舍地告别爷爷和家人，第一次出门。

自此，少年的薛永新开始了一段漂泊的生涯。

流浪的日子里，从篾匠、泥匠、石匠、铁匠到木匠……薛永新什么苦都吃过，什么活都干过。背着"黑五类"帽子的他，肩扛工具箱在城市的大街小巷来回地吆喝，留下那浩劫十年一个乡下工匠的身影。

直到"文革"结束。

1978年一个冬天的夜晚，安徽省凤阳县十八户农民在一张包产到户的秘密约定上签下了"生死契约"，由此拉开了中国农村改革的大幕。在这个舞台上，四川人与安徽人一起扮演着推动农村联产承包责任制的主角。

人与人之间不再有阶级之分，不再相互敌视。人，重新获得了尊严。

在潼南崇龛，那条浮冰的琼江正悄悄地消融，那片冻僵已久的土地开始松动了。阴霾散去，阳光又照耀大地。

国家开始允许农民外出务工。这是一个令人振奋的消息。敏锐的薛永新抓住了这个机遇。

乘中国改革的第一缕春风，他带领村里一百多名青壮年，远赴云南，迈出了农民外出务工的第一步。

在这里，年轻的薛永新以非凡的气魄，承包了国家投资几百万修建云南春光制药厂的巨大工程，成为当年中国凤毛麟角的"农民包工头"。

一时间，引起国内新闻媒体的关注和报道。薛永新没有想到，一夜之间，他出名了。

面对媒体的聚光灯，薛永新却出奇的平静和低调。他深深地明白，自己所带领的"农民建筑队"能够从各地众多国营建筑单位的强大竞争中获胜，得益于老子给他的启迪。

那时候的薛永新，虽然文化程度不高，但他求知欲特别强，即使流浪的岁月里，他也如饥似渴地读书。他最喜欢的书，便是老子的《道德经》，尽管那深奥玄妙的五千文，让他很难啃，很难理解，但凭着他过人的悟性，有时竟能触类旁通。

也正是老子"将欲去之，必姑与之；将欲夺之，必姑予之"的一句话，使他福至心灵。想要得到一件东西，夺取它，必先要给予它。要舍，才能得。薛永新受到了启发，向工程负责人提出"不要钱，先干给您看"的看似很傻的要求，竟取得了工程负责人的信任，拿下了多少竞争对手削尖脑袋都想得到的这块巨大的"香馍馍"。

他当上了"中国农民包工头"。

他第一次运用老子思想出奇制胜，取得了第一桶金。

薛永新深刻地领悟到，他的成功得益于老子的启发。或许，这只是他的一个开始。他日后将老子思想运用到出神入化，创下企业奇迹，不能不说，与老子思想对他的启蒙有着重要的关系。

自此，薛永新在云南扎下了根，闯出了一片天地。他没有辜负父老乡亲的希望，在他的带领下，家乡致富了，贫穷的面貌改变了。

薛永新又开始缔造他的"建筑王国"。

也正在他的事业如火如荼之时，他接到了父亲的急电：爷爷病危。

爷爷的病危，牵动他的心。

来不及洗掉身上满扑的建筑工地尘埃，他连夜起程，踏上了回家的路。

此刻，默默坐在列车上的薛永新，心急如焚，焦虑着爷爷的病情。

这就是这段故事开头，列车上那位农民青年默然不语的原因。

接下来，他的故事像这列火车一样，沿着它的轨迹向前延伸……

又是一个夜晚。寒夜笼罩在寂静的山村。

匆匆赶回潼南老家，薛永新一见躺在床上身染沉疴的爷爷，他的心顿时一阵疼痛。

"爷爷！"他心痛地呼唤。

想到自己可以带领几百人建起一座座楼房，却对爷爷的病束手无策，薛永新为自己的无能为力而深深自责。

望着久别的孙子，薛爷爷布满病容的脸上露出了欣慰的笑容。

"永新，爷爷看到你，就没有遗憾了。"

"爷爷，我会想办法找医生治好您的病。"

薛爷爷无力地摇了摇头："爷爷知道自己的病，就是华佗在世，都不能帮忙了。"

"爷爷！"

薛爷爷微微动了动手指，示意他不要再说。"永新，爷爷就想多看你一眼。爷爷就是走了，也无遗憾了。"

薛永新鼻子一酸，眼泪差点掉下来。他努力舒展内心的悲凉，笑着对爷爷说："爷爷，有孙儿在，您会好起来。明天我就去给您找最好的医生。"

第二天一早，薛永新跑到村里村外打听良医。毕竟这是一个偏僻闭塞的乡下，要找到一个医术很高的名医，太难。这里又离县城很远，道路崎岖，爷爷的身子骨已经不起折腾，送县城医院治疗，是不可能了。

薛永新没有放弃。即使希望只有千分之一、万分之一，他也要抓住它。

如果世上有一种神药，可以医治百病，能够治好爷爷的病，该有多好！有神药，就有神医。可是，神医在哪里？

只要能找到神医，让我付出任何代价，我都愿意。他想。

我一定要找到你。他的脑海里突然冒出一个念头。

这个念头一经闪现脑海，就像种子生了根，发芽、膨胀。接连几天，他像着魔似的四处寻找名医。村上家家户户都在热热闹闹地过年，而他毫无心思。

正月初二的上午，天空突然下起了雪。山村一片莹白。

薛永新正要出门，到县城为爷爷找医生。这时，曾经一起在外做工的几个朋友相约来看他，他便留他们在家中过年。

天气很寒冷，薛永新找来柴火生火。几个人便围炉而坐，一边烤火，一边聊天。

从安岳来的李安得知薛永新正为薛爷爷四处求医问药，便对他说："你去找彭道爷。他是一个神医，什么病都能治。"

"真的？"薛永新喜出望外。

"彭道爷是谁？他在哪里？"他又急切地问。

"莫急，听我慢慢给你讲。彭道爷，其实姓李，道号真果。是我们安岳人。听说道爷爷已经100岁了。可神哪！他身怀绝顶武功，精通太极八卦，上知天文下知地理。"

谈起李真果，李安津津乐道。有人曾亲眼看见，李真果深夜打坐练功之际，解开天宫髻，缓缓运功发气。这时，月光穿过窗户照了进来，月色如水。只见他雪白的头发沐浴着银色的月光，慢慢抬起，如同万根银针，笔直地耸立头顶。

"他看上去就像是神仙降临一般！"李安满脸崇拜的神情，感叹道。

"太神了！"

"这个道爷爷简直就是天人！"

李安讲的故事，引起薛永新的好奇心。这个叫李真果的道爷爷，究竟是何方神圣？

薛永新相信，他不是从天上掉下来的神仙，也不是从石头缝里蹦出的孙悟空。但他又像罩着一层神秘的面纱，被包围在扑朔迷离之中。

他是一个谜。

接着，李安又讲到："道爷爷还得到了遂宁云阳道观王复阳高道真传，练成了'玄门四大丹'。"

"'玄门四大丹'是啥玩意儿啊？"一个朋友好奇地问。

李安用神秘的口吻说："'玄门四大丹'是道家丹鼎门的金丹之术，特效秘方，命悬一线都可以起死回生呢！"

踏破铁鞋无觅处，得来全不费工夫。原来世上真有神药啊。薛永新激动不已，恨不能现在就去找那位神医。

"彭道爷不但精通炼丹之术，而且他的道家独门医术更神奇，一根草，一碗水，一把灰，一个看上去很简单的药方都能治病。而且他治好了许多疑难杂症和怪病。好多好多人千里迢迢去找他老人家看病呢！"

"道爷爷现在哪里？"薛永新急切地问。

李安叹了一口气："'文革'前，他被造反派迫害致死了。"

薛永新不由一阵失落，又猛然觉得李安讲的话前后矛盾，便道："安娃，既然彭道爷死了，那你还叫我去找他？"

李安笑道："看你急的，我还没讲完！彭道爷又活过来了！他原来是装死，躲过造反派的迫害。当年，他的弟子堆了一座假坟，掩人耳目，然后又悄悄把道爷爷护送到遂宁藏了起来。"

原来，李真果"装死"之后，随弟子去了遂宁，在一个偏僻的山村隐匿。直到"文革"结束，人们才发现了李真果的踪迹，这才恍然大悟，道爷其实根本没有死，他又"复活"了。

薛永新看到了一线希望。

"也就是说，道爷爷还在遂宁？"

李安想了想，"这个……我也不晓得。反正没回安岳。听说彭道爷虽在遂宁，却四处云游，要见到他很难。"

他看了看薛永新，问道："永新兄，你真要去找道爷爷？"

"去！"薛永新回答，那双清澈的眼睛透着一种坚定。

"可是，恐怕要白跑一趟。这儿离遂宁好几百里远，还要翻山越岭……"

"去！"薛永新还是一个字。话不多，仿佛惜字如金，却干净、决绝，没有丝毫犹豫。

了解他的这几个伙伴，知道他主意已定，也不再劝他。

一旦决定的事，没有谁能改变他，即使再大的阻力与重重困难，他也要义无反顾，勇往直前，并且坚信，一切都会按他追求的方向去实现。"性格决定命运。"薛永新的这个性格，也是他后来一步步走向成功之路的因素之一。

如今爷爷生命垂危，为了救治爷爷，他不惜任何代价，哪怕跋涉千山万水，一定要找到这位老神医。

"我一定要找到你。"这个念头比任何时候都更强烈、更执着。薛永新说不清楚为什么。

他想起所读的书中，有一则西方寓言，说的是一个外地人向老农问路。老农回答他："孩子，只要方向正确，这条路可以带你到任何你想去的地方。"

薛永新心中知道,这是他要走的路。

如果按佛家的解释,一切因缘而起。或许,这是一种前世的因缘?冥冥中命运早已安排了一场相遇?

屋外下起了冷冽的雨,夹着飞舞的雪花。他从木格窗望出去,想到明天乡间的路又是泥泞,山路会更加难行。

我要找到你,即使路再难走、再曲折,我也不怕。薛永新抱定了决心。

第二节　相　遇

20 世纪 80 年代的早春二月。

对于薛永新来说,这是一个不寻常的日子,一个改变他人生的日子,生命中不可或缺的一页。

从某种意义上说,如果没有这一天,就没有薛永新的今天;如果没有这一页,就没有这段延续下去的传奇。

但是,世事没有假设。不管你在哪个地方,即使绕上一大圈,终究要碰见你该遇到的人。所以,即使薛永新与李真果不在这个春天相遇,总会以别的方式实现相遇。

命运是一件很奇妙的事,无法说清。但是,不得不承认,有时只能用"缘"这个词,去解释两个人的奇遇。

1980 年,四川遂宁的一座山村。

正月初三,早春二月的一个清晨,一个看似普通的清晨。天空阴霾沉沉,春寒料峭。弯弯的河水漂浮着还未融化的冰块,贫瘠的土地依然浓雾笼罩。村里偶尔传来一阵噼里啪啦的鞭炮声,伴随几声鸡鸣狗吠,让人才感觉到一种农村过年的喜庆。除此之外，乡村与往日一样寂静。

昨夜的雨雪到翌日便停了，但依旧透着刺骨的春寒。湿漉漉的田野和山峦一片雾气弥漫，冷风不断地抽打在脸上。穿着青布旧衫的薛永新迎着早晨袭人的寒气，出门到邻县遂宁找传说中的彭道爷。

他搭了一辆货车，这为他节省了很长的一段路。然而，到了遂宁境内，他只能步行而去。

因为下过雨，乡村的黄泥路很滑，像涂了厚厚的黄油一样，十分难行。薛永新深一脚浅一脚地走着，裤管上沾满了黄泥点。他打听到，离李真果居住的地方还有一段十五公里长的山路，更难行走。确实，这段山路不但崎岖狭窄，而且泥泞很深，一脚踏进去，很难拔出来。薛永新时常泥足深陷，弄得狼狈不堪。一双脚又湿又冷。一个很糟糕的雨后。

但是，他毫不动摇地继续前行。

他抬头望天，天空乌云悄悄聚拢，越来越暗，似乎又在酝酿一场更大的冷雨。但这并不能阻止他前行的脚步。相反，他迈出去的每一步都更加坚定。

为了给爷爷治病，这一点艰难算得了什么。

他举目前方，崎岖的山路没有尽头，灰色的天空没有色彩，一片苍茫。他有些茫然，但那双像泉水一样清澈的眼睛，流露出一种执着。他艰难地走在泥泞的羊肠小道上，好像有一股力量推动着他坚定地走下去……

"我一定要找到你，无论你在哪里。"他的心里始终有一个强烈的念头。

天空越来越暗淡，像黑夜降临一般，眼看雨就要下起来。没有悬念，更无一点异象。薛永新不由加快了脚步。

然而，就在薛永新走进村子，快要到达李真果的住地——一座残破的小院，奇异的景象出现了。

离此约五百米高的天空上，突然间，一片浓黑的乌云露出了一道金边，像被一把金斧"啪"地横空劈开，从厚密暗黑的云层里透出一方干净的蓝天。太阳破空而出，照在小山坡上，那座独立的小院沐浴着金色的阳光，紫气东来，缭绕在四周。霎时，屋后的青青竹林披上了霞光，恍若幻境。

风送异香，一股仿佛前世已然熟悉的香火，把薛永新引向了突然变得沸腾的小院。他快步走去。

这个坐落在山坡上的院子，是一座残旧的道院改造的民居，高翘的飞檐，青瓦灰墙，掩映在楠木、梅树、翠竹拥围之中。门前一条溪流绕过，院子后面通向郁郁葱葱的青山。幽静中，有一种祥和之气。

薛永新走进院子，但见宽阔的坝子里聚集着上千人，人头攒动。大家似乎在等待着什么人出现，所有的目光都投向正屋那扇紧闭的房门。

虽然外面人声鼎沸，那黑漆的厚重的房门始终没有打开，屋里没有任何动静，更透着一种神秘。

薛永新听到有人在议论：

"今天彭道爷要出来了，我们运气真好。"

"可不是嘛。道爷爷不是外出云游，就是十天半月闭门修炼，今儿听他徒弟说肯定要出来。"

"咋还不出来？都等两个小时了。"

"这算什么，能见着道爷爷就是你的福气了。"

薛永新听到这里，松了一口气。这一趟没有白来，我终于要见到那位神秘的道爷爷了。他暗暗庆幸。

可是，这么多人在等道爷爷，能轮到我这个外来人吗？他转念一想，不免担心。

无论如何，哪怕是求，我也要求到给爷爷治病的药方。他暗想。

于是，他耐心地站在人群后，翘首以待。人太多，院坝被挤得水泄不通，他完全无法挤到前面去。

过了一会儿，只听"吱呀"一声，门开了。人群立即停止了喧哗，突然变得安静。

薛永新屏住了呼吸，感到心跳加快。不知为什么，他有一种仿佛期待已久的感觉。

这时，只见一个长须如雪、仙风道骨的老道人，身着一袭灰白道袍，从屋里迈出，大步走到院坝。他的脚步无声无息，仿佛飘过来一样。人们自然地为他闪开一条通道。他却没有停下来，径直地朝人群后缓缓走去。

人们奇怪地望着彭道爷的举止，不知道他要做什么。难道他要出门吗？但谁也不敢问。

薛永新站在人群的最后，他看见彭道爷朝自己这边走来，不由心跳加速，暗想：如果道爷爷要出门，我必须拦住他，去求他。

正寻思着，李真果突然在薛永新面前停住，默默注视他的眼睛。

仿佛电影中的镜头，两人面对面地站着，互相凝视对方。

这就是传说中的彭道爷？李真果高道？薛永新望着忽然出现在面前的这位百岁"神医"，忽然有些迷离恍惚。

面前的老道人高而清瘦，高束的白发道髻，雪白的长髯，浑身透着一股仙风道骨，仿佛他不是从尘世中来。

尤其，他光洁、饱满的前额下，一双神光炯炯的大眼睛，眼眶深陷如星空般深邃，像一个内功精湛修行已达高深境界的高人，阅尽世事沧桑，风云变化，却处变不惊，蕴藏着洞察人生万象的智慧。

他高挺的鼻梁，如隆起的雄峰。人生中的千岩万壑、沟沟坎坎，似乎都难以撼动他山峰般坚韧的意志。

李真果如炬的目光直视薛永新的眼睛，却不说一句话。那双深邃而睿智的眼睛仿佛有一种穿透力，看进了他的内心。

李真果的眼里流露出不易察觉的惊叹，面前的青年骨格清奇，气宇不凡。圆圆的、略带慈厚的脸庞，像一轮皎洁的满月。那如弯弓的浓眉下，是一双清澈的、黑白分明的眼睛，宛若日月，神气逼人。眉宇之间透出一种智慧之光、大器之相。他的嘴角微漾，使他看上去随时带着笑意。虽然他年纪轻轻，已历经苦难辛酸，脸上却看不到波澜。

这个青年是人中之龙啊。李真果在心里感叹。

人们面面相觑，各自猜测。彭道爷怎么了？这个满身泥泞的青年人从哪里来？他与道爷什么关系？

整个院坝异常的安静。短暂的静默就像过了漫长的一个世纪。

又过了一会儿，李真果忽然开口道："你怎么现在才来？我等你好久了。"

薛永新内心翻腾，百感交集，陷入了悲伤自怜的情绪里。过去所经历的各种辛酸苦水，屈辱磨难，命运的种种不公、不幸，像影片一样在眼前浮现。而眼前素昧平生的老人，似乎完全了解他的一切，并深深地懂他。

霎时，薛永新的心顿时一暖，眼中蓄满了泪水，慢慢地流了下来，什么话都说不出，也不知道说什么。

李真果的目光现出同情和理解。

"孩子，你和我一样，都是在油锅里受过煎熬，是曲折多舛的命运让我们相见。虽然老道比你走的路多，所受的苦难更大，但我们都是注定要经历八十一难的人。老道知道，有一天你会来这里。我早就在等你了。"

不用说，薛永新此时的表情有多么惊讶，连在场的人都感到不可思议。

难道我真的遇上神仙了？这怎么可能？世上哪有神仙？那是神话书里写的。他想。

李真果轻捋胡须，微微一笑："我不是神仙，就一个老道，一个老头儿。"他又指指天，"你问的为什么，它知道。"

天哪，我想什么他都知道。这个老道真厉害！薛永新又惊讶又佩服。

李真果看出薛永新想说什么，对他说："你来做什么，你不用讲，这个我知道。"

什么？难道我来给爷爷求医问药，他也知道？真是个神秘的高人！薛永新心里暗暗惊奇，在这个奇怪的老人面前，他就是一个透明的玻璃人。

院子鸦雀无声。大伙都被这种奇怪的场面、奇怪的对话惊呆了，好奇地关注着。

接着，李真果捋了捋长长的白胡子，意味深长地说："每个生命都有各自的意义。你不是偶然来到这个世界上的，你注定与道有缘，自然也与我这个老道有缘。"

等一等！他说我与道有缘？莫非他认为我是来当道士的？看来这位老

道也失算了。薛永新暗想。

"你到这个世上来是有使命的。"

"使命?"薛永新心念一动,他从来没有思索过这一生的意义,来到世上是为了什么?原来自己来到世上还有使命?他好奇地等待老人说下去。

"人的生命是上天赐予的最宝贵财富,所有的人都是万物中的一份子。父母承载了你的生命,帮助你来到世上。你是自然中所有的奇迹中最大的奇迹。你不是主动想来的,你是为了改变这个世界而来的,是为了弘扬道的精神,为了利益众生的使命而来的。"

天哪,这太玄了吧?薛永新心里想,但不能不被老道的话所震动。

从来没有人告诉他来到世上的目的。可是,老道怎么知道自己带着使命来的?我自己都不知道,他怎么知道?他怎么可以规定和决定我的人生方向呢?

李真果看了他一眼,似乎看穿了他的心思,却也没有回答他的疑惑,仍继续讲下去:

"这个使命说大很大,说小很小。往大的说,就是为了世界和平、社会和谐、众生吉祥,为了人人健康、平安、快乐地生活,做一切造福人类的事!这也是老子给我们的使命。"

老子?就是写五千文《道德经》的老子所说的吗?老人提起薛永新心目中敬仰的老子,他的眼睛再度放亮,胸中一阵激荡。

这个使命太大了,我能担当得起吗?薛永新心里诚惶诚恐。

"不难。"李真果像会读心术,完全知道他在想什么。

"其实这个使命也很小,做起来并不难,多做好事,多做善事。不要想到自己遭受多大委屈,命运有多么不公平,只有忘掉自己,摆脱小我,才能成就大我。所谓大我,不是为了自身的利益那个'小我',而是为了大众的利益,去做有益的事业。"

老道的一番教诲使薛永新内心触动,陷入了沉思。"这就是老子所说的'是以圣人处无为之事,行不言之教,万物作而不辞,生而不有,为而不恃。'圣人只求过着淡泊宁静的生活,严格控制自己的言行,像天地一样化生万物却不占有，不乱贪，不乱想，保持正知正见，使自己处于忘我无欲的境界，把一切善念、善行奉献给众生。"

薛永新读过好几遍《道德经》，一直没有理解老子的许多话，迷迷瞪瞪，经李真果点拨，心中豁然开朗。

李真果看着薛永新，见他沉浸在思索中，又道："每个生命都是由身体、大脑和心灵组成的。心灵是生命构造里最珍贵的，是我们的灵魂。心灵的道德、胸怀和境界决定着你的人生方向。当你用淳朴的道德修养，创造你的生命，并帮助他人升华自己的生命，德化有情众生，那么你就找到生命真正的意义，直返大道。"

李真果的话，就像大悲殿上的木鱼，惊醒了他。他为自己先前悲伤自怜的情绪感到羞愧，第一次听到关于"小我"和"大我"的观点，这让他感到很新奇，又茅塞顿开。

"这是老子所说的'人法地、地法天、天法道、道法自然'的那个道吗？"

虽然薛永新还没有完全理解老子这句话的深刻内涵，但总有些领悟。

李真果点点头，心里赞许道：这个青年果然慧根不浅，一点便通，悟性不一般哪。

"这个道说来话长。"他顺便理了理长长的白胡须，"简单讲吧，老子告诉我们，天地化生万物的广大的德行，给人树立了榜样，道的规律又给天地，包括世界在里头的自然树立了榜样。什么意思呢？地要遵从天的规律，天要遵从道的规律。人生活在天地之中，就要效法天地，与天地相结合一致。所以，人做任何事要合乎道，要顺应自然之道。如果违背了规律，违背了道，社会就得不到安宁和谐，还会带来战争。所谓顺天是福，忤逆是祸。事事妄为、胡作非为、倒行逆施，终究要受到道的惩罚，就要吃苦头。"

薛永新被李真果的话深深吸引住了，他的双目像深邃而熠熠生辉的星空，散发出一种光芒。

"你要记住一句话，"李真果缓缓说，"学好得好，做好得好，想好不得好。"

薛永新沉思着，前面两句都容易理解，可是最后一句，想好不得好，怎么很费解？他有点纳闷。

李真果看了他一眼，解释道："想好不得好，是说违背自然规律，刻意妄为，所以不会得到好的结果。"

薛永兴恍然大悟，牢牢地记住了这句话，后来成为了他人生的座右铭。

李真果接着说："只要我们守道、行道，不乱贪、不乱想、不乱爱，遵循规律，坚持做有益社会和国家的事，不为名、不为利，就是修成正果，得道了。我说的使命，也就是顺应自然合于大道的使命。"

望着和蔼慈祥的老人，薛永新突然觉得，原来老道在给他传道解惑。他如醍醐灌顶，豁然开朗。此时的他，因为兴奋而脸色红润，眼中透出飞扬的神采，与先前焦虑不安的状态判若两人。

在这一刻，老子穿越数千年时空，走进了他的心中。薛永新恍然明白，自己常在梦中见到的那个白眉长须的智者，或许就是老子在指引自己的道路？而眼前的老人就是来给他带路的？

他不知从何开始的求索和追寻，在这一刻找到了答案。就像一个人在黑暗的探索中，终于找到了一束光亮。这光亮将带他走向正确的地方。

"我为什么来到世上？我来到世上是为了什么？"薛永新忽然觉得十几年在外打工，只是为了谋生。这不是他来到世上的目的，还有比之更重要的意义。

李真果指点迷津，如古寺的钟声唤醒了他。

"可是，既然道法自然，就是说，我们做任何事，成为什么人都要顺其自然，为什么又要规定我们要做什么呢？"他发问道。这是他一直存在心里的问号。

李真果微笑了一下，"你能提这个问题，说明你已经开悟了。"

他停顿片刻，解释道："这么说吧，一切万物并没有规定你要做什么，你能做什么，成为什么人，主动权在你，你的命运在你的手中，你是命运的主人。道并不控制你，道用无私无欲的德行，帮助你，成就你。比方说，天地从来没有要求一块土地长出什么，农民播种了秧苗，它就帮助他长出金黄的稻子。这就是老子所说的'天地无为而无不为'。无为是道的真谛。以后我会慢慢给你讲，你也会体验到的。"

"那您怎么知道我带着改变世界的使命来的？您怎么认为我要成为这样的人呢？"薛永新继续发问，这个问题是他不解的谜。

李真果又微笑了一下，"我说过，每个生命都具有神圣的意义。你所体验的各种苦难，都是为了历练自己而使生命升华。你是因为爱这个世界来的，就要用心中爱与无私的美德来改变这个世界，使它变得更美好。这就是你的使命。"

薛永新立时开悟：每个人来到世上，不是白白走上一遭。一切生命来到这世界，都负有神圣的使命。那些所经历的痛苦和磨难，都是为了激起我们积极向上的力量，为了更崇高的人生目标。

他望向老人投在地上相随的清瘦的影子，沐浴在金色的夕阳下，恍若仙人一般，向他昭示慈祥、仁爱和对人间苦乐顺逆的超然。

我终于找到你！他仿佛看到那个在梦中点化自己的神仙就在眼前，为他指点迷途。

他跪在李真果的面前：

"道爷爷，我叫薛永新，请您收下我这个徒弟吧！"

李真果注视他恳切的神情，沉吟片刻，对他说："你起来吧。"

"您老同意了，还是……?"薛永新不敢肯定。

"孩子，起来吧。"

话音刚落，李真果已转过身，从人群中间一掠而过，又飘然进屋去了。

薛永新呆呆地站在那里，望着那扇又被关上的房门。他猛然想起自己竟忘了此行的目的，为爷爷讨药。这么重要的事，怎么搞忘了?! 他懊悔不已，只好站在门口，耐心地等道爷爷再出来。

"小伙子，你运气好啊。彭道爷跟你讲了好多大道理。"有人羡慕地说。

"彭道爷以前认识你?"

他摇摇头,一脸迷惘,感觉像做梦一样。

薛永新在门外等了约一个小时,看完李真果吃饭前供天地的仪式后,老道再也没有从屋里出来。许多人纷纷散去。他感觉今天不可能求医了,正准备离开,等第二天一早再来。

这时,只听"吱嘎"一声,一个身穿青色道袍的中年道士开门出来,此人正是李真果的大弟子玄一。

"薛永新施主,道爷爷让你进去。"

薛永新不敢置信。

"快进来啊!"

薛永新这才醒过神来,大喜过望,赶忙跟着道士进屋。

这是一间宽敞的、光线略显幽暗的堂屋。正中是一个神龛,上面供奉着天地君亲师牌位。壁上是一幅老子骑青牛图。香案青烟袅袅。

神龛旁是两张斜放的太师椅,然后是两排一溜的座椅。薛永新在进来前,想象李真果一定坐在堂屋正中,正襟肃目。可现在看到的是,李真果斜坐在神龛左上方的太师椅上,面向大门外,身体斜坐,神情一片安详。几个弟子则坐在两侧座椅上,一律斜坐,面对中间。

他们为什么坐得这么奇怪?他想。

"坐吧。"见薛永新进来,李真果叫他坐在自己的左下方,一张空着的太师椅。

薛永新不敢坐。他见李真果的弟子们都坐在下面的椅子上,而自己却要坐在他们师父的身旁。

"道爷爷叫你坐,你就坐。"玄一小声对他说。

他忐忑不安地坐下,学他们的姿势斜坐,恭敬地面向李真果。

李真果深深地注视着他:"你进来的时候在想,我们为什么都这样斜坐?"

天哪,他真是个神仙,连我想什么都知道。薛永新又一次感到惊奇。

446

"道人座位，都不敢正坐上方正位，只能将椅子斜靠左方，身体斜坐，面对中间。你知道这是为什么吗？"李真果反问他。

薛永新摇摇头，礼貌地说："请道爷爷赐教。"

李真果朝向神龛上供奉的天地君亲师牌位，双手握拳作揖道："这是对天、地、君、亲、师的尊重。"

他转过脸来，表情有一种肃敬和庄严。

"天地孕育万物，国家昌盛离不开明君，身体发肤来自父母。师者，万世师表。所以，要敬天地、敬明君、敬父母、敬圣人先师。"

望着神龛的牌位和壁上的老君像，薛永新不由心生敬意。

李真果为薛永新上了人生第一课。

过了一会儿，李真果面朝几位弟子，提高声音说："弟子们听着，我今天宣布一件大事，传授薛永新药方。"

道爷爷要给我药方？爷爷的病有救了！原来他真的知道我是来求药的？薛永新不敢置信，又喜出望外。

等等，传授的意思是，他已经收我为徒了？幸福来得太突然了！薛永新措手不及。

他激动地站起身，正要行礼跪拜，李真果向他摆摆手。

只见李真果从香案的香炉下取出一张黄纸，缓缓起身，面朝大门外的天空遥拜。然后，转过身，走到薛永新跟前，将黄纸上的药方封赠给他：

"紫苏一两、薄荷五钱、生姜一两……四、五、六月不加姜，忌动物油、植物油。万病皆医，药到病除。"

李真果的声音很低，身旁的弟子们都无法听见，但他用一种深厚的内功将声音传给了薛永新。因此，薛永新字字句句都听得非常清楚。

"我们素昧平生，你非道门中人，我却传你这个道家秘方。你想问我为什么？"

薛永新连连点头。

"你我的相遇，不是偶然，是必然的遇见，是自然而然的遇见，是上天安排的遇见。就像正在下去的太阳，与正在上来的月亮，刚好交会。遇见，就是一种缘分。"

道爷说得真好！薛永新在心里感叹。"缘分"两个字，解答了他心中的疑惑！

"我传授你这秘方，是让你去做好事，济世救人，让千千万万的人远离疾病与痛苦。"

"明白！"薛永新激动地回答。

"孩子，你可以叫我祖师了！也可以叫我师父！"

望着和蔼慈祥像亲人一般的老人，薛永新不禁眼含热泪，哑声地叫了一声：

"祖师！师父！"

他恭敬地捧着真果祖师封赠的药方，深深地拜谢老人家对他的口传心授。

这一天，薛永新成为李真果的道外弟子。

论年龄，薛永新应该是徒孙辈，应称李真果为"祖师"。但他们之间，又是师徒的关系。

听了薛永新讲述爷爷患病的经过和病情，李真果的神情显出凝重和深深的同情。

"永新啊，你爷爷的病是被坏人折磨留下的多年顽疾，器脏已经衰竭。这药方暂且可以维持爷爷的生命。但至于生命延长多久，恐怕不能乐观。"

"徒弟明白。谢谢祖师传授秘方！"薛永新说。

对爷爷的病情，其实他的心里已有了准备。如果能延长爷爷的生命，也是不幸中万幸。他对真果祖师充满了感激。

师兄玄一对薛永新说："师弟，你太幸运了。我们跟随真果师父这么多年，他老人家还没传授过药方给我们。"

玄一的口吻有点酸溜溜的，但薛永新并没有在意。

另一个师兄羡慕道："我跟随道爷老人家六十余年，还未得到祖师传道。你一来就口传心授，真是前世修来的福气。"

有的师兄小声嘀咕："真果祖师是不是犯糊涂了？把秘方传给一个外来

人，连面都没见过。"

"祖师有祖师的道理。再说，真果祖师可不是常人，眼光很厉害。祖师看上的人，肯定也不一般。"一个师兄说。

玄一的脸色变得有些难看。

临别时，李真果对薛永新道出了他的心里话：

"要寻找一个好老师很容易，天下之大，有道之士均很有名，一下就能找到。但一个老师要寻找一个好徒弟却很难找，甚至用一生的时间都找不到。"

薛永新当时并没有明白真果祖师说这句话的深意，日后经历了人世更大风浪后，才深有体会，要找到一个既有很深慧根，又有高尚品德的弟子实在难寻。

今日能成为一位大德高人的弟子，他感到自己很幸运。

我一定不辜负真果祖师的厚望期许。他在心里发誓。

站在门口，薛永新的眼中蓄满泪水，哑声地问道：

"我还能见到您吗？我可以来找您吗？"

李真果轻捋胡须，看着他朗声笑道："你已经是我的弟子，随时都可以来找我。我就在这里。"

"可是……"薛永新听说老人经常外出云游，很难见到一面。

李真果了解地说："你心里渴望见到谁，就能见到谁。因为你身上散发出的一种能量，宇宙会接收到，帮助你见到你想见的人。"

薛永新被老人的话再度深深吸引，追问道："这么说，我心里想要实现的愿望，宇宙都会接收到，帮助我得到我想要的东西？"

"对，这就是心想事成。"李真果满意薛永新的举一反三，"但前提是，你必须有强烈的愿望，真心相信它，而且付诸行动。"他又加了一句。

跟老人谈话收获真是太大了。薛永新真舍不得离开。

"你是最有悟性的好弟子。"李真果嘉许地说。

李真果与薛永新仅仅一面之缘，为什么就能认定薛永新是自己要找的好弟子？

这永远是一个谜。或许，这是道家神秘主义的直觉？

我们只能说，薛永新与百岁道人李真果相遇的这个清晨，是一个看似普通却并不寻常的清晨。

薛永新与李真果富有传奇色彩的相遇，似乎是命运的偶然，但冥冥之中已然注定。在薛永新的生命中，必然有这一场相遇。成功的大门必然为有的人——有准备的人开启。

薛永新的传奇人生，便从这一场相遇而真正开始。

第三节　秘　方

告别李真果，薛永新小心翼翼地怀揣着秘方，走在返家的山路上。

日已夕暮，在太阳沉下去的山岗，还残留着一抹淡紫的红晕。紫气袅绕，随淡淡的雾霭飘散在山林。偶尔传来几声鸡鸣狗吠，恍若一个缥缈的、遥远的梦。

薛永新有一种依稀恍惚的感觉，好像做了一个梦。梦中遇见了神仙，神仙给了他一个神秘的药方，然后飘然而去。

他从怀里掏出那张黄纸，看了又看。这是真的，不是梦。他确信。

然而，他看来看去，秘方上只有两味药：薄荷、紫苏。一纸如此简单的药方，真有那么神奇吗？他半信半疑。

回到潼南崇龛镇，薛永新按药方到镇上抓了六服药，准备回家给爷爷熬药。他提着药包，经过朋友万春的家时，想起万春长期生病，不知可好？便决定顺道进去探访。

来到万家，只见万春躺在床上，脸色苍白，满面病容。

"万春，病好些了吗？"他关心地问。

万春叹息地摇头，绝望地说："没治了，吃了很多药都不管用。永新兄，你再不来看我，也许就见不到我了。"

"到底什么病？"

站在一旁的万春媳妇接过话说："唉，去了好几家医院，医生都检查不出啥毛病。打针吃药，还请了神婆驱邪，啥都整过，一点都没好转。他每天就是浑身发冷、喊心口闷、肚子胀。饭也吃不下去。我家万春以前身强力壮的，现在不知得了啥怪病，中了啥邪，瘦成干柴了。"

媳妇说完，禁不住掉下眼泪。

"永新兄，听说你在云南发大财了。你能来看我这个快死的人，我很高兴。"万春真诚而感激地说。

"万春兄弟，别这么悲观。想办法治病，会好起来的。"他安慰道。

"你给谁拣药？你家有人病了？"万春见他提着大包小包的药，便问道。

"爷爷病了。"

薛永新心念一动，道爷爷赠给我的秘方，或许能治万春的病？但万一治不好呢？即使无效，这药吃了有益无害，何不试试？

他的耳畔回想李真果对他说的话："我传授你这秘方，是让你去做好事，济世救人，让千千万万的人远离疾病与痛苦。"

于是，他把李真果传授药方的事，一五一十地跟万春讲。

"万春，你敢不敢用彭道爷的这个药方试试，怎样？"

"有啥不敢的？我试。"

万春就像一个溺水的人，突然看见一根救命的稻草，不顾一切地想拼命抓住。

"不过，我话说在前头，有没有效，我心底也没数。"薛永新诚实地说。

"永新，就算没有效，我都不怪你。你能来看我这个久病的人，还给我药方治病，我感谢都来不及。"万春感激地说。

薛永新将药铺抓的六服中药，分了三服给万春，让万春妻子将药加上生姜，熬好给他服用。

"万春，你吃了药后，好好休息。明天早上我来看你。"

说完，薛永新便匆匆离开了万家。他牵挂着爷爷。

回家后，薛永新顾不上吃饭，立刻生火，亲自给爷爷熬药。按真果祖师嘱咐，配上生姜。

全家人听薛永新讲述与彭道爷相遇的情景，都感到惊奇。"这回，老爷子有救了！"薛父说。

端着热气腾腾的药碗，薛永新来到床边，亲自给爷爷喂药。然后，看着爷爷睡去。

而他一夜未睡，一直守在爷爷身旁。

不知这药服下后，会有什么反应？尽管他相信道爷爷的秘方，心里仍然七上八下。

半夜，他看见爷爷的呼吸渐渐变得均匀、平和，一直悬着的心顿时放了下来。平常爷爷总是睡不好，整晚不断咳嗽、呻吟，听着让人揪痛，可服下这剂中药后，咳嗽和呻吟的次数明显减少。

真果祖师的药果真灵验。他兴奋不已，几天来的困倦全消。

第二天一大早，薛永新伺候爷爷服完药后，便急忙赶到镇上万春家。不知万春吃了药后，病情有没有起色？他十分挂念。

"万春，万春！好点了吗？"还没有走进房间，薛永新便迫不及待地高声问。

当他进屋一看，万春不在，床上不见人影。他大吃一惊。糟了，会不会吃药后，万春病情加重，被送到医院去了？他的心一阵揪紧。

"万春！万春！"他紧张地大喊，冷汗直冒。

他冲进万家的后院，眼前所见却让他不敢置信：万春挽着袖子，正帮着媳妇在院子里抓鸡。一群鸡鸭被撵得咯咯地乱跑。

"万春，你……"他的脸上写满疑惑。

"永新，来得正好。我正准备杀鸡感谢你呢。"万春精神抖擞地迎上来，热情地对他说。

眼前所见到的万春，与昨晚那个说话有气无力、憔悴不堪的病人判若两人。

"你给我装病吧?"薛永新捶了他一拳。

"谁装病啊?咱好了!"万春拍拍胸口,大声道。

"你,好了?"他仍然无法相信。

"好了!"万春抡起胳膊展示肌肉给他看,"我现在浑身是劲!"

"你好得这么快?"

"是啊,我也不相信。"万春用一种神秘的语气对他道,"说来没有人相信。昨天傍晚和临睡前,我喝了两道药,然后就睡了。半夜,我做了一个梦,梦见一个白胡子老人走到我的床边,伸手在我身上狠狠掐了一下。我突然惊醒,屋里什么人都没有。可我感到身上被掐的那地方挺疼,然后浑身冒汗。我突然感到肚子特别饿,媳妇起床给我热饭。我一连吃了三大碗。好久没有这样吃过了,平时我根本吃不下饭。奇了怪了。"

薛永新满脸惊愕地听着,就像听一则天方夜谭。

"今儿早起床,啥症状都没了。好人一个。哈!"万春说着,激动地抓住薛永新的手,"这药太神奇了!彭道爷是个神人呢!"

这真的不可思议!薛永新没有想到,万春的病一夜之间奇迹般地痊愈。他相信李真果的秘方确有奇效,可仍然不得其解。

这只是两味简单而普通的草药,为什么会有如此之大的神效?难道真果祖师施了仙道法术?薛永新想。

他记起以前看过道学家、医学家葛洪所写的《神仙传》,书里讲了一个"橘井"的故事:

汉文帝时,有个号称苏仙公(名苏耽)的人深谙道家医术,得道成仙,跨鹤升天而去。临行前,他跪着对母亲说:"我已成仙,即将离去,不能在您膝前尽孝心了。"

苏母不舍,对儿子说:"你离开之后,我怎么活下去呢?"

苏仙公回答说:"明年天下会发生瘟疫。咱们家庭院中有井水,屋檐边栽有橘树,能治疗瘟疫,可以安然避过。到那时,若有人传染疫疾,母亲便给他井水一升,采橘叶一枚,吃下橘叶,喝下井水就能治愈了。"

苏仙公说完,别了母亲,羽化升仙而去。

第二年，果然发生瘟疫，远近的人闻讯前来求治。苏母便按儿子教给的方法，用井水和橘叶为病人疗治，没有不愈的。

郴州古时瘴病横行，民不聊生。传说中的苏仙，其实是个叫苏耽的放牛娃，或许是他得到某位高道的传授，掌握了治疗瘴病的草药。他的药方主要一味是橘叶。橘树可以说全身都是药，能治疗肺、胃、肝等部位的疾病。再加上用屋门前的井水煎熬，疗病无不见效。至于这井水含有什么物质，不得而知。

薛永新暗想，这个典故与李真果治病有着异曲同工之妙。他的药方也只有两味看似普通的草药，却收到疗病的神奇功效。

一把草药，就能化腐朽为神奇，薛永新对这位神秘的布衣道人李真果更加崇拜了。

接下来发生的事，让薛永新更加惊奇。

爷爷连喝了几服药后，危重的病情逐渐减轻，精神明显转好，苍白的脸色渐渐有红润之感。他轻轻握住爷爷不能动弹的手，感到爷爷的拇指开始蠕动。他的心激动起来，这意味着爷爷有了知觉。

"爷爷，您好点了吗？"他轻声问。

爷爷长舒了一口气，"好多了。我这条老命又捡回来了。"

"太好了！我就说爷爷会好起来的！"因为激动和兴奋，薛永新的脸色绯红。

"嗯。永新，要替爷爷感谢彭道爷，不能忘了恩。"

"我一定！"

几日后，薛爷爷竟能下床走动了。全家人都在准备爷爷的后事，却没有想到，竟然好起来了。太不可思议，简直是一个奇迹。

奇迹就在这两味草药上。

求知欲很强的薛永新为了找到答案，找来药书翻阅。他在明朝李时珍所著的医药宝典上看到：

"紫苏，别名桂荏、白苏、赤苏等，为一年生直立草本植物。具有特异的芳香，性味辛温、无毒，二、三月下种，其枝叶呈紫色或紫绿色。紫苏叶能散表寒，发汗力较强，用于风寒表症，见恶寒、发热、无汗等症，除寒，解肌发表，行气宽中，清痰利肺，和血温中止痛，定喘安胎，解鱼蟹毒，治蛇犬伤。"

"薄荷，性味辛温，无毒。主治：贼风伤寒发汗，恶气心腹胀满。清头目，除风热。利咽利口齿，治瘰疬疮疖，风湿瘙痒。治蜂蛰蛇伤。大解劳乏。亦堪生食。"

原来看似普通的草药，却有着神奇的功效！这不是"神药"吗？薛永新异常激动。他好像看到面前矗立着一座丰富的中华医药宝库，为他打开宝库之门的人，就是真果祖师。

道家善用灵草妙药医治疑难杂症。一般医生往往无能为力，而道医却能迎刃而解。薛永新联想到曾经看过的一本《船骢夜话》书上记载：

四明延寿寺有一位僧人，患了一种怪病，从头到脚，一半寒，一半热，久治不愈。他问遍医者都不知道是什么病。有一天，他在集市上遇见一位卖草药的道士，便上前询问道士："我得了什么病？"

道士看了看他，说："你患了偏肠毒。我给你配一服草药，吃了就好。"

僧人从未听说过有"偏肠毒"这种病，道士能治吗？他半信半疑，带着道士的草药回到寺里，煎药服下。第二天果然好了。

书上所载，原以为只是一种传说。可是，今天终于眼见为实。薛永新感受到中国道家医药学的神奇魅力，而真果祖师就像一部神秘的药书。

眼看春节已过去十多天，薛永新就要回云南工地上去了。这时，云南那边来电说，煤矿的矿工好多都患病了。原来，云南禄丰一平浪煤矿的矿工由于成年累月在井下挖煤，工作条件极为恶劣，导致许多人生疮害病，还有一些人患了矽肺和风湿。

薛永新带领的建筑队正在给一平浪煤矿做工程。那里的矿工们朴实、勤劳，他与矿工兄弟结下了深厚的友谊。听说许多矿工患病，薛永新十分担忧和焦急。

他突然想到道爷爷的这个秘方。记得当时，他亲耳听见道爷爷告诉他，此药"万病皆医，药到病除"。

何不用此方给患病的矿工一试？他心念又一动。

于是，他立即按方子，到镇上买回一百多斤药材。然而，把这么多药材背到云南，很不方便，而且熬药也不便。他福至心灵，用农村的磨面机将草药打成粉末，装了三大袋。

薛永新带着三大袋研磨好的草药粉末，匆匆返回了云南禄丰的工地上。来到矿工们所住的工棚里，他立即将药粉按剂量分成很多小袋，分别给患病的矿工服用。

奇迹再一次发生了。

矿工们连续服药后，不几日，已经有人痊愈。

"四川建筑队的包工头会治病！"

"他那个道家秘方太神了！"

消息一传十，十传百，求医问药者络绎不绝，还有许多患者翻山越岭慕名而来。薛永新以药相赠，分文不取。大家都满怀感激。

看到真果祖师所传之药通过自己给人们带来了健康，驱除了疾病与痛苦，薛永新的内心感到一种从未有过的快乐，找到了人生的价值。

真果祖师说，要多做好事，做善事，悬壶济世，给他人带来利益。这就是人生真正的意义，这就是大道！薛永新深刻地认识到。

渐渐地，薛永新的名字广为传播。人们都知道他懂医，都知道一平浪有一个富有爱心的四川好人。

一夜之间，薛永新从一个建筑包工头忽然变成了妙手回春的大夫。建房，治病，完全风马牛不相及的两件事，却在一个人身上同时做到了。这就是薛永新。

薛永新心怀感恩，若没有与李真果高道的相遇，他就不会得到这个神奇的秘方，也无法为更多的人治病。

若没有遇见真果祖师，也许，自己深爱的爷爷已不在人世。

薛永新再一次体会到了真果道人"赠药"的良苦用心，目的是让他做好事，为人们解除身心痛苦。最重要的是，从真果道人那里，他开始思索人生的意义。生存，谋生，只是一个人最低的需求。生命还有更神圣的追求，那就是达到像真果道人那样高尚的道德境界。

高尚的品德像生命一样贵重。因为没有高尚的品德，宝贵的生命就很容易在人生海洋中迷失、淹没、断送。人生离不开好的品德，就像生命离不开一颗好的心脏一样。高尚的品德，就是人生坚强的心脏。它是人生的一个重要组成部分。没有它，人生也就完了。从这个意义上讲，高尚的品德就是人生的第一财富。当一个人具备高尚的品德，他就会在行为中发出善因，奉献社会，为人类造福，在善良上做究竟事业。

薛永新深切地感受到，自己所获得的一纸秘方，岂止是两味"神药"，它更是一剂心灵的圣药。

"众里寻她千百度，蓦然回首，那人却在灯火阑珊处。"你永远无法预见自己的未来会遇见什么人，可能在回眸之间，或者千转百回之后，一驻足，那个人可能在你的眼前忽然呈现。

薛永新找到了影响他一生的人——李真果。

第四节　放　下

一切似乎按照原先的轨迹在走。

薛永新带领他的"川军"，在云南的建筑业中撑起了一片天。手下的人马已壮大到五六百人。不出两年，完全可以成为一个领军行业的大型建筑公司，在云南缔造他的"建筑王国"。

事业如日中天，薛永新却一天天感到苦闷。

就算面前矗立着一座辉煌的帝国大厦，那又怎样？就这样一辈子当个工程的包工头吗？他不是瞧不起"包工头"这个称谓。他心里清楚，这不是他想要的。古人语："三十而立。"自己快三十岁了，却感觉好像没有找到最想做的事业。

我究竟想干什么呢？他一片茫然。"人到世上来是为了什么？人生的意义是什么?"他再次陷入了思索之中。

真果祖师说，要做有利众生的事。可是，又从哪里做起? 每天给患者发药，那只是做一件好事，或者一件功德。

"我要做一件大事!"薛永新心里暗暗发誓，只是找不到方向。

一年后，初夏。

薛永新突然接到一封电报，一封家里发来的加急电报。

他没有立即拆开，握着电报的手禁不住颤栗，心忽一下沉了下去。他有一种不祥的预感。虽然还不知道电报的内容，却没来由地感觉一种窒息，胸口像被什么东西堵住，令他发慌和恐惧。

他用了很大的力气打开了电报纸，颤抖地读着上面黑色的电文:

"爷爷去世，速回。"

这一刹那，他感到山崩地裂，世界在面前毁灭。他的头脑一片空白，不知身在何方。之后他不停地摇头，脸悲戚地抽搐。

"不……我不相信。"

"爷爷不会死。怎么会呢?"

他喃喃地自语，觉得眼前的一切都旋转起来，自己头上的天空、身旁的建筑物在旋转中轰然坍塌，弥漫粉尘的空气令人窒息。

去年离家时，爷爷吃了真果祖师开的药后，病情已经好转。可怎么就走了呢? 他记得道爷爷给他药方时，曾说，你爷爷的病只能延长一些时日。尽管薛永新已有思想准备，但是，当这一天到来时，他还是无法接受生离死别的事实。

薛永新第一次直面亲人离去的打击，直面人生中的"死亡"。更何况爷爷是他生命中最深爱的亲人。他没有办法接受这残酷的事实。

庄子说:"死生，命也，其有夜旦之常，天也。"生与死，就像白天与黑夜一样发生着。薛永新虽然明白，人世间的"生老病死"四大苦，谁也不能逃脱，可是，人生的无常仍然使他措手不及。

他无法面对。

建筑队的兄弟们默默帮"头儿"收拾了行李，送他上了火车。

火车徐徐启动，他一动不动地瘫坐在车厢里，呆呆地望着窗外飞雨的天空，目光空洞无物。他一天一夜不吃不喝。细雨纷纷，天地微茫，仿佛他的魂魄飞散。

薛永新赶回潼南老家时，爷爷已经入土安葬。他的脚沉重得几乎迈不动了，他不知道自己是怎么走到爷爷坟前的。

天空飘起了细雨。冷风中，伫立着他悲哀的身影。小河的水呜咽着，他的内心已经泪流成河。一路上残留着的纸钱，像他无尽的哀思。他颤抖地捧着青冢上的新土，放声痛哭。

他想到爷爷一生正直忠厚，勤劳善良，为父老乡亲做了很多好事，却戴了十多年的"富农"的枷锁，挨批斗、"爬街心"，身心遭受摧残。现在，改革开放，薛家终于熬出了头。可是，爷爷没过上几天好日子，就撒手西去。人生多么无常！人在生命面前又是多么脆弱而渺小！

他想起那位写《菜根谭》的还初道人有过这样一首诗："狐眠败砌，兔走荒台，尽是当年歌舞之地；露冷黄花，烟迷衰草，悉属旧时争战之场。盛衰何常？强弱安在？念此令人心灰！"狐狸休眠的残壁，野兔奔跑的荒台，都是当年美人歌舞的胜地；菊花在寒露中冷瑟，枯草在烟雾中摇曳，都是以前英雄争霸的战场。兴衰成败如此无常，而富贵强盛又在何方？想到这些，就会使人产生无限伤感而心灰意冷！

虽然薛永新文化程度不高，但他爱读书，特别善于思考。他能理解诗中的含义。

这首诗仿佛是薛永新此时心境的写照。联想历史的循环变迁，世态的冷暖炎凉，生命的悲欢离合，盛衰何足依恃？富贵名利如浮云，终不过"年年柳色，灞陵伤别"。历史上那些风流人物、英雄豪杰，最终也随大江东去。

烟雨里，爷爷的青冢显得那样孤寂，那样落寞，一种悲怆之感袭遍他的全身，那样锥心刺骨，隐隐作痛。即使全世界都属于你，又怎样呢？

回想自己那些年流浪的辛酸和遭受的屈辱，虽然现在扬眉吐气，抬起了头，还拥有了自己的事业。可是，又如何呢？人赤条条地来，到最后，还是赤条条地去，从生到死，什么也带不走。一切皆空！

《金刚经》上说："一切有为法，如梦幻泡影，如露亦如电，应作如是观。"

也许从小受爷爷的影响，薛永新爱读有关佛学的书，在潜意识里对佛教有一种亲近感。人世间变幻无常，过去、现在、未来，都是不可得的梦幻泡影，就像天上的浮云。亲人会死亡，良友会别逝，是非成败转头空，在这世间，什么东西都不属于我们自己。

佛告诉我，要放下！这是一种解脱吧？

我要放下红尘，解脱一切烦恼。薛永新突然有所触动，脑海里冒出了出家的念头。

这念头先是令他一惊，却越来越强烈，就像突然生了根，怎么拔都拔不掉。

他想到了一个人，李真果。

他要去一个自己追寻的地方。

薛永新在爷爷的坟前守了七天。

七天之后，他又一次踏上了那条不再陌生的山路，去遂宁找真果祖师。

李真果还在那里。

轻轻推开寂静的房门，看见真果祖师身着一袭白袍，正闭目打坐，旁边生着柴火。薛永新难掩哀痛的神情，眼里噙着泪水。

"道爷爷！"

"道爷爷都知道了。"还没有等薛永新说下去，李真果开口道，仍闭着双目，神情安详、平和。

薛永新悲痛的心顿时感到一股暖流。那是一种心领神会的感知和理解。见到慈祥的老人，他的每一根神经都有温暖的感觉。

这里不是家，但他来到这里，就感到安心。

"真果祖师，我要出家，我想跟您学道。"

李真果慢慢睁开眼睛，似乎并不惊诧，用平静的目光看着他："为什么？"

"我看破了，一切到头来都是空，像梦一样，像泡影浮云一样。不管你怎么奋斗，怎么成功，最后都化归乌有，都是过眼云烟。痛苦也罢，快乐也罢，人总归都有一死。"

"你没有看破。"李真果毫不客气地打断他。

"我连生死功名都看透了，还没看破吗？"薛永新觉得自己的这些理由，足可以说服道爷爷。

"你没有放下。"

"我放下了呀。我可以放弃云南的建筑队，什么都不要。因为我知道，世上的哪一样东西都不属于自己。"

"你的心没有放下。"

"心？"薛永新有些纳闷，老人的话像一团云雾。

李真果看着薛永新，此时的他，一片茫然。

"你知道孔子问礼的故事吗？"

薛永新摇摇头。

李真果伸手拿起放在旁边的酒葫芦，打开塞子，递给他："喝吧。"

薛永新接过来，一股浓烈的酒香顿时四溢开来，好像桂花的味道。他连喝了几口，一股芳冽之气顺着喉咙下去，仿佛五脏六腑都充溢着清澈而微醺的醇香，整个人瞬间变得精神起来，有了活力。

李真果又继续刚才的话题："孔子向谁问礼？当然是老子。孔子是历史上很有影响很厉害的人物，儒家思想的创始人，可他还要向老子请教。说明老子比孔子更厉害。"

老人的眼里流露出敬仰之色。

接着，他开始讲述这个故事，老人的眼神里打了一个长长的破折号：

"有一天孔子登门向老子问道，仲尼虽然精思勤习，一心求仁义，传礼仪，却空游了十数载，还是没有入大道之门。不知道为什么，老子回答说:'欲观大道须先游心于物。天地之内，寰宇之外。'这句话的意思是什么呢?"

老人把目光投向薛永新，但并没有让他回答。接着，缓缓道:

"老子说，想要认识大道是什么，想要进入大道之门，首先必须把心放下。一个人总是对一些事情耿耿于怀，放不下，就会使心灵闭塞，执着于一切烦恼与困惑。当你的心超然于物外，忘掉了身体，忘掉了自我，放下生死，才能遨游于天地间，真正地认识道。"

"放下生死?"薛永新咀嚼着李真果的话。

"什么是生死呢?"李真果看到他脸上的问号，解释道，"老子说，万物生于有，有生于无。一切万物的有来自无，一切万物的有又回到无。一切的无，都会产生有，一切的有，都会变成无。一个人来到世上，从没有形体到有形体，叫作生;一个人生命停止呼吸了，从有形体到无形体，叫作死。任何人都脱离不了生老病死，这是自然规律。但是，一个人死了，从有的世界进入无的天国。这个无，是永恒，是万物的归宿，是道。人死，只是肉体的消亡，物质的变化，他的精神和灵魂还在，回归于道。"

李真果停顿了一下，又说:"当我们安于造物的安排，忘却生死，顺应自然规律，才能进入道的永恒境界。"

薛永新开始理解"生死"，但他仍然还有闹不明白的地方，发问道:"道究竟是什么呢?"

李真果理了理长长的白胡子，微笑说:"这个道啊，以后我会慢慢给你讲。简单地说吧，一个叫'一'的东西产生了天地万物和人，产生了有形的世界，有情的众生。'一'又从哪里来? 它从道而来。道就是最高的，高于一切的。"

他停顿了片刻，看着思忖的薛永新，说:"回到你的问题。道是什么? 道是无，没有时间和空间的障碍，又遍布在宇宙的时间和空间之内，渗透在万事万物之中，潜藏在我们的心灵里。它无为无欲地关怀宇宙众生，以最高的德行，帮助我们迷失的灵魂回到淳朴的本性，与道合一，从而再造我们的道德生命，找到真我，才能寻找到人生真正的方向。"

薛永新的眼睛放光，他开始对玄奥的"道"有所认识和领悟。

"回到刚才的话题。"李真果看着他闪闪发亮的眼眸，继续讲道，"老子叫孔子把心放下。这个心，放在哪里呢？放在道中，就是无为无欲，远远超越了有相、有欲、有智的道。当你的心没有了私欲，没有了执着，道的慈爱之光就会照亮你的本心，滋养你的生命。当你的心超然于物外，就会反观内心，朗照乾坤，放出大道的无量光明。孔子听了老子的话，他的心终于放下了。他找到了道，他那些关于仁爱的思想，都是从老子的道德思想吸取过来的。"

李真果看着薛永新，语带深意地说："孩子，你明白吗？放下你该放手的东西。"

薛永新思忖老人的话，脸上挂着一个大大的问号。

"我知道你是想问我如何才能放下。"李真果又在发挥他的读心术了，"我给你讲一个佛教禅经故事，你就会明白。"——

有一位修行人拿着两只花瓶给禅师。

禅师说："放下。"

修行人放下了一只手中的花瓶。

禅师又说："放下。"

修行人不解，又放下了另一只手中的花瓶。

禅师还是对他说："放下。"

修行人不解地摊开双手，问道："我现在已两手空空，还让我放下什么？"

禅师微微一笑："我不是让你放下花瓶，而是要你放下一切烦恼执着。当这一切你都放下，再没有其他什么的时候，你将从生死桎梏中解脱出来。"

薛永新被老人的讲解深深吸引，在柴火的火光映照中，他的眼中洋溢着异彩，突然有所触动和感悟："没有其他什么的时候，就是放下了生死，放下了那个自己。外在的因素，都不能影响我的一切，比方说，财富啦，权力啦，名利啦，包括痛苦、烦恼、屈辱啦，都不能影响我内心的喜悦与平和，像道爷爷您现在这样，对吗？"

李真果赞许地点头。

"道爷爷，我还有一个问题想不通。"他抬起头，委屈地说，"我一出生就抬不起头，家里被打成'黑五类'。父亲、爷爷被五花大绑游街、批斗，身心遭受摧残。"

他说到这里，眼圈红了。

"我十五岁便在外到处流浪，打工。我只求谋生，本本分分靠手艺吃饭。可是，在这十多年里受尽了磨难和屈辱。相反，那些为非作歹的坏人却飞黄腾达。这是为什么？命运为什么这么不公平？"他联想到那个陷害他全家，后来成为造反派头目的生产队长，联想到自己流浪在外、因为"黑五类"身份，东躲西藏，受尽冷眼和折磨，愈说愈激动。

"好，我们就先说说磨难吧。"李真果理解地看着他，淡淡地说，"你那些磨难算什么呢？我被冤枉折磨了几十年，那些人给我戴上'一贯道''历史反革命''搞封建迷信'的帽子，我遭到一次又一次无情的迫害，九死一生，难道我就心甘情愿吗？难道我因为想不通就心灰意冷吗？"

"可，您怎么会是'反革命''一贯道'？"薛永新的眼里满含惊愕。他的心目中早已认定，老人是一个代表高尚、慈爱、智慧和道德的化身。他怎么会是"坏人"呢？

"说来话长啊。"李真果的语气变得有些沉重，"我这一生历经了腐朽没落的清王朝末期，历经了军阀混战、日本鬼子屠杀我中国人民的时期，亲身经历了种种压迫和欺凌。到了新中国成立，终于翻身了。可转眼间，反'封资修'和'文革'开始了，厄运又降临我的头上。这是国家的劫数，更是个人的劫数哪！"

李真果那双深陷的眼睛在袅袅青烟里透着辛酸。

"他们把您怎么了？"薛永新问道。

"这得从头说起。我自幼随母流浪，被义父收养。十五岁那年，未婚妻遭受凌辱而死，我为报仇雪耻，踏上了拜师学武的道路。我走遍名山大川，结识了几位大德高道，从此跟随他们学道行医，肩挑明月，两袖清

464

风，开始了修行的漫长生涯。"

虽然老人轻描淡写地讲述了他的经历，但薛永新深切地感受到他所饱受的辛酸，非常人所能承受的磨难。

"'文化大革命'来临，我的劫难也来了。那些造反派说我是'牛鬼蛇神'，装神弄鬼、借医行骗，搞迷信活动。他们把我赶出道观，还把我满屋的典籍、医书，还有草药、丹药都抄走了，全部焚烧。我心痛啊！"

李真果的眼睛里闪烁泪光。

薛永新回忆起小时候，看到道观被砸毁得面目全非的惨景，感同身受。

李真果陷入了回忆中："他们把我关在厕所旁的黑屋子里，不准人来看我。隔个三五天就要开一回批斗大会，把我五花大绑，要我跪下。我不跪，他们就用竹板毒打我，用钢钎压我的腿，两头还用人踩着。"

"那帮人要我写悔过书，承认罪行。我不认罪，劝他们停止恶行，不然会遭天谴。他们心里虚弱，就百般折磨我，用棍棒打，用布包上秤砣打，往死里打，将我的头发吊在黄桷树上。我的头发被抓掉，牙齿被颗颗打落，手被打断。最残酷的是，他们用钢钎从左背后刺进，左前胸抽出。我昏死过去，百姓都认为我死定了。但是，我活过来了。"

薛永新的心被刺痛了，仿佛有把匕首穿透胸膛一样痛彻心扉。他无法想象那种惨无人道的残酷场面，更无法想象一个耄耋老人竟承受过如此非人的折磨。若不是老人凭着强大的内心和深厚的武学内功，恐怕难以死里逃生。

令他惊奇的是，眼前的老人已经百岁了，又经历了各种屈辱磨难，却红光满面，精神矍铄，浑身透着飘逸的风骨。尤其，那双深陷的大眼睛，神光外射。而他平静的脸上，仿佛没有风雨，没有沧桑。

此时，薛永新仿佛接收到了真果祖师身上一股强大的力量，感到身体里注入了一种强劲的活力，精神为之一振。与老人相比，自己十多年受的苦是如此微不足道。他感到惭愧。

"道爷爷，您一身武功，他们往死里折磨您，为什么您不还手呢？"他想到了一个问题。

他记得自己亲眼目睹爷爷当年游街示众的情景，那时他恨不得把那姓黄的大队长干掉。他平生第一次也是唯一一次想杀人，也就在是那一刻产生的念头。

"我连蚂蚁虫子都从不伤害，我怎么能够还手呢？"李真果看着满脸疑窦的薛永新，"老子说，'夫天道无亲，恒与善人。'天道是最公平的。一个好人，一个有淳朴的德行的人，即使遭受很大的磨难，但最终伤害不了他们。因为上天会保护他们。而那些坏人得逞一时，却终会得到应有惩罚。这也是佛家常讲的因果报应，善有善报，恶有恶报。'文化大革命'违背了道，颠倒了乾坤，但灾难会有结束的一天。历史只有向前，不会倒退。这是道的规律，自然的规律，社会发展的规律。"

李真果的一席话，像一盏明灯，照亮了薛永新心头的黑洞。

"老子又说，'吾所以有大患者，为吾有身。及吾无身，吾有何患？'我们之所以会有忧患，是因为我们有自我的存在。如果我们忘掉了自我，还有什么忧患与畏惧？虽然目前加在我头上的罪名还没有昭雪，但又有什么关系呢？"

李真果给薛永新念了一段话："为天地立心，为生民立命，为往圣继绝学，为万世开太平。"

薛永新默默地记着，沉思着。

"孩子，记得我们相见时，我跟你说过要记住一句话吗？"老人又反问道。

薛永新回忆那次相见的情景，暗想，那天老人说的话很多，是哪一句呢？

他猛然福至心灵："学好得好，做好得好，想好不得好。对吗？"

老人嘉许地点头："但还要加上一句，世界和平，国家安宁，大家都好。"

他又解释道："道德的光明不仅充满每一个人的心灵，还观照整个民族和世界的和平安宁，播撒广大博爱慈善的种子，遍布朗朗宇宙。"

薛永新陷入了深深的触动之中。他看到了老人崇高的品德和博大仁爱的胸襟，心中肃然起敬。他感到自己狭隘的视野打开了，境界得到了升华。

他把这句话深深地记在心里，作为自己人生的激励。

这是一种多么可贵的"无为"境界！薛永新突然灵犀一动，老人的这一席话，是在给自己传道啊。

从上午到晚上，从日出到月亮升起，李真果毫不倦怠地在给薛永新上课，从老子讲到做人，从道家思想讲到治病救人，从社会和谐讲到世界和平，深入浅出，循循善诱。

"你还想出家吗？"李真果突然问道。

"我还是想出家，想跟您学道。"薛永新的脸上有一种固执的神情，只是与先前出家的理由不一样了。在他的内心产生了信仰，越来越强烈。

李真果摇摇头，语重心长地说："虽然我收你做徒弟，但你已结下了尘缘。你上有老，下有小，儿子是你与妻子爱的结晶，你必须对他们负责。我们中国传统文化讲的是孝为先。你有父母，要尽孝道。你有所爱的妻儿，身为人夫，身为人父，就要尽一份责任和义务。"

薛永新低下头，沉思。我的亲人都在，我怎么割舍得下我的父母，我的爱人，我的子女？

他的眼中噙着泪光，内心人神交战。

"不能出家也一样修道。真正的菩萨在庙外，真正的神仙在民间。只要你心里有善，有爱，有美好的信仰，无私无欲，把智慧和真理传播给大众，传播给那些迷茫的人，用行动为众生谋福祉，带去喜悦、安乐和光明，就能成就自己，成就大道人生。"

薛永新听得思潮翻腾。他从来没有听任何人讲过这些道理，更别说这么深刻的启迪。

他或许并不那么清晰地知道，决定自己命运的方向，对他的一生意味着什么。但是李真果的一番饱含道家思想的真谛，把他提升到更高的境界上，"大道"两个字从此深深地嵌入了他的生命里。

"回去吧。好好想想，你在哪里？你要去哪里？"李真果意味深长地说。

我在哪里？我要去哪里？带着这一个很大的哲学命题，薛永新回去了。

回家后的第三天，薛永新买了去禄丰的火车票，准备返回云南。那边的工程催他赶快回去。

这是 1980 年 5 月 1 日，一个淡淡阳光的午后。

他坐在开往云南的火车上，呆呆地望着窗外。当火车在峨眉山车站停靠时，他突然起身，伸手拿起行李，匆匆下了火车。

他后来回忆起那天的举动，仍然无法明白是为什么。或许，这是命运的指引。

他朝峨眉山走去。

走在幽深曲折的山路上，面对山中忽隐忽现、变化莫测的云霭，仰望高耸云天而静寂的雄峰，他一直在思考老人提出的问题："我在哪里？我要去哪里？"

或许他不能完全理解，但是他认为老人是对的，他必须知道在通往巅峰的旅程上，自己在什么地方。因为只有清楚地知道身在何处，才能根据情况改变路线，选择正确的方向。

此刻，他在峨眉山。

此刻，他从伏虎寺经清音阁，登上了洗象池。

此刻，他有两条路，一条下山去，重新登上开往云南的火车；另一条，继续往上走，直到想清楚自己要去哪里。

此刻，他在此刻……

夜幕降临，明月中天，银色的月光披洒在金顶上。

薛永新沿着山路往上攀登。夜很静，一片暗黑。山寺的钟声忽然响起，一声又一声，清清玄玄，撞击他的心灵。

他关了手电筒。不用打灯，今夜有皎洁的月光。

幽暗里，山路边的野花传来芬芳的香气。他深吸了一口。不知为什么，他似乎听见了花开的声音。这轻柔的声音，很静，很细，在耳畔回响，直抵内心。

他登上了金顶，独自伫立在夜色中，月光投下他深沉的背影。他想了很多，从幼年便遭受迫害，少年便出外谋生，历经磨难。虽然现在事业刚打下基础，但是，他清楚地知道，这不是他要的未来。

大雄宝殿上钟声又一次响起。他突然明白自己在哪里，要去哪里。

他在金顶住了一宿。月光照进禅房，一夜无眠，他思考了很久很久。

第二天一早，他下了山，发了一封电报回工地，告诉云南那边的伙伴们，自己不再回去了，工程交给他们完成。

眼下他有一件最重要的事要做。

第五节　申　冤

"你疯了吗？你说什么胡话！"当薛永新返回家里，说出自己的决定时，父亲蓦地站起身，又惊又气地责备道。

"我清楚自己在说什么，在做什么。父亲。"薛永新的表情很平静，语气透着一种决然，看得出来是经过深思熟虑之后的决定。

父亲了解儿子，一旦他决定的事没有任何人能改变。

"云南干得好好的，为啥要放弃呀？你太傻了！你是不是走火入魔了？"

难怪家人无法理解，就是乡邻朋友都难以理解。他完全理解所有人的震惊，便是他自己也觉得很突然。

在峨眉山的一夜，薛永新做了一个很重要的决定：为真果道人洗刷冤屈。

"文化大革命"已经结束，国家拨乱反正，一大批曾经的"走资派""反革命""臭老九"和"牛鬼蛇神"等得到了平反昭雪。可是，这位一生乐善好施、悬壶济世的百岁道人，历经磨难辛酸，竟还没有摘掉戴在他头上的"帽子"。虽然老人没有任何抱怨，也没有要求，但他感到揪心的疼痛。

他要让老人在有生之年沉冤得雪。

他要让世人认识，李真果不是"牛鬼蛇神"。

他要让人们了解，这位爱国爱教的高道大德，倾其一生弘道传法，利乐众生。

老子说："物或损之而益，益之而损。"善待他人、肯为他人付出的人，不会因为付出而使自己受损，反而会使自己得到更多的回赠。

当你有爱人之心、利人之行，你就具备了滋养万物的厚德。

薛永新决心不惜一切为师父平反。

这也是他对无私传道的老人的感恩。

薛永新清楚自己将失去什么。他会失去在云南亲手创立的事业，失去那一片天地。但是，他无怨无悔。他愿意放下，放下一切烦恼，放下一切名利。

孔子放下了，才有今天我们认识的孔子。

修行者放下了，才解脱所有的生死桎梏、烦恼执着。

放下了，才能走出来；放下了，才能知道自己要去哪里。

尽管放下比拿起更难，但薛永新义无反顾。

家人最终明白了薛永新为真果道人平反的心愿，理解了他。这让他感到安慰。

他的两位师兄闻听薛永新要为师父申冤的消息时，连夜赶来，问他需要什么帮助。

当地的群众、受过李真果治疗的众多患者，听说薛永新要为彭道爷平反，纷纷表示支持。还有人来到薛家，主动提供彭道爷的真实情况。

薛永新和他的两位师兄，备受鼓舞。"兄弟齐心，其利断金。"他们立即着手准备真果祖师的申诉材料，连夜赶写申诉书。

薛永新从潼南来到了省城——成都。

顶着头顶一轮炙热的骄阳，一个肩挎背包的青年骑着脚踏车，奔走在城市的大街小巷。

带着厚厚的申诉书和各种证明材料，薛永新四处奔波。

省委统战部、省民政局、省平反办公室……每到一处，他就拿出一大叠材料，向领导反映、呼吁，希望早日解决彭道爷的平反问题。

"你为什么要给彭道爷平反？你知道他的罪名吗？"在信访办，一位戴眼镜、姓王的干部问他。

王干部的眼睛从镜片的反光里折射出一丝疑惑和不解。

"他没有罪。"薛永新清晰地回答。他举着手上的一大叠材料，又说，"这些真实的材料，能证明彭道爷无罪。"

"无罪？"王干部用手推了推鼻梁上的眼镜，"他搞封建迷信，蛊惑、欺骗群众，就凭这一条，他一辈子都洗不清。"

"请问，他为群众治病，解除他们的身体痛苦，这是搞封建迷信吗？"

"这……"王干部语塞，想了想，似乎找到了借口，"他装神弄鬼，就是封建迷信！"

"中华的医学和道教都源于上古时期的巫术，道医同源。道教是中国的本土宗教，你知道宗教是什么吗？"薛永新对王干部的"定性"非常气愤，不客气地反问道。

王干部愣了一愣，表情尴尬。

薛永新侃侃而谈："宗教是人类社会发展到一定历史阶段的一种文化现象，是支撑人类生活的重要力量，也是世界文明延续的重要部分。它与人类文明同步。"

"宗教固然有神性色彩，但所有宗教都是引人向善的。"

"道教是在中国数千年古老文化的基础上形成的本民族传统宗教，是我们老祖宗对大自然、社会、众生和谐共生，探索与总结的经验，蕴含了道家对宇宙、万物及生命的思考，还包含了中国古代哲学、文学、医药学、养生学、化学、音乐、绘画、地理等。它博大精深，堪称中国传统文化的宝库。道教崇尚清净恬淡、存善去恶、修身养性，从古至今早已融入了中国人的生活方式中。"

"我连宗教都不知道是什么吗？"王干部不满地打断他的话。言下之意，我堂堂国家干部，还用你这个乡下来的给我上课？其实，王干部从未思考过什么是宗教，经薛永新这一讲，他对宗教开始有所了解，但面对薛永新的逼人气势，他又放不下面子，装作自己很懂的样子。

"不知道它的含义，就是无知。我相信王干部不会不知道吧？"薛永新并不介意，微微一笑道。

"我，我当然知道。"王干部更加尴尬。

薛永新话锋一转："所以，彭道爷作为宗教人士，他用道家医术为人治病，所做所为并非迷信，而是行善救人。"

王干部一时语塞。

为了说服王干部，他又讲起了道医之术："汤药、针灸、按摩等，是道医与中医共同使用的治疗方法。而气功治疗、仙丹、符箓、禁咒等，属于道医特有的治疗方法。古代的药圣孙思邈说：'斯之一发体是神秘，详其辞采，不尽人情，故不可得而推晓也。但按法施行，功效出于意表。'"

王干部听得一头雾水，又感到一种新奇和神秘。他猜想这个从潼南来的农村小伙子，可能是某个名牌大学毕业的大学生。

如果他知道薛永新仅仅小学毕业，他脸上的表情绝对目瞪口呆。

薛永新耐心解释说："孙思邈认为，这种带神秘色彩的禁咒法，好像不近人情，不可理解，但又有功效。彭道爷就是用汤药和道医的特有疗法，治好了数万人的病。这是事实。"

"可他是历史反革命！"王干部又抛出了另一条"罪名"。

"彭道爷一生行善施仁，爱国爱党，从未做过反党反人民的事。何罪之有？抗日战争时期，他曾只身到上海打败了数名挑战的日本武士，长了中国人的志气。他古稀之年还曾报名参加修建成渝铁路，这种爱国精神，难道错了吗？

"他在'文化大革命'时期遭受那么大的迫害、凌辱，却丝毫没有动摇过对毛主席和共产党的热爱。他常对人说：'毛主席、共产党是为人民谋福利的。'他教导民众：要遵守三大纪律八项注意，认真学习、体会与实践，难道这是'反革命'吗？

"他多年行医，为人疗疾，施惠于群众，常常分文不取，无私无欲。这样一个具有高尚品德的道医，难道是有罪之人吗？"

薛永新连连几个追问，使王干部哑口无言。

在改革开放之初，当时思想还没有得到彻底解放的中国农村，平反工作进展缓慢。尽管广大干部心里同情李真果的遭遇，但没有人敢为他摘去"冤帽"。谁摘了，谁就站在封建迷信这一边；谁摘了，谁就与"一贯道"一个立场。没有人敢冒险。

但是，薛永新没有放弃。

他想起真果祖师曾对自己说："我一个年逾百岁的老人，也许到死都不明不白，背着一个'历史反革命'罪名的包袱去天堂！但是，我问心无愧，我相信党的政策。对于我彭泽风一切问题，总有一天会尘埃落定，就算有一天我死了，一切事情也终会恢复它的本来面目。有相，是无相。老子说，宠辱无惊。生与死，宠与辱，荣与枯，没有什么可一惊一乍的。"

老人对生死荣辱如此从容，如此淡定，令薛永新更加心生敬仰。他暗暗发愿，一定要让历史还老人清白。

一个历尽坎坷磨难仍保有慈爱之心的老人，一个穷尽一生劝世救人、追求和谐之道的大德高道，怎么能够让他背着几十年的沉重包袱？

师恩如海，虽然真果祖师并无半点要求，但他要回报老人对自己的知遇之恩。是老人把自己从迷茫中引向人生大道。他心怀感恩。

他有责任为老人做一件事。

自此，薛永新到处奔走，为真果祖师申诉。最初，他去了两个地方，一个是李真果的老家安岳县，一个是老人居住的地方——遂宁。

一趟又一趟地奔走，他坚持不懈；一次又一次地反复诉说，被冷落、被拒绝、碰得头破血流，他没有放弃。

县里和乡上的一些干部为薛永新的精神和诚意所感动，主动给他提供一份份申诉材料。还有许多乡邻群众纷纷请求联名上书。

其中，遂宁大安公社干部林某及社员夏某、陈某，在申诉书中言辞恳切地写道：

"我们认为彭道爷讲道德、讲仁义，志在济世救人，不计厚利，并非以医骗财。现他年逾百岁，遭遇凄惨，我们心实难安。特此联名请求，宣布彭泽丰无罪，恢复其人身自由，以体现党的温暖和政策的英明。这不单是我们三人的心愿，也是成千上万的沐恩病人的共同呼声。"

这样的申诉书还有很多。字里行间写满人们对李真果的崇仰之心，所发出的强烈呼声，让薛永新十分感动。

作为李真果家乡的安岳县委、县政府的领导，也十分关心这个问题。1984 年有关领导专门召开会议，研究如何妥善处理历史问题，安排好李真果的生活。并专门派人拜访了当年跟李真果学艺练功的徒弟及知情者，查阅了有关资料，亲自会见了李真果，就有关疑点进行了核实，从而写出了《有关百岁老人——彭老道的情况调查报告》。从报告的内容上看，是比较客观、公正的。这也是李真果生前唯一的一份带有官方性质的报告。

有这么多人的支持，薛永新为之鼓舞。带着官方性质的报告，带着群众的联名书，他踏上了艰难的上访之路。

薛永新决定再到省城去。既然本地申诉无门，那么他就上高层反映。

于是，他揣着厚厚一大摞的申诉书，揣着满怀的希望，又来到了成都。

他去了当年住过的"红军院"。老首长听明他的来意，为他伸张正义的精神所感动，便建议他到商业街向省委反映情况。

这一天，在商业街"群众来信来访办公室"，一位干部热情地接待了他。

薛永新向信访办的同志反映李真果的冤情。他动情地讲述"文化大革命"中李真果遭受迫害的悲惨遭遇，回顾老人所经历的长逾百年、饱受苦难的一生，赞美他正道直行、竭力修真劝救，遭受重重劫难仍保持爱国爱教的精神。

一位女同志一边听一边记，眼里闪烁着泪花，充满同情。

"我们收下了你的材料，请你回去等待消息。"信访办的同志听取了他的反映后，对他说。

"谢谢同志！"

薛永新看到了一线希望之光。

走出信访办，薛永新的脚步却不由放慢了。

他暗想：等待消息？要等多久？会不会像官场上"研究研究"之类的敷衍托词？没有得到肯定的答复，他的心里很不踏实。

真果祖师已逾百岁，没有时间等。他不能让老人带着遗憾离去。走在商业街梧桐树下，他做出了一个决定：一边等，一边继续反映情况。

第二天，他东问西访，找到成都的红照壁街，来到四川省政协。他想，真果祖师是道教界有名的人士，政协工作就是要团结宗教界人士、落实党的政策。或许，这是一条路径。

"同志，我来为李真果道人申诉。"走进办公室，他直截了当地说明来意。

"请坐吧。"省政协的一位处理宗教事务的男同志热情地接待了他。

他再一次不厌其烦地讲述李真果的遭遇。男同志认真听取了他的反映后，对他说：

"李真果道人我们有所了解，但是他的问题涉及很复杂，也比较敏感。我们需要认真研究。如果是冤案，请相信党和政府会为他平反。"

"那，什么时候能有结果？"薛永新急切地问。

"这个……我也说不好。"男同志为难地说。

薛永新走出省政协大楼。天色阴阴的，有些黯淡。他的心里感到迷茫，像这阴郁的天气。

他必须要等到一个结果。

在成都南府街的舅爷家，薛永新暂时住了下来。他一边继续奔走，一边用真果祖师传授的药方为人们义务治病。他时刻牢记着老人的嘱托，做好事，做善事。

每天上午，或在青羊宫，或在文殊院，人们常看到他为患者免费发药的身影。他从不收取一分钱。有的病人被治愈后，送来礼品和现金作为酬谢，他都予以谢绝。

"薛师傅，请收下吧。您治好了我的病，把我从死亡线上救回来。我一定要报答您的大恩大德。"一位患者恳切地对他说，一定要他收下重礼。

"是啊，请收下吧。不然，我们心里不安哪！"其他患者纷纷恳求道。

薛永新微笑着对大家道："我不收钱、不收礼，这是道规，不敢有分毫的贪念。"

"可您要吃饭呀。"

"大家不要担心我。只要能解除你们的痛苦，你们的病好了，我就很高兴了。"

他又真诚地说："我治病，其实不是我的本事，是真果祖师传给我的。他是一个学识渊博、品德高尚、医术高超的大道医。我做这些事，都是老人家的指引。"

"真果祖师常说，学好得好，做好得好，想好不得好。不但自己要做好，还要劝别人做好。大家都来学好做好，世界也就好了。"

他随时不忘向人们介绍李真果，让人们认识一生充满痛苦与酸辛，却不忘劝善救民的真果道人。

有一位患者问他："我的病能治好吗？"这个患者对他讲，自己做了一些不好的事，担心自己患这种难治的病是报应。

薛永新便将真果祖师常对病人说的话转述给他："世上只有一种病不能治，死不改悔。只要知错就改，病就会好。如果不改，就别来找我了。"

患者听了，觉得有道理。自此常做好事，病也不久而愈。

为什么注重道德修养，学好行善，就能有利于治疗疾病？道家治病有两种方法，一个是从生理上治疗，另一个是从心理上治疗。道家更注重精神治疗。李真果曾对薛永新讲过这样一个道理，行善积德者会给自己带来精神上的愉悦，不谋私利，不患得失，因而心志祥和、气血调和、身心舒畅，有益健康。这叫作"外功内果。"

道教从创建之始，便把医药学作为道家修道布教的重要内容，逐步形成了一套具有宗教特点的医学体系。现代医学也证明，精神治疗对病人是有效的。

薛永新谨记在心。他给病人发药的同时，常常从精神内在、道德品质方面，开导患者的心灵，使他们从内心解脱烦恼痛苦。

由于他每天坚持无偿为病人送药，加上四处奔走，不到半年，他就把做包工头时所挣的积蓄花光了。

薛永新做事从不半途而废。他坚持要等到李真果的冤案有了结果，再回老家。

为了能继续留在成都，他只得重操旧业，干起木匠活，帮城里的人们打家具维持生活。他做一个三门立柜收十五元工钱，然后又拿着这钱去买药。因为每天上午，很多人在青羊宫或文殊院等他发药。他不能让他们失望，宁肯自己饿着肚子，也要把节省下来的钱用来买药。

薛永新听说一位患者病重不能来拿药，他便抽空骑着一辆破自行车，亲自跑到二十多公里外的温江，把药亲自送到患者手中。

那天正下着雨，望着冒雨送药的薛永新，那位患者感动得流下了热泪，直握着薛永新的手久久不放。

因为长期免费发药，有时他弄得无钱生活，日子非常窘迫，每天只能吃八分钱一碗的素面度日。但是，薛永新的内心是快乐的。能为人们治病，能为真果祖师奔走，他感到每一天都充满意义。

美国人约翰·路巴克说："有心让别人变得更快乐、更美好，即使只是举手之劳，也是值得称道的企图。"

能够给他人带来生活的希望，才是最崇高的、最可敬的企图。薛永新希望自己永远葆有这个积极向善的企图。

从 1980 年到 1981 年，整整两年的时间，薛永新多次往返于县、市、省之间，跑了很多部门，省委统战部、省民政局、省宗教局等，通过各种渠道，一次又一次地反映李真果的真实情况。他的执着和不懈地努力，引起了有关部门的重视。

经过慎重研究，有关部门得出结论：李真果在"文革"中被打成反革命、地主、"一贯道"等罪名均系造反派所为，这些罪名不成立。李真果是无辜的。但由于历史原因，当时的政府部门没有下任何书面结论与文件，所以不存在平反与否。

虽然有一些遗憾，李真果在"文革"中所遭受的种种迫害因"不存在平反"而不了了之，但是，李真果的冤案终于有了明确的结果：李真果道人无罪。

历史终于还老人以清白。

李真果背负了十年之久的冤屈，尘埃落定。

其实，当地的干部群众、经他治愈的无数病人，早已在心中为他平了反。他坚持清静无为的道家学说，朴质坦荡、正直无私、修道求真、劝善救世的实践，已经在大众心中铸成了不可改移的形象。在民间一直流传着关于李真果的传奇故事。人们尊敬地称他"活神仙""神医""真果祖师"，这就是历史对这位生活在中国农村的宗教界人士——一代高道大德李真果的最好的评价。

薛永新急匆匆返回遂宁。他要将这个消息告诉老人。

一路上，他不知道是高兴，还是失望，可能这两种情绪都夹杂其中。两年的努力并没有白费，李真果的罪名得到了洗清，可是，却没有拿到有关"平反"的一纸文书。

回到遂宁，他把结果告诉了老人。

李真果点点头，似乎结果在他的意料之中，沉默了片刻后，说："永新，你尽力了。"

"只是，这件事没有圆满。"薛永新难过地说。

"圆满在自己的心中。不要强求，已经很好了。"

"可是……"

"孩子，还记得我对你说过的话吗？"

"您说，你要知道自己在哪里，要去哪里。道爷爷，我已经知道了。"

我知道我在哪里，我在这里。我知道我要去哪里，那是我的方向。经过这两年的历练，薛永新已经领悟了这句话的深意。

李真果赞许地微笑了一下，又道："将来你会不知道自己在哪里。当你不知道自己在哪里的时候，忘记自己是谁，你就真正悟道了。"

"这是什么意思？"他一头雾水。老人家一会儿让我思考自己在哪里，一会儿又说，你要不知道自己在哪里。这就是玄之又玄的道？

李真果微笑不语。

这是一个深玄的禅机。薛永新当时并不能体会，但在后来他深深地参悟了。

第六节　执　法

薛永新在遂宁留下来了，跟李真果学道。他是唯一的道外弟子，也是唯一的没有身穿道服的居士。

一个夏天的黄昏，夕阳缓缓下坠。天空的一抹晚霞，像一片巨大的红叶落在山岗上。

薛永新在山上采药。他挽着袖子，那强劲的胳膊，结实的肌肉，看上去很有力。他俯下身，采摘草叶。那一双并不大，却清澈如泉水一般的眼睛，十分专注。而他清俊的面部侧影，静静的身姿，使他有一种飘逸出尘的气质。他身后的暮色越来越浓，晚霞加深了颜色。

他沐浴在一片紫色的黄昏里。

他喜欢这里，喜欢这样一种安静、祥和的氛围。这与他在云南尘土飞扬、机器轰隆的生活，完全是两样。两个不同的世界。

在李真果的指导下，加上他的勤奋与悟性，在短短的时间里，他已经能识别千百种草药。

此刻，他被眼前满山遍岭茂密的植物和芬芳的花草所吸引，这些都可能是珍贵的药材啊！他直起身，闭上眼睛，深深地吸了一口芳香，顿时感到身体内浸入了一股流动的清气，浑身上下变得充满活力。

如果将来我也在满山遍岭种上一大片药材，该有多好！他心念一动。

"师弟！"身后一个声音传来，打断了他的思绪。

他转过身去，见是大师兄玄一在远远唤他。

"祖师叫你赶快回去！"玄一走到他近前道。

从山下到山上，有几十余丈高，玄一师兄竟然毫不气喘，可见其内功有多深！真果祖师的弟子个个都是武功高人！他暗暗惊叹。

"有什么急事吗？"他问道。

"回去你就知道了。"玄一卖了个关子，表情神秘。

他不再追问，立刻挎上装满草药的背篓，随玄一师兄匆匆下山。

当薛永新回到李真果居住的旧式道院（实际上已被改造成农村院落），夜色刚好降临。

眼前的情景让他一阵惊讶。偌大而静谧的庭院布好了法坛，庭中央摆放着一张檀香木的香桌。香案上供着水果、米酒、蜡台花瓶等祭品，还有盛"圣水"的净盂。香炉上，氤氲的灵香缭绕，笼罩着神秘的气氛。

乡村在夜色中隐去，院后的山峰如墨。安静得可以听见落叶的声音。

这里很僻静，丘陵起伏，与村里所住的人家都相隔甚远，几乎没有外人到此。

山坡上的这座独立院子，好像一个独立的世界，超然于红尘之外。

月亮升起来了，如水的月光洒向幽静的院子。院子里恭敬地站着二三十人，排成两排，相对而站。他们都是李真果的弟子。个个穿着藏蓝色的戒衣，谁也没有说话，垂首而立。鸦雀无声。空气在沉默中显得异常紧张。

薛永新心里一阵惊疑：怎么气氛好像不对？

这时，只听吱嘎一声，前庭正厅那道厚重的青黑色木门打开了。李真果头戴一顶云霞五岳宝冠，身着黄色的道袍法服，外披大红霞帔，脚蹬一双藏青色高靴，手持玉简，在清朗的月光中随徐徐清风飘然而来。那长长的白胡子，在胸前飘举。整个人好像仙翁降临一般。

薛永新第一次见李真果如此威仪，既感到神秘，又充满好奇。暗道，道爷爷要做法事吗？

更令他感到惊奇的是，一个二十多岁的年轻女子紧随李真果的身后。女子一袭白衣，挽着乌云般的道髻，发间一支如意玉簪，一绺青丝长发垂在肩后。她身佩一把挥灵剑，长长的剑鞘在月光下发出闪闪寒光。她长得很美，清丽脱俗，一双大大的眼睛闪动着云雾般的灵气，却又凛然生威。她手持拂尘，步履轻盈如凌波微步，像飘过来一般，仿佛天界女仙下凡。一看便知轻功了得，此女子不凡。

薛永新从未见过她。

李真果来到庭中央，在醮坛的香桌边坐下，神情肃穆。那把太师椅仍是斜着的。老人那双深陷的大眼睛神光外射，有一股凛然威严之气，让人望之顿生敬畏。

白衣女子静静地站在李真果的右旁。

李真果见薛永新回来了，对他说："永新，你到这边来。"

薛永新恭顺地走到李真果的左侧站着。刚好与白衣道姑一左一右，令人联想到神话中的护法灵官和天仙玉女。

他不明白真果祖师要自己做什么，但又不敢问。只能默立身旁，等待着。

院子里的气氛更加严肃，令人不安。

李真果轻捋胡须，对薛永新道："你就站在这里，给我执法。"

老人的语气里透着一种威严。

执法？他大惑不解。执什么法？真果祖师为何让我执法？他看到师兄们个个诚惶诚恐，噤若寒蝉，觉得事态似乎很严重。难道出了什么事吗？要惩戒谁？

在遂宁的这段时间，他读了许多道教的典籍，对道教的清规戒律开始有一些了解。道教除了实施种种修炼方法，还有一些严苛的清规律令、道德规范，要求修道之人行善去恶，以合乎道的规范，成为道德高尚、德行淳朴的人。因此道教有很多戒经，道人每天都要修的功课。一旦行为举止违反戒律，就要受到严厉的惩戒。

月色下，李真果缓缓起身，面向坛上的红烛，静气凝神，突然右手一指，扑哧一声，一排红烛不点自燃。幽暗的院子顿时明亮起来，笼罩着一层红光。

薛永新大吃一惊。第一次目睹真果祖师运气施功，如此神力，他不由得差点惊呼起来，暗暗惊佩真果祖师深厚的内力已达出神入化的高深境界。传说中李真果武功盖世，身怀绝技，真是此言不虚！

随后，李真果手捻三支清香，轻轻一晃，香燃。然后将香插于几案上。薛永新闻到一股清新的异香，深深地吸了一口，感觉五脏六腑都舒展开来，仿佛心随灵香飘向天宇。

他知道这是真果祖师用的降真香。道教醮坛以降真香品位最高，认为是天帝灵香，其香气可以上达通明，还可以下辟室内秽气、消除灾厄，仿佛神真降临。

香在民间是一种敬神的方式，在道教科仪中最重要的仪式是行香。神仙是道教的基本信仰。"凡修斋行道，以烧香燃灯，最为急务。香者，传心达信，上感真灵。灯者，破暗烛幽，下开泉夜。"道教认为，幽雅纯净的香品，吸收了天地的精华和灵气，被赋予通达上天，感通神灵之用。道教还认为，香可以提升人的修养，端正德行，清心净欲。同时，采自大自然的香料，如沉香、檀香、泽兰、麝香等，在道教医学中还具有药用价值。

在感官上，焚香产生的沁人心脾的香气，给人愉悦的心情；在视觉上，淡淡的烟雾制造出仙境一般的幻景，让人有置身仙境的感觉，仿佛神真下降，人神交接。

薛永新沉浸在这种神秘的氛围中。

焚香完毕，李真果又回到桌边坐下。只见他正襟危坐，存思运气，尔后迅疾手执狼毫，蘸上朱砂，在香桌上铺开黄纸，运笔如飞地画着道符。他左手捏诀，一边画，一边嘴里轻轻念咒：

"神笔挥洒，众神保佑，藉以安宁，降魔伏邪，吾奉太上老君急急如律令。一笔天地动，二笔鬼神惊，三笔平天下，四笔度苍生……"

李真果用丹道内功心法，将符咒传入薛永新的耳鼓，令他的内心肃然起敬。

念完，李真果将笔尖朝上，笔头朝下，以全身之精力贯注于笔头，用笔头撞符纸三次，然后用金刚剑指敕符，敕时手指用力，给人一种神力已依附到符上的威严感。最后他提起画好的符，绕过炉烟三次。画符仪式这才算完毕。

原来真果祖师在进行斋醮仪式，设坛作法！薛永新恍然大悟。

道教是多神崇拜的宗教，道家的符箓咒术，称为"道法道术""道术"，亦称"法术"，因而更具有神秘色彩。道家的法术，常为道教医家作为治疗疾病的手段之一，也被道家用于除恶扬善、斩妖降魔的一种斋醮法事活动。斋醮是道教特有的宗教仪式，源于远古的民间巫祝之术。人类学家马林诺夫斯基说："现代宗教中有许多仪式乃至伦理，其实都源于巫术。"

薛永新陷入了沉思之中，对中国道教文化所呈现的科仪有了进一步的感受。

过了一会儿，李真果转过脸对身旁的白衣女子点了点头。

白衣女子心领神会，躬身抱拳向李真果行了一礼。薛永新抬起头，望着这位神秘的白衣女子，不知她要做什么。

只见白衣女子左手端净盂，右手持一枝鲜花，浸醮圣水，然后云步轻起，遍洒醮坛。

不知是谁吹起了玉箫，先是一缕若有若无的丝竹之声，忽然间，箫声仿佛夹着一股山林之气，带起一阵旋风，涛声阵阵。刹那间，万籁俱寂，连蝉鸣鸟啼都戛然而止。

随后，白衣女子向北斗方向拜了拜，转身迅速绕坛，左手掐诀，右手挥剑，脚踏星辰八斗方位，行走九宫八卦，随道曲款款而举禹步。但见她衣袂飘飘，举手投足之间，宛如翩翩起舞；又若凌波仙子，轻轻移步，掠过水面而无痕。

薛永新被她奇怪的步伐所深深吸引，暗想：这便是道教仪式中的"步罡踏斗"吧？他在书中了解到，步罡踏斗，又称为禹步。禹步是道士作法的一种特殊步伐，也是道教斋醮时礼拜星斗、召请神灵的法术。传说大禹治水时，来到南海之滨，见一种鸟会禁咒术，能令大石翻动，而鸟禁咒时常作一奇怪步伐。大禹便模仿此鸟步伐，运用于治水之方术。水患被治服，大禹之术亦流传后世。这种奇怪的步伐，称为禹步。

道教认为禹步可招请神灵、伏魔降邪或者神驰九霄、启奏上天，是万术根源。葛洪在《抱朴子》中说："凡作天下百术，皆宜知禹步。"

明代诗人张元凯有诗描写皇宫斋醮：

宫女如花满道场，
时闻杂佩响琳琅。
玉龙蟠钏擎仙表，
金凤钩鞋踏斗罡。

对于"步罡踏斗"，薛永新只是从道教书籍中获知，今夜亲眼所见，令他眼界大开。

白衣女子一边踏罡步斗，一边不停地念动咒语，并配合掌指动作，进行道教中的另一个仪式：掐诀。掐诀是道士施用符咒时的一种手势，作用是通真制邪。

在这灵香氤氲、灯烛洞幽的坛场上，伴随咒语声声，恍若天神降临。在这人神交接的坛场上，薛永新感到世俗的尘念被荡涤净化，心灵受到醮坛神秘气氛的感染。

他看到师兄们默立着，人人脸上流露出敬畏之色。

或许，斋醮仪式的感化作用就在于此吧。他想。

白衣女子踏完禹步，闭目还息，陷入存想。此刻，清清朗朗的月光洒在白衣女子身上，她秀美的面庞呈现出一片祥和和安静。存想原是汉代兴起的一种凝心反省的养生术，用于自身修炼。道教也采用了存想，作为修

484

行通神的重要方法。

院子一片静谧。

薛永新默默地注视白衣女子，不知道她下一步要做什么。

过了一会儿，白衣女子慢慢睁开双目，平静地扫视站在面前的道士们。那一双灵动的明眸透出一道神光，令人不可逼视，感到一种威严和震慑。

白衣女子缓缓走到师兄玄一的面前，默默看了他很久。玄一脸上有一些不自在，把脸转向一边。

白衣女子盯着玄一，突然用手一指，厉声道："玄一，你知错吗？"

站在旁边的薛永新闻之，大为骇然。这道姑为何指责玄一师兄？

玄一的嘴角微微一撇，不语。他显然不服，一个年纪轻轻的女子，竟敢指责我这修道六十年的人？

"你不服？"白衣女子凌厉的目光逼向玄一。

"你心存嫉妒、挑拨是非。从真果祖师传授薛永新秘方的那一天起，你的心里就播下嫉妒的种子。你觉得很不公平，跟了祖师几十年，老人家从来没有传过任何秘方给你，却将秘方传给一个素昧平生的外来青年。于是，你对薛永新产生嫉妒，挑拨师弟们对他不满。"

薛永新闻言大吃一惊。原来玄一师兄对我不满，难怪那些师兄们对我很冷淡。他感到很内疚，自己的到来，给他们带来了烦恼。

玄一被白衣女子揭穿了心思，脸刷地红了，结结巴巴地狡辩："我，我没有！你这是猜测！"

白衣女子冷冷一笑："为什么真果祖师没有把秘方传你？因为祖师了解你的心里潜藏着嫉妒的因子。嫉妒不是善念。老子说：'正复为奇，善复为妖。'正可能转变为邪，善可能转变为恶。你嫉妒心加重，就会变成恶。一个修道之人，应存善持爱，怎可有杂念和私欲？"

"你知错吗？"

"知。"玄一涨红着脸，低声道，羞愧地低下了头。

薛永新暗道，这白衣女子从哪里来？她怎么知道这一切？

接着，白衣女子转过身来，指着另一个叫玄净的师兄，厉声道："玄净，你也别心存侥幸。你的罪孽比玄一更重！"

玄净就是当年在彭家场摆摊算命，骗人钱财的神算子，后来拜在李真果门下，成为老道的弟子。

玄净大惊，连连否认。

"你打着道士的幌子，又干起以前的江湖勾当，在邻县给人胡乱算命，骗取群众钱财，可有此事？"白衣女子质问道。

玄净一下慌了，仍然矢口否认。

白女女子盯着他，问道："有一天，你在溪边见到一个洗衣的女子，是不是起了色念？可有此事？"

"我……没有……不是……"玄净支支吾吾，暗想她怎么知道？那个地方很僻静，离村子很远，除了自己和那洗衣的女子，再无旁人。

玄净偷偷看了一眼正襟危坐的真果祖师，心里一阵骇然，不由低下了头。

白衣女子又继续说："你把那年轻女子骗到高粱地，调戏她。如果不是突然蹿出一条狗，你就犯下了大罪。可就是这样，你已经触犯了道规'五恶'中的贪色淫乱。你可知罪？"

玄净更加惊慌，狡辩道："我，我没有！那女子迷路了，我给她引路。"

薛永新注视着玄净，看出他明显在撒谎。

这时候，一直默然坐在桌边的李真果突然开口道："举头三尺有神明。你有没有做过亏心事，上天看得到，神明看得到。"

他目光如炬，威压的声音令在场的人感到震慑。

"神明是什么？神明是万物，是自然，是你们本来德行淳朴的内心。你的内心是清静干净的，神明会知道。你的内心是肮脏猥琐的，神明会知道。神明在天上，也在你们的内心。"

他又进一步说："老子说，道常无为又无所不为。天地法道之无为，与道统一。人之犯错在于有为，妄为，为所欲为。人不念道，道就不念人。人体念道，道也就体念人。人好比鱼，道就像水，鱼得水而生，失水而死。道去则人虚，怎么可以企望久生呢？道人奉道，就是积修功德、谦行仁义、行善去恶、清正无为，这样才能得道成仙。"

薛永新思忖，如此真能成神仙吗？谁见过神仙呢？

李真果看了薛永新一眼，又发挥他的读心术："永新，你想问我世上有没有神仙？人究竟能不能得道成仙？"

薛永新暗暗佩服，自己的一点小心思，也逃不过老人的法眼。

"神仙是什么？张道陵天师在《老子想尔注》中说，神成气来。神仙是万物大化之气凝聚而呈现的个体生命，是道的人格化身，是生命至真、至善、至美的理想境界，代表德行淳朴、谦行仁义、行善去恶、清正无为的完美品德。这就是神仙。每个人都可以成仙。修仙，就是修道，修道就是修心。心清静了，才没有浊气。心清正了，才没有恶念。"

李真果的一席话，令薛永新的心灵触动。道家敬仰的神明，原来代表万物、自然的淳朴德行，居住在人的内心。那些神话中神通广大的神仙，其实是"道"的化身。

李真果停顿片刻，转过脸，对众弟子说："你们知道我为什么叫永新来？他是执法者，替天行道。"

薛永新心里一惊，随即恍然大悟，真果祖师叫自己站在他身旁，原来是叫我担任代表上天执法的人。

可是，我怎么执法呢？他想，一脸茫然。

"永新，你什么也不用做，也不用说，就站在旁边看。"李真果看穿了薛永新的内心。

站在旁边，就是执法？尽管他还没有完全明白真果祖师的用意，但他突然觉得肩上的责任重大，不由挺直了胸膛，目光炯炯地注视着师兄们，俨然是一位从天而降的护法灵官。

灵官是道教著名的护法神将，常塑立在山门之内，镇守道观。灵官在道教中所起的作用，相当于佛教中的护法神将韦陀。他担当着纠察天上人间、除邪驱恶的神职。

黑暗中，众师兄的脸上流露出惶恐的神色。

"真果祖师，我错了！"玄净跪在李真果面前，一边磕头，一边流下悔恨的眼泪。

其他弟子也纷纷跪在李真果面前，一一忏悔。有的说自己曾经偷了别人家的鸡，犯戒窃盗；有的承认自己起过贪念，骗取百姓钱财；有的说自己嫉妒同门师兄，曾暗地使坏，冤枉好人。还有的说自己没有孝顺父母，让父母伤心离世，不忠不孝。

每个人都把自己的劣行罪念讲了出来，流着泪，真心地忏悔。

白衣女子默默听着，随后，走到一个叫玄空的年轻师弟面前，突然厉声道："玄空，你还隐瞒了一件事。"

玄空吃了一惊，神情慌乱。

白衣女子看着他道："你曾经看见一位病倒路旁的老婆婆，却见死不救，一个人走掉了。可有此事？"

玄空惊慌失措，低头承认："是。"

原来那天玄空急着赶路，去一座道观参加法事活动。路见一个老婆婆躺在地上痛苦地呻吟。他本来想去帮助她，可想到去晚了，就错过了法事。他便假装没看见，匆匆走了。但那以后，他一直心里不安。

"可你知道吗？老人家死了。"

"真的？"玄空的脸色顿变。

"如果当时你给老婆婆施救，她不至于死。半小时后，老人家痰哽在喉，停止了呼吸。"

怎么会这样？当时没有其他人，谁知道她是不是诈我的？玄空心里嘀咕。

白衣女子看穿了他的心思，又厉声道："你以为这事神不知鬼不觉，就可以过去了吗？真果祖师说了，举头三尺有神明。你能过得了良心这一关？事实上，你每天都在为这事不安。"

白衣女子一针见血。玄空心中骇然，万般悔恨。

"我有罪！我有罪！真果祖师，您惩罚我吧。"玄空泪流满面，重重地磕头，额头鲜血流淌。

众人彻底服了，纷纷把藏在心里，不可告人的错事、劣迹，全都毫无隐瞒地讲了出来，并请求真果祖师惩罚，拯救自己。

这场面让薛永新大受震动。他想起真果祖师说过的话："天人相通，你心通，我心通，他心通。"天人相通与天人相应，是道家天人一体的基本观念。因此人有善恶，"天地神明悉知"。虽然带有某些神学因素，但从"制恶兴善"的一面来说，它又是积极的。

李真果听完众弟子的忏悔，语重心长道："'人有众恶而不知悔，顿止其心，罪来归己，如川归海，日成深广。'人是有罪的，如不加以悔改，日积月累，如江川湖海，罪恶越来越深重，生命就无可救药了。"

说到这里，他注视弟子们充满悔意的神情，语重心长道："'有恶知非，悔过从善，罪灭善积，亦得道也。'你们若能奉守教戒不倦，改邪归正、弃恶废恶、解厄救困、雪中送炭，积善行，累功德，就获得了人生的大道，也就得道了。"

"弟子谨记！"众弟子异口同声道。

"这几天，你们要时时反省，检讨自己。都起来吧。"李真果的语气缓和下来，眼里流露出慈祥的爱光。

经过七天的"执法"，人人忏悔，人人过关。

薛永新作为"执法者"，似乎并未"执法"，只是默默在旁边看着，但他的内心却受到了极大的震动和冲击，胸中升起一股浩然正气，生命从道德上再一次得到了升华。

他终于明白老人的良苦用心——希望他像"执法者"一样扬善抑恶，做一个有正气的正直之人。

这七天，薛永新亲身经历了道教仪式中的"执法"过程，心灵得到了洗礼。虽然这一仪式，被罩上一层神秘的宗教色彩，但道教戒律规劝人止恶废恶，对人的行为做出种种严厉的规定，以解救人的道德沦陷，于此可看到积极的一面。

行善去恶是生命价值的完美体现，也是道教生命伦理的核心。西方的基督教以外在最高神——上帝公正地审判公民，而道教除了设立外在神的审判，还讲求内在心性的自我审判，是他律与自律的结合。即把行善去恶变成一种"自由的内心的情感"。

李真果告诉他："西方《圣经》说，掩饰自己罪过的，不能有幸福的人生；承认过失而悔改的，上帝要向他施仁慈。基督教认为，人类的始祖亚当和夏娃偷吃了伊甸园的禁果而成为整个人类的原罪。此罪代代相传，绵延不绝，成为人类一切罪恶和灾祸的根由。所以，人的一生只有不断赎罪、忏悔，才能获得拯救。西方的"赎罪""忏悔"，与中国道教戒律规劝人去恶从善是一致的。要获得快乐永恒的人生，人类必须从道德修养上解决自身的问题。"

薛永新领会道："无论是基督教的'赎罪'，还是佛教的'善恶报应'，或者是我们道教的'劝善成仙'，人类生命问题的最终解决离不开道德。这就是老子的'道生之，而德蓄之'的深刻含义。"

李真果赞赏地点点头。

道德的光芒胜过了太阳的灿烂。薛永新深深地体悟到老子告诉人类的核心价值——道德。

薛永新亲身经历了一次中国式"持戒"的宗教仪式。那一次，他的心灵受到极大的冲击。

从此以后，薛永新无论做什么事，从不敢乱贪念，不敢乱妄为。"执法"对他来说，是从心性上将道教的三规五戒在心灵上打下坚实牢固的基础，建立正知正见。

这是一次灵魂的洗礼，"道德"成为他一生的追求。

李真果一步一步将他引向人生的大道。

第七节　救　师

李真果曾给薛永新讲起孔子关于生死的回答。

一次，孔子的学生子路壮起胆子问孔子：死是什么？孔子回答说："未知生，焉知死?"生的道理都没弄明白，怎么能够懂得死?

孔子又说："志士仁人，无求生以害仁，有杀身以成仁。"志向高远、品性高尚的人，不能因为自己生命的存在而去损害仁德。

李真果解释道："死对于志士仁人并不可怕。生命的意义在于为维护和发扬社会的正义公平，不惜牺牲自己的生命，虽死犹生。相反，人不为道德责任，不为社会利益和正义而生，虽生犹死。这是儒学对待生死的态度，从死的形式上弘扬生命的真正意义。生死，是每个人必须面临和做出回答的生命问题。"

"人将怎样面对死亡?怎样才能使生命永恒?"薛永新问道。

李真果回答："儒家认为，人生有三大不朽事业，首先是立德，其次是立功，再次是立言。死为立德，死而不朽;生而立德，生能永恒。"

薛永新没有想到，有一天，他也面临着生死的问题。

他以为，"平反"后的李真果可以安享晚年，过完老人最后的平静人生了。他怎么也没有想到，灾难骤然降临。

1982年4月，一个坏消息传来。李真果被遂宁县公安局拘留。

那年，李真果102岁。

虽然中国大地已是春天，却乍暖还寒。

薛永新闻讯后，十分震惊。他立即急冲冲赶到遂宁公安局。

"为什么?为什么你们关押彭道爷?"他按捺不住激愤的情绪，质问值班干警。

干警回答："彭道爷非法行医，搞烧香拜神那一套，社会影响不好。"

"非法?迷信?"薛永新据理力争，"彭道爷是多年的道医，他治好的病人成千上万，这有目共睹，有据可查。烧香拜神是宗教的仪式。我国宪法保护宗教信仰自由。对于这样一个一生行善的宗教人士，你们凭什么抓他?老人已经一百多岁了，怎么忍心把他关押起来?"

干警无语，只好说："我们这样做，是在保护彭道爷!"

"保护?我没有听错?"薛永新感到无法理解，"请问，把一个百岁老人关押在看守所叫保护？难道就没有别的地方可以保护吗？"

干警一脸无奈："我们只是执行者。如果你觉得彭道爷有冤屈，可以上访。"

薛永新想，这样争执下去，不会有任何结果。于是，他提出了一个要求："既然是保护，那我能去看望彭道爷吗？"

干警想了想，回答说："我请示一下。"

这一天，薛永新来到看守所。经过几番周折，他被容许探视李真果。

咣当一声，监室的铁门打开了。这带着金属沉重的声音，让人心头一凛。

管教民警只给他五分钟的时间。

监室又窄又小，一股潮湿发霉的味道直扑鼻底。里面暗黑，只有高高的铁窗通了一线光。薛永新进去适应了一下，才看清房里有一个熟悉的身影。李真果白发披散，盘腿坐在一张破床上，双目微闭，凝神调息，似乎进入了"坐忘"的境界。

薛永新望着老人，悲愤、疼痛、心酸，百般滋味涌上心头，一时喉咙发堵，竟叫不出声来。

"清水池边明月，莱阳堤畔桃花。借问俺居何处？白云深处是家。恍恍惚惚超景，天地内外是他。"李真果缓缓吟诗道，声音平静、清扬，仿佛进入了超然物外的境界。

"道爷爷！"薛永新哽咽地叫了一声。他奔过去，紧紧地握着老人的手。

"我让您老失望了！我没能保护您。"他难过而自责地说。

李真果慢慢睁开眼睛，望着薛永新，目光里流露出慈祥。

"不要难过。我在哪里都是一样。孔子说，仁者不忧，知者不惑，勇者不惧。一个人只要做到了内心的仁、知、勇，就没有忧、惑、惧。"

薛永新眼中蓄满泪水。

李真果微笑地安慰他："一个人有了一种仁义的胸怀，有了明白取舍的智慧，有了勇往直前的力量，内心坦然，还有什么害怕呢？"

薛永新内心触动，百岁老人身陷囹圄，反倒来安慰我，开导我。老人面对自身苦难如此从容镇定，却如此有胸怀，有气度。

老人一生经历了各种磨难与屈辱，好不容易洗清冤屈，可以安度晚年，却不曾料到，如今，102岁高龄的他却被关押在看守所。望着白发苍苍的老人，薛永新百感交集，眼睛一阵潮湿。

虽然再度蒙冤受难，老人的脸上波澜不惊，保持着像婴儿一样纯真的笑容。薛永新深受感动。

李真果深深地看着他，问道："老子《道德经》中有一句话，你知道是什么吗？"

薛永新心念一动："'常德不离，复归于婴儿。'老子主张向婴儿学习，一切随性而为，做一个纯真自然的人。不管干什么都要因循自然的规律，安于祸福，屈伸自如，清静无为。这是道的境界。"

李真果满意地点点头。

在遇见薛永新的那一天，李真果便看出这个青年慧根很深，将来必有大的造化，但是，磨难也将伴随着他。所以，趁此点化他，即使将来遭遇大难，他已具备承受一切的心智和定力。

即使我归去了，也能在天上安心了。李真果想。

"老子认为，坚持正德的人烈焰不能烧灼他们，洪水不能淹死他们，严寒酷暑、飞禽走兽也不能把他们怎么样。因为他们回到婴儿纯真的状态，所以那些东西无法伤害到他们。"

李真果说到这里，又意味深长道："永新，不管以后遇到多大的灾难，你要保持'常德不离'，清静无为。只要你做到了，就是刀架在脖子上，也有人来解救。"

"祖师，我记住了。"

薛永新流下了泪。老人在如此恶劣的环境里，身心蒙受屈辱，却没有抱怨，没有悲观，还激励他坚强做人。或许当时，他还不明白李真果为什么对他说这些话，但当他经历了人生大难后，方明白老人此番良苦用心。

"薛永新，时间到了！"管教民警在门口催促。

"孩子，不要担心我，回去吧。"李真果对他说。

薛永新依依不舍地告别李真果。走到铁门边，他含着泪回过头，大声道：

"道爷爷，我要给您申冤！您等着我！"

李真果朝他微笑了一下，又闭上了眼睛，静静地打坐，回到先前的状态之中。

薛永新离开遂宁看守所后，便立即找当地政府、宗教主管部门反映李真果的情况，要求释放老人。

可是，没有得到答复。

薛永新没有泄气，又开始了上访之路。

回家简单收拾行李后，他匆匆起程，又来到了省城成都。

他仍骑着那辆从成都舅爷家借来的破旧脚踏车，在大街小巷穿梭。寒冷的天气，他却跑得满头大汗。

省委、省政府统战部门的好多人都认识他。大家都很同情李真果的遭遇，也为薛永新救师心切的精神所感动。然而，在改革开放初期，人们思想还未得到彻底解放的情况下，由于李真果身份特殊，谁都不敢碰这个敏感的案子。

没有消息。

也没有结果，仿佛石沉大海。

希望一点一点破灭，越来越渺茫……

薛永新拖着沉重的步履，回到南府街 23 号舅爷的家中。深夜，他辗转反侧，久久不能入眠。

想到百岁高龄的老人还关押在看守所，他就心如刀绞。如果能够，他愿意代替老人去坐牢，也不忍看着一个修道济世的老人困在铁窗里，临到生命的最后还备受屈辱。

薛永新的脑海里反复想着孔子的话："仁者不忧，知者不惑，勇者不惧。"有仁德的人不会忧虑，有智慧的人不会迷惑，有大勇的人不会惧怕。他心念一动，孔子说，用智慧才能解决问题。既然地方行不通，不如反映到最高层。他突然想到了党和国家领导人邓小平。这个念头一闪，他仿佛从绝望中升起了一线希望。

他从心里敬仰人民爱戴的小平同志。如果不是邓小平的改革开放政策，薛家将继续戴着"富农"的沉重帽子，而他依然过着四处漂泊、东躲西藏的日子。

他决定以个人的名义给邓小平写信。想起真果祖师曾跟他说过的话："只要你有强烈的愿望，付诸行动，宇宙会接收到，帮助你达成。"

于是，他披衣起床，连夜疾书。

在信中，他言词恳切，介绍李真果从幼年出家到历经磨难的一生，历数在"文革"中遭遇不公，被错误地加上"一贯道""历史反革命"等罪名。

他在信中写道："真果道人一生行善积德，今生为人民的健康，为弘扬道德做出了很大贡献，是一个有信仰的道教人士，也是一个热爱中国共产党、热爱祖国、热爱人民的爱国者。在思想解放的今天，不应当把他'神化'，同样也不应当把他'鬼化'。"

他动情地说："我国宪法保护宗教信仰自由。真果道人无辜被拘留，遭遇凄惨。虽然说是'保护'，可是，现在改革开放了，人民获得了自由宽松的环境，一个百多岁的老人，难道只能在看守所得到'保护'吗？我真切希望政府能善待对社会和大众做过贡献的老人，体现党对宗教人士的关怀。"

薛永新清醒地认识到，这封信一旦投出去，危险就在向他靠近。他完全有可能被抓起来。但是，他不怕，勇者无惧。古代君子能"杀身以成仁"，为何我就不能？

为了让这封信顺利转到邓小平手中，他特意在信封正面右上角加了一句话："请秘书不要自作主张，这是人间悲剧。我在成都市南府街23号，等待来抓捕。"

第二天上午，他从容镇定地把信投进了邮筒。

他在焦急中等待，希望、失望、焦灼、沮丧……交织在他的内心，煎熬着他。

十天、十五天过去，杳无音信。薛永新陷入深深的绝望中。舅爷担心他的安危，劝他出去躲一躲。

"我不躲，我写这封信时就做好了最坏的准备。我要等！"他坚定地说。

即使在绝望中，薛永新仍不肯放弃。

一天，一位身着干部制服的人来到南府街23号。

"请问，谁是薛永新？"

"我是。"薛永新回答。他打量着来人，暗想，莫非这人是便衣警察，来调查我的？他们终于来了。

在没有清楚来人意图之前，他镇定地望着对方。这种遇事沉着、不慌不乱的性格，也是受李真果的影响。李真果常给他讲老子，"宠辱不惊"，遇到任何天大的事，都要不慌不忙，从容镇定。这句话早已烙印在他的心里，影响着他的精神气质与性格。

"我是统战部的。"来人自我介绍，脸上露出了亲切的笑容，"薛永新同志，您写给邓主席的信，已经看到了。小平同志批转给了四川省委，指示尽快落实。现在我们已遵照小平同志的批示，已经把李真果道人从看守所接了出来，安排在三台县敬老院。"

当幸福来得太突然，薛永新忽然不知所措。他不敢置信。

"您还有什么要求？请告诉我们。"

薛永新猛然醒过神来，紧紧握住对方的手，连连激动地说："太好了！谢谢邓主席，谢谢党，谢谢省委领导，谢谢同志！"

谁都没有想到，包括他自己，日理万机的国家领导人为一封老百姓的申冤信亲自做批示。薛永新的心中对邓小平的敬仰之情油然而生，感激万分。真是绝处逢生！

"我能不能把老人接到身边，由我供养？"他提出了一个要求。

"这个……你去找民政厅，要由他们批准。"

薛永新立刻来到省民政厅。接待他的是陈俊同志。

陈俊同志认真地听取了他的想法后，对他说："你放心，我会把真果道人的情况向厅长汇报。你回去做准备吧。"

薛永新感到这事有希望，非常高兴。

但是，老人接来后住哪里？总不能住在南府街打扰舅爷一家吧。他想。

于是，他临时在成都郊区租下一间农家草房，等待真果祖师。

1982年12月20日，陈俊同志派车亲自与薛永新一道，从三台县敬老院把李真果接到了薛永新的租房里。

师徒团聚，悲喜交集。老人终于能够安居了，薛永新的心放了下来。

草房简陋潮湿，条件很差。为了让老人家有一个好的生活环境，第二年元月，薛永新与金牛区文星公社木材厂谈判，承包了这家木材厂。

谁都想象不到，当时薛永新身上只剩下了二十元钱。他为李真果申诉的这段时间，所有的积蓄几乎花光了。

而薛永新怀揣仅有的二十元钱，承包了木材厂，从此开始了他的创业之路。二十元钱，帮助他在成都立足，奇迹般地闯出了一片天地。

这是他当初没有想到的。

紧接着，他在成都红牌楼租了一所已停学的小学校作为场地，办起木材加工厂，聘请了十多个工人。半年之内，木材加工厂生意红火，承接了省工商局宿舍门窗加工、省邮车总站汽车货箱加工等活路。

薛永新无论做什么生意都火，他天生就是一个经商的奇才。上天给了他一颗智慧的头脑。

李真果住进了加工厂后院一所宽敞舒适的房间。薛永新与真果祖师同吃、同住。白天，他到加工厂上班，李真果就在家中炼养修道，按道家的习惯生活，同时为人治病。

晚上，广袤的星空下，坝子上，师徒俩坐而论道，这是薛永新最期待的时刻。

于是，一个白发苍苍的智者与一个年轻人开始了一场对话——

薛永新问道："祖师，你认为道究竟是什么呀？"他好像明白道是什么，又好像还没有完全理解。

李真果回答："这个道是很难叙述的。老子说，吾不知其名，强字之曰道，强为之名曰大。我不知道它的名字，勉强地把它叫作道，又很勉强地给它取个名字叫作'大'。道的特点是无所不包，它是'大'。'大曰逝'，道又是运行不止不断变化的。'逝曰远'，它是无穷无尽的，广阔辽远。'远曰反'，因为太远，远到无边无际，它又返回到自身，回到本源，周而复始地变化下去。所以，道就是规律，一切事物生命变化的根源。万事万物都是呈周期性变化的，就像四季交替。这是一条永恒不变的规律。变化的本身是变的，并且永远都在变，在转化，像生死、祸福，但是这条规律是永恒不变的。这就是道。"

这个恍兮惚兮的"道"，在薛永新的脑海里渐渐清晰，世界的变化，生命的变化，人生的变化，比如阴阳、有无、死生、兴衰、成败、祸福、盈亏、虚实、强弱，都在这个变化的规律中。这就是神奇玄妙的道。

"道对于我们的人生有什么帮助呢？"薛永新追问道：

"你提了一个很好的问题。"李真果微微一笑，"知道了一切都是有规律的，一切都在变化和转化的这个道，那么，一切都是有希望的，又是不能奢望的。当你顺境时，不能得意忘形；当你遇到逆境时，也不能悲伤。不能慌乱，不要一惊一乍，这就是老子说的'宠辱不惊'，让你对待世界和人生的变化有一种镇定，有一种沉稳，有一种静力。以后你在人生的经历中能体会得到的。"

薛永新思忖中，感到"道"不再那么深奥遥远，道就在人生里。

"孔子当年站在水边感叹，逝者如斯夫，不舍昼夜。河水不知流向哪里，人来到世上要往哪里去呢？生命这么短暂，可能来不及建功立业，就像河水一样逝去了。"薛永新困惑地继续发问。

李真果顺便捋了捋长长的白胡子，微笑道："还是刚才的问题。老子的《道德经》就是来帮助你解决这些问题的。老子告诉你，人法地，地法天，天法道，道法自然。人要遵从地的规律，地要遵从天的规律，天要遵从道的规律，道要遵从和效法整个大自然的规律。整个大自然，又都是在道的管理下，按照一定法则有序地运行。"

薛永新忍不住打断："我知道，您讲过，'自然'是道的根本，道的精髓。人要顺应自然之道，做一切事要遵从它的规律，它的变化，不能违背规律，否则做什么事都会失败。可是……"

"可是什么？"李真果看着他，问道。

"人要像天地一样无为吗？有为才是积极的，怎么能无为呢？"薛永新说出心中的困惑。

"这就是了不起的老子。"李真果朗声笑道，"儒家主张有为，但老子却告诉你要无为。我们的为人、处世、从商，乃至治国、兴邦、治世，都应当遵从'无为'的基本原则，这是道的核心。老子的无为，并不是什么是都不做，并不是不为，而是不妄为、不胡为、不乱为，要顺应客观态势、尊重自然规律，以忘我与淡泊宁静的心态去做人、做事。老子并不反对人类的努力，他强调，'为而不恃''为而不争'，无为而无所不为。"

薛永新有一种拨云见日的感觉，眼前豁然开朗。

李真果看出他已经领悟，又道："逝者如斯夫，这是规律，为什么要悲伤呢？为什么不学习水的品德？所以，老子又告诉你，上善若水。做人要像水一样柔弱、谦下、宽容、利他。这就是'道'的品格。水本身不是道，却是道的表现，它传达道所包含的精神和法则，启发人们通过类似修炼'水德'的途径，帮助你获得智慧、从容、镇定、宽广、宏远、有静气与定力的品质，成就最高理想的道德人生。"

老子的每一句话，对我们今天的人来说都是一种深刻的智慧，一种极大的帮助啊！薛永新茅塞顿开。

每一个夜晚，在广袤无际的星空下，常常见到这一老一少对话的身影。

薛永新憧憬着像老人一样行医济世，这是他的人生方向。

"我能学医吗？"他问道。

李真果点点头，意味深长地说："学医，首先要修道。学会做人，才能做事。拥有高超的医术还不够，要有高尚的品德，要有一颗仁爱之心，才能化解病人的忧虑与烦恼。心灵无疾，才能消除病的根源。"

李真果似在讲医，又似在传道。每次都有新鲜的内容，薛永新总能从中受到启发。

李真果给薛永新讲道家的医药学，讲《黄帝内经》，讲张仲景的《伤寒杂病论》，讲孙思邈的《千金要方》，讲李时珍的《本草纲目》……从道家的"天人合一"的哲学体系，讲到道家医学的基本理论，天地万物与人都是由阴阳之气所构成，互为感应。

李真果解释说："人就是一个小小的天地，人与天地同道，其首法天，其腹像地，其气血之盈虚消息，都与大自然同途。所以人要适应天地的变化，懂得变化的规律，过有节有度的生活，同时，保持恬淡虚无，'精神内守'，才能真正化解疾病。"

薛永新认真地听，深深地记在脑海里。

李真果又把自己采集的药材拿出来"晒"，有紫苏、薄荷、黄檗、牛膝、白矾、蟾酥、地乌龟、灶下黄土等，大约三百多种，包括植物药、矿物药及少许动物药，都是贱价有效的方药。他把它们的药性、药理和用途一一讲给薛永新听。

薛永新天赋异禀，悟性颇高，道家医药学中那些深奥玄妙的医理，他很快就领悟了，并能与生命哲学融会贯通。

他越来越体会到，中国道家文化博大精深，道家医药学宝库神秘而浩瀚，那里有开发不尽的宝藏。

他看到一扇大门向自己打开，真果祖师正在引领他一步步走进去。

师徒俩从傍晚时分一直到翌日天明，仍言犹未终，情犹未尽。

薛永新与李真果这段患难与共的忘年交，对他的一生影响重大。这一段缘分，尤其是与李真果朝夕相处的这段时光，铺垫了他日后的人生道路。

可以说，真正把薛永新引向制药王国的是李真果，而把薛永新引向无为大道的，也正是李真果。

每天晚上，李真果都要制药，把各种草药切碎、切细，舂成粉末，包成小包。薛永新也跟着老人学会了如何制药。

每天上门求药的人很多。由于需求量大，薛永新见手工制药太慢，便花了几百元买了个粉碎机，把药打成粉末。

很多人服用了李真果的中草药，身体很快康复。大家口口相传，说红牌楼有个"神医"。这样一来，到此找李真果的人一天比一天多。

每逢星期日，薛永新便与老人来到成都著名的道教圣地青羊宫，将他们自制的成药分送给求医的群众，不收分文。

李真果擅长治疗妇科杂症。那些在大医院羞于启齿的妇女，都愿意来找这位医术神奇的白发老人。大多数妇女服药后，久治不愈的"白带症""血崩"，包括子宫肌瘤等疾患，有的一剂而好转，有的十剂而痊愈。

薛永新一边跟李真果学道习医，一边将木材加工厂经营得红红火火。他的内心感到快乐而充实。如果生活就这样下去，何尝不令人满足？然而，厄运似乎偏偏跟他过不去。

灾难又一次降临。

这是 1983 年 8 月的夏天。薛永新正在加工厂忙着，一位好心的朋友匆匆跑来，神色紧张地对他说："你快躲起来！"

"怎么了？"他问。

"我接到可靠消息，公安局就要来抓你了！"朋友说。

"为什么？我又没犯法。"

"有人告发你搞封建迷信，还说你非法承包经营。你赶快到外地避避风头。"

"我不走，我们又没有犯法。不怕。"

朋友看了看他，见劝不动他，叹了口气，匆匆走了。

刚刚把老人从看守所接出来，好不容易过了一段平静而安稳的日子，现在自己也要坐牢了？虽然薛永新已做好了心理准备，但当事情突然来临时，他还是感到意外。

我究竟触犯了什么？他想不通。

他回想在成都的这半年，自己承包的木材加工厂有合法手续，不存在非法。有时，与老人一起去青羊宫"免费施药"，为的是治病救人，义务行医。说我搞封建迷信，更是无稽之谈。这一想，他心中坦然了。老子说，宠辱不惊，我没有必要惊慌失措。

虽然不怕，但他还是加紧准备。因为他最担心的是老人的安全。个人的安危倒不要紧。最坏的结果，无非是判刑，或者杀头。"杀身以成仁"，我怕什么？但是，百岁高龄的老人刚从看守所出来，再经不起折腾了。这是他最担心的事。

他想了一个晚上，做出一个决定：送真果祖师走，把老人家安顿到一个清静、安全，又能养生的地方。

第二天一早，他给贾老打了一个电话。贾老是全国政协委员、省道协秘书长，李真果到成都后，曾多次与他见面。两人论道古今，十分投契。薛永新把情况简略告诉了贾老，请贾老为真果道人安排一个安全的去处。

"好。"贾老在电话里爽快地答应，"这样吧，让真果道人到青城山住下。我先派人去青城山联系。你等我消息。"

"谢谢贾老。"薛永新松了一口气。

然而，一天、两天过去，贾老一直没有消息。薛永新明显感到风声越来越紧，内心掠过不祥的预兆。

晚上，下班回来，他嘱咐老人这两天不要外出"施药"，家里有病人来也不要接待。李真果从薛永新的脸色感觉到有些不对劲。

"永新，出什么事了？"

"啊，没什么。祖师，我想把您送到青城山住一段时间。那里适合修炼，调养身体。"他怕老人担心，隐瞒了实情。

"我连累你了。"李真果叹息了一声。

薛永新看到一颗泪珠从老人的眼角滑落下来。老人在坐牢的时候，都没有流过一滴眼泪。他的心里一阵揪痛，眼中泛酸。

"您老不要这么说。没有大不了的事，您不要担心我。"

薛永新正安慰老人，这时，贾老派人带信来，说已经与青城山建福宫联系好了，他们欢迎真果道人前去居住。

事不宜迟。第二天一早，薛永新叫了一辆出租车，嘱咐司机把老人送往青城山。

薛永新把李真果送上车，为老人家轻轻关上车门。

"道爷爷，您安心去青城山修养，这是省道协为您安排的。"

"道爷爷"是薛永新对李真果最亲密的称呼。一声"道爷爷"，师徒二人的情感翻滚汹涌，彼此心下都明白，这一分别，不知何时再见。或许，这是永别？

李真果深深地看着他，百感交集。

"道爷爷，我可能要去坐牢。"薛永新抬起头，望着老人道。他知道，其实老人心里早已有数，只是没有说穿吧。

李真果沉默了片刻，注视他的眼睛，说："没问题，你安心地去。"

相处日久，薛永新了解道爷爷说的话都有深意，暗藏玄机。道爷爷说"没问题"，是告诉我不会坐监狱，还是说，我即使坐监狱也没问题？

"夫天道无亲，恒与善人。上天会帮助有德的好人。"老人又加了一句。

这是李真果常说的一句话。

薛永新怎么也没有想到，这一别竟成了他与真果祖师的永诀。后来回想起来，他就心碎。

汽车就要启动了，发动机不耐烦地转动着。离别的时刻就要到了。

薛永新看着汽车缓缓地向前行驶。慢慢地，汽车开始离他而去，上了那条将把真果祖师带向青城山的碎石路。

汽车渐渐远去，远去。恍恍惚惚。然后，绝尘而去，从他的视线中消失。

道爷爷走了！车轮仿佛从他的心上碾过，他突然感到一种悲怆袭遍全身。

第八节 悟 道

"天有不测风云，人有旦夕祸福。"这句古训，在薛永新身上应验。

1983年8月，酷热的太阳炙烤着成都这座盆地。木材加工厂里，薛永新正与工人一道挥汗如雨地忙着。

突然，一阵警笛声从远处传来。随即，几辆警车呼啸而至。七八个身着制服的公安干警迅疾下车后，立即包围了薛永新的木材加工厂。

厂里的工人们被突如其来的情况惊呆了。大家面面相觑，出什么事了？

薛永新心里有数，神情镇定。

一位干警直接走到薛永新面前，满脸严肃："你是薛永新？"

"是。"薛永新平静地回答。

干警拿出拘留证，当众宣布："薛永新涉嫌散布封建迷信，非法承包经营，即日接受公安机关审查！"

"同志，我没有犯法！"

"签字吧！"

薛永新沉默了片刻，平静地在拘留证上签上名字。

紧接着，两名干警上前给他戴上手铐，把他押解到车上。

一切来得太突然，工人们不知怎么回事，完全懵了。现场鸦雀无声。

这时，一个叫彭崇斌的工人猛地冲上来，拦住就要开走的警车，大声问道："你们为什么抓薛厂长？他是好人！你们不能抓他！"

"不要妨碍公务。否则，连你也抓起来！"一名干警警告他，强行把他拉开。

公安人员带走了薛永新。

薛永新坐在警车里，回头望去，彭崇斌一边跟着车子追，一边大声喊。他的心里一阵感动。看到工人们呆呆地站在大门口,仿佛还没有从惊恐中回过神来。他难过地长叹,兄弟们又要失业了。

万幸的是,道爷爷去了青城山。不然,老人家也要受我连累。他庆幸地想。

警车一路呼啸,绝尘而去。

薛永新被关进了莲花村收审所。

警察按规定让他脱掉身上的衣服,换上编了号的"牢服",然后把他带进了大铁门里面,一间二十几平方米的监室。

铁门打开,伴随咣当的沉闷声,他走进去,房间又暗又黑。一股夹杂着各种恶臭的污秽之气顿时扑鼻而来。

里面关押着二十多个人犯,黑压压的一片。他们大多是扒窃、偷盗、流氓等刑事犯罪嫌疑人。见他进来,那一双双向他斜视过来的眼睛,在黑暗中闪着凶恶的光。

薛永新莫名其妙地跟这些坏人关在一起,他感到气愤、不平和屈辱。房间有四五米高,四周是阴森的高墙。一扇不大的铁窗,用钢筋牢牢地焊死。一束光线从窗外投下,却难以见到阳光。

在"文革"结束不久的那段时期,一切还没有走上正常的秩序。监室是一个特殊的小社会,有着不成文的特殊"规矩"。新入号的人犯都要受监室里人犯的"教训",或挨打,或受惩罚,像《水浒》里的"杀威棒"。

薛永新虽然没有挨打,但被"号长"叫到紧靠厕所的一边睡觉。厕所只是稍微与监室隔了一下,气味刺鼻难闻。他忍了。但让他气愤的是,吃饭的时候,那些人犯竟然把他的菜给抢走,只剩下一点残汤。

如此乌烟瘴气的恶劣环境,他一分钟都不想待下去。虽然他没有专门学过法律,但他知道,判定一个人是否有罪,要有法律依据,怎能随便把人抓起来?

我是被冤枉的,我要为自己据理力争,赶快离开这个地狱!他想。

关了三天,没有任何人提审他。他没有机会辩护。

收审所让关押人员全部出来劳动。有的抬石头，有的挖土方，有的拉大锯。木匠出身的薛永新顺理成章地被派去拉大锯。

当年在他给城里人打家具的那些日子里，完全没有想到，有一天，他会在收审所干起老本行。生活给了他一个莫大的讽刺。他的嘴角露出一丝凄凉的苦笑。

劳动十多天之后，他终于等来了第一次提审。

审讯在一间小房子进行。屋里烟雾弥漫，空气令人窒息。一个姓陶的警官抽着烟，与一位审讯人员坐在桌旁。光线很暗，桌上一盏雪亮刺目的灯射向了坐在对面的薛永新。强光打在他的脸上，令他有些眩目。

审讯人员照惯例问了他姓名、年龄和职业后，厉声道："坦白从宽，抗拒从严。你要老老实实交待自己的罪行！"

"请问，我犯了哪一条罪？凭什么抓我？"他反问道。

陶警官把烟头掐灭，大声喝斥："老实点，端正你的态度。"

薛永新沉默地盯着他。

"你窝藏封建迷信分子彭道爷，烧香磕头，非法行医，扰乱社会治安，非法承包经营加工厂，凭其中任何一条罪都可以判你十年八年！"

"警官，你们抓错人了，我要澄清事实。"薛永新沉着地说，"第一，我供养百岁老人是敬孝道，不是窝藏。我有省民政厅的手续。据中央有关文件规定：凡是宗教职业者、宗教信仰者，在家中讲经、说法、放烟火、受戒、烧香……均是宗教自由。任何团体、个人不得干扰。彭道爷是道教人士，少年出家。家中焚香，是道教的一种生活仪式，不是迷信。宪法与中央文件都规定保护宗教信仰自由。"

他有理有据，驳得陶警官哑口无言，铁青着脸，却不好发作。

"第二，非法行医问题不存在。"薛永新接着说，"因为我和彭道爷从未收取病人一分钱，这可以去查实。我们也并没有影响社会治安。"

"你不坦白罪行，还敢狡辩抵赖！你要知道，抗拒从严！"陶警官打断他，愤怒地喝道。

薛永新没有被吓住，继续说："第三，关于农民进城务工、承包企业的问题，今年元月份，人民日报上登载了鼓励农民进城致富的文章。"

原来薛永新是有心之人。当他知道自己可能要进监狱，特别留意了最近的报纸。当他看到人民日报登载的这篇文章，心里更有底气了。

"我搞木材加工，得到地方政府允许。我合法经营，照章纳税，请问，怎么是非法了？你们有什么证据就拿出来。只要有证据，证明我触犯了法律哪一条，我甘愿服罪。"

"哼，死鸭子嘴硬，死不认罪！"审讯人员见薛永新如此理直气壮，不仅不交待"罪行"，还反驳他们，不禁火冒三丈。

"你整天跟道士鬼混在一起，搞歪门邪道，这不是进行封建迷信活动是什么？你从潼南来开工厂，有手续吗？没有吧。这是违法！有人检举揭发，你每天晚上在家聚众，搞反革命串连，这就是证据！"

"你们所说的都不是事实！"薛永新抗议道，"请你们调查清楚，我向老道学习道家医学和文化经典，这哪里是封建迷信？这是其一。国家政策允许农民进城办厂，不是非法，这是其二。我更没有搞反革命串连，有何言论？这是其三。我没有罪，你们不能冤枉好人！"

啪的一声，陶警官突然掏出枪，猛然拍在桌上。气氛顿时紧张，弥漫一股火药味。

薛永新没有被他的威势吓住，镇定地注视他。

"你想造反了是不？敢跟国家公安机关对抗？"

"法律要讲证据！"薛永新镇定道。陶警官试图震慑他，但他没有被吓倒。

"我重复第三遍，我没有对抗国家公安机关。国家公安机关是维护公平正义的机构，是保护公民的人身权利的。我是被人冤枉的。我没有罪！我相信，公安局会还我清白。"

"你还继续负隅顽抗，不要命了！给我老实点！"陶警官气急败坏道。

薛永新面不改色地盯着桌上黑洞洞的枪口，对陶警官说："警官同志，你没必要动怒。我不是吓大的。如我冤枉而死，脑袋砍了也只碗大的一个疤。"

"你的意思是，我们冤枉你了？"

薛永新沉默。

见审问不出结果，又见薛永新态度强硬，更无法反驳他，陶警官只好无奈地对审讯人员说：

"把他带下去，劳动改造。让他好好反省！"

又是一个星期的繁重劳动，从早到晚拉大锯，解木头。

第二次提审薛永新，审讯他的人换了，但还是审问同样的问题。他们逼迫薛永新承认"罪行"。薛永新拒绝承认。

于是，他们便连续几天几夜不间断审讯，疲劳轰炸，使尽浑身解数。

薛永新没有屈服。他大声抗议：

"你们这种逼供做法完全不符合党的政策，我要求公开审讯我的案子！你们是对人权的侵犯和侮辱！"

"带下去，叫他继续拉大锯！"审讯人员无奈道。

薛永新始终不认罪，而且又无证据。这几个审讯人员不敢把事情闹大，尤其怕被所长杜国钦知道，只好放弃逼供。

转眼两个月了，从秋天进入冬季。天气渐渐转寒。薛永新锯下的木板堆成了一座小山。可是，问题的解决却遥遥无期。寒冷的冬天似乎没有尽头。

为什么？为什么？望着苍茫的、灰色的天空，他在心里呼喊。

劳动回来，薛永新精疲力竭地回到了那间黑屋子。

天气很冷，室内的空气仍然污浊不堪。各种人犯挤在一堆，相互之间骂骂咧咧、打打闹闹。薛永新只好独自坐在草席上，闭目凝神。他的脑海中浮现曾经去看守所探望真果祖师时，老人家在恶劣的环境中"坐忘"的情景，耳边回响老人吟诗的声音："清水池边明月，莱阳堤畔桃花。借问俺居何处？白云深处是家。恍恍惚惚超景，天地内外是他。"

薛永新的内心渐渐平静，好像置身在"忘我"的境界，忘记了所有的屈辱与不平。

天气寒冷，监室的浊气，加上人员拥挤，导致有的人犯生病了。薛永新便趁劳动的时间，在山坡地边扯了一些草药，拿回来为生病的人犯治疗。病人痊愈后，很感激他。从此，再也没有人欺负他，也没有人抢他的饭菜。那些人犯还主动地把自己碗里的菜给他吃。"号长"还把自己睡的地方腾出来，让他睡得舒适一些。

相处日久，薛永新感觉到这些人犯的本质并不坏，便给他们讲禅经故事，讲道德修养、做人的道理，劝他们改过自新。人犯都认真地听，内心触动很大，纷纷有所悔恨。

"你都这样了，还劝我们。你就不担心一辈子待在这个鬼地方？为啥呀？"有的人犯感到不解。

"我相信自己行得端，走得直。受冤枉是暂时的。总有一天会还我公道。"

"他们冤枉你，你就不恨共产党？"

"没有共产党，哪有新中国？那只是少数败类想整我。"薛永新了解到，他所以被关押，是因为没有给一位有权势的人"进贡"行贿。

那时薛永新就这么认为，即便日后经历了更大的迫害，他依然坚定不移地相信，共产党是伟大的党，只是党的内部存在着少数腐败分子。无论任何历史时期，都有奸佞小人当道，但他们阻挡不了社会的公平正义。

一个人能有如此坚定的信念，尤其在其身陷囹圄时，仍然保持清醒的认识，这的确难能可贵。从另一方面来说，老子的"大道"思想，给了薛永新一种无形的精神力量。

而李真果是他的引路人。

每当夜深，同室的人犯都已熟睡，薛永新却久久不能入眠。他坐在草席上，望着铁窗外蒙霜的月亮，陷入了沉思。劳动的沉重使体力透支，对于从少年时就摸爬滚打的他来说，并不算什么。但是，靠劳动挣钱，凭本事立业，做善事济世，竟然遭到不公正的对待，蒙受不白之冤，这不能不使他的心感到阵阵寒冷和刺痛。

公平在哪里？正义在哪里？所有美好的愿望都错了吗？他在心里苦闷

地问。

月亮钻进了云层，四周重又陷入黑暗。他回想自己从幼年开始便与苦难相伴，直到现在而立之年，苦难依然如影随形。释迦牟尼说：苦海无边，回头是岸。难道幸福只能在遥远的彼岸？

真果祖师穷其毕生孜孜求道、行善积德，却一直遭受各种磨难，受尽歧视和误解。在老人漫长的百年人生旅途，充满了艰辛与苦痛。

苍天为什么让好人受苦？难道这是命吗？想想看，人在没出生之前又有什么形体相貌？再想想，死了之后又是一番什么景象？最终化烟而去。生命如此短暂而痛苦。一想到这些，他不免万念俱灰。

他望着漆黑的铁窗外，月亮穿过云层，慢慢地出现了。虽然蒙着一层薄薄的霜雾，但那皎洁的月光依然顽强地透了出来，照射着睡梦中的城市。光明永远不会被黑夜阻挡。即使在心灵最黑暗的时候，希望依旧还在。他仿佛看到，月亮放射出一束道的光芒。

痛苦是生命中的一部分，欢乐也是。有幸福，也有苦难。有时厄运会突然降临，就像天空忽然变得黑暗可怕，电闪雷鸣，狂风怒号，倾盆大雨。是消极地接受命运的安排，还是让自己掌控命运？薛永新思考着。

他想起真果祖师的教谕："一切万物并没有规定你要做什么，你能做什么，成为什么人，主动权在你，你的命运在你的手中，你是命运的主人。道并不控制你，道用无私无欲的德行，帮助你，成就你。"

"是啊，我命在我，不属天地。我要做命运的主人，改变它。"薛永新对自己说。

他的耳畔再度回响着老人的话："每个生命都具有神圣的意义。你所体验的各种苦难，都是为了历练自己而使生命升华。你是因为爱这个世界来的，就要用心中爱与无私的美德来改变这个世界，使它变得更美好。这就是你的使命。"

此刻，他好像感觉到一股强大的力量在内心产生。

可是，怎样从根本上解脱生死的烦恼，使人生走向永恒？他陷入深深的思索中。

老人说，唯有忘掉自我，无私无欲，与道合一，才能解除人世间的烦恼和忧患，达到人生的最高境界。

想想，世间的一切压迫、剥削、苦难、战争、争斗与丑恶，均出自有我的存在。有我就有欲望。人有了私欲，就会滋生野心。这些都是私欲作祟。

望着铁窗外的一轮月亮，薛永新苦苦地思索着。

生命应当像月亮一样发出光华，万古不朽，这就必须从道德上建立。唯有顺应自然的规律，合乎道德规范，做有益社会和他人的事功，社会才能和谐、安宁，个人也才能获得完美而永恒的人生。

他的心一下明亮起来，仿佛一束光亮照进了铁窗。黑暗过去，光明涌来。

他盘腿而坐，像真果祖师平常那样闭目打坐。慢慢地，他忘掉了周围了一切，沉浸在内在里。月华皎洁，从窗外照射进来，他整个人沐浴在清澈如水的月光里，仿佛老人来到他的身边，与他交谈，像以往那样对话。

"孩子，中国五千年文化产生了一个本土宗教，它就是道教。《道德经》是道教的主要经典。道教承袭了老子思想，以道为核心，探索宇宙奥秘和天地万物法则，探寻世界和生命的终极，推崇和提倡道法自然、天人合一，追求清静无为、去私寡欲和俭、慈、让等精神品格，崇尚抱朴守真、顺应自然的统一等。老子思想包罗万象，凝聚了五千年中华民族的智慧和人生哲学，对中国和世界产生了深刻的影响。直到今天对我们都有极大的帮助。"老人注视着他，语重心长地道。

"是啊，老子太伟大了。"薛永新答腔道，"鲁迅先生说，'中国的根柢全在道教'。《道德经》作为道教的经典，是对老子思想的传承，是对中华文化的传承。西方的哲学家尼采也说，老子思想像一眼不枯竭的井泉，满载宝藏，放下汲桶，唾手可得。《道德经》在西方世界被视为至宝，是公认最智慧最古老的学问。老子思想是人类的智慧。"

李真果赞赏地点了点头，问道："老子有三个重要的观点，对我们今天都有深刻的启发。你知道是什么吗？"

自从跟李真果学道以来，薛永新对《道德经》和道家思想有了更深的理解和感悟。

他侃侃而谈："第一，老子告诉我们，道法自然。这个自然是道的根本，道的精髓。人要顺应自然之道，做一切事要遵从它的规律，它的变化，不能违背规律，否则做什么事都会失败。"

老人兴趣盎然地听他讲。

"第二，老子告诉我们，要'无为'。他主张我们的为人、处世、从商，乃至治国、兴邦、治世，都应当遵从'无为'的基本原则，这是道的核心。老子的无为，并不是什么事都不做，并不是不为，而是不妄为、不胡为、不乱为，要无私心、无贪欲，忘我地利益他人。顺应客观态势、尊重自然规律，以忘我与淡泊宁静的心态去做人、做事。老子并不反对人类的努力，他鼓励人们，'为而不恃'，'为而不争'。不要争夺，不要占有，不违背规律，去'为'，去做，去贡献自己的力量，无为而无不所不为。"

老人满意地轻捋胡须，默认了他的说法。

薛永新继续道："第三，老子告诉我们，要像水一样柔弱、谦下、宽容、利他。这就是'上善若水'的境界。水本身不是道，却是道的表现，传达道所包含的精神和法则，帮助我们智慧、宽广、从容、镇定、远大，成就最高理想的道德人生。"

老人嘉许地微笑，但很快神情变得沉重起来，叹息了一声。

"祖师，我讲的有哪里不对吗？"薛永新紧张地问。

"你讲得很好。"老人表情凝重，"可惜啊，这么伟大的思想，这么宝贵的文化遗产，却没有被真正认识。因为人们误解了老子思想与道家学说，把'道'视为虚无的、消极的，甚至认为是封建迷信的玄说，而没有认识到，'道'是高于一切的人生大道，道教提倡天人合一、道法自然、齐同慈爱、尊道贵德等和谐相生的思想，行善积德、护济众生的教义精神，对整个中华民族心理和民族性格的形成，以及精神气质和生活产生了不可估量的作用与深远影响。"

老人语速加快，变得激动起来，俨然不像平时那么安详、平和。他看着陷入沉思的薛永新，反问道：

"老子思想和道教文化的价值为什么没有被认识？原因在哪里？"

薛永新无法接腔，这个问题他没有思索过。当老人提出来，他这才意识到这确实是一个当今存在的问题和状况。

他一脸茫然地望着老人。

"原因在于老子思想和道教文化没有得到极大的弘扬和传播，许多道教仙师们只注重隐修、清修，不过问世事，只注重个人的修养，这样就不能完全发挥道家对社会的作用，不能向社会阐释道教文化中积极、进取的人生哲学和精神。"

薛永新恍然有所悟，确实是这样的现状啊。他不由得也凝重起来。

"张道陵祖天师把'佐国扶命，养育众生'作为道教的最高目标，热爱民族和国家，积功累德、遵守社会公德，以至真至善为生命之美，追求理想人格和生命价值，历来是道教的优良传统。"

李真果话锋一转："当今中国正处在伟大变革的时代，更需要继承和弘扬中华传统文化和大德大智的文化精神，这是每一位修道者的责任和神圣使命。"

薛永新的眼中散发光芒，一下明白老人讲这么多的原因，就是要让自己去担负这个神圣的使命。他的精神为之一振。

"道教文化没有得到普遍的传播，还有一个原因，就是没有通俗化，没有让它真正走进民众领域，走进人们的生活和心灵。老子的《道德经》五千多文字简短、精练、抽象，充满了深刻的智慧和思辨性，包含了博大精深的哲学，不仅普通人，便是有学问的人都不易明白，难以解说，要用一辈子来理解它。而道家学说更有庞大的理论系统，这也就导致了它传播的局限性。"

"怎么办呢？"薛永新急切地问。

老人深深地看着他，加强语气，一字一顿："身体力行。"

薛永新琢磨着老人的话，有所触动。

"老子思想和道家学说并不神秘，是活的东西，永恒的东西。它是出世法，又是入世法，提倡以超然的出世精神做入世的事业，它蕴含的智慧和哲学以及精神品格具有人间性和生活性。我们要把它传播到大众，把它通俗化、普遍化，对社会、对国家、对每个人的人生都有极大的帮助。做到了，就是无量功德。"

薛永新听得痴了，胸中激情澎湃，感受到一股强大的力量驱使着自己，要做一番惊天动地的大事。

"道爷爷，我明白了。传播老子思想，弘扬道家文化，这是我的使命！"

李真果赞赏地点头，问道："你想到怎么去做吗？"

薛永新低下头沉思：要让老子思想和道教文化走进大众，并不是到处演讲那样简单，必须躬身实践，把自身的修为和社会善举结合起来。对，这就是道爷爷所说的身体力行。

想到这里，薛永新的眼中再度散发光芒，抬起头望着老人，定定地说："我出去后，要办一个大企业，从宗教文化中汲取营养，变为一种文化实践，一种文化精神，用老子无为思想和道家学说作为企业的灵魂，实业振兴民族经济，实业振兴民族文化，造福人类，造福社会，为大众做贡献。我要让中华传统文化的'道德'精神在社会得到弘扬和传承，我要让这个世界变得更美好、更和谐，我要担当起这个神圣的责任和使命，为中华传统文化复兴尽自己的绵薄之力。"

薛永新激动地说完，望着老人，期待他的肯定。

"好！好！"老人连连说了两个字，脸上露出了赞赏的笑容。他轻捋胡须，意味深长地说，"孩子，道爷爷可以安心地去了。"

说完，他的身影转瞬消失了。

薛永新心里一惊，睁开眼睛，仍旧是寂静的黑夜，月光照在自己的身上。铁窗深锁。

我做了一个梦吗？他回到现实。

但又不像是梦，那些清晰的对话仍在耳畔回响。他知道，这是老人在指引他。

在这段艰难的铁窗生活里，薛永新从李真果身上获取了智慧和力量。

当厄运降临他的身上时，老子思想和道家学说为他提供了一个进取、积极的人生态度。

此刻，他恨不能现在就出去实现自己"梦中"的愿望，施展他"无为"之志。

只是，他还将在铁窗里度过漫漫的长夜。何时是尽头？何时才能守得云开见日出？他望着窗外的一轮明月，在心里追问。

在薛永新被羁押的这段时间里，有一个人出现了。他就是莲花村收审所的所长杜国钦。

杜国钦，时年五十二岁，高大魁梧。他曾参加抗美援朝战争，立过战功。他从部队转到地方工作，办事认真，雷厉风行。

"严打"开展以来，莲花村收审所已经羁押几百人。杜所长要求所里的干警对这些人一一地审查清楚，不能放掉一个坏人，也不能冤枉一个好人。有犯罪行为的，移交检察机关；有违法行为，但不够上刑事犯罪的，则视不同情况，予以处罚。如发现抓错了的，要及时纠正，予以释放。

这天下午，北风凛冽，天气异常寒冷。人站在坝子上都直哆嗦，更何况薛永新要站到两米多高的木架上拉大锯，得承受多么强烈的寒风！

只见他用冻得通红的双手握住大锯的木柄，另一个人则站在木架下面，两人配合一致，你推我拉，你拉我推，不缓不慢，极富节奏感。在"吱——吱"的锯木声中，锋利的锯条寒光闪闪，一分一寸地"杀"进木头里。厚厚的木方转瞬间变成了一块块木板，锯末纷扬，像漫天飞舞的小雪。薛永新看上去就像一个武功高强的大侠，剑法游刃有余，得心应手，一剑劈下，完美地将"对手"大卸八块。

这是最古老的人工解木头，也是最累人的活计，正从坝子经过的杜所长早已看呆了。他是外省人，从来没有看过这样解木头的方式。他发现站在高高木架上的那个脸圆圆的年轻人，一招一式，十分娴熟，显然是个内行。从年轻人专注的神情上看，他绝非游手好闲之徒。

这小伙子到底犯了什么法？他寻思着。

解完了木头，薛永新从木架上跳下来。一只有力的大手在他肩上拍了一下。

他猛地一回头，见是一个五十岁左右的高大男人，一副威严而又和蔼的面容。

"你这个小胖子，究竟犯了什么罪？"

"您是……"

旁边的人告诉他："这是杜所长。"

原来是收审所的所长。薛永新听说所长是一位转业军人。他感觉到，杜所长与个别的审讯人员不同，很亲切，很值得信赖。

于是，他把事情发生的经过从头到尾告诉杜所长——他从潼南到成都为彭道爷申冤，半年前开办了一个木材加工厂，有合法手续。彭道爷的冤情在邓小平的关怀下得到昭雪后，他又把老人家接到身边照顾。彭道爷精通医术，经常义务为人治病。他自己也喜欢钻研道家医学，跟着彭道爷学医。可是，突然莫名其妙被说成搞"封建迷信"，还不明不白地被抓了进来。

杜所长听后，沉思了片刻，对他说："好好劳动吧。"说完，就走了。

虽然没有得到具体的答复，但一句"好好劳动"比起那些审讯人员整天叫他"交待罪行"，多少有些安慰。

站在凛冽的寒风中，望着杜所长大步流星的背影，薛永新的心里感到一丝温暖。

杜所长回到办公室，立刻调来了薛永新的立案材料，认真地看起来。他发现了三个疑点：第一，说薛永新非法从潼南到成都办厂。现在政策完全允许农民进城务工，罪名不成立。第二，说薛永新"散布封建迷信"，没有言论，也无证据。他与一位道教人士在一起，并不能说明其在搞封建迷信活动。第三，说他搞反革命串连，也没有证据。

"抓错了人！"杜所长点燃了一支烟，眉头紧锁。

他拨通电话，请专案组的同志到他办公室来。专案组的同志很快赶到。他将案情疑点告诉他们，请他们重新审查薛永新的案子，尽快弄清问题。

然而，案子遇到阻力。

杜所长决定亲自奔走、调查。在调查中，他发现导致薛永新被抓的原因，在于某官员因薛永新没有行贿而迁怒，有意陷害薛永新，罗织莫须有罪名。而办案人员也收到"好处"，强行逼供，执法犯法。

真相大白！这位在朝鲜战场出生入死的军人震怒了。杜所长连夜向上级机关汇报。

一个月后，某官员落马。参与办案违法乱纪的几个审讯人员也被立案调查。

1983 年岁末的一天，薛永新无罪释放。

一百二十天的屈辱，一百二十天的铁窗生活，终于结束了。薛永新相信，天地自有公道，人间自有正义，世界依然美好。善良、正直的人们，像杜国钦、彭崇斌那样的人，依然很多。

薛永新走在大街上，深深呼吸了一下新鲜而自由的空气。虽然风还是那么冷，但他的心是温暖的。

尽管世界上还有邪恶的东西存在，但并不能阻挡他追求人生大道的理想。通过邪恶去发现美好的东西，通过遭受痛苦和磨难，去努力达到人生崇高的境界，生命便具有深刻的意义。

正是在生活中经历了苦难的人，才获得了在某一方面的特别的才华和品质，才增添了无穷的智慧和力量，才使心中希望之火燃烧得更加炽热，而历练出超乎常人的忍耐力和承受力，具备了一往无前的勇气，去追求使社会进步的事业。从这一个意义上说，苦难是人生一笔巨大的精神财富。

薛永新经历了人生最黑暗的一百二十天，在高墙铁窗下，悟出了生命的真谛和意义，找到了人生目标——创办实业，弘扬中华传统文化，让老子思想走进民众。

现在，他恨不得马上把心中所思所悟告诉一个重要的人——李真果。

第十四章

道的传承

二千五百年前一个紫气东来的清晨，一个孤独的老人来到函谷关，与县令尹喜相遇，留下一篇五千言的经文，飘然西去。从此，道的思想一代代传承下来。

这位老人叫老子，这篇经文叫《道德经》。

二千五百年后的一个清晨，一个年轻人与一位老人相遇。老人将老子的思想传布给年轻人，留下宝贵的道家秘方，驾鹤西去。经年以后，年轻人纵横商海，演绎道的思想，成就大道人生。

这位老人叫李真果，这位年轻人叫薛永新。

2005年，在中国道教发源地鹤鸣山，一座道源圣城应道而生，向世界传播老子思想，传播中华五千年的灿烂文化。薛永新在那里塑起传承的丰碑。

在一代代道的传承者中，不能缺少薛永新的名字。而他的名字又跟一个人紧紧联系在一起。

他就是李真果。历史将记住这位传奇的老人。

第一节　道爷仙逝

薛永新被关押期间，李真果在青城山建福宫已安顿下来。

老人日夜牵挂着薛永新，却没有一点消息，仿佛风筝断了线。一个清澈澄净的夜晚，李真果披着莹白如雪的头发，站在幽而清寂的山上，仰望广袤无边的夜空。他看见一颗星星挣破黑夜探出来，闪耀着光芒，好像还带着细碎的泪花。

李真果的眼里落下了一颗清泪，感伤像湿润的空气在心头漫漶。他知道，薛永新正在受难，而自己却无能为力。

是时候了。我应该走了。他长叹道。

我走了，薛永新就好了。李真果心里清楚，自己的命数已经到头，使命已经完成。

第二天，他辞别建福宫道长，悄然下山了。

李真果回到了安岳老家。

从青城山到安岳县，几百公里的路程，千山万水，很难想象一个百余岁的老人是怎么走回去的。

若是在当年，这一趟艰苦的跋涉，对一身轻功的李真果轻易而举，白影一掠，便已出了数十丈之远。那种潇洒飘逸的身姿，若天人一般。可是现在风烛残年的他如何迈动沉重的脚步？

毕竟李真果不同于一般人。凭着高深的武功修为，他聚集身体里最后的真气，拼却深厚的内力，坚持着，一步步朝遥远的家乡走去。

途中，他不忘给人治病。病人和家属要答谢老人，他依然分文不取，每一次只要一盅米。然后独自取火煮饭，度过一天。

山村里，田舍外，人们敬仰地目送老人远去的苍老身影。

终于回到阔别几十年的故乡，李真果感慨万千。曾经荒芜的田园，如今已翻滚着一片金色的麦浪。过去的茅屋旧舍已变成绿竹掩映下的青瓦白墙。郁郁葱葱的群山脚下，清澈的河水缓缓流过，一片宁静祥和。远处山上传来清玄悠远的钟声，在天际回荡。时代正在发生天翻地覆的变化。

他闭上眼睛，深吸了一口带着青草和泥土香的空气，似乎要把这味道吸入心里，伴随灵魂带走。

"少小离家老大回，乡音无改鬓毛衰。儿童相见不相识，笑问客从何处来。"村里的少儿和青年好奇地打量着这位布衣道袍长须如雪的老道。

"您是谁？"

"呵呵，我是你们的曾祖爷爷。我回家来了。"李真果呵呵笑道。

村里的中年人和上了年纪的老人都认识李真果，他们闻讯后，纷纷出来探望。见到"复活"后的李真果，大家大喜过望。

"道爷爷！您回来了！"

"彭道爷，我们终于见到您了！"

大家激动地说，就像见到"神仙"一样，纷纷要给李真果磕头作揖。

"快别行礼，折煞老道了！"李真果连忙摆手。

"您老人家这么多年可好？"

李真果意味深长地微笑道："世界好，国家好，大家好，老道就好。"

与乡亲们叙别后，李真果独自来到父母的墓前。

墓旁，青松高耸入云，两株梅树虽未到开花的季节，但李真果仿佛闻到一缕梅香。

他跪在父母的墓前，忆起小时候自己用梅花枝当剑，跟身为清乡团练的父亲练武。后来，父亲病逝后，他又随着母亲流浪他乡……往事历历，犹在眼前，他禁不住老泪纵横。

"爹、娘，真果不孝，未能侍奉二老到终。真果虽然早年便脱离红尘，一心修道，但从没有忘记二老的教诲，做一个正直施仁的善人……不久之后，真果便要去天上与二老相见了。"

他默默跪了三个小时，然后起身拜别父母，又往第二个故乡——彭家场去了。

在养父母的墓前，李真果深深地叩拜，感谢二老养育之恩。若不是当年养父彭子瑜收养了他们母子三人，若不是养父冒死把遍体鳞伤的他救出来，或许世上已没有李真果。即使在出家修道的岁月里，他也从没有忘记两位善良的老人，尤其是他的养父。

天空飘下了细雨，像他绵绵不绝的哀思。

他最后来到了云峰乡，看望一生中最爱的人。他颤抖地抚摸着紫竹的墓碑，跪了下去。

年轻的未婚妻当年被恶霸凌辱的情景，惨白的月光下，竹林里悬挂的九尺白绫，紫竹那含恨的、至死不曾瞑目的双眼……浮现在李真果的脑海。

这是他一生中的痛，一生中最大的屈辱。

当年为了替紫竹报仇，他背井离乡学武。三年后手刃恶霸，尔后弃绝红尘，遁入空门，踏上了漫漫的修道之旅。

此时，钟声在云端响起，一声声撞击着他的心。李真果朝山上的那座石窟望去。当初未婚妻长得像毗卢洞里那尊妩媚、飘逸的紫竹观音雕像，乡邻们都叫她"紫竹"。那时候，紫竹也最喜欢到毗卢洞去拜观音。

生命中出现的人，都是命运注定的安排。

"紫竹，你是上天派来度我的人。只是，我没有保护好你。"李真果语带哽咽，"如果来生有缘，我们再做夫妻。如果你已升仙，那就让我与你在那里相会！等着我，你的真果哥哥就要来了。"

烟雨蒙蒙中，他泣别紫竹，离开这个爱恨交加的地方。从修道的那一天起，李真果就把个人的爱恨放下了，而把大爱奉献给有情的众生。但他心中永远有一处圣洁的地方，留给了美好的紫竹。

紫竹是他生命中的观音。

离开安岳老家，李真果又跋山涉水，来到了渠县。这是当年与疯癫道人丹鼎仙师王复阳相遇的地方。

在那座云雾飘渺的山上，疯癫道人正式收他为关门弟子。从此，他跟着疯癫老道修道习医，无论武功、丹道，还是品德、医术修为，都已达到高深的境界，而成为一名令人敬仰的高道大德。

那座与师父朝夕相处的草屋已经不在了。像风一样来无影去无踪的高人，早已羽化而去。

李真果站在云霭里，思绪万千。从他修道以来，所有传道授法的师尊浮现脑海：亲传太极拳和六合门拳的川中"黑白双侠"刘妙利和王妙生、演化"吕仙天遁剑术"的无尘道长、亲自传戒的"全真道十方丛林"成都二仙庵阎永和方丈、秘传符箓术的鹤鸣山的龟背仙翁，还有从出生开始，便与之结下不解之缘的神秘高人疯癫老道王复阳……

师尊已然仙去，而今自己也将追随而去。

李真果面朝宁静而祥和的群山，发出一声长啸，啸声扫过落叶。他拱手叩拜道："感恩师尊大德，真果一生足矣！"

拜别，李真果下山而去。

此时，1984年的冬天。又一个寒冷的天气。

一路上，李真果翻山越岭，行行停停，经过几天几夜，迎着凛冽的寒风，终于回到了曾经隐居的地方——遂宁。

那座山岗上的农家院子依旧还在，如今已恢复了道院的模样。大弟子玄一和十几位师兄弟在此修道。远远便闻到那熟悉的、清扬的钟声，飘荡在云岚缭绕的山林。

见到祖师突然出现在他们面前，玄一和众位弟子都不敢置信，呆住了。

"怎么，见到祖师还不迎接？"李真果呵呵笑道。

众弟子才反应过来，激动地跪拜，大声道："祖师无量寿福！"

"快起来吧，孩子们。"李真果满面慈祥的笑容。

玄一恭敬地将李真果扶进正殿，在神龛边太师椅上坐下。他奉上一杯热茶，向师父禀告，不久前，政府已正式批准恢复道院。他原本打算道院重新修复后，接祖师回来主持。没想到，祖师自己回来了。这让弟子们既惊喜又内疚。

"我等不及了，想回来看看你们就走。"李真果微笑道，那慈祥的目光落在每一个人的脸上。

"祖师，您还要到哪里去？"玄一不解地问道。

玄一没有听懂李真果的弦外之音，话中有话。

李真果默然不语。

"祖师，山高路远，您老一个人步行回来的吗？"玄空惊奇地问道。算算祖师的年龄已经104岁了，老人家还能健步如飞？

"不靠走，难道会飞吗？"李真果笑着反问道，"不过，你要追上我的话，恐怕很难咯！"

"祖师的轻功真厉害！"

弟子们敬佩不已。

李真果叫玄一把那坛老窖桂花酒抱出来，"今天我们师徒喝几杯道家仙酒畅叙一番吧！"

于是，李真果与十多位弟子在修缮堂饮酒畅谈。

清冽、芬芳的酒香弥散开来，仿佛天地的一股真气在空间流动。李真果打开了话匣，开始了传道讲法：

"先天得道，行而知之。后天得道，学而知之。先天而无不为，后天而奉天时。"

他又道："孔圣处世，不迁怒，不贰过。太上《道德经》，无无万物归，有有天下服。归根复命，清静无为，无中生有，有中还无。无论治国、安邦、处世等等，都要顺应自然之道。"

弟子们全神贯注地聆听师父教谕。

李真果的面色凝重，似乎想到了很远。"不仅人类需要清静，社会需要清静，并且动物、植物、矿物也需要清静。凭借自然的清静无为，人类可以制止战乱，保护生态环境，达到天下太平、世界安宁的理想。"

他话语一转，正色道："我们道家的理想是得道成仙。什么是神仙？我告诉你们，尽忠尽孝、施善去恶就是神仙。规规矩矩、老老实实、遵纪守法、安分做人，就是神仙，就是佛。连人都不会做，还想做神仙吗？"

弟子们连连称是。

"我们道家的事，是大学问，是讲自然大道，不是耍骗术，装神弄鬼，招摇撞骗。老子说，'国之利器不可以示人'，就是告诫我们，不要滥耍神通，搬这搬那，化东化西，搞什么乾坤大挪移，没有好处，反招祸殃。我们道家的正道主张，劝人为善施仁，才算大法，才算大神通。"

他又语重心长地强调道："为天地立心，为生民立命，为往圣继绝学，为万世开太平。儒道相通相融，你们要坚持正道直行，修真济世，不但自己要做好，不胡为、不妄为，还要劝别人做好。大家都来学好做好，世界也就好了。"

"学好得好，做好得好，想好不得好。"众弟子齐声重复李真果的教谕。

接下来，李真果又继续讲了很多，从白天一直讲到夜晚，仿佛要把所有的话讲给弟子们听。

玄一暗想：祖师今儿怎么了？难道他有什么不好的预感？

他观察祖师红光满面，深陷的双眸神光外射，不像是油灯枯尽的感觉。但不知为什么，玄一的心中掠过深深的不安。

第二天清晨，天空下起了雪。雪花纷飞，房顶蒙上了一层白雪，远处山峦白茫茫的一片。

李真果没有起床。

玄一和弟子们都认为祖师连日长途跋涉，太累了，便让他好好休息。

雪下了三天三夜，李真果也三天三夜卧床不起，像睡着了一般。玄一和弟子们惊慌起来，意识到师父这次可能要离开他们了。

"师父不是在练陈抟老祖的睡仙功吧？老人家可以睡半个月呢，也许，过两天就醒来了。"弟子玄心说。

如果是这样倒好。玄一神色凝重摇摇头。

午夜，雪越下越大，鹅毛般的大雪漫天飞舞。黑夜里，白雪笼罩的山村，出奇地安静。

雪压断了松树的枝头，发出扑哧的声音。这声音更令人不安。

静室里，燃着炉火。弟子们焦急地守在李真果的身旁，低声诵念《太上感应篇》，为祖师祈福。

火光映着李真果安详的面容。过了一会儿，他慢慢地睁开了眼睛。玄一等弟子激动地唤道："祖师，您醒了？"

李真果努力地微笑了一下，久久地注视着弟子们，仿佛要把他们的样子记在脑海里。

"我要走了，要到一个地方去。"他平静地说。

玄一的心"咯噔"了一下，紧张地问："祖师，您老要到哪里去？"

"您去哪儿，我们都陪着您！"玄心天真地说。

李真果摇摇头，把目光投向窗外。漆黑的窗外，雪花纷纷落着，像无数只白鹤在窗棂上扑腾。

"好多白鹤呀！"他的脸上焕发红光，轻声惊叹。

"哪有白鹤？祖师，那是鹅毛大雪。"玄心说。

玄一瞪了玄心一眼。玄心这才意识到师父有些不对劲了，不由得泪花闪烁。

此时，李真果闭上了眼睛，灵魂像白鹤的羽毛，轻轻地飘飞。

又朝下坠落。

继续坠落，坠落……

然后，又飘举起来，飘出了窗外……

"祖师！祖师！"众弟子齐声唤道。

过了好一会儿，李真果又睁开了眼睛，喃喃地说："我要去鹤鸣山了。"

大邑县鹤鸣山是中国道教的发源地，张道陵就在那里创道，也在那里羽化升仙。

叶落归根。祖师应当想的是回老家安岳，为什么要去鹤鸣山？玄一感到不解。

李真果看出他的迷惑，说："我在鹤鸣山会看到薛永新。"

薛永新不是关在成都的收审所吗？怎么会在鹤鸣山？祖师是什么意思呢？玄一更加不解。

大家都不明白师父在说什么。

李真果示意玄一靠近他，对他嘱咐道："薛永新还在受难，但苦难会过去的。你告诉他这句话，我在鹤鸣山会看到他。"

"弟子记住了。祖师放心！"

师父是什么意思呢？玄一无法理解李真果话中的玄机。

"我走后，不要给我立坟墓，不要搞法事，把我的骨灰撒在天地间吧！"

"是，祖师！"玄一哽咽道。

李真果点点头，然后安详地合上了眼睛。

这天午夜，天降大雪，一生带着传奇色彩的李真果安静地离开了人世，驾鹤西去。

白茫茫的天空，白茫茫大地，一片干净。为道而生，为道而来。天地降生了老人，最后以庄重的方式，送别了老人，还他一个清白无垢之身，让他安息在大自然圣洁的怀中，回归于道。

这一年，李真果104岁。

这是一个下雪的冬天，雪白的世界。

薛永新从收审所释放出来，兴冲冲赶往青城山，准备把李真果接回成都，却突然闻讯道爷爷已经仙逝。钟声响了。山寺里的钟声有如响雷，在空气中震荡，敲击着他震颤的心。他整个人呆住了，仿佛失去了呼吸。

过了好一会儿，他才意识到心口震碎般的揪痛，面朝白雪皑皑的群山哭喊："道爷爷！道爷爷！"

"道爷爷——道爷爷——"

山谷久久回荡着令人断肠的回音。山寺里钟声又敲了几下，悠远绵长，仿佛穿山越岭一般回应着，带着一种沉静与安详的力量。

他慢慢地跪了下来，默默地流泪，雪花狂乱地落在他的肩头，模糊了他泪水充溢的眼睛。

"道爷爷，您为什么不等等我就走了？我已经没事了，一切都过去了，都会好起来，为什么您不等等？"他哽咽地喃喃自语。

天地一片苍茫，雪落着，静静地，只是静静地。

薛永新心情悲痛地从青城山下来，又急匆匆赶往遂宁。

玄一和众师兄将祖师仙逝的经过告诉了他。"祖师遗愿，不立墓，不烧纸钱，骨灰撒在天地间。"

玄一叹道："祖师是一位高道大德，多少人敬仰他，可是他连一座墓碑都不要，也不让人祭奠。至少应该做一场隆重的法事，超度老人家升仙，也尽我们师徒之情啊。"

祖师一生劝善施仁，悬壶济世，又几经生死磨难，屈辱辛酸，最后无怨无悔，超然而去。薛永新的心中肃然起敬，泪光闪烁。

薛永新望向白茫茫的群山和大地，虽然祖师走了，走得那样干净，那样洒脱，但他依然还在天地之间，他的爱在，他的精神还在。他还在看着我们。

薛永新懂李真果。

"玄一师兄，祖师还说了什么吗？"他问道。

"祖师临终前说，他要去一个地方……"玄一欲言又止。

"老人家说，他会在鹤鸣山看到你。"

"这个……祖师嘱咐，以后才能告诉你。"

薛永新的脑子里打了一个大大的问号，在鹤鸣山看到我？可是我在成都呀，祖师是什么意思呢？

这里必有玄机。薛永新暗想，只是他无法预知。

道家有一句话叫作"天机不可泄露"。道家认为，世事，包括人的命运轨迹都是上天的安排，而事先不能泄露。神秘的天意不可以让人知道。不到时机，不能公开。

从另一方面来看，也符合道家顺应自然的思想。人的命运与未来，只有顺应规律自然而然地走下去，天机才会示现。

天机是一种玄妙、不可告知的天意。人生活在谜一样的世界，谜底需要自己慢慢去揭开。

薛永新明白，祖师知道这个天机。

薛永新回到了成都，回到了久违的木材加工厂。

细雨的天空夹杂着雪花，北风凛冽。

眼前破败的景象让他一阵心酸，昔日红红火火的加工厂，木材堆成了山，木锯声声，如今却一片衰败，杂草丛生。在他蒙冤关押期间，工人们失去主心骨，全走光了，厂里的机器设备和一堆堆木材都不翼而飞，只剩下空荡荡的厂房，几台无法搬走扑满尘埃的加工机械……

满地的锯末，一台破锯孤零零地在等他的主人。

薛永新心中一痛，弯下身去，抚摸着已然失去利刃、锈迹斑斑的锯子，就像一个末路的英雄哀痛着折断的长剑。当他抬起头时，脸上分不清是雨雪还是泪水。他心中哀痛的不只是垮掉的工厂，更有对真果祖师深深的哀思！

没有能够与祖师诀别，见最后一面，这是薛永新内心深处最大的遗憾与伤痛。想到自己送道爷爷上青城山的那天，竟成永别，自此阴阳相隔，他的心就一阵阵哀恸。

目光穿过厂院后的一片高树，回望道爷爷住的那间清静的房屋，如今，那扇熟悉的门永远地关上了。他的泪水止不住地流了下来。

在这里，他跟着真果祖师学道习医、论道讲法，懂得了人生的意义，生命的价值。

"永新，没问题，你安心地去。"临别那天，真果祖师对他说的最后一句话犹回响耳畔。当时，他并没有明白老人的深意，现在想来，老人是在告诉他，你会没有事，安心地做你想做的事。

他想起老人曾经对自己说："你要在世界上办大药厂、大医院，为大众的健康服务。"

他擦掉脸上的泪水，站起身，挺直了胸膛。我不能辜负祖师的教诲和期待。我要完成在牢房中立下的誓言，创办企业，传承文化。他想。

加工厂的牌子横倒在地上，被踩成两半，那上面"恩威"两个字依然十分清晰。他走过去，默默地拾起来，久久地端详。

他想起刚开办这个厂时，请真果祖师给工厂取个名。老人沉思片刻，说："天恩地威，天生万物，地养万物，道法自然，顺应社会，就取名'恩威'吧。不管你以后到哪里，做什么，都要胸藏天恩地威浩荡之气，与大道合一，才能'无事取天下'。"

老子说："人法地，地法天，天法道，道法自然。"人以地为法则，地以天为法则，天以道为法则，道以它的自身本性为法则。只要按法则做事，对天地常怀感恩之心、敬畏之心，无为而无不为，就没有任何力量可以阻挡企业的发展。

李真果为薛永新的工厂取名"恩威"，深含着老子的哲学思想，也暗示他日后会经历很多艰难曲折，但因为有"天恩地威"，终将战胜一切邪恶和挫折。

"我今后要办药厂，名字还是叫'恩威'。"

薛永新暗暗发誓，遵照师父的嘱托，要办一个大药厂，造福人类，造福社会，还要传播老子的大道思想，弘扬中华传统文化。

制药，是为了解除人们生理上的疾病和痛苦；弘扬中华传统文化，是为了社会和谐，解除人们心灵的烦恼与迷茫。这是薛永新美好的梦想。

薛永新觉得，自己应该承担神圣的使命——他有这个责任。

可是，工厂被查封后，损失很大，只剩下几台加工木材的旧机械。没有资金，怎么办？面对眼前空空荡荡的厂房，他犯难了。

制药，需要庞大的资金。但是，资金从何而来？理想很丰满，现实很骨感。他一筹莫展。

当他沮丧地走出厂门，一只有力的大手从背后拍在了他的肩上。

他回过头一看，是给他翻案的收审所杜所长。

"薛厂长，我刚经过这里，正想进来看看，需要我帮什么忙吗？"夹着雪花的细雨里，杜所长亲切地问他。

他的心里一暖："谢谢杜所长关心。"

杜所长看出他的心事，给他打气道："留得青山在，不怕没柴烧。重头再干嘛。"

这句话在他的心头一震。是啊，重头再干。薛永新想，现在没有资金，要办药厂太不现实。自己要实现宏大的梦想，就必须要有经济实力。没有经济实力，一切理想和愿景都是空中楼阁。他暗道：我为什么不继续办加工厂？待拥有雄厚的资金后，再办药厂。那时候，我的梦想就可以实现了。

杜所长的一句话，让他振作起来。

薛永新谢过杜所长后，大步走了。雨停了，飞舞的雪花，落满了他的肩头。

他朝白茫茫的天空望去，仿佛看见李真果站在云端，微笑地俯视着他。他挺起胸膛，迎着风雪，坚定地朝前走去。

第二节　神药奇迹

为了圆梦，薛永新又从木工本行做起。

这一天，在一阵鞭炮声中，"恩威木材加工厂"的牌子挂了起来。一切又重新开始。薛永新感慨万千。这像一趟列车绕了多少路，又回到原来的站点，再重新出发。

但是，这一次出发意义已经完全不同。

一年的时间，凭借诚信、坚守商道，薛永新的木材生意做得风生水起。

1985 年，在改革开放的初期，"万元户"如凤毛麟角，而薛永新便是这为数不多的一片凤毛，一只麟角。

"万元户"带给当时中国的启示，已经远远超过了少数人"致富"的含意，而是意味着改革开放的大潮不可阻挡地到来了。薛永新与当时的企业家们便是这股大潮中的弄潮儿，将掀起千层骇浪，激起万顷惊涛。

　　如果薛永新继续将木材生意做下去，一个木材加工王国的建立便指日可待。也许，离他实现制药的目标不远了。

　　然而，正当事业如一列火车呼啸奔驰之际，薛永新却及时刹车了。

　　一个月前，他跑到云南丽江进木材，看到人们大肆伐木，大树砍掉，小树也不放过。曾经莽莽苍苍的森林，被砍伐得面目全非。曾经一座座植被茂密的山岗，如今裸露出嶙峋的岩石，可怜地晾晒在那里。触目惊心！他仿佛听见森林在痛苦地呻吟，这使他的心感到很痛。

　　他的耳边回想李真果的话："地球和人一样，也是有血有肉的生命体。天然气好比地球的气，石油是地球的血液，钻石、黄金等各种宝物是地球的五脏，森林是地球的发肤。如果人类不自觉地保护地球，大肆地砍伐森林、破坏山川，总有一天大自然会报复人类的！"

　　这声音有如寺观里敲响的木鱼，在他的耳边扩大，无限地扩大，刺激着他的耳膜，撞击着他的心。

　　虽然真果祖师已经仙逝，但薛永新感觉好像他还在身旁时时敲醒自己。他的心情更加地沉重，暗想：我不杀伯仁，但伯仁因我而死。虽然我没有砍伐森林，但森林因我而被砍伐，我难道没有责任吗？祖师说得对，这种毁灭性的采伐，是对大自然的摧残，必将破坏人与自然的和谐。人类的生态环境日益恶化，生存空间越来越小，大自然的报复也就越来越重。

　　老子说："知止不殆，可以长久。"一个人最重要的是要知道什么时候可以开始，什么时候应该停止，什么事情是必须止步不前的禁区。这才是长久之道。

　　选择放弃是一种智慧，更是一种境界。

　　薛永新是清醒的。他没有被目前发展得这么快的事业冲昏头脑，也没有被巨大的利润所诱惑，相反，他越来越冷静。

　　薛永新果断地关闭了木材加工厂。

厂关闭了，接下来要干什么？

许多天来，薛永新把自己关在房间苦苦地思索，不知过了多少个不眠之夜。

此刻，夜很静，妻儿在隔壁的房间已安然入睡。他熄了灯，披衣走出屋子。

他沿着河畔而去。清澈澄明的夜空下，锦江的河水静静地流淌，清朗的皓月投下一片清辉，洒在水面上，波光粼粼。

他站在岸上，出神地凝视着河水，不由得在心里默念老子的话："上善若水，水善利万物而不争。"

自从跟李真果学道以来，他每天都在研习《道德经》。老子的思想和智慧，总是给他带来很大的帮助和启发，尤其在他处于迷茫和困惑的时期。

在老子看来，最高之善莫过于水。水具有滋养万物生命的德行，而与万物毫无利害冲突。水之道，是一种长存之道，长流不息之道。

薛永新突然想到，水的利益不在自己而在万物，"万物"都从水那里得到利益。因而万物都离不开水，万物都需要水，万物都不能没有水。这种"万物受益"与水的"利他"之间的相互关系，完全可以作为我们企业的借鉴呀！

开发利益社会和人类普遍需要的产品，就是市场所要的，如水与万物的关系。只要我们把大众所需要的东西送到大众的手里，并且被大众接纳，被大众承认正是他们所需要的东西，并且还将不断地需要时，我们的产品就站稳了脚跟。不管市场如何变化，竞争如何残酷，我们的产品永远是大众需要的。

水给他带来了启迪。可是，大众所需要的究竟是什么？薛永新感到迷茫。

他在草地上坐下来，盘腿打坐。每晚打坐的习惯，也是跟李真果学习的。

他闭上了双目，整个人置身在清澈宁静的月光里，混乱的心绪慢慢地开始平复。渐渐地，他静了下来，心与自然在一起，感受到静所给的无比巨大的力量，仿佛连通了自然之力。

恍恍惚惚中，他慢慢地进入半梦半醒的状态。他好像看见真果祖师出现在他的身旁，像往日那样与他相对而坐，谈玄论道。

"祖师，我不知道要做什么才是人们最需要的?"他问道。

李真果理了理长长的白胡子，又开始发挥他的读心术："你不是已经想到了吗? 做水一样利益万物众生的事。"

"可是，具体是什么? 我还没有方向。"他诚实地说。

李真果微笑了一下，提示道："为什么不去实现你的梦呢?"

"梦?"他抬眼望着李真果，心念一动，忍不住快要雀跃起来，"对呀! 药! 开发道家医药!"

那个埋藏在心中的强烈愿望在他的脑子里又冒了出来。我不是要开发真果祖师传授的道家医药吗? 我不是要立志弘扬道家文化、制药济世吗? 我不是要打开中华医药宝库之门吗?

"可是……"

以他目前资金积累远远不够开发药品，尚无法创办药厂，这是薛永新不敢想的事。

看到薛永新面有难色，李真果又意味深长地说："强行者有志。时机已到，去试试吧!"

说完，老人忽然消失了。

"祖师!"

薛永新吃惊地喊道，猛然睁开了眼睛，回到现实。

河水静静地流着，流向远方。他仿佛看到了铺满梦想的花一路缤纷，那里湖面清澈，那里鸟语花香，那里雪白的明月照在大地。整个天上地下，一片和气，一片宁静。世界和谐、社会安详，人们身心健康。

这就是我的梦!

薛永新看到，梦已开花。

可是，怎么让梦想之花结果?

薛永新陷入了沉思，开发什么药呢？从什么地方着手？首先要找到一个突破口。

确定了方向后，他又被另一个问题困扰。

一天，一个刚从国外回来的朋友来看他。

闲谈中，朋友感叹道："现在西方国家，包括东南亚国家的性病、皮肤病呈上升趋势，开始向中国大陆蔓延。从中国来看，台湾地区、香港地区以及厦门、深圳、广州、海南等沿海省市的发病率较高，也逐渐向内陆地区侵袭。"

朋友的话，引起薛永新的兴趣。

"国外西医那么发达，都没有一种很有效的药吗？"他问。

朋友摇摇头道："难。最王牌的西药都没法彻底解决。"

薛永新决定深入到市场中调查。

他到医院、到药房走访，观察患者看什么病，买什么药。哪些药奇缺，哪些病症很难医治。他还询问了很多人。

在市场调查中，薛永新发现朋友提供的信息确实如此。男女生殖器官疾病一直困扰着人类，而不明原因的皮肤瘙痒、湿疹，已成世界医学难题。

他发现，许多妇女对于生殖器官疾病羞于启齿，致使病情加重，给工作、生活带来极大的影响。甚至，有的造成夫妻离异，家庭破裂。此病成为她们的"难言之隐"。

他还发现，医院对"妇科炎症"也束手无策，只是用西药治表。而且，西药只对部分已知的病菌有效，对病毒无可奈何。特别是不明原因的阴道炎、滴虫与霉菌混合感染的阴道炎，就很难治愈，易反复。目前，药房所售的针对治疗妇科疾病和各种皮肤病的外用剂，也是西药制剂，效果并不理想。

他想起真果祖师最擅长的就是治疗妇科杂症。当年真果道人用几味药治好了众多妇女的"难言之隐"，如白带、青带、黄带、黑带、赤带、血崩等疾病，收到了意想不到的奇效。

我何不研发一种治疗妇科炎症的中草药外用药？而且患者不用医生诊治，买来就用？他心念一动。

灵感从脑海中一刹那迸发出来，他为这个富有创意的念想激动起来。

可是，仅仅治疗妇科炎症似乎单一了一点，倘若能够达到一药兼治其他，不是更好？此刻，灵感如泉喷涌而来。

"我要开发中华医药，研制一种神药！"

他构想，这种药不仅可以治疗妇科炎症，还能治疗各种皮肤病如湿疹、疥疮、神经性皮炎、体癣、脚气以及淋病、非淋菌性尿道炎、尖锐湿疣等。总之，上述病症都可以"一洗了之"！

如果成功，它将会为全世界千千万万妇女，包括男性，解除生理上的疾病烦恼。这才是造福人类健康的事业！

薛永新为自己的设想感到振奋。

"找到了！我找到了！"他从草坪上一跃而起，冲着夜色下的河面激动地欢呼。

此刻，他恨不得把这个"惊天动地"的想法第一个告诉妻子。

披着一肩月色，薛永新兴奋地回到家里。

他走进卧室，看见妻子刘朝玉正在熟睡之中，不忍心惊扰她，便悄悄上了床。

"你有办法了？"妻子忽然睁开眼睛，轻声问道。

其实，刘朝玉并没有入睡。她知道丈夫正为事业烦恼，可自己又不能帮上忙，心里暗暗自责，却又不愿把焦虑情绪流露出来，给丈夫添乱，只得假装熟睡。

看到丈夫踌躇满志的神情，她猜到，丈夫已找到了办法。

"嗯。我要制药！"薛永新信心满满地说。

"我就知道什么都难不倒你。"刘朝玉用爱慕的口吻赞许道。她完全信赖自己的丈夫，相信他能够干出一番大事。没有什么力量可以阻止他前行。即使遇到再大的障碍，再大的坎，他也会跨过去。

这一份信任，带有一个女人对所爱的男人几乎虔诚的崇拜；这一份信任，包含一个聪明的妻子对丈夫深深的了解。

这一份信任，如寒冬里燃烧的炭火，给了薛永新温暖和无穷的力量，使他在事业上奔跑得更快、更远，也使他更深爱着自己的妻子。

"真果祖师传授给你的秘方，就是让你派上用场的。"刘朝玉说。

"对。"

我不能辜负真果祖师对我的期望。他暗暗发誓。

从这个晚上开始，薛永新静下心来，每天"泡"在家里，细细研究中华医药典籍和李真果留给他的道家药方。

他根据传统中医理论和道家医学，反复琢磨真果祖师口传身授的道家秘方，从中领悟到一个基本原理：人的一切疾病，包括性病，归根到底都是因为阴阳失调、气血不合。

中医经典《黄帝内经》便贯穿了道家哲学思想："阴阳者，天地之道也，万物之纲纪，变化之父母，生杀之本始，神明之府也，治病必求其本。"

道家医学认为，天地万物与人都是由阴阳构成，并互为感应，互为相通，象天法地、天人一体，既是道家思想的基本观念，也是古代中医的指导思想，更是道医无时不遵循的祛病疗疾的法则。

跟随李真果学医三年的薛永新，深谙治本驱邪气之医理，决定从清湿热、解毒气、杀虫、止痒、滋养肌肤方面入手，进行配方。

可是，中国的中草药几千种，常用的也有数百种，用哪些药好呢？他又一头钻进了李时珍的医药宝典《本草纲目》里。

中医把治病比治国，一服药方中，君为主，臣为辅，佐使作配合。

薛永新把自家的书房当成了药房，他俨然是金庸笔下的神医高手，琳琅缤纷的天下草药，在他手中尽归其位，使每一味药发挥最大的效力。他又像一个深谋远虑的三军统帅，帷幄之中周密部署，调配军队，选好主帅，配备良将辅佐。

他潜心研制，经过无数不眠之夜，上百次反复实验，终于研制出治疗妇科疾病、皮肤病的纯中药外用药液。他终于成功了！

薛永新研究出新的配方，在李真果的秘方基础上，创新地增加了苦参、蛇床子、苍术三味草药。

刘朝玉看到丈夫配制的药方，念出了声："苦参、蛇床子、苍术……"她不解地转过脸问他，"这三味是治啥病的？"

他笑答："李时珍《本草纲目》上说：苦参，苦、寒、无毒。主治小便沥沥不尽，除痈肿，治热毒风，皮肤瘙痒生疮。除大热，可以治风杀虫。"

"那苍术呢？"

"苍术除恶气，主治脾湿下流，浊沥带下，风寒湿痹。"

刘朝玉似懂非懂地点了点头。

"咦，蛇床子这名字真怪，蛇还有床啊？"她惊讶地说。

薛永新又笑了笑，道："蛇床是一种植物。'蛇床子'即蛇床的果实。功能温肾阳，祛寒湿，杀虫。"

"哦。"

薛永新又给妻子详细解释："蛇床子主治妇女各种阴道炎、宫颈炎、淋病、尿道炎、尖锐湿疣，还有妇女外阴白色病变所引起的疼痛不适。还治男性阴囊湿痒、体癣、湿疹等。既暖男人阳气，又助女人阴气。"

"太好了！好多结了婚的妇女都有这种妇科病。我的一些朋友常常为这病烦恼呢，找不到有效的药，炎症还反复。这下可为她们解除痛苦了！"刘朝玉高兴地说。

她为丈夫感到骄傲。

药方出来了，只能算走了一步。薛永新没有沉醉在第一步的成功里。

他清醒地意识到，下一步是制药，要把药的有效成分提取出来，这才是关键。

制药的过程是浸泡、灭菌、过滤、配制。当时根本没有蒸馏、提取、高压等设备。没有熬药的专门设备，没有参照物，怎么办？他犯难了。

他突然想起已经废弃的制作干洗剂的搪瓷反应锅，灵机一动：如果将搪瓷反应锅进行技术改造，不就可以作制药的设备吗？

于是，他请来压力设备厂的技术人员，请他们将搪瓷反应锅改造成制药设备，将锅底部改为气动门，便于排放药渣，将上部加一个大的投放药材的漏斗。

一个月后，设备厂按照薛永新的要求将药罐送到了他的工厂。

试验证明，药罐很好用。技术人员在罐子的底部接管道，制作好的药液可以顺管道源源流出。这个简易而实用的药罐，可以装一吨药液。

这是薛永新的一个创新和发明。

中药提取罐的自主发明，其意义更在于，薛永新已开始朝现代化制药技术迈出了一大步。后来全国生产中成药的企业逐渐多了起来，市面上新出现的中药提取罐竟与薛永新当年创新发明的药罐没有多少差异。北京、成都等地中医药大学的研究生还专程到恩威学习中药提取方法。

药液终于制成了。就像一个孩子经过母亲十月怀胎，呱呱坠地。

该给"孩子"取什么名字呢？总不能像做试验时那样称为"1号药""2号药"吧？

薛永新绞尽脑汁，左思右想，都没有想出一个理想的药名。

自从跟真果祖师习道以来，他养成了每天打坐修行的习惯，好多难题都是他在打坐中解决的。老子说："致虚静，守静笃。"当人进入清静的至高境界，智慧便随之产生。

这天晚上，明月窗前，月光如水一般泻进屋里。他关了灯，点燃了一支降真香，盘腿打坐。闭上眼睛，天地一片静寂，万物虚空。

"万物负阴以抱阳，冲气以为和。"一个苍劲、悠远的声音从清玄的太空而来。

薛永新恍惚看见李真果站在身旁，对他长吟道。

"洁尔阴！"一个名字在他的脑海中突然跳出。

按照道家阴阳五行学说，人体"阴阳之代谢，悉与天地相似"。当人体的阴阳被邪气冲撞，疾病便乘机而入。风、寒、热、毒、湿，是自然界的五种元素，中医称为"五毒"。五毒过重，积蓄在五脏六腑，疾病产生。这五种毒素，直接与皮肤接触。如皮肤不健康，毒素就会直接进入毛细孔，深入到血液，人体就会产生瘙痒，严重者痛苦不堪。

"对。就是它了。"

"洁尔阴"这个药名的含义就是：清除人们身体内的邪气，让你的身体更清洁，抵御和抗击疾病的侵入，从而达到阴阳平衡，身体健康。

药名明确而含蓄，又富含生命哲学和道家养生文化内涵。

在新药标签上，薛永新庄重地写下了三个字：洁尔阴。

1986 年秋天，一个普通的夜晚，对薛永新来说，却具有并不寻常的意义。一个影响世界的中华"神药"诞生了，这就是后来家喻户晓的——"洁尔阴"。

"难言之隐，一洗了之。"这句朗朗上口的广告词，让人心领神会，又具有东方式幽默与含蓄，随之成为流行词。

"洁尔阴"问世，给千家万户的患者带来了福音，在中国大地迅速刮起了"洁尔阴"旋风，并刮向了世界各地。

从 1991 年 1 月"洁尔阴"进入中国香港和英联邦市场起，恩威在国际上的版图迅速扩大：俄罗斯、法国、日本、韩国及马来西亚、泰国……都设立了分公司或办事处。2002 年进入美国药品市场。

从亚洲、欧洲到非洲，在地球的每一个角落，人们惊奇地把"洁尔阴"称为"东方神药"，人们欢呼着它给人类健康带来的福音，人们惊叹着一个农民出身的制药人创造的奇迹。

自此，恩威产品走向了世界，恩威人走向了世界的大舞台。

"东方神药"之花开遍了五洲四海，散发出芬芳的异香。

一夜之间，薛永新建立起一个"中国制造"的制药王国、跨国高科技集团，依然是那个响亮的名字：恩威。

薛永新也成为当年中国药界领军人物，被称为"四大药界天王"之一。

20 世纪 80 年代末的一个寒冷的冬天，当薛永新拎着一桶"洁尔阴"洗液四处奔走的时候，他一定没有想到，那手上拎着的不是一桶黑咕隆咚的中药洗液，而是一个缔造中华医药王国的梦想，它见证着一个中国农民企业家走向世界的东方传奇。

"每个人都会使世界有所不同。"他正在使这个世界有所不同。

究其原因，薛永新和他的恩威以中国传统文化为根基，顺应了造福人类的"道"，顺应了"宇宙自然第一因"，善愿之树结出了丰硕的善果。这也是薛永新将"大道无为"思想在企业管理中的成功实践与运用。

薛永新认为，作为企业管理者最重要的是引导企业朝着顺应规律的方向发展，这决定企业的命运。因而，他始终坚持用"无为"来指导企业行为，从企业的宗旨到药品研制，从广告宣传到市场拓展，从员工的思想教育到生产管理，都贯穿着"无为"精神。

在20世纪80年代末90年代初，在中国大地上首次出现了以老子"无为"思想治理企业的成功先例，这就是恩威。

这在当时被新闻界称为"具有划时代的意义"。

在金庸武侠小说里，真正的宝剑不能单凭剑锋削铁如泥，全靠剑客内力修为，才能"草木花石皆可为剑"，达到无剑胜有剑的至高境界。

江湖十年，薛永新以"无为"作内力，锤炼出一把化草木为神奇的至柔之剑——"神药"洁尔阴。

薛永新是一个懂感恩的人。他始终不忘真果祖师给他的传道授医，不忘老人把他领向人生大道。

"感谢祖师引领，永新完成了您的夙愿！"薛永新朝向澄澈的天空，饱含深情地说。

第三节　仙师托梦

时光跨过新千年，进入了21世纪。一个充满生机的春天来了。

渡尽劫波，历经生命中的惊涛骇浪，商道上的艰难曲折，薛永新挺过来了，走出了困境，迎接日出。

"飘风不终朝，骤雨不终日。孰为此者？天地。"薛永新的耳畔回响着李真果吟诵老子经文的声音。

狂风刮不了一个早晨，暴雨下不了一整天。是谁造成这一切的呢？是天地。老子以自然界的变化告诉你，人生也是如此，不管风雨有多大，一切痛苦都会过去。

能够让他面对人生巨大的劫难而如此沉着镇定、宠辱不惊的，正是李真果用老子的无为之道，引领他的人生，成为他支撑的精神力量。

他深深地感谢恩师。

寒冬过去，春暖花开。

卸下了"恩威税案"的沉重包袱，薛永新一身轻松，甩开膀子迈步向前，开始了恩威的"第二次飞跃"。

从2001年起，短短几年，恩威集团建立了恩威生物制药工业园、亚洲最大的现代化生物制药基地以及三大中药材基地。恩威以惊人的速度，冲上了又一个高峰。

"科技发扬传统，创新中医药。"薛永新顺应自然之道，致力于开发中华传统中医药宝库，建立起了他真正意义上的制药王国。

他的梦正一个又一个地实现。

他接下来的梦，也是他最大的个人理想：弘扬道的思想，弘扬中华传统文化。

可是，这条具体的路径在哪里？他感到迷茫。

他又回到那间静室，盘腿席地。凝望墙上李真果的画像，老人依旧安详地微笑着注视他。

广袤无垠的夜空，月亮慢慢地出现，从窗外照了进来。月光如水一般，瞬间使幽暗的屋子变得明净而清澈，薛永新感觉自己沐浴在一种祥和、安静的氛围里。

他闭上了双眼，渐渐地，进入了静中，一切都已遗忘。他就这样静静地坐着，慢慢地，进入了梦里。

银白的月光下，李真果一袭白衣道袍出现在他的面前，老人习惯地理了理他长长的白胡子，对他微微一笑。

"你的宏愿可以去实现了。"

"真的吗？"薛永新的眼神放光，兴奋起来。但旋即眼神黯淡，茫然地望着老人，"我不知道从哪里去实现。祖师，请您指点迷津。"

"找到道的源头，你就知道该怎么做了。我会在那里看到你。"

说完，李真果转过身去，白影一掠，消失在月光里。

"祖师！"他急切地唤道。

薛永新猛然睁开眼睛，发现自己做了一个梦。凝望墙上李真果的画像，老人微笑地看着他。他寻思着老人梦里的话，道的源头在哪里？我怎么去找？

他又低头思忖，祖师说会在那里看到我，为什么这句话这么熟悉？

他猛然想起，大师兄玄一曾转告他，老人仙逝前，说："我会在鹤鸣山看到薛永新。"

当时，薛永新并不理解李真果话中的玄机，现在他恍然大悟，祖师托梦于我，是让我到鹤鸣山去！鹤鸣山是道教创始人张道陵创道的地方，是中国道教的源头。

找到道的源头，你就知道该怎么做了。祖师在那里看着我，就是这个意思吧？薛永新激动地暗想，因为兴奋，他的面庞泛起红润的光泽。

月光从窗外照进来，他像看到一束道的光芒，眼前明亮起来，前景逐渐清晰。

这一天的清晨，薛永新登上了鹤鸣山。

一千八百年前的鹤鸣山，云雾缥缈，一片苍茫。这仙境般的群山，千万年来安静而祥和，默默地守望着蜀中大地，孕育着古老而伟大的中华文明。

云霭里，他站在老君顶向四周眺望，看到了从未见过的绚丽景象。一轮红日从地平线上腾跃而出，刹那间光芒四射，清澈而透明的天空呈现一方紫色的异彩，令人目眩。东来的紫气，缠绕在烟波云海的群山之中，宛如一条逶迤蜿蜒的巨龙，又俨若一幅玄妙之至的太极图。

目睹此天地奇景，薛永新不禁喃喃地吟道："道之为物，惟恍惟惚。惚兮恍兮，其中有象；恍兮惚兮，其中有物。窈兮冥兮，其中有精；其精甚真，其中有信……真果祖师叫我来鹤鸣山，到底是什么意思呢？"

从空中俯瞰鹤鸣山的山势，果真像一只仙鹤从天而降，鹤头、鹤颈、鹤翅、鹤身清晰展现，云雾中的妙高峰为它的右翼，留仙峰为左翼，冠子三峰为尾，左右两江出乎双腋，宛若仙鹤自西向东飞来，面向川西平原展翅。

一群白鹤凌空俯身而下，从他的眼前低低掠过，欢鸣着，又朝霞光万道的天际飞去。

他如痴如醉地望着，思忖道：在久远的东汉，张道陵从江西龙虎山来到四川鹤鸣山修道，那时是不是也见到了一群白鹤？

仙鹤是道家瑞祥之物，它是脱化飞升，得道成仙的一种象征。传说鹤鸣山是千年形定的仙鹤，鹤鸣则仙至，鹤鸣则道兴。故前有黄帝之师广成子、西汉丹家马成子、阴长生等于山中炼丹，后有东汉张道陵至山中修道。明代道士张三丰曾隐居此山，留有许多胜迹。

鹤鸣山，距成都大邑县城十二公里。它东西北三面环山，南向成都平原，翠柏森森。其山形与鹤形极为相似。"鹤鸣"之名，由此而得。

山中云雾飘忽不定，水面淡淡升起的一层水汽，使鹤鸣山更有一种如梦如幻的感觉。幽径苍松满布，苍苍翠微。人走在此中，如步仙境。鹤鸣声声，又如仙乐在耳。流水潺潺，鸟语花香，一片和谐宁静，仿佛置身万丈红尘之外。

灵气聚集的鹤鸣山自然符合道家心目中的神仙境界，是修道者向往的人间仙境与福地。

"难怪张天师在这里修道啊！"薛永新不禁感叹。

他深深地喜欢上了这里，情不自禁。不知为什么，他看见鹤鸣山，竟有一种似曾相识的感觉，很熟悉，很亲近，仿佛在梦里见过一般。

薛永新认定:"鹤鸣山是无与伦比的洞天福地。"

"洞天福地"是道教所说的神仙境地,分为"十大洞天""三十六小洞天""七十二福地"。相传这些地方为"通天之境",被认为是神仙居住的地方。

薛永新深谙中国风水文化,道家崇尚天人合一,因而道教场所处处渗透着玄妙的风水文化。风水文化是中国古老的文化现象,对中国社会、经济、文化都产生了深远影响。

从风水学的角度看,鹤鸣山的山势坐西北朝东南,负阴抱阳,背有青山前有名堂,左右曲折的流水如玉带缠绕。左青龙右白虎、前朱雀后玄武,这些天然风水格局都具备了。最为不凡的是,从鹤鸣山的山顶下望,四围群山出奇一致的朝向,形成了"万真朝圣"的大千气象。

薛永新再一次领悟到,为什么张道陵选中鹤鸣山为创道之地。他望着云雾缭绕郁郁葱葱的群山,思绪飘飞。

一千八百年前,在同样的鹤鸣山,一位叫张道陵的道者来到了这里。他见鹤鸣山仙气缭绕,仙鹤飞舞,于是留在此山修炼。传说,一个月白之夜,张道陵半梦半醒之间,忽见太上老君下降,授他《太平洞极经》《正一盟威二十四品法箓》、三五都功玉印、雌雄斩邪剑等经书、法器。张道陵拜领老君所授,开始思索道的真谛,撰写了著名的《老子想尔注》和道书二十四篇。

自此,张道陵尊老子为道教教祖,以老子所著《道德经》为主要经典,传播道的思想,在鹤鸣山创立了"五斗米道"。

鹤鸣山顺理成章地成为了中国道教的发源地。

薛永新将思绪从久远的历史收回,他还是不解,真果祖师叫我来鹤鸣山透着什么信息?难道只是来看风景?

绝对不是来看风景这么简单。他断然否定。但老人到底叫我来鹤鸣山干什么呢?

他感到迷惑。

薛永新俯瞰老君顶下的一片石林,好像天上的诸神与真人降临,盘膝端坐在石椅上，聆听站在老君顶上的太上老君讲解宇宙众生与自然和谐相生的生命哲学。

目睹眼底奇景，薛永新心潮激荡，脑海中浮现出一个宏大的图景。虽然这图景恍恍惚惚，隐隐约约，但在下山的时候，它突然清晰起来。

走在下山的路上，他发现朝山朝圣的游客非常稀少，宫观门前一片清寂、寥落。美好的人间仙境、洞天福地，却如此萧条而冷清，他不由得叹息。

鲁迅说："中国的根柢全在道教。"老子作为中国道家学派的创始人，作为中国和世界的第一哲人，他不仅影响了中国，还影响了世界。

他心念一动："重建道教发源地，弘扬中华优秀传统文化，这不是我要做的事吗？"

"道源圣城"的图景在他的脑海中一跃而出，仿佛就在面前。

"道"，自古溯源而来，万物皆变，只有道永远不变。即使时光已经荏苒千年，即使新时代文明潮涌而湮灭太多经典，但是，却无法湮没"道"所闪耀的永恒光芒和生命力。

他陷入了沉思：中华五千年文化博大精深，根在道教。大邑鹤鸣山是道教发源地，是华夏子孙神圣的地方，是领悟中华传统文化的摇篮，也是大众体验道家养生文化的福泽之地。

薛永新继续思考着：我要打造中国的圣城——道源圣城，建立永久性全球道教论坛，把它建成体道、悟道与养生的福地圣城，成为普及中华传统文化的重要基地，成为连接世界的文化桥梁：世界需要老子，世界需要和谐共生。

建"道源圣城"，传播道的思想，让老子的智慧和思想影响世界上更多的人，让人们找到一个心灵之地，让世界因此更加和谐。薛永新的想法更加清晰起来。

"我会在鹤鸣山看到薛永新。"李真果的话在薛永新的耳畔回荡，"原来真果祖师就是让我来做这件大事呀！"

薛永新恍然大悟，激动不已，不由得为自己设想的"宏图"而精神大振，胸中升起一股澎湃的激情。

2005 年，薛永新进入又一个激情时代，迈向了另一座文化奇峰。

从这一年开始，恩威集团计划总投资十二亿元，对道教发源地鹤鸣山 22.65 平方公里进行整体复兴开发，重建"道源圣城"。

三年之后，2008 年 5 月，道源圣城开园。

溯源而圣，应道生城。

一座东方神圣之城应道而生。

一座闪耀东方智慧的文化之城顺世而生。

道源圣城的建成，引起了海内外媒体的关注，也引来了八方游客。道教文化的香火在鹤鸣山再次续燃。

"和谐共生"是道源圣城的一道独特风景。在道源圣城，薛永新把老子、孔子、释迦牟尼三位圣人及其名下的弟子、宗师，各塑起了一百个雕像，传达儒释道共存的中华文化的内涵。

薛永新是这样阐释的："中国古代哲学，是以道儒释为主体的多元互补哲学。儒释道三家思想均主张众生平等互爱、和谐相生。在 21 世纪的今天，我们有必要把三家圣人的伟大思想和智慧真实地展现出来。在每一家文化中，选出他们第一代至当今的历代宗师、祖师、真人各一百名，为他们塑像，并把他们在每一个历史时期继承了什么思想，发扬了什么，做了什么，刻成碑文，让人们感悟传统文化的博大精深，用道光德能滋养精神和灵魂，照耀人生。"

他强调："儒释道共存道源圣城，就是要向世界传达共荣共生、相互包容的和谐理念。和谐是道的精髓，只有遵循和谐这一自然法则，人类才能真正地相亲相爱，民族才能昌盛强大，世界才能和平安宁，社会和谐、长治久安。"

新加坡道教会长在鹤鸣山道源圣城参观时，激动地说："全世界比薛先生有钱的人多的是，却没有人愿意做这件事，只有薛永新。这是给千秋万代的华夏子孙留下的一笔巨大的精神财富和物质财富！"

2008 年 4 月 14 日，道源圣城开园大典，来自海内外的一百多位宗教界、学术界知名人士在此举办了"首届道源圣城全球道教论坛"。会上，发起成立鹤鸣山全球道教论坛，建立永久性全球道教文化论坛会址。

从那以后，一届又一届全球道教论坛在鹤鸣山举办，来自各国的首脑、高级政要、海内外道教界人士云集一堂，畅谈中华文化。

鹤鸣山道源圣城，引起世界瞩目。

倡导世界和平，促进中华民族复兴，这是道源圣城的深远意义，也是薛永新自觉肩负的文化使命。

道源圣城，是薛永新弘扬中国传统文化的一个高度，一座绝顶奇峰。

"自然、和谐、发展"这是整个社会和世界的理想。薛永新找到了老子，从老子的思想里找到了对宇宙、自然、世界、国家、社会、人生的答案，找到了他想要去的最正确的方向。

薛永新是一个懂感恩的人，一个有情怀的人。感恩是中华民族的美德，是几千年文化传承下来的道德精神。

传奇高道李真果，成就了一个传奇的薛永新。他用东方智慧创造了一个企业神话，写下了人生大道上富有传奇色彩的华章。

李真果将他引向了永恒的大道。

薛永新心怀感恩。

在道源圣城，薛永新特意为李真果塑了一座铜像。老人静定地端坐在那里，一袭道袍，长髯飘举，仙风道骨，飘逸出尘。慈祥的脸上波澜不惊，深陷的双目安静而祥和，从容地面对风云变幻、世事沧桑，从容地看淡人生离合悲欢，从容地迎送来来去去的过客。

在这里，李真果看到了薛永新，看到了道的传承。

"道生一，一生二，二生三，三生万物。"一个清扬而深沉的声音破空而来。

"真果祖师，我找到了道的方向，追寻到人生真正的意义。"

"好啊！我看到了。"

清朗的月亮照进庄严的大殿，薛永新站在月光里，崇仰地凝望李真果的坐像，仿佛看见这位高道大德穿越百年的时空，穿过中华几千年的月光，与他对话。

天地何来？人类何生？皆因有道。

李真果，一个令人敬仰的道者，为道而生，为道而来。薛永新的心中肃然起敬。

步出大殿，一声清脆的鹤鸣响起，一只鹤从薛永新的头顶振翅飞过，朝向广袤无边的紫色天宇飞去……

2016 年 1 月 13 日完稿